Kohlhammer

Die Herausgeber

Vertretungsprofessorin Dr. phil. Renate Schramek lehrt und forscht zu den Schwerpunkten Gesundheit und Didaktik, Lernen, Bildung und Engagement im Alter und im Kontext von Community Health an der Hochschule für Gesundheit in Bochum. Sie ist Mitbegründerin und stellvertretende Direktorin des »Forschungsinstitut Geragogik« in Düsseldorf und beschäftigt sich seit 20 Jahren mit dem Thema Alter, Lernen, Bildung, Engagement und Gesellschaft.

Professorin Dr. Cornelia Kricheldorff lehrt Soziale Gerontologie und Soziale Arbeit im Gesundheitswesen an der Katholischen Hochschule Freiburg. Sie beforscht Themen der Gerontologie und Versorgungsforschung am Institut für Angewandte Forschung, Entwicklung und Weiterbildung (IAF), das sie als Prorektorin auch leitet. Als Gründungsmitglied und langjährige Sprecherin des AK Geragogik hat sie sich mit Fragen zu Altern und Bildung intensiv beschäftigt.

Professor Dr. Bernhard Schmidt-Hertha lehrt und forscht am Institut für Erziehungswissenschaft der Universität Tübingen. Seine Arbeitsschwerpunkte sind Weiterbildung in der zweiten Lebenshälfte, informelles Lernen und Hochschulforschung. Er ist Gründer und Koordinator des internationalen Netzwerks »Education and Learning of Older Adults (ELOA)«.

Professorin Dr. Julia Steinfort-Diedenhofen lehrt und forscht auf der Professur »Theorien und Konzepte der Sozialen Arbeit mit dem Schwerpunkt Geragogik« im Fachbereich Sozialwesen der Katholischen Hochschule NRW, Standort Köln. Ihre Schwerpunkte sind Lern- und Bildungsanlässe im Alter und für das Altern sowie die Themen Identität und Engagement im Lebenslauf. Zuvor war sie Mitarbeiterin beim Forschungsinstitut Geragogik.

Schramek, Kricheldorff, Schmidt-Hertha,
Steinfort-Diedenhofen (Hrsg.)

Alter(n) – Lernen – Bildung

Ein Handbuch

Verlag W. Kohlhammer

Dieses Werk einschließlich aller seiner Teile ist urheberrechtlich geschützt. Jede Verwendung außerhalb der engen Grenzen des Urheberrechts ist ohne Zustimmung des Verlags unzulässig und strafbar. Das gilt insbesondere für Vervielfältigungen, Übersetzungen, Mikroverfilmungen und für die Einspeicherung und Verarbeitung in elektronischen Systemen.

Die Wiedergabe von Warenbezeichnungen, Handelsnamen und sonstigen Kennzeichen in diesem Buch berechtigt nicht zu der Annahme, dass diese von jedermann frei benutzt werden dürfen. Vielmehr kann es sich auch dann um eingetragene Warenzeichen oder sonstige geschützte Kennzeichen handeln, wenn sie nicht eigens als solche gekennzeichnet sind.

Es konnten nicht alle Rechtsinhaber von Abbildungen ermittelt werden. Sollte dem Verlag gegenüber der Nachweis der Rechtsinhaberschaft geführt werden, wird das branchenübliche Honorar nachträglich gezahlt.

1. Auflage 2018

Alle Rechte vorbehalten
© W. Kohlhammer GmbH, Stuttgart
Gesamtherstellung: W. Kohlhammer GmbH, Stuttgart

Print:
ISBN 978-3-17-032751-1

E-Book-Formate:
pdf: ISBN 978-3-17-032752-8
epub: ISBN 978-3-17-032753-5
mobi: ISBN 978-3-17-032754-2

Für den Inhalt abgedruckter oder verlinkter Websites ist ausschließlich der jeweilige Betreiber verantwortlich. Die W. Kohlhammer GmbH hat keinen Einfluss auf die verknüpften Seiten und übernimmt hierfür keinerlei Haftung.

Inhalt

Vorwort 9

Prolog: Theoretische Modelle für die Bildung älterer Erwachsener:
eine kritische Analyse aus erziehungswissenschaftlicher Perspektive 13
Dominique Kern

Teil 1: Theoriezugänge zur Altersbildung

Positionen zur Theoriebildung und wissenschaftlichen Verortung
von Lernen und Bildung im Alter 33
Cornelia Kricheldorff

Das Altern lernen – theoretische Perspektiven in Erziehungswissenschaften
und Gerontologie 35
Ines Himmelsbach

Altern – Lernen – Bildung aus der Perspektive der Sozialen Gerontologie   45
Cornelia Kricheldorff

Sozialgeragogik als Konvergenzbegriff 57
Julia Steinfort-Diedenhofen

Teil 2: Forschungsansätze zu Lernen und Bildung im Alter

Forschung zu Bildung und Lernen im Alter und mit älteren und
alten Menschen 71
Renate Schramek

Die Bedeutung von Large-Scale-Studien für die Forschung zu Bildung
im Alter 76
Bernhard Schmidt-Hertha

Bildungsbarrieren im Lebenslauf – Effekte kumulativer
Bildungsbenachteiligung? 87
Vera Gallistl, Anna Wanka und Franz Kolland

Lernen und Teilhabeförderung im Rahmen partizipativer Technikentwicklung: Forschungsansatz und -methode im Projekt »OurPuppet« .. 98
Renate Schramek, Verena Reuter und Andrea Kuhlmann

Altern und lebensentfaltendes Lernen 113
Claudia Kulmus

Lernen in der Lebensendphase. Vom Nutzen journalistischer Quellen
für die Analyse biografischer Lernprozesse 124
Dieter Nittel und Nikolaus Meyer

Teil 3: Felder der Bildungsarbeit mit älteren und alten Menschen

Vielfalt in Ansätzen, Kontexten und Methoden 143
Julia Steinfort-Diedenhofen

Biographische Perspektiven auf Bildung und Lernen im Alter 146
Daniela Rothe

Intergenerationelles Lernen 164
Julia Franz und Bernhard Schmidt-Hertha

30 Jahre Senior*innenstudium – eine kritische Zwischenbilanz 175
Silvia Dabo-Cruz und Karin Pauls

Die stationäre Altenhilfe als Bildungsort. Methodische Zugänge und
Perspektiven am Beispiel des geragogischen Begleitungsansatzes 187
Britta Deppe, Susanne Jahn, Hella Kunz und Walter Wittkämper

Musikgeragogik 197
Theo Hartogh und Hans Hermann Wickel

Kunst- und Kulturgeragogik 205
Sabine Baumann und Kim de Groote

Demografische Entwicklungen als Herausforderung für die
betriebliche Bildung und berufliche Kompetenzentwicklung älterer
Arbeitnehmer*innen 215
Renate Schramek und Uwe Elsholz

Freiwilliges Engagement als Lernfeld im Alter – ein geragogisches
Handlungsfeld 227
Elisabeth Bubolz-Lutz und Julia Steinfort-Diedenhofen

Partizipative Seniorenpolitik: zur Bedeutung von Lernen und Bildung
am Beispiel kommunaler Altenberichterstattung und -planung 237
Elke Olbermann, Britta Bertermann und Barbara Eifert

Teil 4: Informelles Lernen und Bildungskonzepte

Spotlights der Bildung im Alter: Angebotskonzepte und informelle Lernkontexte 261
Bernhard Schmidt-Hertha

Medienaneignung von älteren Erwachsenen in informellen Kontexten 266
Veronika Thalhammer

Ernährungs- und essbezogenes Lernen im Alter 278
Anika Klein

Kulturelle Bildung und Teilhabe im Kunstmuseum – Überlegungen zur Konzeptualisierung von kunstbasierten Angeboten für Menschen mit Demenz 289
Ann-Katrin Adams, Arthur Schall, Valentina A. Tesky, Frank Oswald und Johannes Pantel

Kriegskinder – reden und erinnern statt vergessen oder schweigen: Erwachsenenbildung greift das Thema auf 300
Gertrud Völkening

»Uns trifft es härter« – Männer und ihre Baustellen beim Älterwerden ... 314
Günther Holzapfel

Glossar 326

Die Autorinnen und Autoren 333

Vorwort

Mit dem vorliegenden Buch treibt das Herausgeberteam den wissenschaftlichen Diskurs zu Lernen und Bildung im Alter weiter voran und knüpft damit gleichzeitig an vorausgegangene Veröffentlichungen (Bubolz-Lutz et al. 2010) an. Zu diesen Veröffentlichungen zählen Arbeiten aus der Erziehungswissenschaft (z. B. Anding 2002; Schneider 1993; Tippelt u. a. 2009) und der Gerontologie (z. B. Lottmann 2012) ebenso wie Veröffentlichungen aus der Psychologie (z. B. Leipold 2012), der Soziologie (z. B. Kolland/Ahmadi 2010; Sommer/Kühnemund 1999), der Volkswirtschaft (z. B. Menning 2008) oder der Religionspädagogik (z. B. Evers 1999) – um nur einige Disziplinen und Beispiele aus dem deutschsprachigen Raum zu nennen. Im Blick sind dabei zunächst die profilbildenden Positionen der verschiedenen Disziplinen und Professionen, für die die einzelnen Autor*innen im ersten theoretischen Teil stehen. Die Einzelbeiträge erscheinen dabei zunächst eher additiv in einer multidisziplinären Logik. Sie eint die Zentrierung um den gleichen Gegenstand – der Bildung im und für das Altern sowie der dafür notwendigen wissenschaftlichen Fundierung. Aber auch das Ringen um Inter- und Transdisziplinarität wird sichtbar, wenn Querverbindungen und Verweise auf die jeweils andere Perspektive vorgenommen und mit der Positionsbestimmung der Geragogik verknüpft werden. Damit stellt das Buch auch einen neuen Meilenstein in der Debatte um die wissenschaftliche Verortung der Geragogik dar und beleuchtet gleichzeitig die Position von Bildungsprozessen im Alter innerhalb der Erziehungswissenschaft.

Die im deutschsprachigen Raum eng mit dem Begriff der Geragogik verbundene Auseinandersetzung mit Bildungsprozessen für das Alter und im Alter und bezogen auf den Prozess des Alterns ist sowohl innerhalb der Erziehungswissenschaft als auch für die Gerontologie und andere Sozialwissenschaften von zentraler Relevanz. Auch wenn die Auseinandersetzung mit geragogischen Fragestellungen erst in den vergangenen zwei Jahrzehnten erheblich an Präsenz in wissenschaftlichen Diskursen gewonnen zu haben scheint, reicht die Tradition bildungswissenschaftlicher und gerontologischer Arbeiten zu dem Thema deutlich weiter zurück. Die Zusammenführung verschiedener Wissenschaftstraditionen, die sich bis ans Ende des vergangenen Jahrhunderts oft weitgehend unabhängig voneinander mit Bildung im Alter beschäftigten, gehört zu den zentralen Anliegen der Geragogik, wie auch dieser Band verdeutlicht. Dabei kann es nicht darum gehen, die disziplinäre Verortung von Forschungsarbeiten zu negieren, sondern darum, die spezifischen Beiträge unterschiedlicher Disziplinen zum Thema deutlich zu machen und diese diskursiv aufeinander zu beziehen.

Zum Auftakt erscheint ein erziehungswissenschaftlicher Blick aufs Thema aus international-europäischer Perspektive sinnvoll, der auch die historische Entwicklung bestimmter fachlicher Positionen aufzeigt. Dieser Eingangsbeitrag steht für den Blick über die fachpolitischen, disziplinären und nationalstaatlichen Grenzen, der auch durch die Zusammensetzung der Autor*innen des gesamten Bandes insgesamt stark betont wird.

Die Publikation beginnt im ersten Teil mit der Verortung von Bildung und Lernen im Alter an den Schnittstellen zur Gerontologie und zur Sozialen Arbeit. Dabei geht es auch um verschiedene Verständniszugänge und die unterschiedliche Verwendung zentraler Begrifflichkeiten und deren Kontextualisierung. Deutlich wird, dass dabei jeweils auf die Anschlussfähigkeit an die jeweiligen Fachdebatten geachtet wird und dass sich die wissenschaftliche Fundierung der Geragogik nicht außerhalb des aktuellen Wissenschaftsdiskurses bewegt.

Im zweiten Teil des Buches, der auf verschiedene Vorgehensweisen in Forschungsprojekten und deren zentrale Ergebnisse fokussiert, werden zum einen ebenfalls gemeinsame Perspektiven und zum anderen auch Unterschiede in der angewandten Forschungsmethodik sowie verschiedene Blickrichtungen deutlich. Hier zeigen sich deutliche Abgrenzungen und unterschiedliche Logiken, die den Eindruck der Multiprofessionalität in der Geragogik eher verstärken. Im Forschungsbereich stechen die Herkunftsdisziplinen am deutlichsten hervor – ein Umstand, der für die Vielfalt der Zugänge und wissenschaftlichen Bezüge innerhalb der Geragogik steht.

Die mittlerweile hohe Diversität unterschiedlicher Orte der Bildung und der fachlichen Konzepte stehen im Zentrum des dritten Teils der Publikation. Dabei wird ein buntes Kaleidoskop von innovativen Ansätzen sichtbar, die die Vielfalt von Zugängen und Wegen im Bereich geragogischer Bildungsarbeit repräsentieren – es zeigt sich eine eindrucksvolle Zusammenschau von Möglichkeiten im Feld von Lernen und Bildung im Alter.

Im abschließenden vierten Teil wird der Blick auf ganz spezifische thematische Fokussierungen sowie auf eher informelle Bildungssettings gelenkt. Auch hier wird durch die Vielfalt der verwendeten Begrifflichkeiten, die nebeneinander stehen, und den Themenreichtum die Diversität der Geragogik sichtbar.

In der Gesamtschau auf alle Beiträge werden aber auch klare Gemeinsamkeiten und Kontinuitäten deutlich, die sich wie ein roter Faden durch die Publikation ziehen. So scheint in allen Beiträgen das Ringen um eine Verwirklichung von individuellen Entwicklungspotenzialen auf, die über Lern- und Bildungsarrangements gefördert und damit dem alternden Menschen als Ressource zur Verfügung stehen. Die Förderung von sozialer Teilhabe und Selbstbestimmung ist ein zweiter Aspekt, den alle Autor*innen mehr oder weniger explizit thematisieren. Weiter geht es im Sinne einer Gemeinschaftsorientierung insgesamt zudem um die Gestaltung der Lebensphase Alter im Sinne von »Mitverantwortung für ein ›gutes Leben‹ im Alter« (Kruse 2017, 28). »Teilhabe erscheint somit als Ergebnis eines Zusammenwirkens von personalen, sozialen, kulturellen, kommunalen und gesellschaftlichen Einflussfaktoren, wobei Bildung als ein zentraler Mechanismus bei der Schaffung teilhabeförderlicher Strukturen gewertet wird« (ebd., 29).

Gleichzeitig verdeutlichen die Beiträge – einmal mehr – die Heterogenität von Alter und älteren Erwachsenen. Angebote für und Forschungen über »die Älteren« greifen deutlich zu kurz und das kalendarische Alter scheint in Bildungskontexten insgesamt nachrangig zu sein – gerade auch gegenüber anderen eng damit assoziierten Konstrukten, wie Lebensphase oder generationeller Zugehörigkeit. Um der Vielfalt des Alters gerecht zu werden bedarf es spezifischer Zugänge, die die jeweilige Lebenssituation, bildungsbiografische Aspekte, soziale Zugehörigkeit sowie individuelle Interessen der Lernenden oder ihre Expertenschaft für eigene Belange ernst nehmen.

Wenn dieses Buch zu weiterführenden wissenschaftlichen Diskursen und Debatten zum Thema Alter(n) – Lernen – Bildung anregt, haben wir als Herausgeberteam ein wichtiges Ziel erreicht. Wir danken allen Autor*innen und den Mitgliedern des AK Geragogik, die uns in den Sitzungen und Tagungen des Arbeitskreises wichtige Impulse geliefert haben, sowie für Impulse aus der Arbeitsgruppe Altern und Bildung innerhalb der DGfE.

Mit Blick in die Zukunft bleibt festzuhalten: »Langfristiges Ziel ist der Aufbau von Bildungsstrukturen, die die Planungs- und Handlungsspielräume des Lernens im Alter in Richtung auf mehr Selbstbestimmung der Lernenden erweitern und festigen« (Bubolz-Lutz 2017, 30). Dafür ist noch ein deutlicher Bedarf zu konstatieren.

Renate Schramek	Cornelia Kricheldorff
Bochum	Freiburg
Bernhard Schmidt-Hertha	Julia Steinfort-Diedenhofen
Tübingen	Köln

Literatur

Anding, A. (2002): Bildung im Alter. Bildungsinteressen und -aktivitäten älterer Menschen. Beitrag zu einer Bildungstheorie des Alters. Leipzig: Weißenfels.

Bubolz-Lutz, E./Gösken, E./Kricheldorff, C./Schramek, R. (2010): Geragogik. Bildung und Lernen im Prozess des Alterns. Das Lehrbuch. Stuttgart: Kohlhammer.

Bubolz-Lutz, E. (2017): Non-formal selbstbestimmt. Selbstbestimmtes Lernen im Alter am Beispiel des ›Denk-Raum 50 plus‹. In: DIE Zeitschrift für Erwachsenenbildung 4/2017, 30–32.

Evers, R. (1999): Alter – Bildung – Religion. Eine subjekt- und bildungstheoretische Untersuchung. Stuttgart: Kohlhammer.

Kolland, F./Ahmadi, P. (2010): Bildung und aktives Altern. Bewegung im Ruhestand. – Bielefeld: Bertelsmann.

Kruse, A. (2017): Zur Notwendigkeit eines neuen gesellschaftlichen Entwurfs des Alters. Selbst- und Weltgestaltung in ihrer Bedeutung für Teilhabe im Alter: der Beitrag der Bildung. In: DIE Zeitschrift für Erwachsenenbildung 4/2017, 25–29

Leipold, B. (2012): Lebenslanges Lernen und Bildung im Alter. Stuttgart: Kohlhammer.

Lottmann, R (2012): Bildung im Alter – für alle? Altersbilder, Ziele und Strukturen in der nachberuflichen Bildung in Deutschland und den USA. Bielefeld.
Menning, S. (2008): Bildung und Alter. http://www.dza.de/fileadmin/dza/pdf/GeroStat_¬Report_Altersdaten_Heft_2_2008.pdf [04.12.2017].
Schneider, K. (1993): Alter und Bildung. Eine gerontagogische Studie auf allgemeindidaktischer Grundlage. Bad Heilbrunn, Obb.
Sommer, C./Künemund, H. (1999): Bildung im Alter. Eine Literaturanalyse. Berlin: Forschungsbericht/Freie Universität Berlin, Institut für Soziologie, Forschungsgruppe Altern und Lebenslauf.
Tippelt, R./Schmidt, B./Schnurr, S./Sinner, S./Theisen, C. (Hg.) (2009): Bildung Älterer – Chancen im demografischen Wandel. Bielefeld: Bertelsmann.

Prolog: Theoretische Modelle für die Bildung älterer Erwachsener: eine kritische Analyse aus erziehungswissenschaftlicher Perspektive

Dominique Kern

In der Bildungs- und Erziehungswissenschaft entwickelte sich im Schatten der Kindheits- und Jugendfokussierung seit den 1950er Jahren eine systematische Forschung über ältere Erwachsene. Im Folgenden zeigt ein kurzer historischer Abriss die Vielfalt und die Komplementarität der Ansätze. Die empirischen und theoretischen Arbeiten – das Kapitel beschränkt sich bei der Analyse auf Beiträge aus dem englischen, deutschen und französischen Sprachraum – ergeben zusammengenommen ein sich ergänzendes Bild über den »state of the art«. Dabei fällt aber auf, dass die meisten Ansätze von einer biologisch-medizinischen Prämisse ausgehen: Das menschliche Leben wird in drei große Phasen unterteilt (Kindheit, Erwachsenenalter und das hohe Alter), wobei den Kategorien für die Bildung bedeutsame Eigenheiten attribuiert werden. Dieser Grundannahme stehen in Bezug auf ältere Menschen Forschungsresultate gegenüber, die andere Faktoren wie z. B. das Bildungsniveau als relevanter als das chronologische Alter ausmachen. Letzterem würde demnach höchstens eine indirekte Bedeutung zukommen.

Für die erziehungswissenschaftliche Forschung drängt sich dadurch die Frage nach der Begründung einer spezifischen Bildung für ältere Menschen auf. Es geht dabei um die Bestimmung nachvollziehbarer abgrenzender Definitionskriterien. Das Kapitel präsentiert Resultate der Analyse von neun Modellen zur Bildung älterer Menschen aus verschiedenen nationalstaatlichen und sprachlichen Kontexten (Deutschland, England, Frankreich, Malta, USA, Canada, Australien-Neuseeland). Die vergleichende, Kulturgrenzen überschreitende Analyse zeigt, dass bei zentralen Elementen Übereinstimmung herrscht. Ältere Menschen werden so zum Beispiel generell als lernfähig gesehen. Gleichzeitig beleuchten und vertiefen die Ansätze aber unterschiedliche Aspekte. Diese sind bis jetzt aber noch nicht in einen kohärenten Zusammenhang gestellt worden. Somit drängt sich der Schluss auf, dass das Forschungsfeld noch nicht über gemeinsame, sowohl theoretisch stringente als auch empirisch überprüfbare, Paradigmen verfügt. Dies legt die Vermutung nahe, dass sich die erziehungswissenschaftliche Diskussion über die Spezifizität der Bildung Älterer in einer vorparadigmatischen Phase befindet. Das heißt, dass unter den Forscher*innen kein breiter Konsens zu elementaren Aspekten des Forschungsgegenstandes besteht. Dies erschwert den Austausch zwischen den Forscher*innen und fördert auch nicht den kritischen Vergleich von Forschungsresultaten. Die Praxis wäre aber auf validierte Resultate angewiesen, um die Qualität der Lern- und Bildungsdienstleistungen zu erhöhen und auch bildungsferne Lernende zu erreichen.

1 Problemstellung und Prämissen: Sind ältere Erwachsene normale Lernende?

Die Erfahrung aus der Lehre zeigt, dass der Wissensstand über die Fähigkeiten älterer Erwachsener in der Bevölkerung sehr unterschiedlich ist. Es erscheint deshalb wichtig, am Anfang dieses Beitrags die den Ausführungen zugrundeliegenden Prämissen deutlich zu formulieren. Dies soll den Leser*innen erleichtern, das Folgende einzuordnen und einer gezielten Kritik zugänglich zu machen.

1.1 Menschen sind und bleiben auch im Alterungsprozess lernende Wesen

Der vorliegende Text geht erstens davon aus, dass Menschen jeden Alters generell lernende Wesen sind und bezieht darin auch alternde Erwachsene ausdrücklich mit ein. Im Rahmen eines normalen Alterungsprozesses – das heißt ohne massive Erkrankungen wie z. B. eine schwere Demenz – bleibt die Lernfähigkeit aus kognitiver Sicht trotz Veränderungen grundsätzlich erhalten.

Die Erziehungswissenschaft wird zweitens als eine *akademische Disziplin gesehen, die generell interne und externe Faktoren menschlicher Lern- und Bildungsprozesse erforscht.* Arbeiten über ältere Erwachsene sind bis jetzt eher selten und es gibt weltweit auch nur wenig spezialisierte Forscher*innen, die das Thema systematisch und anhaltend erforschen. Die Gründe dafür sind mannigfaltig und werden hier nicht weiter ausgeführt. Es besteht die Hoffnung, dass sich diese Situation mit der zunehmenden Anerkennung der Bildungs- und Lernfähigkeit dieser neuen Zielgruppe verbessern wird.

Ein weiterer möglicher Faktor für das beschränkte Interesse liegt auch in der mangelhaften theoretischen Modellbildung. Tatsächlich wurde das neue Publikum bis jetzt meist eher als abgegrenzte Zielgruppe definiert denn als Teil der Erwachsenen. Aus soziologischer oder psychologischer Sicht mag diese Abgrenzung sinnvoll sein. Tatsächlich lassen sich sowohl kognitiv, emotiv als auch konativ typische Veränderungen im fortschreitenden Alterungsprozess nachweisen. Zudem existieren altersabhängige Dispositive (z. B. das Altersrentensystem). Inwieweit diese Tatsachen aber unmittelbar relevant sind für das Lernen und die Bildung älterer Erwachsener bleibt zu ergründen.

1.2 Die vermutete Andersartigkeit der älteren Lernenden

Wenn die eingangs formulierte Prämisse, nach der alle Menschen »lernend« sind, als Grundlage genommen wird, stellt sich aus erziehungswissenschaftlicher Sicht die legitime Frage nach den normativen Faktoren die begründen könnten, warum ältere Menschen eine spezifische Zielgruppe sein sollten. Wenn die meisten Modelle dennoch von der Besonderheit der »älteren Menschen« ausgehen, liegt dies daran, dass die bisherigen Arbeiten zur Bildung Älterer oft nicht in einer theoretisch-historischen erziehungswissenschaftlichen Epistemologie fußen. Sie gehen vielmehr vom gerontologischen Postulat aus. Dieses ist weitgehend von der biologisch-medizinischen Prämisse geprägt und unterteilt das menschliche Leben in drei große Phasen: die Kindheit, das Erwachsenenalter und das hohe (Erwachsenen-)Alter. Dabei bleiben die Abgrenzungen aber unscharf. Da die Phasen nicht präzise oder allgemeingültig definierbar sind, entstehen Übergangsphasen (z. B. die Adoleszenz), deren Definition aber auch wieder die Frage der Abgrenzung aufwirft. Das führt schlussendlich zu einer Vielzahl an Phasen wie beispielsweise im Bereich des Alters, wo vom 3., 4. und – teilweise sogar – 5. Alter die Rede ist.

Insgesamt kann auch die implizite Annahme hinterfragt werden, die einen kausalen Zusammenhang herstellt zwischen den drei großen, biologisch definierten Lebensphasen und der Bildung. Letztere wird von unzähligen Faktoren beeinflusst, wobei das chronologische Alter höchstens indirekt eine Rolle spielt. Der alternde Mensch ändert seine Haltung gegenüber der Bildung nicht aufgrund des erreichten Alters, das es ihm erlaubt in Rente zu gehen. Es ist viel mehr der neue Status, z. B. durch das Wegfallen betrieblicher Fort- und Weiterbildungsmöglichkeiten, oder die vermehrte Freizeit, die einen Einfluss ausüben. Würde der Eintritt in das Rentenalter um ein paar Monate nach hinten verschoben, wäre die Auswirkung mutmaßlich dieselbe, einfach später und somit nicht abhängig vom chronologischen Alter sondern von der sich verändernden Situation. Selbstverständlich beeinflussen auch externe Faktoren die Bildung. Allerdings sind diese von gesellschaftlichen Vorgaben abhängig und als solche Veränderungen unterworfen. Auch gibt es große Unterschiede zwischen den Gesellschaften oder Kulturen. Geht es nun aber darum die Frage nach einer spezifischen Bildung für ältere Menschen zu klären, die auch über gesellschaftliche und kulturelle Grenzen hinweg Gültigkeit haben soll, kann man einer Definition der Zielgruppe nicht externe Faktoren zugrunde legen, sondern muss den Menschen selbst ins Zentrum setzen.

1.3 Begriffe im internationalen Kontext: Bildung, Lernen oder doch einfach Erziehung?

Wenn die fehlende Definition des Untersuchungsgegenstandes eine erste Hürde für eine systematische Annäherung darstellt, kommen im internationalen Kontext die unterschiedlichen Wissenschaftskulturen hinzu. Bildung als deutschsprachiges Konzept findet kein identisches Synonym in anderen Sprachen. Im Hinblick auf eine international ausgerichtete Diskussion zum Thema Bildung älterer Erwachsener ist es deshalb nötig, den Bildungs- bzw. Lern- bzw. Erziehungsbegriff möglichst einfach und soweit wie möglich sprach- und übersetzungsneutral zu definieren. Um diesen Vorgaben zu entsprechen wird der Bildungsbegriff hier auf die Prozessorientierung eingegrenzt. Es geht also nicht um *Bildung haben*, oder *gebildet sein*, sondern um die Aktivität des *sich bildens*. Im Englischen und im Französischen könnte dafür der Begriff *education* verwendet werden. Dieser wird dann nicht als erzieherische Einflussnahme eines reifen auf einen unreifen Menschen gesehen (Durkheim 1911), sondern generell als die *mehr oder weniger strukturierte Unterstützung eines Lernenden* (Kern 2016, 15; 56). Diese Definition hat den Vorteil, dass sie auch Selbstbildung miteinbezieht. In diesem Fall *unterstützt* der *Lernende* sich selbst in einem *mehr oder weniger strukturierten* Prozess.

Diese in den vorangegangenen Abschnitten aufgeführten Überlegungen bilden die Grundlage dieses Kapitels. Im Folgenden geht es darum, die Modelle zur Bildung Älterer historisch nachzuzeichnen und inhaltlich analysierend zu vergleichen.

2 Theoretische Modellbildung für lernende ältere Erwachsene

Wie historische Quellen zeigen (Cicéron -44, VIII 26), gab es Interesse für die Bildung älterer Menschen bereits in der Antike. Eine erste systematische Integration älterer Lernender wurde aber erst im 17. Jahrhundert durch Jan Amos Komensky vorgeschlagen. Dabei handelt es sich um ein die gesamte Lebensspanne umfassendes Lernmodell mit dem Titel »*Pampaedia*« (Comenius 1656). Die letzten zwei von sieben Stufen betreffen das »Mannesalter« und das »Greisenalter«. Man muss anfügen, dass das Bild älterer Lernender bei Comenius stark defizitär geprägt ist und in diesem Sinne mit den kontemporären ressourcenorientierten Ansätzen wenig gemein hat. Auch die inhaltlich normative und moralisierende Ausrichtung muss aus heutiger Sicht als nicht zeitgemäß angesehen werden.

Dieses erste Modell wird dennoch an prominenter Stelle erwähnt, da es auch ältere Erwachsene vollumfänglich als Lernende integriert und somit ein bedeutender Beitrag zur westlichen erziehungswissenschaftlichen Forschung in diesem Bereich ist. Hervorzuheben ist auch die didaktische Ausrichtung. Comenius empfiehlt für die Erwachsenen weitgehende Eigenverantwortung im Lernprozess (Comenius 1656, 123). Man könnte diesbezüglich von einem Selbstbildungsansatz sprechen der auch modernen Bildungs- und Lernansätzen (nicht nur) für Erwachsene durchaus entspricht. Trotz diesen interessanten Grundlagen wurden die folgenden theoretischen Lernmodelle für ältere Erwachsene aber nur selten explizit in Verbindung mit Comenius gesetzt.

2.1 Neun theoretische Modelle für die Bildung älterer Erwachsener

Eine der zentralen Fragen in der lebensspannenorientierten Bildungsforschung ist jene nach den substanziellen Unterschieden zwischen den Lernenden verschiedener Lebensalter. Die nachstehend präsentierten Bildungsmodelle im Bereich der älteren Erwachsenen gehen mehrheitlich davon aus, dass diese Zielgruppe als bildungsspezifisch angesehen werden muss. Diese Annahme beruht aber nicht auf vergleichenden Untersuchungen von verschiedenen Altersgruppen, sondern auf theoretischen Überlegungen. Die mutmaßlichen Lernbedürfnisse spielen dabei eine Rolle, wie auch die vermutete Andersartigkeit der Menschen einer bestimmten Altersgruppe. Bevor die einzelnen Modelle vertieft werden, wird auf das methodische Vorgehen eingegangen.

Die Auswahl der neun Modelle erfolgte in mehreren Etappen. Die erste beruht auf dem Schneeballprozess In früheren Publikationen verwendete Texte (Kern 2007, 2008, 2011, 2013a, 2013b, 2014a, 2014b, 2014c) wurden auf weiterführende Quellen analysiert. Durch den Einbezug französisch- deutsch- und englischsprachiger Dokumente wurde es nötig, das Sampling einzuschränken. Der Fokus richtet sich auf jene Forscher*innen, für die Bildung älterer Menschen – mindestens in einer Zeitspanne ihres Schaffens – ein wichtiger Teil ihrer theoretischen Forschungsarbeit ausmachte. Weiter wurden auch nur die jeweils frühesten Forscher*innen in einem Kulturkreis miteinbezogen. Als Auswahlkriterien galten die Anzahl und Qualität ihrer Publikationen. Als Qualitätskriterien wurden die wissenschaftliche Normierung (standardisierte Referenzen) und die Präsenz einer begründeten Problembeschreibung angewendet. Darüber hinaus mussten die Modelle auch Originale sein: Geringfügig veränderte, aus Arbeiten anderer Forscher*innen zusammengestellte oder aus einem bestehenden Konzept herausgedachte Modelle wurden nicht berücksichtigt. Das Auswahlverfahren erhebt keinen Anspruch auf Allgemeingültigkeit. Es diente nur der Einschränkung der Anzahl der zu analysierenden Modelle. Es wäre durchaus wünschenswert, wenn auch andere Modelle entsprechend analysiert würden.

Die gewählten Texte der neun Autor*innen wurden in Bezug auf deren wissenschaftliche Qualität aufgrund von drei Indikatoren ausgewählt: 1) »peer reviewed« Artikel; 2) Kapitel in wissenschaftlichen Herausgeberbänden; 3) Monografien oder andere Beiträge, wenn sie wissenschaftlichen Kriterien entsprechen. Die verwendeten Texte wurden in PDF-Format gespeichert und systematisch analysiert. Das heißt, Texteinheiten (Sätze), die über eine bestimmte Variable Auskunft geben, werden in »Codes« zusammengefasst (Miles/Huberman 2003, 113). Eine Schwierigkeit bei der Analyse besteht darin, dass die gesuchte Information nicht unbedingt explizit im Text erscheint. Um das Risiko von falscher Interpretation zu reduzieren, wurden die Informationen nur in bestimmten Textteilen erhoben. So wurden zum Beispiel Angaben zur disziplinären Verankerung nur dort gesucht, wo die Autor*in das entsprechende Thema explizit behandelt. Die Textsequenzen wurden mit Hilfe der Abschnittsüberschriften oder der logischen Konstruktion des Texts bestimmt. Trotz dieser Vorsichtsmaßnahmen lässt die methodische Vorgehensweise Platz für Interpretationen. Die erhaltenen Ergebnisse können daher nicht *per se* als definitiv angesehen werden. Allerdings war das Ziel der Analyse auch nicht, unwiderlegbare Beweise zu erbringen, sondern das Verständnis der theoretischen Modelle zur Bildung älterer Erwachsener zu vertiefen.

2.1.1 Zwei gegensätzliche und sich ergänzende Pioniere aus den USA (1950er Jahre) und Deutschland (1960er Jahre)

Nach Comenius musste die westliche Welt fast 300 Jahre warten, bis in den 1950er Jahren Wilma T. Donahue (1900–1993) endlich das Thema systematisch aufnahm. An der University of Michigan entwickelt die promovierte Psychologin eine empirische Grundlage für die Bildungsarbeit mit älteren Erwachsenen. Erfahrungen aus universitären Kursen (Donahue 1951, 50) oder Telekolleg-Angeboten (Donahue 1951, 54) erlaubten es der Amerikanerin, didaktische Grundaspekte der Bildung Älterer zu testen, die bis heute ihre Gültigkeit behalten. Ein Beispiel ist der aktive Miteinbezug der Lernenden (Donahue 1951, 59). Mit ihrer sorgfältigen Arbeitsweise und den qualitativ hochstehenden wissenschaftlichen Publikationen legte sie eine wesentliche epistemologische Grundlage für weitere Arbeiten in diesem Feld.

Man muss annehmen, dass der transatlantische Austausch in der Mitte des 20. Jahrhunderts mehr Zeit benötigte als heute. Es gibt jedenfalls keine Hinweise darauf, dass der deutsche Erziehungswissenschaftler und Anthropologe Otto Friedrich Bollnow (1903–1991) von Donahue's Arbeiten Kenntnis hatte. Er publiziert in den 1960er Jahren eine theoretische Abhandlungen zur «*Lehre von der Erziehung der alten Menschen*», der er den Namen *Gerontagogik* gibt (Bollnow 1962, 385). Betroffen davon sind alte Menschen, die selber »*mit dieser Aufgabe nicht mehr fertig werden*« (Bollnow 1962, 386). Aufgrund dieser markanten Einschränkung kann man davon ausgehen, dass Bollnow die anderen älteren Erwachsenen grundsätzlich als selbständig Lernende angesehen hat, wie alle anderen Erwachsenen auch.

Donahue und Bollnow sind nicht nur die beiden Pioniere der Bildungsforschung im Bereich der älteren Erwachsenen. Sie decken mit ihren Arbeiten auch einen breiten Teil des Forschungsfeldes ab. Die Amerikanerin benutzt einen empirisch orientierten Ansatz, der auf Lernangebote und Programme abzielte. Der Deutsche vertieft seinerseits theoretisch die epistemologischen Grundlagen für die Bildung Älterer innerhalb der Erziehungswissenschaft. Es erstaunt nicht, dass Donahue ihren Ansatz in der pluridisziplinären *Gerontologie* verankert, während Bollnow seinen Ansatz von der Erziehungswissenschaft und der Anthropologie her denkt. Die beiden Modelle können je nach Sichtweise als antagonistisch oder ergänzend angesehen werden. Man kann nur bedauern, dass sich die beiden Forscher in ihren Arbeiten nicht auf den jeweils anderen beziehen. Sie wären prädestiniert gewesen, die kritische Diskussion über die erkenntnistheoretischen Aspekte der Bildung Älterer anzuschieben.

2.1.2 Educational Gerontology: Hegemonie, Verbreitung und kritische Weiterentwicklung

Knapp ein Vierteljahrhundert nach Donahue begründet David A. Peterson (1947–2012) das Praxis- und Theoriefeld *Educational Gerontology*. In einem Artikel in der gleichnamigen Zeitschrift definiert der promovierte Erwachsenenbildner die drei Aspekte seines Modells: 1) Lernbemühungen für die betroffenen Menschen, 2) Bildung der Gesamtbevölkerung zu Altern und Bildung und 3) berufliche (Weiter-)Bildung und Freiwilligenbildung (Peterson 1976, 61). In einer späteren Publikation hat Peterson sein Modell verfeinert (Peterson 1980, 68ff.), ohne aber die Grundkonstruktion zu verändern. *Educational Gerontology* wurde für die nächsten Jahrzehnte das Hauptmodell im Bereich der Bildung Älterer. Es diente einigen namhaften Forscher*innen als Grundlage für ihre eigenen Arbeiten.

Zu diesen Wissenschaftler*innen gehört der Brite Frank Glendenning (1921–2002). Er trug mit einer detaillierten Übersicht über die amerikanischen und britischen Entwicklungen zur Theorieentwicklung bei und schlug eine Differenzierung zwischen *Educational Gerontology* (Bildung Älterer) und *Gerontological Education* (Gerontologie lehren) vor (Glendenning, 1983). Seine Kritik wird vom kanadischen Erziehungswissenschaftler André Lemieux geteilt. Dieser hält fest, dass die gerontologische Bildung bereits von der Pädagogik bzw. der Andragogik abgedeckt wird. Die Bildung Älterer sei dagegen eine neue Thematik, für die er den Namen »Gerontagogik« vorschlägt (Lemieux/Sanchez Martinez, 2000). Er bezieht sich dabei aber nicht auf Bollnow.

Neben Glendenning wählt auch der Australier und Neuseeländer David Battersby die Educational Gerontology als Ausgangspunkt seiner Reflexion. Er entwickelte einen theoretischen Rahmen für eine *Gerogogy* als Weiterentwicklung des pädagogisch-andragogischen Modells (Battersby 1982, 33; 1987, 7). Mit »*Geragogik*« wurde ein ähnlicher Begriff in Europa bereits in den 1950er Jahren in einer wissenschaftlichen Publikation erwähnt, ohne dort aber weiter ausgeführt zu werden (Kehrer 1952). Hans Mieskes (1915–2006) nahm den Begriff Anfang der 1970er Jahre auf und definierte ihn. Der Erziehungswissenschaftler und Arzt verbindet in seinen theoretischen Arbeiten die Geragogik sowohl mit der Gerontologie als auch mit der Erziehungswissenschaft (Mieskes 1971, 280; 1983, 71). Er schlägt damit eine ähnliche epistemologische Grundlage vor wie später Peterson und auch Battersby. Der Begriff Geragogik wird in Deutschland von anderen Forscher*innen und Praktiker*innen teilweise im von Mieskes gesteckten theoretisch disziplinären Rahmen und meist mit einer starken Praxisorientierung weiterverwendet (z. B. Bubolz-Lutz/Gösken/Kricheldorff/Schramek 2010; Maderer/Skiba 2006; Petzold 1985; Petzold/Bubolz 1976).

In den frühen 1990er Jahren formulierten Glendenning und Battersby gemeinsame Überlegungen. Sie kritisieren, dass die *Educational Gerontology* gemeinhin in einem funktionalistischen Paradigma gefangen bleibe (Battersby/Glendenning 1992, 116). Die so entstehende *Critical Educational Gerontology* (Battersby/Glendenning 1992; Glendenning/Battersby 1990) wird von anderen Forscher*innen einerseits differenziert hinterfragt (Percy 1990), aber auch weiterentwickelt (Formosa 2011). Diese Sequenz (Austausch, gegenseitige Bezugnahme, Weiterentwicklung) ist übrigens beispielhaft für eine fruchtbare internationale Diskussion über die Zusammenführung der beiden Themen »Bildung« und »ältere Menschen«. Man kann hoffen, dass diese auch in Zukunft weitergeführt wird.

Zur Debatte um die *Educational Gerontology* kann zusammenfassend festgehalten werden, dass die bis jetzt erwähnten Forscher*innen unterschiedliche Begriffe für ihre Modelle vorschlagen und dass auch die disziplinäre Verankerung Unterschiede zeigt. Gemeinsam ist allen Modellen die Grundprämisse der Spezifizität von älteren Lernenden. Obwohl die meisten Forscher*innen auf die Heterogenität des Zielpublikums hinweisen, gehen alle davon aus, dass dieses aber Gemeinsamkeiten hat, die es erziehungsrelevant von anderen unterscheidet. In Bezug auf die Definition des Publikums bleiben die Forscher eher vage. Peterson spricht z. B. von Menschen »mittleren Alters« und »älteren Menschen« (Peterson 1980, 66). Die Ausnahme ist Bollnow, der sein Publikum wie bereits erwähnt als nicht mehr selbstbildungsfähig beschreibt (Bollnow 1966, 48f.). Im folgenden Abschnitt wird ein international bis jetzt wenig bekanntes Modell vorgestellt, das sich in einem wesentlichen Punkt von diesen anderen Modellen unterscheidet.

2.1.3 »Education Permanente Intégrale«: ein inklusiver französischer Ansatz

In Frankreich wurde mit der ersten Seniorenuniversität in Toulouse 1973 eine der weltweit wohl verbreitetsten Institutionen im Bereich der Bildung älterer Erwachsener gegründet (Formosa 2012, 115). Gleichzeitig wurde der französischen erziehungswissenschaftlichen Forschung in diesem Bereich aber kaum Beachtung geschenkt. Philippe Carré wurde in den frühen 1980er Jahren mit einer Doktorarbeit zum Thema »Edukative Projekte von Rentnern« promoviert (Carré 1981b). Entgegen den anglo-amerikanischen Kollegen; von denen er Kenntnis hatte, übernahm Carré nicht die gerontologische Prämisse, sondern integrierte die älteren Erwachsenen in die *»Education permanente«*. Carré verwendet zur Erklärung auch den englischen Ausdruck *»lifespan education«* (Carré 1981a, 121). Das der Faktor Alter nicht *per se* als entscheidend angesehen wird, ist aber keine französische Besonderheit (z. B. Moody 1987; Percy 1990, 236; Withnall 2000). Carré analysiert den Sachverhalt systematisch und stellt fest, dass die meisten als spezifisch altersgerecht angesehenen Maßnahmen auch für jüngere Lernende Vorteile bringen (z. B. angepasste Beleuchtung, Raumtemperatur und Mobiliar; die Beseitigung von externen Störquellen; der Biografiebezug; eine vertrauensvolle Lernatmosphäre; Humor; positive Verstärkung etc.). Einzig die beiden Aspekte »Einzelarbeiten ohne Zeitbeschränkung« und »Fokussierung auf ›stabile‹ intellektuelle Fähigkeiten« können als möglicherweise nicht geeignet für jüngere Lernende angesehen werden. Dies bedeutet, dass gemäß Carré die Altersangepasstheit weniger mit speziellen Methoden oder didaktischen Maßnahmen zu tun hat, sondern mit der ernsthaften und professionellen pädagogischen Organisation der Lernsequenz (Carré 1981a, 114). Der Unterschied liegt seiner Ansicht nach also nicht im Alter des Lernenden, sondern in der Organisation des Lerndispositifs.

Carré würdigt die amerikanische *Educational Gerontology* und spricht ihr zu, einige spezifische Aspekte der Bildung Älterer hervorgestrichen und damit einen wichtigen Beitrag zur Erforschung des Feldes beigetragen zu haben. Die Gerontagogik sieht er als mögliche pädagogische Umsetzung davon. Aufgrund seiner Untersuchung relativiert er aber die Bedeutung des chronologischen Alters und hebt stattdessen die Gemeinsamkeiten der Lernsituation Erwachsener aller Altersgruppen hervor. Er plädiert in diesem Sinne für die »*Education Permanente Intégrale*« (Carré 1981a, 120). Dieser inklusive Ansatz soll gleichzeitig auch die unerwünschte Segregation zwischen älteren und jüngeren Lernenden verhindern helfen.

2.2 Vergleichende Analyse der Modelle

Die neun ausgewählten Modelle wurden in drei Kategorien zusammengefasst. Die erste bilden die Pioniere mit Donahue und Bollnow. Sie haben mit ihren komplementären Arbeiten weite Teile des Problemfeldes umrissen und können ohne weiteres als »Gründermutter und -vater« des Forschungsgegenstandes gesehen werden. Mit der amerikanischen *Educational Gerontology* entwickelte sich in den 1970er Jahren ein kritisierter, aber auch weiterentwickelter Ansatz, der heute gemeinhin als pragmatische Grundlage für meist praxisorientierte Arbeiten in diesem Bereich gesehen werden kann. Eine dritte Kategorie bildet der inklusive Ansatz von Carré, der die Bildung Älterer nicht als gesondert betrachtet, sondern als Teil der *Education Permanente*.

Im Folgenden werden die Modelle vergleichend analysiert. Das Hauptaugenmerk richtet sich dabei auf drei Aspekte. Ein erster Punkt betrifft die mutmaßlichen Unterschiede, die ältere Lernende von jüngeren unterscheiden und dadurch ein spezifisches Modell rechtfertigen sollen. Weiter werden die von den Forscher*innen gewählten Modellbezeichnungen verglichen. Es geht hier um das Ergründen des möglichen Zusammenhanges zwischen der Bezeichnung und der Ausrichtung des Ansatzes. Als dritter Aspekt werden die Kriterien analysiert, die die Forscher*innen als Grundlage für die epistemologische Ausrichtung ihres Ansatzes genommen haben.

Diese vergleichende Analyse soll der Vertiefung des Verständnisses der Ansätze und ihrer Ausrichtung dienen. Schlussendlich soll dies erlauben, die einzelnen Modelle in ein größeres Ganzes einzuordnen und so für die weiterführende Forschung in diesem Bereich nutzbar zu machen.

2.2.1 Die vermuteten Unterschiede zwischen älteren und anderen Erwachsenen als Lernende

Die analysierten Texte gehen sehr unterschiedlich auf die Frage der Differenzierung ein. In den Texten von Peterson, Glendenning und Formosa konnte keine explizite Argumentation gefunden werden. Die anderen Forscher*innen verwenden verschiedenartige Argumente. Donahue betrachtet die fehlende soziale Rolle älterer Erwachsener als entscheidenden erzieherischen Einflussfaktor (Donahue 1952, 117). Bollnow stellt anthropologische Aspekte in den Vordergrund (Bollnow 1966, 50f.). Er plädiert für eine Definition der *Älteren*, die sich explizit nicht auf einen Vergleich mit den *Jüngeren* abstützt (Bollnow 1962, 387). Mieskes geht generell von der Wandlung der intra- und interindividuellen pädagogischen Positionen im Verlaufe des Lebens aus (Mieskes 1971, 279). Carré sieht als einen der Unterschiedsfaktoren die kognitive Entwicklung und insbesondere die verlängerten Reaktionszeiten, ohne daraus aber die Notwendigkeit eines spezifischen Ansatzes abzuleiten (Carré 1981a, 111f.). Battersby stellt nicht die Frage nach den Unterschieden zwischen den Lernenden, sondern jene nach der »*philosophischen Kompatibilität*« zwischen dem Zweck der Bildung Älterer und den Zielen der Bildung jüngerer Erwachsener (Battersby 1987, 8). Auch Lemieux's Reflexion zielt auf die mutmaßlichen Unterschiede zwischen den Zielen der Pädagogik, der Andragogik und der Gerontagogik ab (Lemieux/Boutin/Riendeau 2007, 755).

Als Unterscheidungselemente werden persönliche oder soziale Faktoren gesehen sowie die Ziele bzw. der Zweck der Bildung Älterer. Sechs von neun Spezialist*innen erklären die Unterschiede zwischen Jüngeren und Älteren zwar theoretisch, sie unterziehen diese mutmaßlichen Einflussfaktoren auf das Lernen aber keiner empirischen Prüfung. Die vergleichende Analyse der Modelle kann somit über die vermuteten Unterschiede zwischen den Lernenden keine Klärung verschaffen. Die Argumentationen bleiben Hypothesen, die es zu testen gilt.

2.2.2 Die Modellbezeichnungen

Der augenfälligste Unterschied zwischen den Modellen sind die Bezeichnungen. Man kann in Bezug auf die semantische Konstruktion zwei Typen unterscheiden: aus bestehenden Worten konstruierte Bezeichnungen und Wortschöpfungen mit altgriechischen Wortstämmen (▶ Tab. 1). Formosa kommt in beiden Kategorien vor, da er einerseits den Ausdruck *Critical Educational Gerontology* als auch *Critical Gerogogy* verwendet. In der ersten Kolonne (»Bezeichnung mit bestehenden Worten«) fällt auf, dass »Erziehung« als Substantiv oder Adjektiv in allen Bezeichnungen vorkommt. Donahue verwendet umgangssprachliche Worte für ihre beschreibende Bezeichnung. Die vier anderen Modelle verwenden bestehende wissenschaftliche Konzepte (Education permanente, Gerontologie). Die zweite Kategorie umfasst Bezeichnungen, die altgriechische Wortstämme wie »*geron*« (alter Mann) oder »*ger*« (hohes Alter) in Verbindung bringen mit dem aus der Pädagogik bereits bekannten »*agog*« (*agogos*). Für eine weiterführende Vertiefung der Wortstämme ist hier kein Platz, Informationen dazu finden sich aber in diversen Publikationen (Ferro 1997; Kern 2007, 217ff., 2011, 26, 2016, 24, 222; Lemieux/Sanchez Martinez 2000, 491ff.).

Es ist interessant festzustellen, dass die unterschiedlichen Bezeichnungen nicht unbedingt Rückschlüsse auf die epistemologische Ausrichtung der Ansätze erlauben. Mieskes Geragogik ist z.B. wie Donahue's *Education for older adults* oder Peterson's *Educational Gerontology* auch in der Gerontologie verankert, aber nur letzterer führt die interdisziplinäre akademische Disziplin im Titel. Die Analyse der Bezeichnungen erlaubt also kein tieferes Verständnis der

Unterschiede zwischen den Ansätzen und lässt auch nur sehr bedingte Rückschlüsse auf die epistemologische Verankerung zu.

Tab. 1: Kategorisierung aufgrund der semantischen Konstruktion

Bezeichnung mit bestehenden Worten	Wortschöpfungen mit altgriechischen Wortstämmen
Critical Educational Gerontology (Formosa)	Critical Gerogogy (Formosa)
Education for older adults (Donahue)	Geragogik (Mieskes)
Education permanente intégrale (Carré)	Gerogogy (Battersby)
Educational Gerontology (Peterson)	Gerontagogik (Bollnow)
Educational Gerontology and Gerontological Education (Glendenning)	Gérontagogie (Lemieux)

2.2.3 Kriterien für die Wahl der epistemologischen Ausrichtung

Die Gerontologie beeinflusst die Reflexion über die Bildung Älterer seit den 1950er Jahren. In den meisten Texten erscheint sie als wichtiges Element, ungeachtet der Diskussionen über ihren akademischen Status (Achenbaum/Levin 1989; Alkema/Alley 2006; Bass/Ferraro 2000). Es erscheint durchaus als naheliegend, dass Forscher*innen, die sich für ältere Lernende interessieren, in der Gerontologie und den zu ihr beitragenden Wissenschaften sachdienliche Informationen suchen und finden. Vier der neun analysierten Modelle werden von ihren Autoren explizit in der Gerontologie verankert (Donahue/Mieskes/Peterson/Glendenning). Die zwei nordamerikanischen Forscher fügen als zweites Standbein die Erwachsenenbildung hinzu (Donahue 1952, 115f.; Peterson 1976, 61), während Mieskes die Erziehungswissenschaft favorisiert (Mieskes 1969, 34f., 1971, 281). Die anderen fünf Modelle führen als Wurzeln die »Erziehung« an, zwei davon mit psychologischer (Battersby 1982, 29ff.; Carré 1981a, 121) und eines mit soziologischer (Formosa 2011, 322ff.) Ausrichtung. Nur zwei der fünf Modelle werden hauptsächlich aus der Erziehungswissenschaft heraus argumentiert (Bollnow 1966, 49; Lemieux/Sanchez Martinez 2000, 482).

Die disziplinäre Verankerung der Ansätze lässt sich teilweise von den Doktorats- bzw. Habilitationsdisziplinen der Forscher*innen ableiten. Da in Sachen akademische Disziplinen und Doktoratsstudien in den verschiedenen nationalen und sprachkulturellen Bezügen gewichtige Unterschiede bestehen, müssten diese Zusammenhänge einer vertieften Analyse unterzogen werden, um daraus gesichertes Wissen über Zusammenhänge mit den Wahlkriterien der Forscher*innen generieren zu können. Dessen ungeachtet kann man aber schon jetzt festhalten, dass die verschiedenen Modelle offensichtlich sehr unterschiedlich epistemologisch verankert sind. Es ist somit naheliegend, dass diese nicht als konkurrierende Modelle gesehen werden sollten, sondern viel eher als sich gegenseitig ergänzende.

Dieser Eindruck verfestigt sich bei der Analyse der von den Autor*innen intendierten Ausrichtung bzw. Art des Modells. Es sei hier darauf hingewiesen, dass die Bezeichnung »Modell« Ausdruck der Vermutung ist, dass die Forscher*innen ihre Vorschläge mit dem Ziel publiziert haben, dass diese als Basis und Beispiel für weitere theoretische Entwicklungen sowie zur Umsetzung in die Praxis dienen. Die Frage ist nun, wie die Forscher*innen ihre Beiträge selbst qualifiziert haben. Die Textanalyse zeigt auf, dass sie ihre Vorschläge sehr unterschiedlich charakterisieren:

- Donahue versteht ihre *Education for older adults* als »*Programm*« (Donahue 1952, 115);
- Bollnow sieht in der *Gerontagogik* eine »*Aufgabe für die Erziehung*« (Bollnow 1962, 385);
- Mieskes trägt mit der *Geragogik* zur Entwicklung einer »*neuen Disziplin*« bei (Mieskes 1970, 94);
- Peterson definiert die *Educational Gerontology* als ein »*Praxis- und Theoriefeld*« (Peterson 1976, 61);
- für Carré ist die *Education permanente intégrale* ein Beitrag zur Entwicklung der *Education permanente* (Carré 1981a, 122);
- Battersby sieht die *Gerogogy* als »*Konzept*« (Battersby 1987, 8f.);
- Glendenning betrachtet die *Educational Gerontology/Gerontological Education* zuerst auch als »*Konzept*« (Glendenning 1984, 233), später dann aber auch als eine »*Wissenschaft der Erziehung für ältere Menschen*« (Glendenning 1992, 8f.);
- Auch Lemieux sieht seine *Gérontagogie* als »*Wissenschaft*« (Lemieux/Sanchez Martinez 2000, 482);
- für Formosa handelt es sich bei der *Critical Educational Gerontology/Critical Gerogogy* um eine »*Praxeologische Epistemologie*« (Formosa 2002, 73).

Auch diese Analyse legt nahe, dass die vorgeschlagenen Modelle als sich ergänzende Beiträge verstanden werden sollten. Ihr gemeinsamer Verdienst ist es, das Verständnis über die Zusammenführung von Lernen (Bildung, Erziehung) und älteren Erwachsenen zu vertiefen. Dabei ist es nicht nur wünschenswert, sondern unerlässlich, die ganze Bandbreite der möglichen akademischen Disziplinen miteinzubeziehen. Die analysierten Modelle entsprechen diesem Vorsatz und leisten somit als Gesamtheit einen bedeutenden und wertvollen Beitrag zur Debatte.

3 Die Notwendigkeit einer gemeinsamen epistemologischen Basis oder zumindest der Diskussion darüber

Die Analyse hat gezeigt, dass die bestehenden theoretischen Modelle zur Bildung Älterer wichtige Vorarbeit zu ihrem Verständnis geleistet haben. Die vorhandene Heterogenität zeigt aber auch auf, dass sich die Reflexion noch in einer vorparadigmatischen Phase befindet (Kuhn 1962, IX). Im frühen Stadium einer Wissenschaft entdecken die Forscher*innen zwar ein gemeinsames Gesamtphänomen, die einzelnen von den Forscher*innen beschriebenen Beobachtungen sind aber unterschiedlich. Gemäß Kuhn ist es deshalb logisch, dass die Forscher*innen die besonderen Phänomene auch unterschiedlich beschreiben und so zu sehr unterschiedlichen Interpretationen kommen. Durch den Austausch einigen sie sich mit der Zeit aber auf gemeinsame Paradigmen, wobei dann auch allmählich die Unterschiede in der Interpretation der Phänomene verschwinden (Kuhn 1962, 17). Diese von einer großen Anzahl Forscher*innen akzeptierten Paradigmen entwickeln sich aufgrund der voranschreitenden systematischen Erforschung und Vertiefung des Gesamtphänomens weiter. Ein wesentlicher Beitrag dazu ist der gegenseitige kritische Austausch zwischen den Forscher*innen.

Die Forschung über die Bildung Älterer ist aber noch nicht an diesem Punkt angelangt. Auf die Problematik des Paradigmabegriffs wird hier nicht eingegangen (Kuhn 1962, 174) und auch die diesbezüglichen inhärenten Schwierigkeiten der Sozial- und Humanwissenschaften werden nicht vertieft. Der Mensch als Forschungsgegenstand ist ganz einfach zu komplex, um gesichertes und allgemein generalisierbares und prädiktives Wissen zu generieren. Die Forschung kann aber durchaus das Verständnis des Phänomens vertiefen. Um dies zu erreichen ist eine gemeinsame Basis innerhalb einer Diskursgemeinschaft aber unabdingbar.

Im Bereich der Bildung Älterer kann die Definition der Zielgruppe als eines der zentralen Elemente der Forschung gesehen werden. Fragen zu Erziehung und Bildung gehen schlussendlich immer von der Praxis aus oder zielen auf diese ab. Dabei geht es darum, Veränderungsprozesse bei den Adressat*innen zu initiieren bzw. zu unterstützen. Die genaue Kenntnis der Eigenheiten der Lernenden ist somit der wesentliche Ausgangspunkt. Selbstverständlich gestaltet sich die Praxis in der Arbeit mit Kindern anders als mit Erwachsenen. Im Bereich der Erwachsenen darf zudem von einer akzentuierten Heterogenität ausgegangen werden. Deren Grundanlage besteht aber bereits bei den Kindern. Ohne zu übertreiben kann postuliert werden, dass jeder Mensch seine speziellen Eigenheiten besitzt, das heißt, dass kein Mensch genau gleich ist wie ein anderer.

Für die Forschung heißt das nun aber, dass sie Kategorien bilden muss, die es ihr erlauben, Menschengruppen dennoch als Ganzes zu analysieren und zu vergleichen. Die zur Kategorisierung dieser Gruppen verwendeten Variablen müssen dabei stichhaltig argumentiert werden. Bei der Bildung älterer Erwachsener ist dies nicht der Fall. Man weiß nicht genau, was ältere Erwachsene sind, es existieren aber verschiedene Theorien zu den Besonderheiten dieser Gruppe im Gegensatz zu anderen, jüngeren Lernenden. Es geht nun darum, diese Unterschiede systematisch und vergleichend zu analysieren. Das Ziel wäre, herauszufinden, welche Aspekte wirklich rein altersabhängig sind und welche Partikularitäten mit anderen Faktoren (z. B. dem Bildungsniveau, der sozioökonomischen Klasse etc.) erklärt werden können. Von der Beantwortung dieser Frage hängt ab, inwieweit sich sowohl die Forschung als auch die Praxis der Bildung Älterer auf das in der Erziehungswissenschaft bestehende Wissen abstützen können.

Als Ziel muss gelten, das systematische Wissen über ältere Lernende zu vertiefen. Der Austausch zwischen den Forscher*innen muss erleichtert werden und er soll den gegenseitigen kritischen Vergleich der Resultate erlauben. Die Bildungspraxis ist weiter auch auf solides theoretisches Wissen angewiesen, wenn sie die Qualität der Lern- und Bildungsangebote erhöhen will. Dabei darf vor allem nicht außer Acht gelassen werden, dass die mutmaßlich größte Zielgruppe nicht die Leute sind, die bereits über genügend (Selbst-)Bildungskompetenz verfügen und ihren Bedürfnissen Ausdruck zu geben wissen, sondern jene Menschen, die gemeinhin als bildungsfern bezeichnet werden. Für die Forschung entsteht hier die besondere Herausforderung jene Menschen zu erreichen, die sich eigentlich nicht für Bildung interessieren und die sich vermutlich auch generell nicht als Lernende wahrnehmen (was nicht heißt, dass sie nicht dennoch lernen). Es geht hier also schlussendlich um das noch immer aktuelle Anliegen der Aufklärung, sich der eigenen Lernfähigkeit bewusst zu werden und darum, diese Kenntnis nachhaltig in breiten Kreisen der Bevölkerung zu verankern – auch bei den älteren Erwachsenen.

Literatur

Achenbaum, W. A./Levin, J. S. (1989): What does gerontology mean? *The Gerontologist*, 29(3), pp. 393–400.
Alkema, G. E./Alley, D. E. (2006): Gerontology's Future: An Integrative Model for Disciplinary Advancement. *The Gerontologist*, 46(5), pp. 574–582. Consulté à l'adresse http://gerontologist.oxfordjournals.org/content/46/5/574.full.pdf+html
Bass, S. A./Ferraro, K. F. (2000): Gerontology Education in Transition: Considering Disciplinary and Paradigmatic Evolution. *The Gerontologist*, 40(1), pp. 97–106.
Battersby, D. (1982): Gerogogy. *Australian Journal of Adult Education*, 22(2), pp. 28–34.
Battersby, D. (1987): From andragogy to gerogogy. *Journal of Educational Gerontology*, 2(1), pp. 4–10.
Battersby, D./Glendenning, F. (1992): Reconstructing Education for Older Adults: an elaboration of first principles. *Australian Journal of Adult and Community Education*, 32(2), pp. 115–121.

Bollnow, O. F. (1962): Das hohe Alter. *Neue Sammlung Göttinger Zeitschrift für Erziehung und Gesellschaft*, 2, 385–396. Consulté à l'adresse http://www.otto-friedrich-¬bollnow.de/doc/HohesAlter.pdf
Bollnow, O. F. (1966): *Krise und neuer Anfang*. Heidelberg: Quelle & Meyer.
Bubolz-Lutz, E./Gösken, E./Kricheldorff, C./Schramek, R. (2010): *Geragogik – Bildung und Lernen im Prozess des Alterns, Das Lehrbuch*. Stuttgart: Kohlhammer.
Carré, P. (1981a): Gérontagogie ou éducation permanente intégrale? Retraite et Formation III. *Education Permanente*, 61, pp.109–122.
Carré, P. (1981b): *Projets de formation d'apprenants retraités : contribution à l'étude des spécificités des situations de formation d'adultes* (Thèse de doctorat). Université Paris 5, Paris.
Cicéron. (-44): *Caton l'ancien (de la vieillesse). Texte établi et traduit par Pierre Wuilleumier* (éd. de 1989). Paris: Les belles lettres.
Comenius, J. A. (1656): *Pampaedia – lateinischer Text und deutsche Übersetzung*. (Tschizewskij, D./Geissler, H./Schaller, K. (Hg.) (éd. de 1960). Heidelberg, Deutschland: Quelle & Meyer.
Donahue, W. (1951): Experiments in the Education of Older Adults. *Adult Education*, 2 (Dezember), 49-59. Consulté à l'adresse http://deepblue.lib.umich.edu/bitstream/han¬dle/2027.42/66949/10.1177_074171365100200202.pdf?sequence=2
Donahue, W. (1952): Education's Role in Maintaining the Individual's Status. *The Annals of the American Academy of Political and Social Science*, 279(1), 115–125. Consulté à l'adresse http://hdl.handle.net/2027.42/67179
Durkheim, É. (1911): Éducation. In *Nouveau dictionnaire de pédagogie de Ferdinand Buisson* (édition numérique). Paris: Librairie Hachette et Cie. Consulté à l'adresse http://www.inrp.fr/edition-electronique/lodel/dictionnaire-ferdinand-buisson/documen¬t.php?id=2630
Ferro, T. R. (1997): *The linguistics of Andragogy and its offspring*. Présenté à Midwest Research-to-Practice Conference in Adult, Continuing, and Community Education, Michigan State University, USA, Michigan State Unviersity USA. Consulté à l'adresse http://www.umsl.edu/
Formosa, M. (2002): Critical Geragogy: developing practical possibilities for critical educational gerontology. *Education and Ageing*, 17(1), pp. 73–85.
Formosa, M. (2011): Critical educational gerontology: a third statement of first principles. *International Journal of Education and Ageing*, 2(1), pp. 7–22.
Formosa, M. (2012): Education and Older Adults at the University of the Third Age. *Educational Gerontology*, 38, pp. 114–126.
Glendenning, F. (1983): Educational Gerontology: a review of American and British Developments. *International Journal of Lifelong Education*, 2(1), pp. 63–82.
Glendenning, F. (1984): Educational Gerontology: Towards a necessary discipline? In D. B. Bromley (Éd.), *Gerontology: Social and behavioural perspectives* (p. 225–235). London: Croom Helm.
Glendenning, F. (1992): Educational Gerontology and Gerogogy a critical perspective. *Gerontology & Geriatrics Education*, 13(1/2), pp. 5–22.
Glendenning, F./Battersby, D. (1990): Why We Need Educational Gerontology and Education for Older Adults: a statement of first principles. In F. Glendenning & K. Percy (Éd.), *Ageing, education, and society: Readings in educational gerontology* (p. 219–231). Keele, Staffordshire: Association for Educational Gerontology.
Kehrer, F. A. (1952): *Vom seelischen Altern*. Münster, Deutschland: Aschendorffsche Verlagsbuchhandlung.
Kern, D. (2007): *La prévention de l'isolement à travers la formation tout au long de la vie spécifique aux personnes âgées – étude sur les besoins de formation des personnes en transition entre l'âge de la retraite et le grand âge* (Thèse de doctorat). Université de Haute Alsace, Mulhouse. Consulté à l'adresse http://www.scd.uha.fr/flora/jsp/index_¬view_direct_anonymous.jsp?record=defaultfortmelectro:TM_ELECTRO:11
Kern, D. (2008): Les besoins d'apprentissage dans la vieillesse. *Revue Savoirs*, 18(3), 79–97.

Kern, D. (2011): Vieillissement et formation des adultes – Note de synthèse. *Revue Savoirs*, 26, 13–59. Consulté à l'adresse https://www.cairn.info/revue-savoirs-2011-2-page-11.htm

Kern, D. (2013a): La formation des adultes âgés: réflexions épistémologiques. In: D. Kern (Éd.), *Formation et vieillissement – apprendre et se former après 50 ans: quels enjeux et quelles pertinences* (p. 39–54). Nancy: Presses Universitaires de Nancy – Éditions Universitaires de Lorraine.

Kern, D. (2013b): Les besoins d'apprentissage spécifiques au grand âge. *Gérontologie et Société*, 4(147), 107–119. Consulté à l'adresse https://www.cairn.info/revue-gerontologie-et-societe1-2013-4-page-107.htm

Kern, D. (2014a): Conceptual issues for teaching older adults – Geragogy, Gerogogy, Gerontagogy, Educational gerontology and Full continuing education. In B. Schmidt-Hertha, S. Jelenc Krašovec, & M. Formosa (Éd.), *Learning across generations in Europe: contemporary issues in older adult education* (p. 73–84). Rotterdam, Pays-bas: Sense. Consulté à l'adresse http://www.sensepublishers.com/media/2164-learning-across-generations-in-europe_%28Complimentary_Copy%29.pdf

Kern, D. (2014b): Epistemological approaches in older adult education: an attempt at a Categorisation and Identification of suitable variables. In *Innovatinons in older adult learning: theory, research, policy. 5th international conference of ESREA's Network on the Education and Learning of Older Adults (ELOA) 22–24 October 2014 in Valletta, Malta*. Valletta, Malta: University of Malta.

Kern, D. (2014c): Les réflexions épistémologiques dans la recherche. *bildungsforschung*, (1), pp. 1–10. Consulté à l'adresse http://bildungsforschung.org/index.php/bildungsforschung/article/view/177

Kern, D. (2016): *La recherche sur la formation et l'éducation des adultes dans la deuxième moitié de la vie*. Paris: Harmattan.

Kuhn, T. S. (1962): *The structure of scientific revolutions* (fourth edition 2012). Chicago et London: University of Chicago Press. Consulté à l'adresse http://press.uchicago.edu/ucp/books/book/chicago/S/bo13179781.html

Lemieux, A., Boutin, G./Riendeau, J. (2007): Les facultés d'éducation des universités traditionelles et les universités du troisième âge: un modèle de partenariat. *Revue des sciences de l'éducation*, 33(3), pp. 749–764.

Lemieux, A./Sanchez Martinez, M. (2000): Gerontagogy beyond word: a reality. *Educational Gerontology. Educational Gerontology*, 26(5), pp. 475–498.

Maderer, P./Skiba, A. (2006): Integrative geragogy: part 1: theory and practice of a basic model. *Educational Gerontology*, 32, pp. 125–145.

Mieskes, H. (Hg.). (1969): *Berichte – Gedanken – Mitteilungen 1+2*. Gießen: Erziehungswissenschaftliches Seminar und Institut für Pädagogische Forschung der Universität Gießen.

Mieskes, H. (1970): Geragogik – Pädagogik des Alters und des alten Menschen. *Pädagogische Rundschau*, 24, pp. 89–101.

Mieskes, H. (1971): Geragogik – ihr Begriff und ihre Aufgaben innerhalb der Gerontologie. *Aktuelle Gerontologie*, 1, pp. 279–283.

Mieskes, H. (1993): Das war's in Gießen 1961-1981 – neue Wege und Ansätze in der Erziehungswissenschaft. *Gießener Universitätsblätter*, (26), 69–86. Consulté à l'adresse http://geb.uni-giessen.de/geb/volltexte/2013/9268/pdf/GU_26_1993.pdf

Miles, M. B./Huberman, M. A. (2003): *Analyse des données qualitatives* (Traduction de la 2e édition américaine par Martine Hlady Rispal, révision scientifique de Jean-Jacques Bonniol, 2e édition). Bruxelles: De Boeck. Consulté à l'adresse http://www.deboecksuperieur.com/titres/26663_3/9782744500909-analyse-des-donnees-qualitatives.html

Moody, H. R. (1987): Why worry about education for older adults? *Generations*, 12(2), pp. 5–9.

Percy, K. (1990): The future of Educational Gerontology: a Second Statement of First Principles. In: Glendenning, F/Percy, K. (Hg.) *Ageing, education, and society: Readings in educational gerontology* (p. 232–239). Keele, Staffordshire: Association for Educational Gerontology.

Peterson, D. A. (1976): Educational Gerontology: The state of the art. *Educational Gerontology, 1*, pp. 61–73.

Peterson, D. A. (1980): Who are the educational gerontologists? *Educational Gerontology, 5*(1), pp. 65–77.

Petzold, H. (1985): Integrative Geragogik – die Gestaltmethode in der Bildungsarbeit mit alten Menschen. In: Petzold, H. (Hg.): *Mit alten Menschen arbeiten – Bildungsarbeit, Psychotherapie, Soziotherapie* München: Pfeiffer, S. 31–68.

Petzold, H./Bubolz, E. (1976): Konzepte zu einer integrativen Bildungsarbeit mit alten Menschen. In: Petzold, H./Bubolz, E. (Hg.): *Bildungsarbeit mit alten Menschen.* Stuttgart: Klett, S. 37–60.

Withnall, A. (2000): The debate continues: integrating educational gerontology with lifelong learning. In: Glendenning, F. (Hg.), *Teaching And Learning In Later Life – theoretical implications.* Aldershot Hants, England: Ashgate, pp. 87–97.

Teil 1: Theoriezugänge zur Altersbildung

Positionen zur Theoriebildung und wissenschaftlichen Verortung von Lernen und Bildung im Alter

Cornelia Kricheldorff

Im vorangegangenen, einleitenden Beitrag von Dominique Kern wird deutlich, wie divers sich die theoretische Fundierung des Themenbereichs Alter(n), Lernen und Bildung darstellt. Er verweist darin auf relevante Quellen und Entwicklungen aus einer international-europäischen Perspektive und arbeitet dabei die Gemeinsamkeiten und Unterschiede verschiedener Autor*innen und Forscher*innen heraus, die zu unterschiedlichen Zeiten ihre wissenschaftlichen Positionen entwickelt haben. Diese sind auch jeweils im zeitgeschichtlichen Kontext zu sehen und zu deuten. Als Schweizer, der in Frankreich und Deutschland lehrt und forscht, ist Dominique Kern für diese übergreifende Perspektive geradezu prädestiniert und wir haben deshalb seinen Beitrag dem Buch insgesamt vorangestellt, zumal auch die Autor*innen aus verschiedenen europäischen Ländern kommen.

Im folgenden Teil 1 der vorliegenden Publikation beleuchten nun drei weitere Beiträge die Schnittstellenthematik der Geragogik in verschiedene Richtungen und in unterschiedlichen wissenschaftlichen Herleitungen. Dabei wird die Komplexität des Themas deutlich und auch, wie stark die jeweilige Betrachtung und Verortung der Einzelbeiträge von der Herkunftsdisziplin der Autor*innen geprägt ist. Aber die Prägung durch die Summe der verschiedenen Perspektiven kennzeichnet ja die Geragogik insgesamt, die damit aus multidisziplinärer Sicht die jeweiligen zentralen wissenschaftlichen Anliegen mit der praktischen Umsetzung von Bildung und Lernen im Prozess des Alterns verbindet. Es geht also in diesem ersten Teil der Publikation um eine Annäherung an eine wissenschaftliche Positionsbestimmung.

Der erste Beitrag von *Ines Himmelsbach* greift diese Herausforderung aus erziehungswissenschaftlicher Sicht auf und verknüpft diese klar mit der gerontologischen Perspektive. Im Zentrum steht dabei die fachliche Prämisse *Altern lernen*, also die Auseinandersetzung mit den Veränderungen und Herausforderungen, die der Prozess des Alterns mit sich bringt. In diesem Kontext nimmt die Autorin zentrale Theorieansätze und wissenschaftliche Debatten der Gerontologie zum Ausgangspunkt und verbindet diese mit erziehungswissenschaftlichen Diskussionen um die Begriffe Bildung und Lernen, die vor allem im Alter zu einer Veränderung beziehungsweise einer Anpassung an sich verändernde Person- und Umweltbedingungen beitragen und befähigen. In dieser Logik nimmt sie Bezug auf empirische Befunde zu Lern- und Bildungsprozessen älterer Menschen und legt dabei den Schwerpunkt auf die Bewältigung von Übergängen und auf die Bedeutung der Biografie im Lebenslauf. Der Betrag von Himmelsbach endet mit einem Plädoyer für einen stärker interdisziplinär orientierten Blick, von dem aus sich passgenauere Angebote für ältere Menschen gestalten lassen, um auf die Besonderheiten der Lebensphase Alter vorzubereiten, also Alter(n) zu lernen.

Der zweite Beitrag von *Cornelia Kricheldorff* rückt die Perspektive der Sozialen Gerontologie in den Fokus und setzt dabei typische Lernherausforderung und Bildungsanliegen, in der Gerontologie auch als kritische Lebensereignisse beschrieben, in Bezug zu geragogischen Prämissen und Handlungsansätzen. In dieser Logik wird in dem Beitrag konsequent der Gedanke entwickelt, dass sich eine deutliche *Überschneidung von Konzepten der Interventionsgerontologie mit geragogischen Ansätzen* aufzeigen lässt, weil deren definierte Bildungsziele für die Adressat*innen auch im Sinne einer geplanten Intervention wirken können. Thematische Schwerpunkte der aktuellen Fachdebatten in der Sozialen Gerontologie werden mit möglichen Bildungsansätzen und -konzepten verknüpft und daraus die entsprechenden Entwicklungsherausforderungen abgeleitet, die eindeutig nicht nur therapeutisch oder beratend, sondern auch in besonderer Weise geragogisch beantwortet werden können. In einem weiteren Schritt wird die Relevanz von Alternstheorien für die Geragogik herausgearbeitet, um im Fazit die enge Verflechtung der Geragogik mit Theorien und Konzepten der Sozialen Gerontologie und mit relevanten Themen und Ansätzen aus der Praxis sozialer Altenarbeit zu konstatieren.

Der dritte Theoriebeitrag von *Julia Steinfort-Diedenhofen* verbindet in einer eher sozialpädagogisch geprägten Traditionslinie die Anliegen und Themen Sozialer Arbeit mit denen der Erwachsenenbildung und entwickelt dabei das Konzept der *Sozialgeragogik* als weitere wissenschaftliche Positionierung. In diesem Kontext erfolgt eine Schärfung und Fokussierung auf soziale Fragen in der Bildungsarbeit mit älteren Menschen. Als Anliegen der Sozialgeragogik werden Aspekte von Bildungsbenachteiligung und sozialer Ungleichheit, also Aspekte einer kritischen Geragogik, konsequent als Anliegen der Sozialgeragogik entfaltet und deren Traditionslinien bis auf wissenschaftliche Arbeiten und Positionierungen in den frühen 1980er Jahren zurückverfolgt. Zentrale Handlungsprämissen, Ansätze und Prinzipien sowie das jeweilige Professionsverständnis von Sozialer Arbeit und Erwachsenenbildung werden in diesem Kontext kontrastierend gegenübergestellt. Die verbindende Perspektive ergibt sich dann aus der Orientierung an der Lebens- und Alltagswelt als didaktische Grundkategorie, die Impulse einer lebensweltsensiblen Sozialgeragogik konsequent aufgreift und konzeptionell umsetzt.

Ein gemeinsames Anliegen zeigt sich in der Forderung nach einer inhaltlichen Weiterentwicklung von der aktuellen Multidisziplinarität der Geragogik hin zu mehr Interdisziplinarität, verbunden mit einer klaren wissenschaftlichen Positionierung an den Schnittstellen verschiedener relevanter Wissenschaftsdisziplinen. Diese wissenschaftliche Verortung der Geragogik ist eines der zentralen Anliegen dieser Publikation. Vor diesem Hintergrund dient dieser erste Teil des Buches einer Schärfung der wissenschaftlichen Verortung von Lernen und Bildung im Alter und stellt damit eine theoretische Positionsbestimmung dar.

Das Altern lernen – theoretische Perspektiven in Erziehungswissenschaften und Gerontologie

Ines Himmelsbach

Der Beitrag lotet die Chancen aus, gerontologisches und erziehungswissenschaftliches Theoriewissen zu verbinden. Ausgehend von der These, dass Bildung und Lernen im Alter vor allem *Altern lernen* bedeutet, beleuchtet der Beitrag gerontologische und erziehungswissenschaftliche Theoriebildung. Dabei geht es weniger um eine pädagogische Adressierung älterer Menschen, sondern vielmehr um die Zentrierung des Individuums vor dem Hintergrund der Frage nach Lernprozessen, die von Nöten sind, um gut zu altern. Lernen im Alter, so die These, ist damit nicht ein von außen zugeschriebener Prozess. Vielmehr handelt es sich um einen im Individuum eingeschriebenen Prozess, der sich im Verlauf des Alterns vollzieht, zum Teil als latenter Prozess, zum Teil als bewusster Prozess, der mit dem zunehmenden Bewusstsein von Endlichkeit und/oder zunehmenden altersbedingten Veränderungen einhergeht. Der Beitrag versucht vor dem Hintergrund gerontologischer Theorien zu Awareness of Aging (Diehl et al. 2014), sozioemotionaler Selektivitätstheorie (Carstensen 2006) und der grundlegenden Entwicklungsprozesse des Alterns im Sinne einer Orchestrierung von Steigerung, Stillstand und Verlust (Baltes/Baltes 1990) Argumente für einen auf das Altern hin ausgerichteten Lernbegriff zu finden. Dabei werden aktuelle erziehungswissenschaftliche Debatten aus der Bildungsbiografieforschung (Alheit/Dausien 2002; Kade 2011; Koller 2012a) und Diskussionen um den Begriff des Lernens (Göhlich/Zirfas 2007) aufgegriffen und mit gerontologischen Theorieansätzen verwoben.

1 These: Bildung und Lernen im Alter bedeutet das Alter(n) selbst zu lernen

Wenn wir von Bildung und Lernen im Alter ausgehen, dann umfasst dies einen Zeitraum von bis zu fünf Jahrzehnten. Lernende können sowohl ältere Arbeitnehmer*innen wie hochaltrige Menschen am Ende ihres Lebens sein. Bildung im Alter ist als Phänomen zu betrachten, das »lifewide« (Alheit/Dausien 2002) zu beobachten ist, vom informellen Lernen im Alltag, dem Übergang in den Ruhestand, den non-formalen mit Zertifikaten ausgestatteten Lernprojekten zur Vorbereitung auf ein ehrenamtliches Engagement bis hin zu formalisierten

Lernprozessen an Universitäten des dritten Lebensalters (Schmidt-Hertha 2014). Wenig beachtet werden in der erziehungswissenschaftlichen Betrachtung des Phänomens Alter, Lernen und Bildung die Veränderungen des Individuums in diesem Zeitraum. Eine Veränderung von individuellen Bildungsprozessen und gesellschaftlichen Kontexten in bis zu fünf Dekaden kann kaum bestritten werden. Um diese sich wandelnden und vielfältigen Lernanlässe und Bildungsprozesse theoretisch zu umreißen, wird ein weiter Bildungsbegriff benötigt, der es ermöglicht, das Phänomen Bildung im Alter erziehungswissenschaftlich zu fassen. Folgt man Kade/Nolda (2014), so besteht die zunehmend selbstverständlich gewordene Erwartung an jeden Einzelnen, sein Leben selbstverantwortlich zu gestalten und sich, orientiert an neuen gesellschaftlichen Herausforderungen und individuellen Ansprüchen, weiterzuentwickeln. Individualität wird zum gesellschaftlichen und pädagogischen Leitbegriff (vgl. 589). Folgt man dieser Idee der Individualisierung, so kann und muss dies für das Erwachsenenalter fortgeschrieben werden bis ins hohe Alter. Zugleich ist von Lern- und Bildungsprozessen im Alter auszugehen, die strikt beim Individuum liegen. Dergestalt geschieht dies auch in gerontologischen Ansätzen zum *subjektiven Altern* (siehe 2). Lernen im Alter bedeutet damit vor allem das Altern selbst zu lernen: Es gilt zu lernen, mit Veränderungen des Körpers, mit Veränderungen der gesellschaftlichen Rolle, mit sozialen Veränderungen und letztendlich der Endlichkeit umzugehen. Dabei handelt es sich nicht, oder zumindest weniger, um einen von außen zugeschriebenen Prozess. Diesen finden wir allerdings häufig vor, wenn es um pädagogische bzw. geragogische Adressierungen geht, wie wir sie in Beschreibungen der Altenbildung am Differential Erwachsenenbildung und Soziale Arbeit mit der Fokussierung von entweder Bildung oder Hilfe finden (bspw. Schweppe 2006). Hier soll die These vertreten werden, dass es sich bei Bildungs- und Lernprozessen von älteren Menschen vielmehr um einen im Individuum eingeschriebenen Prozess handelt, der sich im Verlauf des Alterns vollzieht und auch verändert. Dieser Prozess läuft zum Teil als latenter Prozess ab und zum Teil als bewusster Prozess, der mit dem zunehmenden Bewusstsein von Endlichkeit und/oder zunehmenden altersbedingten Veränderungen einhergeht. Wie dieser Prozess erziehungswissenschaftlich und empirisch zu beschreiben ist, darüber wissen wir noch nicht genug.

Anlass für diese These geben unter anderem theoretische Konzepte in der Sozialen Gerontologie, die im Folgenden näher erläutert werden.

2 Gerontologische Ausgangspunkte – Subjektives Altern als Orchestrierung von Steigerung, Stillstand und Verlust, Gewahr-werden des Älterwerdens und Positionierung zur Zukunft

Subjektives Altern als die Orchestrierung von Steigerung, Stillstand und Verlust zu beschreiben, ist die Leistung der Theorie der Selektiven Optimierung mit Kompensation (Baltes/Baltes 1990). Die Dynamik dieser drei Prozesse wird gerahmt von Vorannahmen und Folgen für die Nutzung der drei Strategietypen. Für eine Einbettung in einen erziehungswissenschaftlichen Diskurs sind die Antezedenzbedingungen im Hinblick auf die Definition von menschlicher Entwicklung von entscheidender Bedeutung:

> »Entwicklung wird verstanden als ein lebenslanger adaptiver Prozess, der durch eine endliche Menge von verfügbarer Ressourcen, durch altersbezogene Veränderungen der Plastizität und durch Verluste von internalen und externalen Ressourcen charakterisiert ist« (Jopp 2003, 29).

Dies bedeutet, dass Entwicklung gleichermaßen Prozesse der Steigerung, des Stillstands und des Verlustes umfassen kann: Die Strategien der Selektion, Optimierung und Kompensation dienen dabei der Anpassung an begrenzte Ressourcen sowie an ihre altersassoziierten Veränderungen.

> »Als Ergebnisse des SOK-Einsatzes werden (a) die Maximierung von (subjektiven und objektiven) Gewinnen und Minimierung von Verlusten, (b) die erfolgreiche Entwicklung bzw. das Erreichen von Zielen, (c) die Aufrechterhaltung von Funktionen, (d) die Wiederherstellung der Leistungsfähigkeit nach Ressourcenverlusten in spezifischen Bereichen sowie (e) die Regulation von Verlusten beschrieben« (Jopp 2003, 29).

Damit kennzeichnet dieses Modell die Anpassungsmöglichkeiten und -leistungen des Individuums an den Alterungsprozess und liefert wertvolle Hinweise für die Erweiterung eines Bildungsbegriffs jenseits von Steigerung bzw. Fortschritt (Göhlich/Zirfas 2007).

Carstensen argumentiert in der Anfang der 1990er Jahre vorgeschlagenen sozioemotionalen Selektivitätstheorie, dass der individuelle Entwicklungsprozess von Verschiebungen der Motivlage geprägt ist. Angetrieben wird dieser von der Art der Zukunftsperspektive und nicht vom kalendarischen Alter. Je ausgedehnter sich die Zukunftsperspektive, vor allem in frühen Phasen der Lebensspanne, darstellt, desto eher rückt das Motiv der Informationssuche in den Vordergrund und treibt Entwicklung an. In der Folge werden vielfältige Entwicklungswege beschritten und die Lebensmöglichkeiten auf vielfachen Wegen aktiv exploriert und mit Information aufgeladen. Wird Zukunft allerdings als begrenzt wahrgenommen, was vor allem im höheren Lebensalter der Fall ist, konzentrieren sich Zielprozesse auf den Erhalt emotional bedeutsamer Erlebensinhalte, vor allem im Bereich der sozialen Beziehungen. So wird erwartet, dass ältere Menschen vor allem in den Erhalt von besonders bedeutsamen Sozialpartner*innen mit hoher Bindung und Verlässlichkeit investieren, während weniger wichtige Sozialbeziehungen eher aufgegeben werden. Seit ihrer Einführung hat sich der Anwendungsbereich der sozioemotionalen Selektivitätstheorieständig ausgeweitet und stellt auch einen Erklärungsansatz dar, warum ältere Menschen, trotz begrenzter Zeit, höhere Wohlbefindenswerte berichten als jüngere Menschen. Bedeutsam ist an der sozioemotionalen Selektivitätstheorie, dass die behaupteten motivationalen Verschiebungen nicht rein altersbezogen sind, sondern auch in jüngeren Jahren berichtet werden, wenn sich die individuelle Zukunftsperspektive verkürzt, beispielsweise bei Umzug oder Krankheit (Carstensen 2006).

Dementsprechend und gedeutet im Hinblick auf Bildung im Alter ist nicht das kalendarische Alter für Veränderungsprozesse verantwortlich, sondern eine Veränderung in Motiven (so auch Lernmotiven) im Hinblick auf eine als länger oder kürzer wahrgenommene Zukunft.

Als drittes, neueres und auf anderer Ebene gelagertes Konzept wird auf das übergeordnete Konzept von Awareness of Aging/Gewahr-werden (AoA) des Älterwerdens von Diehl, Wahl und Kollegen (2014) eingegangen. Es geht davon aus, dass ältere Menschen in der Lage sind, ihre eigene Alterung zu reflektieren und zu interpretieren. Die Autor*innen schlagen AoA als Konzept vor, um eine integrative Funktion in der Entwicklungsforschung über das subjektive Altern zu erfüllen. Sie argumentieren, dass das AoA-Konstrukt die theoretischen Komponenten anderer existierender Konzepte einbeziehen kann, da Urteile der subjektiven Alterung auf ein Bewusstseinskontinuum von implizit bis zu explizit einzuordnen sind. Sie argumentieren weiterhin, dass AoA-Prozesse selbstbezogen sind und dass AoA einen besonderen Aspekt des Gewahr-werdens darstellen, der zu einer altersspezifischen Selbsterkenntnis führt. Im Laufe der Zeit übernehmen die alternden Individuen diese Selbsterkenntnis in ihr Selbstkonzept und ihre persönliche Identität. Konzepte subjektiven Alterns, die in das übergeordnete Konzept von AoA integriert werden, umfassen subjektives Alter, Altersidentität, Selbstbild des Alterns, Einstellungen gegenüber dem Altern oder Alterssterotype und das Gewahr-werden altersbezogener Veränderungen. Folgt man dem integrativen Modell von Diehl und Kollegen (2014), so wirken auf AoA sowohl kulturelle Aspekte in Form von Altersnormen oder Sozialpolitik ein sowie psychologische Ressourcen im Sinne von Coping Strategien oder Persönlichkeitsmerkmale. AoA beeinflusst dann selbstregulative Prozesse wie im SOK-Modell oder der sozioemotionalen Selektivitätstheorie beschriebenen Prozesse. So korrelierte in einer Studie zu Awareness of age-related change (AARC) vor allem verlustbasiertes AARC deutlich positiv mit Neurotizismus, negativ mit Extraversion und negativ mit Indikatoren erfolgreichen Alterns und bestätigte, dass Älterwerden vor allem durch ein negativ getöntes Altersveränderungserleben charakterisiert ist (Wahl/Konieczny/Diehl 2013).

Das AoA-Konzept ist strikt quantitativ ausgerichtet und begibt sich auf die Suche nach multidimensionalen Konstrukten, die gutes Altern bzw. Wohlbefinden als Endpunkte vorhersagen können. Damit können die einzelnen Konzepte bzw. das übergeordnete Konzept AoA querschnittlich Zustandsbeschreibungen und bestenfalls längsschnittlich Veränderungen über die Zeit abbilden, aber das *Wie* der Veränderung, die darin sich ergebenden und der Biografie innewohnenden Lernprozesse zu beschreiben, das könnte die Stärke einer erziehungswissenschaftlichen Betrachtung dieser auf das subjektive Altern gerichteten Konzepte sein.

3 Erziehungswissenschaftliche Diskussionen um die Begriffe Bildung und Lernen (im Alter) – hin zu einer Veränderung der gesamten Person

Bislang stehen der erziehungswissenschaftliche Bildungs- und der auf das Altern hin ausgerichtete entwicklungspsychologisch geprägte Entwicklungsbegriff unverbunden nebeneinander (Himmelsbach 2015). Dies, obwohl die oben angesprochenen, eher auf Entwicklung orientierten Strategien gelingenden Alterns auch als Aneignungsprozesse beschrieben werden könnten. Denn mit der Fokussierung auf das dritte Lebensalter setzt der bisherige Fokus von Alternsbildung vor allem auf Wachstum (Autonomie). Was das schwierige Unterfangen des Alterns ausmacht, was Baltes (2007) mit den drei Entwicklungszielen Wachstum, Aufrechterhaltung und Verlustregulation beschreibt, wird weitestgehend verschwiegen oder über den Modus Hilfe operationalisiert. Um sich dessen zu nähern, wie das »Altern selbst« gelernt wird, wäre eine Hinwendung zu den Aneignungsformen der Individuen selbst hilfreich. Empirisch wären beispielsweise ihre eigenen Narrationen, bestenfalls im Verlauf der Biographie, hilfreich, um das Älterwerden als Gestaltbildung im Sinne von Bildung zu verstehen. Dies könnte es erlauben, Anschlüsse im Sinne von AoA empirisch aufzudecken und damit auf Lernen basierende Integrationsleistungen des Subjekts in die eigenen Identitätsstrukturen in Bezug auf das Älterwerden besser zu verstehen. Um dabei noch Phänomene des Wandels dieser Strukturen zu zeigen, ist der Gestaltbegriff hilfreich, denn von der »Wiedererkennbarkeit einer »Gestalt« im permanenten Wechsel und Wandel handelt der moderne Strukturbegriff. (...) Nicht innerer Zwang und mentale Vorschriften, sondern ein sich selbst konstituierendes System von Bedeutungen sichert die Identität der Person im Durchgang durch die verschiedenen Positionen im sozialen Raum und im Wechsel der biographischen Zustände« (Bude 1999, 248). Bildung wird sowohl als Prozess als auch als Gestalt angesehen und das Individuum stellt sich, um sich zu bilden, in ein Verhältnis zu sich selbst und zu seiner Umwelt (vgl. Langewand 2004). Die Auseinandersetzung von Ich und Welt als Bildung zu beschreiben, geht dabei zurück auf Humboldt »so viel Welt als möglich zu ergreifen, und so eng, als er nur kann, mit sich zu verbinden« (Humboldt 1969/1793, 235, zit. nach Kade 2012). Bildung besteht mithin darin, dass die angeeignete Welt, insbesondere in der Form von Wissen über sie, ganz dem einzelnen Menschen zugehört. Durch diese weltoffene, nicht auf das kleine Selbst eines vereinzelten Menschen zurückgezogene Selbstbezüglichkeit wird das Ich einerseits zum autonomen Subjekt, andererseits entwickelt es sich nach der Seite seines Wissens, seiner Fähigkeiten und seines Könnens (Kade 2012, 38).

Mit dieser dem Bildungsbegriff inhärenten Fokussierung auf das Individuum und seiner prozessualen Gestaltbildung rückt zur Analyse von Bildungs- und Lernprozessen die Biografie in den Mittelpunkt, um aus dieser heraus innewohnende Strukturen der Gestaltbildung zu analysieren.

Vielversprechend erscheint dafür der Ansatz von Koller (2012), in dessen Theorie Transformatorischer Bildungsprozesse die Konzepte gerontologischer Theoriebildung integrierbar erscheinen. Zunächst unterscheidet er Bildungsprozesse von Lernprozessen dahingehend, dass Lernen als Aufnahme neuer Informationen verstanden werden könne, wohingegen es sich bei Bildung um höherstufige Lernprozesse handle, bei denen sich auch die Art und Weise der Informationsverarbeitung verändere. Bildung ist demnach nicht nur als Kompetenzerwerb, sondern vielmehr als eine grundlegende Veränderung der gesamten Person zu verstehen. Eine zweite Grundannahme geht auf den Anlass für Bildungsprozesse ein und erweitert diese:

> »Während im klassischen Bildungsdenken (...) Bildung als harmonischer, einem inneren ›Drängen‹ folgender Prozess der Entfaltung von ›Kräften‹ verstanden wurde (...), begreift das hier vorzustellende Konzept Bildung als krisenhaftes Geschehen, das auf die Herausforderung durch neuartige Problemlagen reagiert, die mit bisher verfügbaren Mitteln nicht mehr angemessen bearbeitet werden können« (Koller 2012a, 20).

Bildung wird von Koller verstanden als ein (1) Prozess der Transformation (2) grundlegender Figuren des Selbst- und Weltverhältnisses (3) in Auseinandersetzung mit Krisenerfahrungen, die die bisherigen Figuren des Selbst-Weltverhältnis in Frage stellen. Damit wären für einen empirischen Zugang zu derartigen Bildungs- und Lernprozessen folgende Fragen zu stellen:

1. **Bildung nicht nur Lernen, sondern grundlegende Veränderung der gesamten Person**: Welche begrifflichen Konzepte sind geeignet, um Welt- und Selbstverhältnisse, die den Gegenstand von Bildungsprozessen ausmachen, theoretisch zu erfassen und empirisch zu untersuchen? Was wird in transformatorischen Bildungsprozessen einer grundlegenden Veränderung unterzogen?
2. **Anlässe von Bildungsprozessen**: Wie lassen sich die Krisenerfahrungen, die den Anlass für solche Bildungsprozesse darstellen, genauer bestimmen? Gibt es so etwas wie typische gesellschaftliche oder individuelle Problemlagen?
3. **Auseinandersetzung mit Krisenerfahrungen**: Wie sind die Prozesse der Transformation von Welt- und Selbstverhältnissen näher zu beschreiben? Gibt es typische Verlaufsformen oder eine bestimmte Phasenstruktur solcher Bildungsprozesse?

Insbesondere die Kritik an der klassischen Hinwendung zu »Kräften« und die Betonung der Ausblendung von Konflikten, Widersprüchen, Verlusterfahrungen und Stillstand beim »anders werden mit offenem Ausgang« (Koller 2012b,169) erscheint für die Auseinandersetzung mit Fragen des Älterwerdens von Bedeutung. Sie geht darüber hinaus, was andere Autor*innen mit der Bildung zur Endlichkeit aufgreifen, wie Arnold mit seinem Konzept der *Abschied-*

lichen Bildung oder Baars mit seiner Idee *Learning to live a finite life* (Arnold 2006; Baars 2016). Zwar betont Arnold, dass das Thema der Endlichkeit sowohl der Erwachsenenpädagogik – auch in ihren Altenbildungsdiskursen – weitgehend abhandengekommen zu sein scheint und dass die Erwachsenenbildung ihre Bedeutung aus dem Versprechen einer individuellen und gesellschaftlichen ›Verbesserung der Lage‹ her definiert.

> »Deshalb ›kranken‹ ihre Diskurse an einer grundlegenden Paradoxie: Sie versucht mit den Bildern eines immer wieder aufbrechenden Lebens (›Lebenslanges Lernen‹) eine subjektive Bewegung zu beschreiben, die durch Situationen des Abschiedes, Loslassens und Sterbens charakterisiert ist. Diese Verschweigung des Todes durchdringt die Erwachsenenpädagogik bis hinein in ihre Grundkonzepte, wie z. B. den Begriff des ›Erwachsenwerdens‹ und ›Erwachsenseins‹« (Arnold 2006, 20).

Doch greift meines Erachtens eine Reduktion auf Themen der Endlichkeit im Hinblick auf das Phänomen Altern viel zu kurz und betont über das Maß die gegenläufige Tendenz zum ›Aufbruchsparadigma‹ der Erwachsenenbildung (Arnold 2006). Hilfreicher erscheint meines Erachtens die Integration einer sich verändernden Zukunftsperspektive (Carstensen 2006), die auch im Alter von Älteren selbst lange jenseits von Endlichkeit gedacht wird (Biggs 2004). Aus ähnlicher Richtung wie Arnold argumentiert Baars (2016), allerdings betont er die Aspekte von Veränderung, die die gesamte Person umfassen.

> »Situations change and we change with them: Growing up and growing older are unthinkable without continuous change, and older people can more easily assess how profound these changes may be. Sometimes change can be so intense that the person concerned becomes confronted with his or her life as such: with the fact that the life he or she was accustomed to has come to an end. Although life continues, it will never be the same again. Temporal orientations that were taken for granted become more sharply articulated: What used to be typical of the present has become past and the future seems even more uncertain than it used to be« (Baars 2016, 4).

Im Sinne der sozioemotionalen Selektivitätstheorie (Carstensen 2006) argumentiert er, dass Endlichkeit nicht mit Sterblichkeit gleichzusetzen sei. Vielmehr betont er, dass Leben im Bewusstsein der Endlichkeit bedeutet, in konstanten Veränderungen zu leben, die auch als Lernprozesse zu beschreiben sind:

> »On the one hand, aging consists of uncontrollable changes that happen to us: we can neither hold on to the present nor control the future. Some of these changes have such a strong positive or negative impact that life will, as we tend to say, never be the same again. On the other hand, such changes require active responding that needs to be learned in real life: to learn to let go, take distance, re-appreciate situations, and integrate experiences into the awareness of a finite life appears to be central to aging as an evolving art of living« (Baars 2016, 7).

4 Empirische Untersuchung von Bildungs- und Lernprozessen älterer Menschen

Will man nun Bildungs- und Lernprozesse im Alter untersuchen, bieten sich unter Rückgriff auf die erörterten Thesen und Bezugnahmen zwei Referenzpunkte für deren empirische Untersuchung und Beschreibung an: Biografien und Übergänge.

Bildungsbiografische Prozesse erscheinen als kontinuierliche, sinnhaft integrierte Prozesse der Veränderung und Transformation von Subjektzuständen und Subjektstrukturen durch die Aneignung von Welt. Sie sind damit aber auch verankert in einer gegenwärtigen Perspektive des Erzählens und können den dynamischen Prozess von Bildung im Hinblick auf Lebensalter, kontextueller Einbettung der gegenwärtigen Erzählung nur aus der erhobenen Gegenwart heraus beschreiben (Hof/Kade/Fischer 2012). Aber gerade eine solche performatorische Veränderung aus unterschiedlichen Erzählzeiten (beispielweise bei Mehrfacherhebungen zur Biographie) könnte für Fragen der Bildung im Alter von besonderem Interesse sein, denn bezogen auf das Individuum bedeutet Altern auch immer wieder das Verhandeln der Spannung zwischen der äußerlichen Erscheinung des Körpers und dem innerlichen subjektiven Prozess des »wirklichen Selbst«, das paradoxerweise jung bleibt (Featherstone/Hepworth 1991). Gleichzeitig ist diese Spannung überlagert von gesellschaftlichen Zuschreibungsprozessen eines aktuell produktiven Alterns. Der Kontext, vor dessen Hintergrund Altern erzählt wird, könnte somit prägend für die Aneignungsprozesse des Alterns selbst sein.

Einen weiteren empirischen Zugang stellen Übergänge als Untersuchungsgegenstand zur Beschreibung von Bildungs- und Lernprozessen im Alter dar – und zwar nicht als rein gesellschaftlich relevante Übergänge, sondern als Selbstbeschreibungen. Übergänge als »individuelle Modi der Gestaltung« bezeichnen nach Walter und Stauber (2016) die Bewältigung von Übergängen, in welchen Lern- und gegebenenfalls Bildungsprozesse enthalten sind. Dabei »ist Bewältigung weniger vom Resultat – im normativen Sinne des Gelingens oder Scheiterns an Übergängen –, als von der Handlungsmotivation und vom Handlungsprozess des Bewältigens her gedacht: als aktives Streben danach, biografische Handlungsfähigkeit im Lebensverlauf wieder zu erlangen, aufrechtzuerhalten oder zu erweitern« (Walther/Stauber, 2016). Somit können Übergänge, in Anlehnung an Baars (2016), als empirischer Fixpunkt der Prozesse verstanden werden, die unser Leben im Alter das wandlungsreiche Gesicht verleihen.

An Biografien und Übergängen könnten somit meines Erachtens jene Prozesse beobachtet werden, die das Phänomen des ›Altern-lernens‹ sichtbar werden lassen und dann als Aneignungsprozesse zu beschreiben und mit entsprechenden theoretischen Ansatzpunkten der Sozialen Gerontologie in Relation zu setzen wären.

5 Ausblick

Diesen Ausführungen folgend, hätte eine stärkere Verflechtung von erziehungswissenschaftlicher und bildungswissenschaftlicher Theoriebildung im Hinblick auf das Lernen im Alter mehrere Vorteile. Die Bezugnahme auf gerontologische Theorien könnte in den Erziehungswissenschaften bezogen auf das Alter eine bessere Öffnung hin zu Lern- und Bildungsperspektiven eröffnen, die nicht alleine von Steigerung gekennzeichnet sind, sondern die das Altern auch in seinen Verlusterfahrungen und der Auseinandersetzung mit der Endlichkeit ernst nehmen. Im Hinblick auf die empirische Untersuchung, dessen was Lernen bedeutet, könnten gerontologische Ansätze von den Theorien zu Bildungsbiografieforschung profitieren und eine andere Perspektive auf subjektives Altern ermöglichen. Insgesamt könnte ein stärker interdisziplinär orientierter Blick auf lange Sicht auch dazu beitragen, passgenauere Angebote für ältere Menschen zu gestalten, die an den Phänomenen ansetzen, die das Alter(n) lernen erleichtern.

Literatur

Alheit, P./Dausien, B. (2002): Bildungsprozesse über die Lebensspanne und lebenslanges Lernen. In R. Tippelt (Hg.), *Handbuch Bildungsforschung* (pp. 565–585). Opladen: Leske + Budrich.

Arnold, R. (2006): Abschiedliche Bildung: Anmerkungen zum erwachsenenpädagogischen Verschweigen des Todes. *Report. Zeitschrift für Weiterbildungsforschung*, 3, S.19–28.

Baars, J. (2016): Aging: Learning to Live a Finite Life. *The Gerontologist*. Advance online publication.

Baltes, P. B./Baltes, M. M. (1990): Psychological perspectives on successful aging: The model psychological perspectives on successful aging: The model of selective optimization with compensation. In: P. B. Baltes/M. M. Baltes (Hg.), *Successful Aging: Perspectives from the behavioral sciences* (pp. 1–34). New York, Oakleigh: Cambridge University.

Biggs, S. (2004): Age, gender, narratives, and masquerades. *Journal of Aging Studies*. (18), pp. 45–58.

Bude, H. (1999): Lebenskonstruktionen als Gegenstand der Biographieforschung. In: Jüttemann G./H. Thomae (Hg.), *Biographische Methoden in den Humanwissenschaften* (pp. 247–258). Weinheim: Beltz; Psychologie Verlags Union.

Carstensen, L. L. (2006): The influence of a sense of time on human development. *Science (New York, N.Y.)*, 312(5782), pp. 1913–1915.

Diehl, M./Wahl, H.-W./Barrett, A. E./Brothers, A. F.m/Miche, M./Montepare, J. M./Wurm, S. (2014): Awareness of Aging: Theoretical Considerations on an Emerging Concept. *Developmental review DR*, 34(2), pp. 93–113.

Göhlich, M./Zirfas, J. (2007): *Lernen. Ein pädagogischer Grundbegriff*. Stuttgart: Kohlhammer.

Himmelsbach, I. (2015): Bildung im Alter im Kontext des dritten und vierten Lebensalters – Narrationen und Narrative. *Zeitschrift für Weiterbildungsforschung – Report*, 38(1), S. 83–87.

Jopp, D. (2003): *Erfolgreiches Altern: zum funktionalen Zusammenspiel von personalen Ressourcen und adaptiven Strategien des Lebensmanagements* (Dissertation). Berlin: Freie Universtiät.
Kade, J. (2011): Vergangene Zukünfte im Medium gegenwärtiger Bildungsbiographien. (German). *BIOS: Zeitschrift für Biographieforschung und Oral History*, 24(1), S. 29–52.
Kade, J. (2012): Bildungstheorie und Bildungsforschung: Qualitative Erwachsenen- und Weiterbildungsforschung. In B. Schäffer & O. Dörner (Hg.), *Handbuch Qualitative Erwachsenen- und Weiterbildungsforschung* (pp. 37–49). Opladen: Budrich.
Kade, J./Nolda, S. (2014): 1984/2009 – Bildungsbiografische Gegenwarten im Wandel von Kontextkonstellationen. *Zeitschrift für Pädagogik*, 60(4), S. 589–606.
Koller, H.-C. (2012a): Anders werden. Zur Forschung transformatorischer Bildungsprozesse. In: I. Miethe & H.-R. Müller (Hg.), *Qualitative Bildungsforschung und Bildungstheorie* (S. 19–33). Opladen, Berlin, Toronto: Budrich.
Koller, H.-C. (2012b): *Bildung anders denken: Einführung in die Theorie transformatorischer Bildungsprozesse. Pädagogik*. Stuttgart: Kohlhammer.
Schmidt-Hertha, B. (2014): *Kompetenzerwerb und Lernen im Alter. Studientexte für Erwachsenenbildung*. Bielefeld: wbv.
Schweppe, C. (2006): Altenarbeit/Altenbildung. In: H.-H. Krüger/C. Grunert (Eds.), *Wörterbuch Erziehungswissenschaft* (2nd ed., S. 11–16). Opladen, Farmington Hills: Budrich.
Wahl, H.-W./Konieczny, C./Diehl, M. (2013): Zum Erleben von altersbezogenen Veränderungen im Erwachsenenalter. *Zeitschrift für Entwicklungspsychologie und Pädagogische Psychologie*, 45(2), S. 66–76.
Walther, A./Stauber, B. (2016): Bildung und Übergänge. In: R. Tippelt & B. Schmidt-Hertha (Hg.), *Handbuch Bildungsforschung*. Wiesbaden: VS Verlag für Sozialwissenschaften.

Altern – Lernen – Bildung aus der Perspektive der Sozialen Gerontologie

Cornelia Kricheldorff

In diesem Beitrag geht es zunächst um die Frage, in welchem Verhältnis Soziale Gerontologie und Geragogik zueinander stehen und wie sie sich wissenschaftlich im Verhältnis zur Gerontologie und zur Erziehungs- und Bildungswissenschaft verorten. Dies mündet in das Modell einer Standortbestimmung, das Basis für die weiteren Ausführungen ist. In der Skizzierung typischer Phänomene und Themen der Sozialen Gerontologie wird ihre enge Verknüpfung mit Bildungsaspekten beschrieben, die jeweils deutliche Bezüge und Anknüpfungspunkte für die Geragogik aufweisen. In einem weiteren Schritt werden die für die deutsche Gerontologie besonders relevanten Alternstheorien in Bezug gesetzt zu geragogischen Prämissen und Handlungsansätzen. Daraus ergibt sich als Schlussfolgerung, dass geragogische Konzepte deutliche inhaltliche und theoretische Überschneidungen mit interventionsgerontologischen Konzepten aufweisen. In Wissenschaft und Praxis gibt es aber kaum Verknüpfungen, Interventionsgerontologie und Geragogik agieren vielmehr relativ unverbunden nebeneinander – ein Umstand, der viele mögliche Synergien bislang leider ungenutzt lässt.

1 Geragogik und ihre Positionierung innerhalb der Gerontologie

Lernen und Bildung im Alter, zentrale Anliegen der wissenschaftlichen Disziplin Geragogik, waren innerhalb der gerontologischen Fachdebatten lange Zeit randständig und im Fachdiskurs eher marginalisiert, sind aber mittlerweile in vielfältiger Form ins Zentrum alternswissenschaftlicher Betrachtung gerückt. Vor dem Hintergrund gesellschaftlicher Wandlungsprozesse, die, im Unterschied zu den in die Zukunft gerichteten demografischen Prognosen der 1990er Jahre, nun aktuell immer stärker als reale Herausforderungen im Alltag spür- und erlebbar werden, wird deutlicher erkennbar, dass das individuelle und kollektive Altern in einer Gesellschaft des langen Lebens mit vielfältigen Chancen, aber auch mit Irritationen, Lerngelegenheiten und Bildungsaufgaben verbunden ist (Kricheldorff 2010; Kolland 2005). Diese gilt es so zu bewältigen, dass ein gelingendes Altern möglich ist.

Im Kontext der kritisch-reflexiven Auseinandersetzung mit Wandlungsprozesse der alternden Gesellschaft, wie beispielsweise mit den Phänomenen Singularisierung, Individualisierung und Hochaltrigkeit, erhalten gemeinschafts- und gesellschaftsorientierte Bildungssettings und -anliegen eine hohe Relevanz. Dabei handelt es sich häufig um Formen der Prozessbegleitung von Gruppen, deren Mitglieder durch ein gemeinsames Anliegen oder durch die Orientierung auf ein gesellschaftlich relevantes, bürgerschaftliches Engagement verbunden sind.

Ein programmatischer Schwerpunkt der Geragogik zielt also auf die (Mit-)Gestaltung von Gesellschaft durch die Förderung von Vergemeinschaftung, sozialer Teilhabe und Engagement. Und es geht darum, diese ganz spezifischen Bildungsziele zu ermöglichen und zu begleiten, oft verbunden mit methodischen Ansätzen der sozialen Gruppen- und Gemeinwesenarbeit (Bubolz-Lutz et. al. 2010; Kricheldorff 2010).

Andererseits ist der Prozess des Alterns auch verbunden mit der individuellen Bewältigung von Brüchen im Lebenslauf und mit Herausforderungen im Alltag. Neben den vielfältigen Formen von Selbstbildung, die auf der Basis von informellem Lernen en passant und verbunden mit impliziten oder inzidentellen Lernformen erfolgt (Reischmann 2002), haben geragogische Ansätze und Konzepte in der Praxis häufig klar definierte Bildungsziele, die für die Nutzer*innen auch im Sinne einer geplanten Intervention wirken. Sie können im Bildungskontext ihre individuellen Fragestellungen bearbeiten und in diesem Rahmen zu geeigneten Handlungsoptionen und Bewältigungsstrategien finden oder sich diese erarbeiten. So kann konstatiert werden, dass neben den klassischen Konzepten der Interventionsgerontologie, die mehrheitlich verhaltenswissenschaftlich oder geriatrisch geprägt sind, auch begleitete Bildungsprozesse im Alter eine eigene interventionsgerontologische Prägung aufweisen können. Sie greifen gerontologisch relevante Anliegen und Themen auf und haben damit eine breite und deutliche Schnittstelle mit der Sozialen Gerontologie.

Inhaltlich geht es in diesem Kontext beispielsweise um die Gestaltung von Übergängen und Statuspassagen (Kricheldorff 2016; Schröer et. al. 2013) sowie um die Bewältigung kritischer Lebensereignisse (Filipp/Aymanns 2010 und 2009). Weitere Anliegen sind der Erhalt von Selbstwirksamkeit und Autonomie und das Erleben von Sinnhaftigkeit und Sozialer Teilhabe (Schüz et. al. 2012), auch bei wachsendem Hilfe- und Pflegebedarf und auch wenn die eigenen Ressourcen brüchiger werden (Kricheldorff 2016; Kricheldorff et al. 2015).

Lernen wird in diesem Kontext als grundlegende Fähigkeit des Menschen verstanden, die Anpassung an unterschiedliche und sich im Alternsprozess verändernde Lebensbedingungen und -umstände selbstgesteuert zu vollziehen. Die dafür notwendigen Lernprozesse sind in der Mehrzahl informeller Art, sie geschehen oft nebenbei und unbemerkt, und sie sind in den Bezügen des Alltags verankert (Bubolz-Lutz et. al 2010). Diese grundlegende Fähigkeit zu lernen, stellt gleichzeitig die allgemeine Grundlage für *Bildung* dar. Bildungsprozesse im Alter sind vor allem geprägt von ihrer reflexiven Ausrichtung und sie tragen der Tatsache Rechnung, dass sich menschliches Leben nicht isoliert, sondern immer im sozialen Raum, im Miteinander, vollzieht. Damit orientieren sich

Bildungsansätze im Sinne der Geragogik stark am Austausch mit anderen, verbunden mit Reflexion und der Ermöglichung von Partizipation und sie befähigen zu aktiver Gestaltung der Lebensumstände und -bedingungen im Sinne von identitätsstiftender Auseinandersetzung mit der eigenen Biografie (Steinfort 2009). Aus dieser Logik ergibt sich eine entsprechende theoretische Fundierung der wissenschaftlichen Disziplin Geragogik, verortet an den Schnittstellen von Gerontologie, Erziehungswissenschaft und Sozialer Arbeit. Sie bezieht gleichzeitig gerontologische und erziehungswissenschaftliche Theorien und Konzepte in ihre theoretische Fundierung ein, jeweils verbunden mit eigenen Fragestellungen und bezogen auf die soziale Forschung und Praxis (Kricheldorff/Schramek 2016).

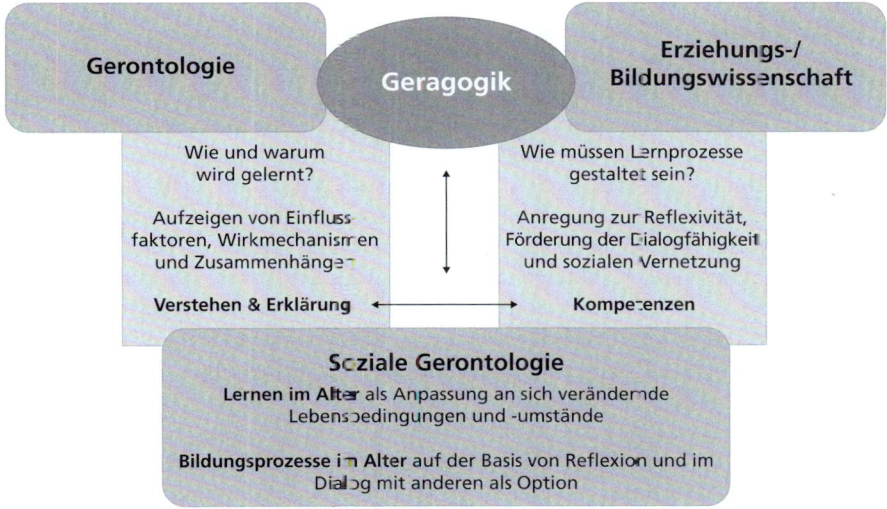

Abb.1: Geragogik – Wissenschaft an der Schnittstelle

In dieser Logik hat sich in der vergangenen zwei bis drei Jahrzehnten eine vielfältig ausdifferenzierte geragogische Projektkultur etabliert, die die zentralen Anliegen und Themen der Sozialen Gerontologie aufgreift, bislang aber noch kaum in einer Regelstruktur von Altenarbeit und Altenhilfe verankert ist.

Daraus ergeben sich in einer Art Synthese zentrale theoretische Prämissen der Sozialen Gerontologie im Feld der Altersbildung (Kricheldorff/Klott 2017). Es geht dabei gleichermaßen um das Selbst/das Subjekt wie auch um das Soziale/die Gesellschaft (Bubolz-Lutz et al. 2010). Da sich Altern im Spannungsfeld individueller und gesellschaftlicher Erwartungen vollzieht, sind die beiden Perspektiven gleichwertig und auf einer Ebene zu sehen. Beispielsweise leitet die Geragogik ihre Bildungsaufträge und Lernaufgaben von den theoretischen Konzepten zur Identitätsentwicklung (Steinfort 2009) und zur lebensphasenspezifischen Sozialisation (Veelken 1990, 2003) ab. In der Folge ermöglicht und führt die Geragogik einen gesellschaftlich notwendigen Wertediskurs an und folgt einem an der Würde und Autonomie des Alters und Alterns orientierten Menschenbild (Köster/Schramek 2005).

2 Themenschwerpunkte der Sozialen Gerontologie als Bildungsanlässe und -herausforderungen

Zentrale Themen der Sozialen Gerontologie, vor allem im 3. Alter (Laslett 1995), also in den frühen Phasen des Alterungsprozesses, ergeben sich aus der zeitlichen Ausdehnung der Lebensphase Alter, die zuweilen mehr Jahre umfasst, als Kindheit und Jugend zusammen (Kricheldorff 2010). Ein wichtiger Aspekt dabei ist die Kritik der noch immer gesellschaftlich dominanten Orientierung an der *Normalbiografie*, die sich um das Berufsleben herum, in einem Dreiklang von Ausbildung, Berufstätigkeit und nachberuflicher Phase, sehr eindimensional definiert. Dem gegenüber strukturiert das gerontologische Konzept der *Lebensphasen* den individuellen Lebenslauf durch eine kontinuierliche Folge von regelmäßig auftretenden, klar voneinander unterscheidbaren Zeiträumen (Neugarten/Datan 1978). Diese Periodisierungen folgen nicht zwingend dem kalendarischen Alter, sondern fokussieren auf Veränderungen des Verhaltens und der Einstellungen und verweisen damit auf die Bedeutung von Übergängen. Zuweilen wird dies in gerontologischen Fachdebatten als Notwendigkeit der Gestaltung von *Wahlbiografien* diskutiert. Dabei wird allerdings zu wenig beachtet, wie stark einschränkend biografische Prägungen und soziale Ungleichheit im Alter (Kricheldorff/Tesch-Römer 2013) für diese Wahlmöglichkeiten sind.

Unbestreitbar aber ist die Tatsache, dass Übergänge individuell zu bewältigen und zu gestalten sind und dass damit Lernprozesse und Bildungsherausforderungen einhergehen (Schröer et al. 2013). Dies setzt ein hohes Maß an Adaptionsfähigkeit, aber auch an Reflexivität und kritischer Bilanzierung voraus und zielt auf Neuorientierung nach Umbrüchen und Einbrüchen.

Die Soziale Gerontologie unterscheidet typische Übergänge nach der Lebensmitte und im Prozess des Alterns (Kricheldorff et al. 2015), die gleichzeitig oft als Lebenskrisen (Filipp/Aymanns 2010) jeweils auch geragogische Herausforderungen darstellen.

- *Der Auszug der Kinder* (»empty nest«), verbunden mit der Notwendigkeit der Neuorientierung aufgrund sich verändernder zeitlicher Ressourcen, neuer Rollenverteilung in der Partnerschaft oder der Gefahr von erlebter Sinnentleerung. Damit sind in erheblichem Umfang selbstgesteuerte Lernprozesse verbunden, die zu einer Anpassung der alltäglichen Bedingungen und Strukturen führen können. Bildungsprozesse sind in diesem Kontext verbunden

mit der Entwicklung neuer Sinnstrukturen im Kontext familiärer Beziehungen oder Bindungen mit nahestehenden Personen.
- *Die Großelternschaft*, die zu neuen Generationenbeziehungen und zur Veränderungen in der Eltern-Kind-Relation führt. Mit dieser Rolle entstehen aber auch neue Formen des Eingebunden-Seins und neue Aufgaben, je nach räumlicher Nähe zu den Enkelkindern. Lernprozesse sind dabei verbunden mit der Strukturierung neuer Aufgaben und mit Lernherausforderungen, die einerseits an die eigene Elternschaft anknüpfen und sich andererseits, auch im Sinne neuer gesellschaftlicher Einflussfaktoren und Strömungen, davon auch bewusst distanzieren können. Entwicklungsherausforderungen im Sinne von Neuorientierung als Bildungsaufgabe reflektieren die veränderten Eltern-Kind-Beziehungen und lösen im Idealfall alte Muster und Rollenkonstellationen ab.
- *Der Übergang in die nachberufliche Phase*, als Wendepunkt im Lebenslauf, ist maßgeblich gekennzeichnet durch die Option auf eine Zeit der neuen Freiheit, entsprechend der neuen Altersbilder, die auf Aktivität und Produktivität setzen. Die Kehrseite davon sind erlebte Verluste, beispielsweise der beruflichen Identität oder von sozialen Kontakten, die mit dem Berufsleben verbunden waren sowie der Abschied von der damit verknüpften Tagesstruktur. Die Frage der Neuorientierung nach dem Berufsleben wird in der Sozialen Gerontologie als weichenstellender Prozess beschrieben, der als Bildungs- und Entwicklungsaufgabe so bearbeitet werden muss, dass sich eine tragfähige neue Balance im Leben ergibt und dessen Bewältigung auf den weiteren Prozess des Alterns konstruktiv vorbereitet.
- *Tod des Partners oder von nahen Freund*innen*, als kritisches Lebensereignis, das massiv von Verlustgefühlen geprägt sein kann und neben der Veränderung der äußeren Lebensumstände auch eine emotionale Herausforderung darstellt. Damit verbunden sind die Bewältigung von Trauer und oft auch eine deutlich verminderte soziale Teilhabe. Es geht also im Sinne eines Bildungsanliegens darum, wieder ins Leben zurückzufinden und sich über Aufbau und Pflege von Kontakten sozial neu zu verorten.
- *Erleben chronischer Krankheit oder Pflegebedürftigkeit*, als deutliche Beeinflussung der individuellen Lebensqualität. Dabei geht es um das Erfahren von Begrenzungen und einer Verengung der möglichen Optionen für die Gestaltung des weiteren Lebens. Verbunden damit sind oft Veränderungen im Selbstbild sowie in der Identität – ein Umstand, der im Sinne der Auseinandersetzung mit den individuellen Lebensperspektiven eine umfassende Lern- und Bildungsherausforderung darstellt.
- *Umzug in eine Pflegeeinrichtung*, als Erfahrung der Minderung oder des Verlusts von Autonomie, verbunden mit der Aufgabe der eigenen Häuslichkeit. Das Erleben von ausgeprägter körperlicher und/oder kognitiver Beeinträchtigung ist dabei häufig gekoppelt an Abhängigkeitserfahrungen, die das Leben dominieren, bisherige Haltungen und Einstellungen überlagern und die Auseinandersetzung mit der eigenen Endlichkeit näherrücken. Diese Veränderung als Bildungsherausforderung im hohen Alter zu begreifen, ist in der Praxis noch wenig verbreitet, bietet aber viele sinnvolle Ansatzpunkte und trägt zur Verbesserung der Lebensqualität bei (Kricheldorff et al. 2015).

Diese Beispiele für Übergänge zeigen auf, dass das Leben im Alter durch vielfältige Umbrüche und kritische Lebensereignisse geprägt wird, die jeweils zu bewältigende Entwicklungsherausforderungen darstellen und die oft mit enormen Lern- und Bildungsanforderungen verknüpft sind. Zum Teil sind diese Herausforderungen Gegenstand von Forschung und Entwicklung im Kontext der Interventionsgerontologie. Sie aber als Bildungsherausforderung zu begreifen, ist in der Gerontologie ein noch relativ neuer und fremder Gedanke. Allerdings gibt es dafür bislang auch noch kaum klar definierte Räume und geeignete Strukturen (Kricheldorff 2016). Auch die Verbindung mit informellen Lernprozessen, die es durch Lernbegleitung zu unterstützen gilt, um ein gelingendes Altern zu ermöglichen, ist noch zu wenig im Blick, sollte aber mit Blick in die Zukunft dringend stärker konzeptionell beachtet werden.

3 Alternstheorien und ihre Relevanz für die Geragogik

Unter Bezugnahme auf typische Lebenssituationen von Menschen im 3. Lebensalter zeigt sich deutlich, dass es im Kern darum geht, die Lebensphase nach Beruf und Familie als zu gestaltende Zeit und als Chance zu begreifen und anzunehmen (Kricheldorff 2011/Laslett 1995). Die individuelle Entwicklung der Identität muss sich dabei den verändernden Lebensbedingungen anpassen (Erikson 1959, 1982). Dafür braucht es ermöglichende und förderliche Bedingungen, die entweder als eigene Kompetenzen aktiviert werden können und dabei den Rückgriff auf individuelle Bewältigungsressourcen ermöglichen oder die bewusst durch entsprechende Angebote und Interventionen (Beratungsstellen, Quartiers- und Nachbarschaftszentren u. a.) gefördert werden (Kricheldorff/Klott 2017).

Aus alternstheoretischer Sicht kommt hier die sozialräumliche Dimension in den Blick, die bislang vor allem durch den **ökogerontologischen Ansatz** repräsentiert wird. In seinem Prozessmodell der Person-Umwelt-Interaktion geht Saup (1993) von einem elektischen Ansatz aus, in den er frühere Modelle von Lawton et al. (1982), Carp (1987) und Kahana et al. (1989) integriert und der anschlussfähig ist an seine **Theorie des konstruktiven Alterns** (Saup 1991). Daran schließen Wahl, Mollenkopf und Oswald (1999) an und verweisen auf die zentrale Bedeutung der Umweltbedingungen im Alter. Aktuell sind es vor allem Arbeiten von Oswald (z. B. Oswald/Konopik 2015), die er zur Person-Umwelt-Passung, auch unter Rückgriff auf die Möglichkeiten assistiver Technologien im Wohnalltag, wiederholt vorgelegt hat. Für Bildungsansätze im Alter ergeben sich in diesem Kontext viele Bezugs- und Anknüpfungspunkte, bei denen es vor allem darum geht, den räumlichen Kontexten im Prozess des Alterns mehr Aufmerksamkeit zu schenken und diese stärker in die Entwicklung von möglichen

Bildungsangeboten und -programmen einzubeziehen. Soziale Kontakte und lebendige Nachbarschaften gehören zu maßgeblichen Einflussfaktoren auf die Person-Umwelt-Beziehungen. Es geht also vor allem darum, in Bildungssettings ein Bewusstsein für den Einbezug von sozialen Ressourcen in Nachbarschaften und Sozialraum zu schaffen. Quartiersarbeit bedeutet in dieser Logik, über Beratung, Vermittlung und Vernetzung hinaus, auch Angebote zu ermöglichen, die zur Selbstreflexion anregen und damit neue Orientierungen eröffnen, die in die Zukunft gerichtet sind. Dafür braucht es einerseits organisierte Bildungssettings, in denen der Austausch mit anderen, möglicherweise ähnlich betroffenen Menschen im Zentrum steht und die geeignet sind, neue soziale Netzwerke aufzubauen. Andererseits ist die Förderung der Selbstorganisation, im Sinne der Befähigung für selbstbestimmte und selbstorganisierte Bildungssettings, dabei ein zentrales gerontologisches Anliegen.

Sozialpolitisch noch immer hoch im Kurs ist die Orientierung am aktiven und engagierten Alter (BMFSFJ 2016), das inhaltlich anschlussfähig ist an eine der ersten Alternstheorien, die **Aktivitätstheorie** (Tartler 1961; Havighurst et al. 1963). Demnach wird gelingendes Altern durch die kontinuierliche Beibehaltung eines aktiven Lebensstils bestimmt und ist geprägt vom Bemühen, soziale Netzwerke und Kontakte zu pflegen bzw. neu zu entwickeln. Grundlegend in dieser Theorie sind die sozialen Rollen, die der alternde Mensch innehat und die er in Interaktion mit anderen realisiert. Die Aktivitätstheorie geht davon aus, dass ein aktiver Lebensstil zu neuer Rollenfindung im Alter führt, ein positives Selbstbild fördert und zu subjektiver Lebenszufriedenheit beiträgt, weil damit möglichen Erfahrungen von Entwertung aufgrund von Rollenverlust (berufliche Rolle, familiäre Rolle) und von erlebter sozialer Ausgrenzung und Isolation positiv entgegengewirkt werden kann. In der geragogischen Praxis haben sich mittlerweile vielfältige Angebote und Ansätze entwickelt, die dazu beitragen, neue Rollen und Aufgaben für die nachberufliche Phase zu entdecken und zu entwickeln. Geragogische Angebote erstrecken sich dabei von Orientierungskursen in Übergangssituationen über Qualifizierungen zur Freiwilligenarbeit bis hin zu Planungswerkstätten in der Quartiersarbeit. Typische Orte dafür sind Seniorenbüros, Nachbarschafts- und Quartierszentren und Freiwilligenagenturen.

Die **Kontinuitätstheorie** geht von der Prämisse aus, dass Menschen dann zufriedener altern, wenn es ihnen gelingt, ihren Lebensstil durch die verschiedenen Lebensphasen kontinuierlich beizubehalten (Atchley 1989). Kontinuität wird dabei durch die Anwendung vertrauter Strategien an den bisherigen Schauplätzen des Lebens erreicht. Die äußere Kontinuität ergibt sich aus Beziehungen zu anderen Menschen und erstreckt sich auch auf die Bedingungen in der physischen und sozialen Umwelt. Die innere Kontinuität basiert auf Beständigkeit von psychischen Einstellungen, Eigenschaften, Temperament und Affektivität sowie Erfahrungen und Fähigkeiten. Institutionell verankerte Bildungssettings können vordergründig vor allem für bildungserfahrene und -affine ältere Menschen das Erleben von Kontinuität bewirken. Beispiele dafür sind die Nutzer*innen von Universitäten des 3. Lebensalters oder von Seniorenakademien. Für Menschen im höheren Alter ergeben sich zunächst vordergründig Lernanlässe, die eher in den alltagsweltlichen Bezügen verortet und die mit der Bewältigung von Herausforderungen verbunden sind. Dabei geht es beispielsweise um Veränderungen der Wohn- und Lebensbedingungen (Wohnortwechsel, Einzug in eine Pflegeeinrichtung) oder um erlebte individuelle Einschränkungen (nachlassende Mobilität, Sinneseinschränkungen). Hier erschließt sich für Alltagslernen im Alter ein neues Feld, wenn es darum geht, sich die Anwendung von Technik zum eigenen Nutzen anzueignen und dadurch das Kontinuitätserleben in der Wohnsituation länger aufrechterhalten zu können. Im geragogischen Sinne geht es dabei nicht um ein bloßes Anwendungstraining zur Techniknutzung, sondern auch um den reflektierten Umgang mit den Möglichkeiten und Grenzen von Technik im Alter. In diesem Kontext besteht noch ein großer Entwicklungsbedarf. Entsprechende geragogische Ansätze und Konzepte sind bislang dafür noch kaum vorhanden.

Nach den Vorstellungen eines gelingenden Alterns, wie sie in der **Disengagement-Theorie** (Cumming/Henry 1961), einer der ganz frühen Alternstheorien formuliert werden, ist der Prozess des Alterns gekennzeichnet durch den allmählichen Rückzug aus gesellschaftlichen Rollen und Aufgaben. Den Rückgang der damit verbundenen Sozialkontakte beschreibt die Disengagement-Theorie als einen natürlichen und wechselseitigen Prozess zwischen dem alternden Menschen und der Gesellschaft, verbunden mit dem zentralen Gedanken der Entpflichtung.

Auf diesen Aspekt weisen vor allem Achenbaum und Bengtson (1993) hin, die die Disengagement-Theorie erneut in die Diskussion brachten, nachdem sie lange Zeit als zu defizitorientiert in die Kritik geraten war. Sie verweisen darauf, dass die Konzentration auf einige wenige soziale Kontakte auch dazu führen kann, dass deren Qualität und Wertigkeit dadurch zunehmen.

Darauf verweist auch Carstensen (1999) in ihren Arbeiten zur **Sozioemotionalen Selektivitätstheorie des Alterns**. In dieser Logik befreit gelebtes Disengagement den alternden Menschen von sozialen Erwartungen und Normen und ermöglicht ihm die Auseinandersetzung mit dem bevorstehenden Lebensende. Das setzt aber voraus, dass tatsächlich ein selbstgesteuerter Prozess zum Rückzug führt. Wenn aber der alte Mensch – vor allem biografisch bedingt – eher über geringe Kompetenzen der Selbstsorge und Selbstorganisation verfügt, kann Rückzug auch ein Ergebnis von Resignation sein und zu sozialer Isolation und einer Lebensrealität führen, die geprägt ist von Unzufriedenheit, depressiven Episoden und Krankheit. Dass Bildung, auch Bildung im höheren Lebensalter, einen entscheidenden Einfluss auf Morbidität und Mortalität hat, weisen einschlägige Studien klar nach (Kolland 2005; Kolland/Ahmadi 2010; Amaducci 1998).

Im Mittelpunkt der **Kompetenztheorie** (Olbrich 1987) steht die Frage, inwieweit es dem einzelnen Menschen gelingt, im Prozess des Alterns seine vorhandenen Kompetenzen, also lebenslang erworbene Kenntnisse, Fähigkeiten und Fertigkeiten, situationsadäquat einzusetzen und so im Sinne einer Performanz nach außen abzubilden. Diese gewinnbringende Nutzung vorhandener Kompetenzen wird allerdings häufig verhindert durch das Wirksamwerden von Einflussfaktoren, die diese Performanz negativ beeinflussen. Typische Einflussfaktoren im

Alter sind kritische Lebensereignisse (Filipp 2009), wie Partnerverlust, Erleben eigener Krankheit und Pflegebedürftigkeit, Verlust der vertrauten Umgebung durch Übersiedelung in eine stationäre Einrichtung. Wenn diese Einflussfaktoren längerfristig wirksam sind, kann das zu einem negativ getönten Selbstbild und zu schwindendem Selbstvertrauen führen. Die Bedeutung von Selbstwirksamkeit und Kontrollüberzeugung wächst, wenn im Prozess des Alterns Unsicherheiten und potenzielle »Bedrohungen« der inneren und äußeren Stabilität zunehmen. Darauf verweisen auch Markus und Herzog (1991) sowie Heckhausen und Schulz (1995). Negative Einflussfaktoren, wie das mangelnde Erleben von Selbstwirksamkeit oder auch geringe ökonomische und soziale Ressourcen, können beispielsweise verhindern, dass die Neuorientierung nach Beruf und Familie aus eigenem Antrieb und eigener Kraft gut gelingt (Kricheldorff 2011). Es geht also darum, die negativen Einflussfaktoren im Sinne der Kompetenztheorie zu identifizieren und diese abzuschwächen bzw. abzubauen. Geragogische Angebote, die die Selbstwirksamkeit stärken und an biografischen Erfahrungen und Prägungen anschließen, können eine sinnvolle Antwort sein, um die individuelle Performanz zu erhöhen.

Das **Modell der Selektion, Optimierung und Kompensation (SOK)** von Baltes und Baltes (1990, 1986) weiterentwickelt von Baltes und Carstensen (1996), ist eine Alternstheorie, bei der es um individuelle Anpassungsstrategien geht, mit den unvermeidbaren Veränderungen des Lebens im Alter konstruktiv umzugehen. In dieser Logik geht die SOK-Theorie davon aus, dass es gelingen kann, ein zwar eingeschränktes, aber dennoch selbstwirksames Leben zu führen. Voraussetzung dafür ist, dass Selektion und Optimierung bewusst erfolgen, und dadurch eine Kompensation für erlebte Verluste und Einbußen erfahrbar wird.

Selektion bedeutet dabei, unter den biografisch erworbenen und für die einzelne Person besonders bedeutsamen Interessen und Aufgaben eine bewusste Entscheidung und Auswahl zu treffen. Es geht darum, die Interessensgebiete und Aufgabenbereiche auszuwählen, die der jeweiligen Person besonders wichtig sind oder im Lebenslauf waren und die noch realisiert und gelebt werden sollen, wie beispielsweise alte Wünsche und bisher nicht gelebte Lebenspläne. Optimierung bedeutet in diesem Kontext, die Konzentration auf und Intensivierung dieser bewusst ausgewählten Interessen und Aufgaben, um, angesichts der sich verändernden Bedingungen im Prozess des Alterns, unvermeidbare Verluste zu kompensieren. Eine Kompensation kann dann gelingen, wenn unter den veränderten Voraussetzungen an individuell bedeutsame Themen und Aufgaben und identitätsstiftende Rollen angeknüpft werden kann. Über biografisch-orientierte und reflexive Bildungsangebote (Kricheldorff 2014) kann der Prozess der Selektion sinnvoll unterstützt werden, um darauf aufbauend, im Sinne von Optimierung und Kompensation, stabilisierend für die individuelle Lebenssituation wirken zu können (Kricheldorff 2012).

4 Fazit

In diesem Beitrag wird die enge Verflechtung der Geragogik mit Theorien und Konzepten der Gerontologie und mit sozialgerontologischen Themen aus der Praxis sozialer Altenarbeit deutlich. Vor diesem Hintergrund lassen sich geragogische Angebote und Interventionen nicht nur bildungstheoretisch, sondern auch unter Bezugnahme auf die klassischen Alternstheorien wissenschaftlich begründen. Das kann zu einer theoretischen Schärfung der Geragogik und zu einer deutlicheren Profilierung als Wissenschaftsdisziplin beitragen.

Zentral gilt es aber festzuhalten, dass die unübersehbare und deutlich ausgeprägte Schnittstelle zwischen Interventionsgerontologie und Geragogik stärkere Beachtung verdient. Viele Bildungsthemen und -aspekte, die in diesem Beitrag beleuchtet wurden, sind bislang nur als Anlass und Ausgangspunkt für Maßnahmen und Konzepte der Interventionsgerontologie im Blick. Die Bandbreite der wirksamen Formen der fachlichen Begleitung in Umbruchs- und Übergangssituationen erweitert sich aber erheblich, wenn das therapeutische mit dem geragogischen Spektrum der Ansätze und Methoden verknüpft wird. Darin liegt eine große Chance für Menschen im höheren Lebensalter, aber auch für die Alternswissenschaft und ihre Praxis.

Literatur

Achenbaum, W.A/Bengtson, V.L. (1993): Re-engaging the disengagement theory of aging: on the history and assessment of theory development in gerontology. *Gerontologist* 34, pp. 756–763.

Amaducci, L./Maggi, S./Langlois, J. /Minicuci, N./Baldereschi, M./Di Carlo, A./Grigoletto, F. (1998): Education and the Risk of Physical Disability and Mortality Among Men and Women Aged 65 to 84: The Italian Longitudinal Study on Aging. The Journals of Gerontology: Series A, *Volume 53A, Issue 6, pp. M484–M490*.

Atchley R.C. (1989): Continuity theory of normal aging. *Gerontologist* 6, pp. 97–99.

Baltes P.B./Baltes, M.M. (1990): Psychological perspectives on successful aging: the model of selective optimization with compensation. In: Baltes PB, Baltes MM (Hg.) *Successful aging. Perspectives from the behavioral sciences*. Cambridge: Cambridge University Press, pp. 1–34.

Baltes, M.M./Baltes, P.P.(Hg.) (1986): *The psychology of control and aging*. Erlbaum: Hillsdale.

Baltes, M.M./Carstensen, L.L. (1996): Gutes Leben im Alter: Überlegungen zu einem prozeßorientierten Metamodell erfolgreichen Alterns. *Psychologische Rundschau* 47:199–215.

BMFSFJ (2016): *Siebter Bericht zur Lage der älteren Generation in der Bundesrepublik Deutschland Sorge und Mitverantwortung in der Kommune – Aufbau und Sicherung zukunftsfähiger Gemeinschaften und Stellungnahme der Bundesregierung.* Berlin https://www.siebter-altenbericht.de/index.php?eID=tx_nawsecuredl&u=0&g=0&t=1¬488467079&hash=7fd6fe8ac2281ac0424a318329d395c246f28952&file=fileadmin/¬altenbericht/pdf/Der_Siebte_Altenbericht.pdf. Letzter Zugriff: 02.07.2017.

Bubolz-Lutz, E./Gösken, E./Kricheldorff, C./Schramek, R. (2010): *Geragogik – Bildung und Lernen im Prozess des Alterns. Das Lehrbuch*. Stuttgart: Kohlhammer.
Carp, F.M. (1987): Environment and aging. In: Stokols D, Altman I (Hg.) *Handbook of environmental psychology*, Bd 1 New York: Wiley & Sons, 329–360.
Carstensen, L.L./Isaacowitz, Derek M./Charles, Susan T. (1999): »Taking time seriously: A theory of socioemotional selectivity«. American *Psychologist. 54* (3), p.165.
Cumming, E./Henry, W.E. (1961): *Growing old: the process of disengagement*. New York: Basic Books.
Erikson, E.H. (1959): *Identity and the life cycle*. New York: International University Press. (dt. (1977): Identität und Lebenszyklus. Frankfurt: Suhrkamp)
Erikson, E.H. (1982): *The life cycle completed*. New York: Norton. (dt. (1988): Der vollständige Lebenszyklus. Frankfurt am Main: Suhrkamp).
Filipp, S.H. (2010): *Kritische Lebensereignisse*. Weinheim: PVU.
Filipp S.H./Aymanns, P. (2010): *Kritische Lebensereignisse und Lebenskrisen. Vom Umgang mit den Schattenseiten des Lebens*. Stuttgart: Kohlhammer.
Havighurst, R.J./Neugarten, B.L./Tobin, S.S. (1963): Disengagement, personality and life satisfaction in the late years. In: Hansen PE (Hg.) *Age with a future*. Copenhagen: Munksgaard, pp. 419–425.
Heckhausen, J./Schulz, R. (1995): A lifespan theory of control. *Psychol Rev 102*, pp. 284–304.
Kahana, E./Kahana, B./Rile, K. (1989): Person-environment transactions relevant to control and helplessness in institutional settings. In: Fry PS (Hg.) *Psychological perspectives of helplessness and control in the elderly. Advances in psychology*, Nr. 57. Amsterdam: North Holland, pp. 121–153.
Kolland, F. (2005): *Bildungschancen für ältere Menschen. Ansprüche an ein gelungenes Leben*. Wien: LIT.
Kolland, F./Ahmadi, P. (2010): *Bildung und aktives Altern*. Bielefeld: Bertelsmann
Kricheldorff, C. (2016): Übergangsberatung: Neuorientierung auf dem Weg in die nachberufliche Phase. In: Gieseke W /Nittel D. (Hg.) *Handbuch Pädagogische Beratung über die Lebensspanne*. Weinheim/ Basel: Beltz Verlag, S. 340–348.
Kricheldorff, C. (2014): Grundlagen der Biografiearbeit – Biografie und Identität. In: Zentrum für Medizinische Bildung Bern (Hg.) *Biografiearbeit in der Aktivierungstherapie*. Bern: h.e.p.-Verlag, S. 13–32.
Kricheldorff, C. (2012): Soziale Arbeit in gerontologischen Handlungsfeldern und im Gesundheitswesen. In: Kricheldorff, C./Becker, M./Schwab, J.E. (Hg.) *Handlungsfeldorientierung in der Sozialen Arbeit*. Stuttgart: Kohlhammer, S. 83–105
Kricheldorff, C. (2010): Bildungsarbeit mit älteren und alten Menschen. In: Aner, K./ Karl, U. (Hg.) *Handbuch Soziale Arbeit und Alter*. Wiesbaden: VS Verlag für Sozialwissenschaften, S. 99–112.
Kricheldorff, C. (2011): Vom Erwerbsleben ins Engagement – Grundhaltungen in der Statuspassage zur nachberuflichen Phase und deren Verknüpfung mit geragogischen Konzepten und Settings. In: *informationsdienst altersfragen*. 38. Jg., Heft 05-2011, S. 12–19.
Kricheldorff, C./Klott, S. (2017): Altersbildung und Soziale Arbeit In: *Zeitschrift für Gerontologie und Geriatrie*, 50/5, S. 434–438.
Kricheldorff, C./Schramek, R. (2016): Positionspapier des AK Geragogik. Sommerakademie 2016 (www.ak-geragogik.de)
Kricheldorff, C./Aner, K./Himmelsbach, I./Thiesemann, R. (2015): Grundlagen der Sozialen Gerontologie. *Zeitschrift für Gerontologie und Geriatrie* CME 48, S. 747–760.
Kricheldorff, C./Klott, S./Tonello, L. (2015): Caring communes and locally responsible communities: Model approaches to securing successful aging and care in the neighborhood. *Zeitschrift für Gerontologie und Geriatrie* 48/5, pp. 408–414.
Kricheldorff, C./Tesch-Römer, C. (2013): Altern und Soziale Ungleichheit. In: *Zeitschrift für Gerontologie und Geriatrie*. 4:2013, S. 304–305.

Köster, D./Schramek, R. (2005): Die Autonomie des Alters und ihre Konsequenzen für zivilgesellschaftliches Engagement. Hessische Blätter für Volksbildung. *Zeitschrift für Erwachsenenbildung in Deutschland*, 55, (3), S. 226–237.
Laslett, P. (1995): *Das dritte Alter. Historische Soziologie des Alterns*. München: Weinheim.
Lawton, M.P./Windley, P.G./Byerts, T.O. (Hg.) (1982): *Aging and the environment. Theoretical approaches*. New York: Springer.
Markus, H.R./Herzog, A.R. (1991): The role of the self-concept in aging. In: Schaie KW/Lawton MP (Hg.) *Annual review of gerontology and geriatrics*, Bd. 11. New York: Springer, pp. 110–143.
Neugarten, B./Datan, N. (1978): Lebensablauf und Familienzyklus – Grundbegriffe und neue Forschungen. In: Rosenmayr, L. (Hg.) *Die menschlichen Lebensalter. Kontinuität und Krisen*. München, Zürich: Piper, S. 165–188.
Olbrich, E. (1987): Kompetenz im Alter. *Zeitschrift für Gerontologie und Geriatrie 20*, 319–330.
Oswald, F./Konopik, N. (2015): Bedeutung von außerhäuslichen Aktivitäten, Nachbarschaft und Stadtteilidentifikation für das Wohlbefinden im Alter. In: *Zeitschrift für Gerontologie und Geriatrie*, 48/ 5, Heidelberg: Springer Medizin, S. 401–407.
Reischmann, J. (2002): Lernen hoch zehn – wer bietet mehr? Vom »Lernen en passant« zu »kompositionellem Lernen« und »lebensbreiter Bildung«. In: R. Bergold/P. Dierkes/J. Knoll (Hg.) *Vielfalt neu verbinden – Abschlussbericht zum Projekt »Lernen 2000plus – Initiative für eine neue Lernkultur«* Recklinghausen: Bitter, S. 159-167.
Saup, W. (1993): *Alter und Umwelt. Eine Einführung in die ökologische Gerontologie*. Stuttgart: Kohlhammer.
Saup, W. (1991): *Konstruktives Altern*. Göttingen: Hogrefe.
Schröer, W./Stauber, B./Walther, A./Böhnisch, L./Lenz, K. (Hg.) (2013): *Handbuch Übergänge*. Weinheim/Basel: Beltz Juventa.
Schüz, B./Dräger, D./Richter, S./Kummer, K./Kuhlmey, A./Tesch-Römer, C. (2012): Autonomie trotz Multimorbidität im Alter. *Zeitschrift für Gerontologie und Geriatrie*, 44/ 2, S. 9–26.
Steinfort, J. (2009): *Identität und Engagement im Dritten Alter. Eine empirische Untersuchung*. Wiesbaden: VS Verlag für Sozialwissenschaften.
Tartler, R. (1961): *Das Alter in der modernen Gesellschaft*. Stuttgart: Enke.
Wahl, H. W./Mollenkopf, H./Oswald, F. (Hg.) (1999): *Alte Menschen in ihrer Umwelt. Beiträge zur Ökologischen Gerontologie*. Opladen/ Wiesbaden: Westdeutscher Verlag.
Veelken, L. (1990): *Neues Lernen im Alter. Bildungs- und Kulturarbeit mit ›Jungen Alten‹*. Heidelberg: Sauer.
Veelken, L. (2003): *Reifen und Altern – Geragogik kann man lernen*. Oberhausen: Athena Verlag.

Sozialgeragogik als Konvergenzbegriff

Julia Steinfort-Diedenhofen

Die Entwicklungen passender Bildungsarrangements im und für das Alter(n) geraten mit Blick auf ihre Adressat*innen und Nutzer*innen auch nach zwei Jahrzenten geragogischer Bemühungen immer noch an ihre Grenzen. Bildung hat oftmals einen exkludierenden Charakter, die Unterschiede zwischen bevorzugten und benachteiligten Gruppen verstärken sich und die Schere zwischen bildungsgewohnten und bildungsungewohnten Personen öffnet sich weiter. Daran ändern auch politisch forcierte positive Bilder eines aktiven und produktiven Alters nichts. Auch ob die Formate in traditionellen Bildungsangeboten klassischer »Komm-Strukturen« oder auch in innovativ-informellen organisierten »Bring-Strukturen« ausgerichtet sind, hat kaum Konsequenzen für das Erreichen der Zielgruppen.

Dieser Ausgangslage gegenüber steht die Forderung, dass Bildung in der zweiten Lebenshälfte mit Blick auf die gemeinsame Gestaltung des demografischen Wandels als »neue Kultur der Mitverantwortung« (Schramek/Bubolz-Lutz 2016, 176) fungieren sollte, die Menschen *aller* Lebenslagen und Altersstufen einbezieht. Angesichts der Heterogenität der Alternsverläufe und Lebenslagen liegt es auf der Hand, dem gemeinsamen Anliegen nachzugehen, Bildungsaktivitäten im Alter und für das Altern noch stärker auf die unterschiedlichen Milieus und Lebenswelten der Adressat*innen hin auszurichten. Bildung im Alter darf keine bestimmten Gruppen älterer Menschen exkludieren (vgl. Friebe 2009), da ihr nicht nur die Aufgabe der Entfaltung individueller Potenziale zukommt, sondern auch die der Überwindung sozialer Ungleichheiten. In bisherigen Veröffentlichungen zu Lernen und Bildung im Alter wird die Relevanz gesellschaftlicher Verhältnisse wie auch das Vorhandensein von strukturellen Benachteiligungen noch nicht hinreichend beachtet, weshalb die Einnahme einer spezifisch sozialgeragogisch ausgerichteten Perspektive ansteht.

1 Bildung im Alter und für das Altern – eine Akzentuierung des Sozialen

Bildung im Alter ist ein Querschnittsthema zwischen verschiedenen Disziplinen und Professionen, so z. B. der Erwachsenenbildung innerhalb der Erziehungs-

bzw. Bildungswissenschaft, der Sozialen Gerontologie, der Soziologie, der Psychologie und auch der Sozialen Arbeit. Innerhalb der Geragogik[1], als transdisziplinäre Wissenschaft zu Lernen und Bildung im Alter, wird bisher besonders die Nähe zur Sozialen Gerontologie und Erwachsenenbildung reflektiert. Die Beantwortung der Frage, ob die Geragogik als eigenständige Disziplin zu betrachten ist, die unter anderem durch gerontologisches und erziehungswissenschaftliches Wissen gespeist wird oder ob sie als eine Teildisziplin der Gerontologie und/oder Erziehungswissenschaften einzustufen ist, erscheint an dieser Stelle nicht relevant (vgl. dazu Bubolz-Lutz 1983, 12ff.), geht es dabei doch eher um einen standespolitischen Diskurs. Zur Bestimmung des Sozialen in der Geragogik ist hingegen interessant, dass die Geragogik in den letzten Jahren eine zunehmende Ausdifferenzierung erfahren hat, in der die Nähe zu bestimmten Schwerpunkten und Zielgruppen deutlich wird.[2]

Parallel zu diesen thematischen Weiterentwicklungen im Feld der Bildung im und für das Altern ist es ein gemeinsames Anliegen, diese vielfältigen Angebote auch möglichst vielen Zielgruppen zugänglich zu machen, um mit unterschiedlichen Milieus passende Angebote zu entwickeln. Wegweisend ist dazu die gemeinsame sozialpädagogische Traditionslinie von Sozialer Arbeit und Erwachsenenbildung, wie sie von Klingenberger (1992, 15ff.) in der Forderung eines ganzheitlichen Blickwinkels eingebracht worden ist: Lebenslagen, Bedingungen, Ansprüche und Probleme der älteren Menschen finden darin besondere Berücksichtigung, da es dabei verstärkt um präventive und intervenierende Aspekte im Rahmen von Bildungsveranstaltungen mit Älteren geht (vgl. ebd. 86).

Eine Akzentuierung sozialer Fragen im Kontext von Bildung findet sich auch in der Sozialen Arbeit, welche als vergleichsweise junge Wissenschaft ebenfalls Bildung im Alter in Theorien, Konzepten und Methoden zum Gegenstand hat. Besonders hervorzuheben ist hierbei die verstärkte Wahrnehmung lernungewohnter und körperlich und psychisch eingeschränkter Menschen sowie die der Hochbetagten, auch wenn die sozialarbeiterische und sozialpädagogische Arbeit mit älteren Menschen insgesamt ein noch eher randständiges Feld ist (vgl. Aner/Karl 2010). Dennoch ist der Trend unübersehbar: Die Arbeitsfelder in der Praxis Sozialer Altenarbeit und Altenhilfe vervielfältigen sich, es entwickelt sich ein breites Profil (vgl. Kricheldorff 2015, 15). Dabei lassen sich traditionell in der Entwicklung der Sozialen Arbeit mit Älteren in Deutschland zwei Stränge unterscheiden: Zum einen die aus dem Fürsorgegedanken entstandene Altenhil-

---

1 Neben dem Begriff der Geragogik werden von vielen Autor*innen auch die Begriffe »Gergontagogik« oder »Gerontopädagogik« genutzt. Bereits 2002 verweist Anding auf die vielen verschiedenen Begrifflichkeiten im Bereich der Altersbildung, wobei sie als gemeinsamen Nenner die Entwicklungsmöglichkeiten älterer Menschen durch Bildung vorschlägt. Dieser Argumentation folgend, wird fortan der Begriff Geragogik verwendet, welcher seit Bollnow und Mieskes (1970) die systematischen Disziplinentwicklungen zusammenführt, wie sie auch im Lehrbuch Geragogik (Bubolz-Lutz et al. 2010) nachzuvollziehen sind.
2 Als Beispiele können hier die kritische, die interkulturelle, die integrative, die intergenerationelle, die Pastoral-, die Kunst- und Kultur-, die Musik- und bewegungsorientierte Geragogik sowie die Motogeragogik und Montessori-Geragogik aufgeführt werden, wie sie z. T. auch in diesem Band dargestellt werden.

fe, die in erster Linie auf eine angemessene Versorgung und Unterstützung im Alter anstrebt und zum anderen die Altenarbeit, die auf Teilhabe, Selbstbestimmung und Aktivierung zielt. Es ist als besonderer Beitrag Sozialer Arbeit zu werten, dass hier explizit diejenigen Personengruppen in den Fokus rücken, die in ihren Handlungs- und Verwirklichungschancen eingeschränkt sind (z. B. auf Grund von Altersarmut, vgl. Schönig 2017). Durch eine intersektionale Perspektive der Sozialen Arbeit (vgl. Frühauf 2017) können Ungleichheiten in der Nutzung von Bildungsräumen im Alter und für das Altern analysiert werden, da hierbei nicht nur Fragen von Klasse, Schicht und Milieu, sondern auch die der Geschlechter- oder Rassismusperspektive miteinander verbunden werden können. Die Einnahme einer solchen analytischen Kategorie legitimiert nicht nur die Interventionen Sozialer Arbeit, sondern wirft zunächst einmal die Frage auf, welche Verständnisse und Bearbeitungsweisen der Ungleichheitslagen innerhalb der Bildung im Alter bislang vorliegen.

Als Perspektivschärfung auf soziale Aspekte in der Bildung älterer Menschen ist hierbei zunächst die Hinzuziehung der rechtlichen Perspektive aufschlussreich: Für ältere Menschen existiert bislang kein eigenständiges Leistungsrecht. Ganz bewusst werden ältere Menschen, anders als z. B. Kinder und Jugendliche, nicht als rechtliche Sondergruppe geführt. Bislang liegt kein »Altenhilfegesetz« vor[3] und es ist in der Hand der Kommunen zu entscheiden, welche Art und welcher Umfang an Angeboten für ältere Menschen vorgehalten werden. Ältere Menschen als Zielgruppe kommunaler Altenplanungen und Seniorenpolitik müssen dabei differenziert betrachtet werden, da die Spanne von aktiven, mobilen älteren Menschen, die ihr Leben weitestgehend selbstständig und selbstbestimmt gestalten, bis zu Älteren reicht, die vielfältige Bedarfe an Unterstützungs-, Hilfs- und Pflegeleistungen haben. Diese notwendigen Leistungen im Kontext sozialpolitisch bedeutsamer Lebenslagen werden über definierte Dienste und Hilfen auf der Grundlage der Sozial-, Kranken- und Pflegeversicherung erbracht. Aktuell machen sich viele Kommunen auf den Weg, ihre professionellen Dienste und sozialen Netzwerke neu zu beleben und zahlreiche kommunale Politikfelder alterskompatibel zu gestalten. Dies zeigt sich in Bezug auf die Bau- und Verkehrsplanung oder in der Konzeption von Gesundheitseinrichtungen, zunehmend aber auch bei Bildungsangeboten, die vermehrt an die Selbstverantwortung der älter werdenden älteren Menschen appellieren (vgl. Rothen 2016). Damit Ältere sich entsprechend für sich selbst aber auch für das Gemeinwohl engagieren können, ist es eine kommunale Aufgabe, Angebote (z. B. in den Bereichen Gesundheitsförderung und Prävention, Bildung, Kultur, Freizeit und generationsübergreifende Projekte) und Strukturen (z. B. Anlaufstellen, Quartiersmanagement) bedarfsgerecht neu zu konzipieren und zu schaffen.

---

3 Pohlmann (2016) weist darauf hin, dass in den letzten Jahrzehnten immer wieder Referentenentwürfe im zuständigen Bundesministerium entstanden, auf derer Grundlage die Unterstützung älterer Menschen und ihre Integration in die Gesellschaft durch allgemeine Förderungsangebote und Leistungen in unterschiedlichen Lebenssituationen verbessert werden sollten. Diese scheiterten jedoch bislang mit der Begründung, dass sich daraus eine Exklusion des Alters ergeben könne.

Auch aus erziehungswissenschaftlicher Sicht ist das Thema Bildung im Alter als wichtiges Handlungsfeld identifiziert (vgl. ebd.). Erwartet wird, dass der Bedarf und die Nachfrage an Bildungsangeboten, beispielsweise in der offenen Altenarbeit, in den nächsten Jahren ansteigen wird. Gründe dafür sind sowohl quantitative Veränderungen im Altersaufbau als auch qualitative und strukturelle Veränderungen wie die bessere gesundheitliche Verfassung, mehr Bildungsbeteiligung älterer Menschen aufgrund höherer Schulbildung, besserer materieller Absicherung etc. (vgl. Sommer/Künemund/Kohli 2004; Schröder/Gilberg 2005). Interessant ist, dass diese interpersonalen Voraussetzungen und der Einfluss von Lebenslagen und -bedingungen auch in informellen Lernformen an Bedeutung gewinnen und stärker in den Blick genommen werden (vgl. Thalhammer/ Schmidt-Hertha 2016). So war eine Erkenntnis der EdAge-Studie (Tippelt et al. 2009), dass bislang zu wenig Wissen über die Bildungsinteressen unterschiedlicher Gruppen älterer Menschen vorliegt (z. B. über das Bildungsverhalten von Frauen und Männern, von Migrant*innen oder von Stadt- und Landbewohner*innen).

Die Bedeutsamkeit von Bildung im und für das Altern zeigt sich auch innerhalb etablierter sozialpädagogischer Handlungsfelder, wie beispielsweise in der Familienhilfe, in der Großeltern und Urgroßeltern als neue Protagonisten auftauchen. Deutlich wird aber auch der wachsende Bedarf an kultursensiblen Angeboten für ältere Migrant*innen (vgl. Steinfort-Diedenhofen/Vinke 2014) oder an speziellen Angeboten für sucht- oder suizidgefährdete Senioren. Unabhängig von den verschiedenen Lern- und Handlungsfeldern kommt Bildung in allen Bereichen ein großer Stellenwert zu, nämlich immer dann, wenn es darum geht, die Selbst- und Mitbestimmungsmöglichkeiten zu erweitern und konkret auszugestalten.

2   Bildung für Alle als Vehikel und Ziel

In der praktischen Bildungsarbeit kreuzen sich mit dem Übergang in die Lebensphase Alter pädagogische/geragogische und sozialarbeiterische Ziele, wenn es darum geht, »Menschen zu befähigen, sich mit ihren Möglichkeiten und Fähigkeiten in ihrem jetzigen und späteren Leben in der Gesellschaft zu behaupten und Handlungsräume und -optionen zu erweitern« (Friesenhahn/Braun/Ningel 2014, 10). Eine besondere Herausforderung liegt dabei in der Ansprache und Erreichung der Zielgruppe(n) selbst, da die Mehrzahl älterer Menschen in ausgewiesenen sozialarbeiterischen oder sozialpädagogischen Feldern gar nicht oder zumindest sehr lange nicht in Erscheinung tritt (vgl. Pohlmann 2016, 22). Die Beteiligung an Bildungsangeboten hat aber im Hinblick auf Integration und Teilhabe für Menschen auch im Alter große Bedeutung und ist damit »Vehikel und Ziel Sozialer Arbeit zugleich« (Bubolz-Lutz 2010, 37). Um aber gerade diejenigen zu erreichen, die von klassischen Bildungsangeboten der Erwachsenen-

und Alternsbildung nicht angesprochen werden (vgl. Gallistl, Wanka & Kolland in diesem Band), braucht es niedrigschwellige und passgenaue Angebote, die auch Menschen erreichen, die sich bislang noch keinen Gewinn von der Teilnahme an Bildungsangeboten versprechen oder die keinen Zugang zu interessanten Angeboten finden, weil sie sich beispielsweise auch nicht als Zielgruppe angesprochen fühlen (vgl. Pohlmann 2016, 22). Angesichts dieser Entwicklungen scheint es an der Zeit, das »Soziale« in der Geragogik besonders herauszustellen und damit eine stärkere Verzahnung der Erwachsenen- und Alternbildung mit der Sozialen Arbeit anzuregen. In der Praxis ist dies bereits Realität, in Bezug auf konzeptionelle Entwicklungen und die Definition von Gegenstandsbereichen besteht jedoch Entwicklungsbedarf.

3 Sozialgeragogik als Konvergenzbegriff

Der Begriff »Sozialgeragogik« führt zurück in das Jahr 1985, in dem erstmals Petzold die Definition einer »geragogie sociale« vornimmt, womit er die Gesamtheit aller psycho-sozialen Interventionen fasst, die dazu beitragen, die Lebenssituation und Lebensqualität alter Menschen zu verbessern« (ebd., 20). In der Weiterentwicklung einer sozialgeragogischen Theoriebildung steht dieses Ziel weiterhin im Fokus: die Ermöglichung einer (möglichst) autonomen Lebenspraxis der Adressat*innen in ihren alltäglichen Lebenswelten. Die Sozialgeragogik zielt auf die »fördernde Begleitung älterer Menschen« (Veelken 2016, 14).

Wie sich diese fördernde Begleitung konkret darstellt, ist in den Feldern mit erwachsenenbildnerischer oder sozialpädagogisch-/sozialarbeiterischer Ausrichtung höchst unterschiedlich. Inwieweit die Ziele und Interessen von Erwachsenen-/Alternsbildung und Sozialer Arbeit konvergieren, ist bislang analytisch kaum aufgearbeitet worden (vgl. dazu z. B. Miller 2003; Sommer 2009; Metzger 2011). Auch wenn allgemein anerkannt und zugestimmt wird, dass Bildung und Lernen hinsichtlich der daraus entstehenden Selbst- und Mitbestimmungsmöglichkeiten prinzipiell für alle Menschen positive Effekte bringt, so sagt dies noch nichts über die Qualität und Reichweite aus. Entscheidend für die Weiterentwicklung von Bildung im Alter ist die reale bildungspraktische Entwicklung innerhalb konkreter Lernsituationen, welche sich sowohl in klassischen Feldern der Erwachsenen-/Alternsbildung als auch in Zuständigkeiten Sozialer Arbeit zeigt.

Im Folgenden werden nun zunächst die jeweiligen Gegenstandbereiche, Zielperspektiven, Haltungen und Professionsverständnisse von Erwachsenenbildung und Sozialer Arbeit in aller gebotenen Kürze gegenüber gestellt, um später darauf aufbauend die Schnittstelle der Sozialgeragogik als mögliche Konvergenz beider Felder zu verorten.[4]

---

[4] Weiterführend ist sicherlich ebenso die Betrachtung weiterer Schnittstellen, so z. B. die der Sozialen Gerontologie oder der Heilpädagogik.

Zentraler Gegenstand der Erwachsenen- und Alternsbildung ist das selbst- oder fremdorganisierte Lernen des Individuums mit dem Ziel der Persönlichkeitsbildung, welche durch Aufklärung, Wissensvermittlung und Kompetenzerweiterung angestrebt werden soll (vgl. Dewe 2005, 141). Erwachsenenbildung ist zudem, gerade dann, wenn sie innerhalb der Sozialen Arbeit verortet ist, Ressourcenarbeit, deren Ziel die »Stärkung von materiellen, instrumentellen, körperlichen, psychischen, sozialen, kulturellen und ökologischen Ressourcen« (Miller 2003, 182) ist.

Die Beschreibung des Gegenstandsbereiches Sozialer Arbeit wird auf Grund der sehr unterschiedlichen Handlungsfelder und Zielgruppen kontrovers geführt und oftmals auf die Kurzformel »Verhindern und Bewältigen sozialer Probleme« (Engelke et al. 2009, 267) reduziert. Sie begründet und legitimiert ihre unterstützenden, sorgenden, disziplinierenden und normalisieren Interventionen mit Bezug auf verschiedene gesellschaftliche Ungleichheiten (vgl. Frühauf 2017, 124). Für die Schärfung des Themas von Lernen und Bildung im Alter, aus der speziellen Perspektive der Sozialen Arbeit, erscheint es weiterführend sinnvoll, die Gegenstandsdefinition der Internationalen Federation of Social Workers (IFSW) aus dem Jahr 2014 heranzuziehen, in der es heißt:

> »Social work is a practice-based profession and an academic discipline that promotes social change and development, social cohesion, and the empowerment and liberation of people. Principles of social justice, human rights, collective responsibility and respect for diversities are central to social work. Underpinned by theories of social work, social sciences, humanities and indigenous knowledge, social work engages people and structures to address life challenges and enhance wellbeing« (DBSH 2014, o. S.).

Mit Blick auf die hier benannten Ziele, wie etwa dem sozialen Zusammenhalt oder der Stärkung von Autonomie und Selbstbestimmung, und die formulierten Prinzipien von sozialer Gerechtigkeit, Menschenrechten, gemeinsamer Verantwortung und Achtung der Vielfalt, lassen sich deutliche Nähen zur Erwachsenenbildung erkennen:

Bei der Erwachsenenbildung steht das Lernen des Individuums im Mittelpunkt, bei der Sozialen Arbeit die Unterstützung bei der Gestaltung und Bewältigung der Lebenswelten. Aber beide wirken wechselseitig. Die individuellen Lernergebnisse haben Auswirkungen auf die Lebenswelten und die Gestaltung der Lebenswelten bringen Lernergebnisse mit sich. Wenn die beiden Professionen zusammenarbeiten – im Bewusstsein der unterschiedlichen Aufträge –, so können sich darin förderliche Synergien entdecken lassen, die in dem Konvergenzbegriff der Sozialgeragogik ihre Verortung finden.

Als Zwischenfazit wird hier deutlich: Bildung im Alter hat sowohl in der Erwachsenen-/Altersbildung als auch in der Sozialen Arbeit im Sinne einer individuellen sowie einer gesellschaftlichen Entwicklungsaufgabe eine zentrale Bedeutung. Bei beiden Disziplinen wird die Gesellschaft in der Pflicht gesehen »Teilhabe als menschliches Grundbedürfnis wahrzunehmen und zu fördern« (Schramek/Bubolz-Lutz 2016, 162). Bildung im Alter wird so angesichts demografischer Entwicklungen zu einem »ernstzunehmenden Faktor zur Gestaltung des persönlichen (und) auch des öffentlichen Lebens« (ebd.). Es geht also um beides: sowohl um den individuellen Erwerb von Wissen und Kompetenz, z. B.

zur Stärkung intergenerationeller Verständigungen und den Erhalt von Gesundheit, als auch um die gesellschaftlich-strukturelle Eröffnung von Teilhabechancen hinsichtlich der Bewältigung aktueller Problemlagen und der Gestaltung von Zukunftsanliegen.

Tab. 1: Gegenstandsbestimmungen von Erwachsenenbildung und Sozialer Arbeit

	Erwachsenenbildung	Soziale Arbeit
Gegenstandbereich	Gestaltung von Lernprozessen	Verhindern und Bewältigen sozialer Probleme
Zielperspektive	Lernen für Selbstbestimmung und Teilhabe	Stärkung von Autonomie und Selbstbestimmung
Handlungsleitende Prinzipien	Bildung als Grundrecht in jedem Lebensalter, Gestaltung einer Gesellschaft des langen Lebens	Soziale Gerechtigkeit, Menschenrechte, gemeinsame Verantwortung, Achtung der Vielfalt
Menschenbild und Haltungen	»Lernende« Ermöglichung und Begleitung	»Klienten; Adressat*innen« Befähigung und Ermutigung, Verbesserung des Wohlergehens
Professionsverständnis	Gestaltung und Begleitung von lebenslangen Lern- und Bildungsprozessen	Unterstützung bei Gestaltung und Bewältigung herausfordernder Lebenslagen
Konzeptioneller Ansatz (exemplarisch)	Selbstbestimmtes Lernen	Empowerment

4 Sozialgeragogische Profilschärfung

Als gemeinsame Schnittstelle betont die Sozialgeragogik verstärkt die Lern- und Bildungsoptionen als Grundrecht in allen Lebensaltern im Sinne einer individuellen und gesellschaftlichen Gestaltungsperspektive. Dem übergeordnet ist das Streben nach sozialer Gerechtigkeit, welches es gesellschaftlich und im ganz persönlichen Leben zu bewältigen gilt.

Das Bild des alternden Menschen innerhalb der Sozialgeragogik ist dadurch charakterisiert, dass dieser als eigenständiger Akteur wahrgenommen wird, dessen Handlungsmächtigkeit und Handlungsfähigkeit durch Bildung, Beratung und Begleitung wiederhergestellt oder gesteigert werden kann. Die Einnahme einer spezifisch sozialgeragogischen Perspektive eröffnet die Erschließung von Kräfteverhältnissen und die Möglichkeit, die darin »weniger dominanten Stimmen zu stärken« (Glöcker 2017, 18). Aktivitäten auch im fortgeschrittenen Alter an eigenen Zielen und Vorstellungen ausrichten zu können, bedeutet, die dazu notwendigen Kompetenzen zur Aneignung der jeweils dazu notwendigen Wissensbestände, Fähigkeiten und Fertigkeiten zu erweitern. Die Einnahme einer sozialgeragogischen Perspektive ist dabei sowohl für die Erwachsenenbildung als auch für die Soziale Arbeit weiterführend, da beide eine demokratische und soziale Gesellschaft zum Ziel haben und im Spannungsfeld zwischen persönlicher Lebensgestaltung und gesellschaftlichen Ermöglichungschancen ihren Beitrag leisten.

Abb. 1: Verortung: Sozialgeragogik als Schnittstelle

In der Praxis sind die Voraussetzungen zur Teilhabe im Alter ungleich verteilt, weshalb zuletzt Forschungsprojekte verstärkt der Frage nachgegangen sind, wie bildungsungewohnten und ressourcenärmeren Menschen Teilhabe und Verantwortungsübernahme (z. B. im öffentlichen Bereich, wie im Projekt Lebensqualität im Wohnquartier: Rüßler et al. 2013) ermöglicht werden können. Schramek und Bubolz-Lutz (2016) resümieren, dass die bisherigen Ergebnisse einer »teilhabeorientierten Altersbildung« (ebd., 166) darauf hinweisen, dass gerade solche partizipativ angelegten Verfahren, in denen unterschiedlichen Voraussetzungen Rechnung getragen wird und Verantwortlichkeiten sukzessive entwickelt werden, weiterführende Impulse für Bildung im Alter und für das Altern setzen.

5 Orientierung an der Lebens- und Alltagswelt als didaktische Grundkategorie

Zielgruppenspezifische Zugänge entstehen über konkrete Lernanlässe innerhalb der jeweiligen Alltags- und Lebenswelten. Ausgearbeitet wurde ein solch subjektorientierter und lebensweltlicher Zugang zur Bildung im Alter bereits 1983 von Bubolz (vgl. 196ff.), wobei hier begrifflich der Aspekt des »Lebenszusammenhanges« als didaktische Grundkategorie gefasst wird. Somit ist seit mehr als drei Jahrzehnten eine didaktische Basis für einen differenzierten Blick auf die Vielfalt des Älterwerdens und auf die Konzeptionierung einer diese Vielfalt berücksichtigenden Bildungsarbeit gelegt, die nach wie vor von hoher Aktualität ist. So ist in der Konzeption sozialer Altenarbeit und Altenhilfe die Fokussierung auf den Begriff der Lebenswelt häufig nachvollziehbar: Lebensweltorientierung gehört zu den favorisierten und in vielen Konzepten beschriebenen Leitbildern (vgl. z. B. van Dyk 2015). Unter Lebenswelt wird hier die unmittelbar erfahrbare und sinnhaft strukturierte Welt des alltäglichen Lebens verstanden, die den kulturellen Rahmen der gemeinsamen Lebenspraxis von Menschen bildet und damit weit über die philosophische Kategorie Husserls (1962) hinausgeht. Neben der Analyse der Verhältnisse von Möglichkeiten und Behinderungen menschlichen Handelns werden auch didaktische Implikationen bedacht. In vielen sozialwissenschaftlichen und erziehungswissenschaftlichen Ansätzen wird versucht, auf eine spezifische Sicht von Lebensverhältnissen mit institutionellen und methodischen Konsequenzen zu antworten (vgl. Thiersch/Grundwald/Köngeter 2012, 175).

Eine lebensweltorientierte Sozialgeragogik agiert dabei immer in der Spannung zwischen dem Respekt vor Bewältigungsleistungen und Ressourcen der Adressat*innen. Der respektvolle Nachvollzug und die starke Orientierung an der jeweiligen Lebenswelt schafft zum Teil erst die Gelegenheiten, um Räume und Beziehungen auch für Lern- und Bildungsprozesse so zu gestalten, dass Anschlüsse ermöglicht oder erleichtert werden. Wie dies individuell konkretisiert werden kann, wird für die Lebensphase Alter aktuell ebenfalls unter den Perspektiven von Teilhabe und Selbstbestimmung als Herausforderung für Individuum und Gesellschaft diskutiert (vgl. Schirra-Weirich/Wiegelmann 2016).

6 Weiterführende Impulse einer lebensweltsensiblen Sozialgeragogik

Die hier entfaltete sozialgeragogische Perspektive zielt auf die Befähigung aller älteren Menschen. Dabei sollten Bildungsangebote danach streben, im Sinne von Chancengerechtigkeit zur Teilhabe an der Gesellschaft, allen Bürger*innen

Lernen zu ermöglichen, unabhängig von sozialer Herkunft und kulturellem Hintergrund. Für die Bildungspraxis heißt das: Die Umsetzung des Menschenrechtes auf Bildung im Alter sollte weniger formal und stärker an den Lebenswelten, Lebenserfahrungen und Lebensinteressen orientiert sein (vgl. Schramek 2016/Bubolz-Lutz 2017). Dies kann beispielsweise durch das Anknüpfen an bereits bestehende soziale Gruppen, bekannte Orte oder Bezugspersonen erfolgen (Müllegger 2015, 8f.). Ebenfalls als zentral für die Gestaltung von Bildungsarrangements wird die Fokussierung auf die Bedeutsamkeit der Lerninhalte für den Alltag der Lernenden erachtet – hierzu liegen bereits evaluierte Praxiserfahrungen vor (z. B. Schramek in diesem Band).

Zur Planung lebensweltorientierter Lernsituationen bedarf es einer aktivierungskritischen und diversitätsbewussten Perspektive auf das höhere Lebensalter, die realisiert, dass Lebenslagen und -welten im Alter vielschichtig sind und mittelschichtzentrierten, politisch erwünschten und medial glorifizierten Darstellungen des Alterns widersprechen. In der Orientierung an den realen Lebenswelten der Subjekte können so auch bisherige Bildungsinvestitionen kritisch hinterfragt werden.

Auf zwei mögliche Fehlentwicklungen soll abschließend hingewiesen werden: Die Bemühungen, ältere, bislang kaum erreichte Personen für Bildungsangebote aufzuschließen, darf nicht zu einer wie auch immer gearteten Verschulung des Alters führen. Zudem sollte auf allen Ebenen immer wieder neu reflektiert werden, ob Bildungsarrangements nicht Gefahr laufen, zum Instrument gesellschaftlicher Vorstellungen eines aktiven und produktiven Alters zu werden (vgl. Miesen 2015, 32ff.). Aus sozialgeragogischer Perspektive sollte Bildung im Alter und für das Altern so konzipiert werden, dass ältere Menschen in ihrem Älterwerden begleitet und bestärkt werden, so dass sie ihr Leben selbst- und mitverantwortlich gestalten können. Anspruch einer Sozialgeragogik, die erziehungswissenschaftliche sowie sozialpädagogische und sozialarbeiterische Perspektiven mit einbezieht, wäre somit die Selbstkonstitution selbstbestimmungsfähiger Subjekte durch entsprechende Bildungsprozesse. Diese müsste sich, so wie Motzke (2014, 215) es gleichsam für die Soziale Arbeit definiert, explizit gegen den Druck von Kosteneinsparungen und gegen die Technologisierung professionellen Handelns wehren und stattdessen eine kritisch-reflexive Haltung einnehmen.

Auf der sozialgeragogisch-lebensweltorientierten Grundlage aufbauend, kann eine differenzierte und sensible Betrachtung der konkreten Lern- und Bildungsanlässe älterer Menschen sowie deren lebensweltlicher Kontexte erfolgen. Daraus können Handlungsbedarfe und -empfehlungen für Politik und beteiligte Professionen abgeleitet werden. Die zentralen und auch in künftigen Forschungen zu prüfenden Fragen lauten: Inwiefern wirken sozialgeragogische Interventionen und Innovationen auf individuelle Lebensgestaltungen, soziale Beziehungen und gesellschaftliche Entwicklungen? Und: Wie lässt sich Teilhabe in den vielfältigen Lebenslagen des Alter(n)s professionell durch Bildung begleiten? Sicher ist: Es gibt eine Vielzahl an Lernanlässen. Die Auseinandersetzung mit dem eigenen Alter(n), der Erwerb neuen Wissens für die Entwicklung neuer oder den Ausbau vorhandener Kompetenzen, Erhalt der Selbstbestimmung und Autonomie sowie die Antizipation möglicher Krisen- und Grenzsituationen und die dann anstehende Bewältigung sind Bildungsthemen, die allesamt kein Curriculum brauchen.

Die Gestaltung dieser Bildungsaufforderungen des Alter(n)s kann nur im interdisziplinären Dialog gelingen. Es ist zu hoffen, dass sich die lebenswelt- und gesellschaftsbezogene, »soziale« Perspektive in Bezug auf das gemeinsame Anliegen der Gestaltung von Bildung als zukunftsfähiges Bindeglied zwischen den Disziplinen erweist.

Literatur

Anding, A. (2002): *Bildung im Alter. Ein Beitrag zu einer Bildungstheorie des Alters*. Leipzig – Weißenfels: Ille & Riemer.
Bubolz, E. (1983): *Bildung im Alter – Der Beitrag therapeutischer Konzepte zur Geragogik*, Dissertation Universität – GHS – Essen, Freiburg i.Br.
Bubolz-Lutz, E. (2010): Geragogik als Theorie und Praxis der Altersbildung. Soziale Arbeit kommt ohne Vorstellung vom Lernen im Alter nicht aus. In: *Sozial Extra* 7/8:10, S. 37–40.
Bubolz-Lutz, E. (2017): Non-formal selbstbestimmt. Selbstbestimmtes Lernen im Alter. In: *Die Zeitschrift für Erwachsenenbildung* 4/2017, S. 30–32.
Bubolz-Lutz, E./Gösgen, E./Kricheldorff, C./Schramek, R. (2010): *Geragogik. Bildung und Lernen im Prozess des Alters. Das Lehrbuch*. Stuttgart: Kohlhammer.
Deutscher Berufsverband für Soziale Arbeit DBSH (2014): *Global Definition of Social Work*. https://www.dbsh.de (Zugriff 14.2.2017).
Dewe, B. (2005): Erwachsenenbildung. In: Ott, H.U./Thiersch, H. (Hg.) *Handbuch Sozialarbeit und Sozialpädagogik* (3. Auflage). München: reinhardt Verlag, S 411–437.
Engelke, E./Borrmann, C./Spatscheck. C. (2009): *Theorien der sozialen Arbeit. Eine Einführung*. Freiburg: Lambertus.
Friebe, J. (2009): Exklusion und Inklusion älterer Menschen in Weiterbildung und Gesellschaft. In: Kronauer, M. (Hg.): *Inklusion und Weiterbildung. Reflexionen zur gesellschaftlichen Teilhabe in der Gegenwart*. Bielefeld: wbv, S. 141–184.
Friesenhahn, G. J./Braun, D./Ningel, R. (Hg.) (2014): *Handlungsräume Sozialer Arbeit*. Opladen/Toronto: Budrich.
Frühauf, M. (2017): Intersektionalität und Ungleichheit. In: Kessl, F./Kruse, E./Stövesand, S./Thole, W. (Hg.): *Soziale Arbeit – Kernthemen und Problemfelder*. Opladen/Toronto: Budrich, S. 124–137.
Glöckler, U. (2017): *Perspektiven einer Sozialen Arbeit der Ermöglichung*. Wiesbaden: Springer VS.
Klingenberger, H. (1992): *Ganzheitliche Geragogik. Ansatz und Thematik einer Disziplin zwischen Sozialpädagogik und Erwachsenenbildung*. (P.D. Hamann, Hg.) Münchener Studien zur Erziehungswissenschaft. Bad Heilbrunn: Verlag Julius Klinkhardt.
Kricheldorff, C. (2015): Altern im Gemeinwesen aus sozialgerontologischer Perspektive. In: van Rießen, A./Bleck, C /Knopp, R. (Hg.): *Sozialer Raum und Alter(n). Zugänge, Verläufe und Übergänge sozialräumlicher Handlungsforschung*. Wiesbaden: Springer VS, S. 15–30.
Metzger, M. (2011): *Erwachsenenbildung in der Sozialen Arbeit*. Wiesbaden.
Miesen, V. (2015): Lebenslanges Lernen aus der Perspektive Kritischer Geragogik. In: *Zeitschrift für Sozialpädagogik* Heft 1, 2/2015, S. 31–47.

Miller, T. (2003): *Sozialarbeitsorientierte Erwachsenenbildung. Theoretische Begründungen und Praxis.* Neuwied: Luchterhand.
Motzke, K. (2014): *Soziale Arbeit als Profession. Zur Karriere »sozialer Hilfstätigkeit« aus professionssoziologischer Perspektive.* Opladen/Berlin/Toronto: Verlag Barbara Budrich.
Müllegger, J. (2015): Bildung als Faktor für Gesundheit im Alter. In: *Magazin erwachsenenbildung.at. Das Fachmedium für Forschung, Praxis und Diskurs.* Ausgabe 24, 2015, Wien. Online im Internet: http://www.erwachsenenbildung.at/magazin/15-24/¬meb15-24.pdf.
Petzold, H. G. (1985): *Mit alten Menschen arbeiten. Bildungsarbeit, Psychotherapie, Soziotherapie.* München: Pfeiffer.
Pohlmann, S. (2016): *Altershilfe. Hintergründe und Herausforderungen.* Neu Ulm: Verein zur Förderung der sozialpolitischen Arbeit.
Rothen, J. (2016): *Kommunale Alten- und Seniorenpolitik.* Wegweiser Kommune. https:¬//www.wegweiser-kommune.de/documents/10184/16915/Kommunale+Alten-+und+Se¬niorenpolitik.pdf/571f4fb6-75ec-4c73-902d-180e4645e2e7
Rüßler, H./Köster, D./Heite, E./Stiel, J. (2013): Soziale Ungleichheit und Partizipation in alternden Stadtgesellschaften. In: *Zeitschrift für Gerontologie und Geriatrie* (ZGG) 4/2013, S. 306–311.
Schirra-Weirich, L./Wiegelmann, H. (Hg.) (2016): *Alter(n) und Teilhabe. Herausforderung für Individuum und Gesellschaft.* Opladen/Berlin/Toronto: Verlag Barbara Budrich.
Sommer, B. (2009): *Didaktische Überlegungen als Grundlage und Orientierungshilfe für sozialpädagogisches Handeln.* Marburg: Tectum.
Schönig, W. (2017): Altersarmut im Rentnerparadies – zur Polarisierung der Teilhabechancen im dritten Alter. In: Schirra-Weirich, L./Wiegelmann, H. (Hg.) *Alter(n) und Teilhabe. Herausforderungen für Individuum und Gesellschaft,* Schriften der KatHO NRW, Bd. 26, Opladen: Verlag Barbara Budrich, S. 17–38.
Schramek, R. (2016): Mehr als reiner Wissenserwerb: Lernen in informellen Zusammenhängen. In: *BAGSO-Nachrichten »Bildung – ein Leben lang«,* 03/2016, S. 10–12.
Schramek, R./Bubolz-Lutz, E. (2016): Partizipatives Lernen – ein geragogischer Ansatz. In: Naegele et al. (Hg.) *Teilhabe im Alter gestalten. Dortmunder Beiträge zur Sozialforschung,* S. 161–179.
Staub-Bernasconi, S. (2010): Soziale Arbeit und soziale Probleme. In: Thole, W. (2010) (Hg.) *Grundriss Soziale Arbeit. Ein einführendes Handbuch.* 3. überarb. und erw. Aufl., Wiesbaden: VS Verlag für Sozialwissenschaften, S. 267–282.
Steinfort-Diedenhofen, J./Vinke, H. (2014): Fremdenfeindlichkeit im Alter. Implikationen für eine sozialraumorientierte interkulturelle Geragogik. In: *REPORT Zeitschrift für Weiterbildungsforschung/2014: Kompetenzen im Erwachsenenalter – Befunde aus der Bildungsforschung,* S. 83–95.
Thiersch, H./Grunwald, K./Köngeter, S. (2012): Lebensweltorientierte Soziale Arbeit. In: Thole W. (Hg.) *Grundriss Soziale Arbeit. Ein einführendes Handbuch,* Wiesbaden: VS Verlag für Sozialwissenschaften, S. 175–196.
Tippelt, R./Schmidt, B./Schnurr, S./Sinner, S./Theisen, C. (Hg.) (2009): *Bildung Älterer – Chancen des demografischen Wandels.* Bielefeld: Bertelsmann.
van Dyk, S. (2015): Die neuen Aktivbürger von nebenan. Die wohlfahrtsstaatliche Vergesellschaftung. In: van Rießen, A./Bleck, C./Kopp R. (Hg.) *Sozialer Raum und Alter(n). Zugänge, Verläufe und Übergänge sozialräumlicher Handlungsforschung.* Wiesbaden: Springer.
Veelken, L. (2016): Generationenbeziehungen und Bildung – Aspekte der Geragogik. In: Naegele, G./Olbermann, E./Kuhlmann, A. (Hg.) *Teilhabe im Alter gestalten. Aktuelle Themen der Sozialen Gerontologie.* Wiesbaden: Springer VS, S. 143–160.

Teil 2: Forschungsansätze zu Lernen und Bildung im Alter

Forschung zu Bildung und Lernen im Alter und mit älteren und alten Menschen

Renate Schramek

Anliegen dieses Buches ist es u. a., durch die Auswahl der Beiträge zur Forschung zu Bildung und Lernen *im* Alter und *mit* älteren und alten Menschen auf die Vielschichtigkeit und Breite der Forschungsthemen und Forschungsansätze hinzuweisen und sowohl häufig angewendete wie auch weniger geläufige Ansätze und Vorgehensweisen aufzunehmen. So möchte der folgende Teil einen Blick auf das Ganze ermöglichen und exemplarisch Wissen über die Forschungsansätze in diesem Forschungsfeld vermitteln.

Die Beiträge stellen eine Auswahl aktueller Forschungsbereiche und -methoden dar. Neben den in der Wissenschaft und von der Politik als bedeutsam erkannten und mit großem Aufwand umgesetzten Forschungsansätzen (Large-Scale-Studien) werden im zweiten Abschnitt ausgewählte qualitative Forschungsmethoden vorgestellt. Erstere haben sich gerade aufgrund ihres Umfangs und der intendierten Reichweite der Aussagen als richtungsweisende Größen in der Forschungslandschaft etabliert.

Die Zusammensetzung der hier publizierten Aufsätze weist auf eine große Bandbreite der Forschung zu Bildung und Lernen *im* Alter und *mit* Älteren hin. Entsprechend vielfältig gestalten sich die Forschungsthemen und -fragen, die in diesem Kontext erörtert werden. Über die Beiträge hinaus sind zahlreiche weitere Fragen und Forschungsdesiderate zu Bildung und Lernen im Alter und mit älteren und alten Menschen zu benennen – zum Beispiel: Wie sind die Strukturen und Bedingungen für Bildung im Alter zu verändern, dass gerade den Bildungsangeboten weniger offen gegenüberstehende Menschen im Alter noch einen Zugang zu Lernen finden können? Welche Effekte haben partizipative Ansätze in der Forschung? Wo stößt Teilhabeorientierung in der Forschung und in Bildungskonzeptionen mit vulnerablen Teilnehmendengruppen an ihre Grenzen?

Aus geragogischer Sicht hat sich die Forschung zur Altersbildung daran messen zu lassen, inwiefern sie einen Wertediskurs aufgreift und integriert (vgl. Bubolz-Lutz et al. 2010, 60). Postuliert wird, einen Wertediskurs mit allen Beteiligten zu führen, der danach fragt, inwieweit das konkrete Forschungsvorhaben die Autonomie, Selbstbestimmung und Würde des alternden und alten Menschen in seinem Lebenszusammenhang beachtet. Konkret zielt die geragogische Perspektive in der Forschung darauf, die Entwicklungen und Forschungsfragen nicht an dem technisch Machbaren und theoretisch Denkbaren zu orientieren, sondern das ethisch und sozial Vertretbare einzubeziehen. Dem folgend sollen im Forschungsprozess von Anfang an implizierte Haltungen und Werte transparent gemacht und kritisch diskutiert werden (siehe Schramek/Reuter/Kuhlmann in diesem Buch).

Über die Zeit gesehen hat sich die Forschung in diesem Feld in den letzten Jahren weiter ausgefächert: Speziell zu benennen ist z. B. eine Ausdifferenzierung der Forschung zu Konzeptionen (u. a. zur Selbstbildung), zu partizipativen Ansätzen und Vorgehensweisen, zu Lernen in relationalen Kontexten sowie in intermediären Feldern, aber auch zur Überwindung von (kumulierter) Benachteiligung im Alter und zu den Kompetenzen älterer und alter Menschen. Speziell gefördert wird aktuell Forschung zur Entwicklung technischer Unterstützungssysteme. Die Ausweitung der Forschungsaktivitäten (vgl. siehe weiterführend auch eine Zusammenschau der Forschungsfelder bei Bubolz-Lutz et al. 2010, 88ff.) nimmt über die Erkenntnisgewinne schließlich auch Einfluss auf die beobachtete Differenzierung der Bildungsansätze und Konzepte (siehe auch Teil 3 Felder der Bildungsarbeit mit älteren und alten Menschen in diesem Buch).

In der erziehungswissenschaftlich bzw. bildungswissenschaftlich orientierten Forschung zu Bildung im Alter haben sich die Forschungsvorhaben sowohl in ihrer Gesamtzahl als auch in ihrer thematischen Ausrichtung ebenfalls deutlich ausgeweitet. Auch werden Datenerhebungen bezogen auf die Lebensspanne in etablierten quantitativen Erhebungen (wie z. B. im Adult Education Survey (AES), der die Beteiligung und Nichtbeteiligung Erwachsener am lebenslangen Lernen wiederkehrend erfasst) breiter angelegt.

Dieser Teil des Buches zu den Forschungsthemen und -ansätzen wird mit zwei Beiträgen eröffnet, die sich auf quantitative Forschungsmethoden beziehen. Beispielhaft für das breite Forschungsfeld führt der erste Beitrag einen Überblick in das Feld der Large-Scale-Studien aus. Der Erziehungswissenschaftler und Erwachsenenbildner *Bernhard Schmidt-Hertha* legt die Bedeutung dieser Erhebungsform in der Forschung zu Bildung im Alter dar. Er konstatiert, dass der mit dieser Forschungsmethode verbundene umfassende Aufwand und die Durchführung in einem Forschungskonsortium die Bearbeitung disziplinübergreifender Fragestellungen vergleichender Art, wie auch länderübergreifende Betrachtungen ermöglichen. Weiter stellt *Schmidt-Hertha* die historische Entwicklung dieser Forschungsansätze sowohl aus der Perspektive der Altersforschung als auch der Erwachsenenbildungsforschung dar und erläutert, wie es zur Erweiterung der Forschungsaktivitäten in diesem Kontext kam. Am Beispiel der CiLL-Studie veranschaulicht er, welchen Erkenntnisgewinn große, übergreifende Datensätze liefern und welche Potenziale und Grenzen jeweils bestehen. Abschließend nimmt *Schmidt-Hertha* aktuelle Entwicklungen zum Vorgehen in Large-Scale-Studien in den Blick. In seinen Ausführungen zur Verknüpfung von quantitativen und qualitativen Forschungsmethoden (Mixed-Methods-Ansätze) bietet der Beitrag Anknüpfungspunkte zu den später folgenden Beiträgen im Feld der qualitativen Forschung zu Bildung im Alter.

Der zweite Beitrag der Soziolog*innen *Vera Gallistl*, *Anna Wanka* und *Franz Kolland* befasst sich mit Bildungsbarrieren im Lebenslauf. Die Autor*innen untersuchen mögliche Effekte zu kumulativer Bildungsbenachteiligung im Alter. Im Zentrum der Forschung steht die Frage wie sozial benachteiligte ältere Menschen von Bildung im Alter erreicht werden können. Die empirisch quantitative Untersuchung stützt sich anfangs auf eine bivariate Analyse der 6. Erhebungswelle des Survey of Health, Aging and Retirement in Europe (SHARE). Davon ausgehend wird die Frage beantwortet, inwiefern sich die Bildungschancen in unterschiedlichen Lebensphasen auf eine Bildungsbenachteiligung im Alter auswirken. Empirisch gesichert und theoretisch rückgebunden mit der Cumulative Advantage Theory (Dannefer 2003) zeichnen *Gallistl, Wanka* und *Kolland* nach, wie sich soziale Einflüsse im Bildungslebenslauf auf die Teilnahme an Bildung im Alter auswirken. Im weiteren Forschungsprozess werden die Daten zudem einer multivarianten Analyse unterzogen. Mittels logistischer Regressionsmodelle weisen die Autoren nun den Einfluss der elterlichen Bildung (unter Kontrolle von Alter und Geschlecht) auf unabhängige Variablen nach. Der Beitrag schließt mit einer kritischen Betrachtung des eigenen methodischen Vorgehens und mit abschließenden Überlegungen zu möglichen Interventionen durch Bildung im Alter. Dabei unterstreichen die Wissenschaftler*innen die Bedeutung politischer Eingriffe und gezielter Bemühungen um Zugangschancen zu Bildungsinstitutionen für marginalisierte Gruppen in der Ausbildungsphase und während der Erwerbstätigkeit. – Der Beitrag von *Gallistl, Wanka* & *Kolland* ist ein Beispiel dafür, wie verfügbare Datensätze vielfach genutzt werden können (vgl. den Beitrag von Schmidt-Hertha in diesem Teil). So können verschiedene Wissenschaftsdisziplinen das vorhandene Material eigenen Analysen unterziehen.

Während die ersten beiden Beiträge quantitative Forschungsansätze beschreiben, beziehen sich die folgenden drei Beiträge auf qualitative Forschungsansätze im Kontext von Bildung und Lernen im Alter. Den Anfang bildet der Beitrag der Erziehungswissenschaftlerin und Geragogin *Renate Schramek*, gemeinsam mit den Gerontologinnen *Verena Reuter* und *Andrea Kuhlmann*, der einen partizipativen Forschungsansatz fokussiert. Die Ausführungen zur Forschungsmethodik werden unter Bezugnahme auf das Forschungs- und Entwicklungsprojekt »OurPuppet« konkretisiert. Der vorgestellte partizipative Forschungsansatz wird dabei mit vulnerablen Nutzergruppen umgesetzt, zur Entwicklung eines technischen Systems zur Unterstützung und Entlastung für Menschen mit Demenz und ihre pflegenden Angehörigen. Der Beitrag führt das Vorgehen und den Forschungsansatz eines interdisziplinären Verbundprojektes aus und führt in den geragogisch begründeten Wertediskurs in diesem auf Technikentwicklung ausgerichteten Forschungsfeld ein. Es wird deutlich, dass gerade die Forschung und Entwicklung technischer Assistenzsysteme eng mit Wertfragen und Haltungen verbunden ist. Der Wertediskurs sowie die eigene Positionierung der Nutzer*innen wird von den Autorinnen als bedeutsames Lernfeld identifiziert. Der Beitrag schließt mit dem kritischen Hinweis, dass zu der Frage, ob das technisch Machbare mit den ethischen und sozialen Vorstellungen konform geht, aus subjektiver und aus gesellschaftlicher Sicht zu beantworten ist. Er zeigt, dass die Möglichkeiten der technischen Entwicklung und die damit verbundenen ethischen und sozialen Implikationen eine Auseinandersetzung mit eigenen und gesellschaftlichen Werten und Haltungen erforderlich machen.

Der darauf folgende Beitrag der Erziehungswissenschaftlerin *Claudia Kulmus* folgt einer subjektwissenschaftlich orientierten Forschungslinie. Hier geht es um die Explikation und Rekonstruktion subjektiver Einschätzungen und Erfahrungen und um die übergreifende Frage: Unter welchen Bedingungen lernen

Menschen wie und was, wie erklären sie sich bestimmte Gegenstandsbereiche und Zusammenhänge und wie wirkt sich dies auf ihr Verständnis und ihr Handeln aus. Konkret befasst sich *Frau Kulmus* in ihrem Beitrag »Altern und lebensentfaltendes Lernen« mit einem Thema, das aus andragogischer Sicht erst in jüngerer Zeit empirisch in den Blick genommen wird. Aus subjektwissenschaftlicher Sicht erforscht der Beitrag die Beantwortung der Frage »warum Menschen im höheren Alter an Lerninteressen festhalten und welche Rolle Lernen beim Umgang mit den besonderen Bedingungen und Herausforderungen des Alterns« zukommt. Von einem bildungswissenschaftlichen Zugang ausgehend, der auf einen gerontologischen Alternsbegriff rekurriert, setzt Frau *Kulmus* ein qualitatives Forschungsdesign ein, um die aufgeworfene Frage empirisch zu beantworten. Theoretisch fundiert arbeitet die Autorin heraus, dass das Altern gekennzeichnet ist durch das Ende der Erwerbsarbeit, körperliche Veränderungen und eine lebenszeitliche Dimension. Die Betrachtung der Verknappung von Lebenszeit im Kontext von Lernen bildet den Ausgangspunkt der empirischen Untersuchung, in der Ältere zu ihren Alternserfahrungen befragt werden. Der Beitrag stellt die große Bandbreite und Komplexität von Umgehensweisen mit Alternserfahrungen dar und zeigt die Relevanz von Lernen für den Umgang mit Alternserfahrungen auf. Die Autorin folgert, dass Lernen im Kontext von Altern bedeutet, sich der Rolle und Zuschreibung als alt, uninteressant und überflüssig zu gelten, entgegenzustellen und stetig neue Entfaltungsmöglichkeiten für Teilhabe und Identitätsentwicklung selbst zu schaffen.

Zum Ende dieses Abschnitts richten die Erziehungswissenschaftler *Dieter Nittel* und *Nikolaus Meyer* den Blick auf Lernprozesse im hohen Alter und im Angesicht des Todes. Der empirische Beitrag beschäftigt sich mit »Lernen in der Lebensendphase. Vom Nutzen journalistischer Quellen für die Analyse biografischer Lernprozesse«. Mittels qualitativer hermeneutischer Forschungsmethodik werden publizierte Sachtexte einer Sekundäranalyse unterzogen, um die forschungsleitenden Fragen zu beantworten. Die Entscheidung für dieses Vorgehen wird anfangs kritisch dargelegt, Begründungen für ein solches Vorgehen werden aufgezeigt. In der Folge führt der Beitrag die Interpretationen verschiedener Textsegmente eines Falls – verbunden mit einem konkreten Vermittlungsinteresse – kleinschrittig aus. Ausgehend von dem fokussierten Fall stellen die Autoren jeweils lerntheoretische Implikationen der Textsegmente heraus. Der Forschungsansatz schließt mit einer kritischen Würdigung des Lernportfolios in dem betrachteten Fall und leitet daraus pädagogische und fallübergreifende Implikationen ab.

Die in diesem Teil der Publikation dargestellten Ansätze und Themen der Forschung zu Bildung und Lernen *im* Alter und *mit* älteren und alten Menschen geben einen Einblick in die aktuelle Forschungslandschaft. Sie erheben nicht den Anspruch auf eine vollständige Abbildung des Forschungsfeldes. An der Vielfalt und Breite der Forschungsansätze und der verschiedenen Zugänge und Vorgehensweisen wird offensichtlich, dass das Erkenntnisinteresse insgesamt in allen Disziplinen gestiegen ist. Angeregt durch die demografischen Veränderungen stehen heute nicht nur aus sozialgerontologischer Sicht Fragen zum Altern im Fokus der Forschung, vielmehr haben auch die Erziehungs- und Bildungswissenschaft und die Geragogik ihre Forschungen zur Gestaltung der Altersphase durch Bildung und zur Stärkung von Autonomie und Selbstbestimmung sowie zur Gestaltung lernförderlicher Bedingungen – speziell im Hinblick auf Benachteiligungen – ausgeweitet. Die Beiträge zeigen exemplarisch auf, wie einschlägige Fragen empirisch untersucht werden können. Sie bieten Forschenden und Interessierten Ansatzpunkte, eigene Forschungsvorhaben zu entwickeln, und stellen zugleich die durch Forschungsvorhaben generierten Erkenntnisse dar. Damit erfüllen die vorliegenden Beiträge die Aufgabe, Forschungserkenntnisse einem disziplinübergreifenden Kreis von Wissenschaftler*innen und Forschenden zugänglich zu machen, um den interdisziplinären Wissensfundus zu erweitern. Auch weisen sie Herausforderungen in konkreten Forschungssituationen (z. B. die Beteiligung vulnerabler Zielgruppen an Forschungsprozessen) aus und führen konkrete Umgehensweisen mit möglichen Herausforderungen aus. Die zusammengestellten Beiträge lassen zahlreiche thematische Schnittmengen erkennen. Intendiert sind hier keine eindeutigen Zuordnungen und Abgrenzungen – sondern das Aufzeigen von gemeinsamen Themen und Methoden, die zu weiterer interdisziplinärer Forschung ermutigen.

Die Bedeutung von Large-Scale-Studien für die Forschung zu Bildung im Alter

Bernhard Schmidt-Hertha

Einleitung: Was ist Large-Scale?

Wörtlich übersetzt steht der Begriff »large-scale« für groß angelegt, umfangreich, im großen Stil oder ausgedehnt und bezieht sich meist auf den Stichprobenumfang in empirischen Studien. Entsprechend zeichnen sich sogenannte Large-Scale-Studien in den Sozialwissenschaften nicht nur durch eine große Stichprobe aus, die möglichst für eine große Gesamtpopulation repräsentative Aussagen ermöglichen soll, sondern auch durch einen insgesamt sehr großen Erhebungsaufwand, der sowohl aus der Größe der Stichproben als auch aus dem für Instrumentenentwicklung, Instrumententestung und Erhebungsdurchführung erforderlichen Aufwand. Entsprechend sind die groß angelegten Studien oft von einflussreichen (internationalen) politischen Akteuren inszeniert, von Bund und Ländern (mit-)finanziert und werden in größeren Forschungskonsortien umgesetzt. Inzwischen gehört es zu den in Deutschland etablierten Standards, die Daten aus diesen kostspieligen Erhebungen auch einer größeren Scientific Community zur Verfügung zu stellen – verbunden mit dem Anliegen, diese Daten auch über Disziplingrenzen hinweg gewinnbringend für die Forschung zu machen.

Generiert werden Large-Scale-Daten häufig im Kontext größerer international vergleichender Studien und damit unter Koordination eines internationalen Konsortiums. Auf dieser Ebene gilt es sicherzustellen, dass die Befragung einerseits den Standards und strukturellen Erfordernissen der einzelnen beteiligten Länder gerecht wird und andererseits Instrumente, Vorgehen und Datenaufbereitung soweit zu standardisieren, dass länderübergreifende Vergleiche möglich sind. Eine besondere Herausforderung liegt dabei u. a. in der kulturunabhängigen Formulierung einzelner Fragen und deren Übersetzung in die jeweilige Landessprache. Die Stichprobenziehung sollte dabei so organisiert sein, dass alle Angehörigen der Gesamtpopulation die gleiche Chance haben zu den Befragten zu gehören. Dabei werden entweder Institutionen (z. B. Schulen) herangezogen, in welchen die zu untersuchende Gruppe praktisch vollständig erfasst ist, oder die Daten der Meldebehörden genutzt (Haushalts- bzw. Registerstichprobe). Aus diesen Verzeichnissen werden Zufallsstichproben (manchmal auch geschichtete Zufallsstichproben) gezogen, deren Repräsentativität post-hoc anhand der über die Gesamtpopulation verfügbaren Daten überprüft wird. Sollte es hier zu Verzerrungen kommen, werden diese über entsprechende Gewichtungsverfahren ausgeglichen. Für die Befragungen selbst sind verschiedene Methoden denkbar, die von klassischen papierbasierten Fragebögen über computergestützte persönliche Interviews (CAPI) bis hin zu Telefoninterviews (CATI) reichen.

Eine Sonderform unter den Large-Scale-Studien stellen die Large-Scale-Assessments dar, d. h. umfangreiche (häufig international vergleichende) Studien, die nicht nur personenbezogene Daten und Einstellungen erheben, sondern die Befragten auch einem Testverfahren (z. B. zur Erfassung von Kompetenzen) unterziehen. Auf die diesen Studien in der Regel zugrundeliegenden psychometrischen Verfahren (vgl. z. B. Cresswell/Schwantner/Waters 2015) kann hier nicht genauer eingegangen werden.

1 Zur Historie von Large-Scale-Studien in der Weiterbildungs- und Altersforschung

In der Altersforschung gibt es eine lange Tradition von Studien, die versuchen, über große Stichproben zu repräsentativen Aussagen über interindividuelle Alterungsprozesse zu gelangen. Beginnend mit den Arbeiten von Adolphe Quêtelet nutzte man lange Zeit vor allem öffentliche Statistiken, um Altersphänomene zu untersuchen. In der zweiten Hälfte des 20. Jahrhunderts etablierten sich dann – neben den nach wie vor bedeutsamen experimentellen Studien, Fallanalysen und qualitativen Zugängen – aufwändige Längsschnittstudien mit teilweise sehr umfangreichen Stichproben. Wegweisend waren hier die sogenannten »landmark studies« in den USA, wie z. B. die Seattle Logitudinal Study von K. Warner Schaie. In Deutschland setzt vor allem die von Hans Thomae mitinitiierte Bonner Längsschnittstudie über das Altern (BOLSA) seit 1965 neue Maßstäbe (vgl. Wahl/Heyl 2015). Im Mittelpunkt stand dabei das Interesse an der interindividuellen Lebenslage und Entwicklung und damit an der durchschnittlichen Lebenssituation älterer Erwachsener bzw. durchschnittlichen altersbezogenen Veränderungen in der Bevölkerung.

Heute gehört u. a. die in der Tradition der BOLSA-Studie stehende Interdisziplinäre Längsschnittstudie des Erwachsenenalters (ILSE) der Universität Heidelberg zu den wichtigsten Large-Scale-Studien der Altersforschung (Schmitt 2006), ebenso wie der deutsche Alterssurvey (Mahne/Wolff/Simonson/Tesch-Römer 2017), eine Längsschnittstudie des Deutschen Zentrums für Altersfragen (DZA). Ein Grundproblem dieser Studien ist die sogenannte Panelmortalität, also die (ohne Aufnahme neuer Personen in das Sample) mit jedem Befragungszeitpunkt sinkende Stichprobengröße, wie sie sich zum Beispiel in der Berliner Altersstudie abzeichnet, die Anfang der 1990er Jahre mit einer Stichprobe von 928 älteren Menschen gestartet war, von welchen in der 8. Erhebungswelle (2008/2009) nur noch 23 teilnahmen[1].

---

1 https://www.base-berlin.mpg.de/de/projektinformation/stichproben [24.05.2017]

Eine neue Dimension im Bereich der Large-Scale-Altersforschung eröffnet der Survey of Health, Ageing and Retirement in Europe (SHARE). An dieser europaweiten Studie nahmen bislang mehr als 120.000 über 50-Jährige teil, die teilweise mehrfach befragt wurden (Börsch-Supan et al. 2015). Dieser große Datensatz wird von inzwischen über 6600 Forschenden[2] auch zunehmend interdisziplinär für sekundäranalytische Auswertungen genutzt.

In der deutschen Erwachsenenbildungsforschung wurde 1979 mit dem Berichtssystem Weiterbildung (BSW) die erste repräsentative Erhebung zu Weiterbildungsverhalten und Weiterbildungsinteressen der deutschen Wohnbevölkerung zwischen 18 und 64 Jahren durchgeführt (BMBF 2006). Diese Erhebung wurde bis 2007 regelmäßig (meist in dreijährigem Turnus) durchgeführt und dann durch den europäischen Adult Education Survey (AES) abgelöst, der seit 2007 alle zwei bis drei Jahre erhoben wird und in Deutschland die gleiche Altersgruppe (international nur die 25- bis 64-Jährigen) umfasst (Rosenbladt/Bilger 2008). Im Rahmen der Erhebung des ersten AES 2007 wurden über eine Ergänzungsstudie (EdAge) erstmalig das Bildungsverhalten und die Bildungsinteressen der 65- bis 80-Jährigen erfasst (Tippelt et al. 2009). Zwar gab es davor auch schon zwei Weiterbildungsstudien, die repräsentative Daten der bis 75-Jährigen erhoben (Schröder/Gilberg 2005; Schiersmann 2006), in der EdAge-Studie wurden aber darüber hinaus Skalen aus der Altersforschung (z.B. zum Altersbild oder zur Lebensgestaltung) integriert.

In den großen international vergleichenden Large-Scale-Studien konzentriert man sich aber weiterhin auf die Erwerbsbevölkerung, so auch in dem von der OECD initiierten Programme for International Assessment of Adult Competencies (PIAAC) (OECD 2013). Auch hier kommen die über 65-Jährigen erst durch Stichprobenerweiterungen einzelner Länder (z.B. Australien) in den Blick oder durch nationale Zusatzstudien wie der Studie »Competencies in Later Life« (CiLL) in Deutschland, auf die später noch eingegangen wird. Dabei repräsentieren PIAAC und CiLL einen Typus von Studiendesigns, der in der international vergleichenden Schulleistungsforschung entwickelt wurde, die Large-Scale-Assessments. Die in TIMSS, DESI, PEARLS und PISA angewandten Verfahren zur Erfassung von Schülerleistungen in bestimmten Kompetenzdomänen wurden hier für Erwachsene adaptiert und anhand repräsentativer Stichproben von mindestens 5000 Erwachsenen pro beteiligtem Land durchgeführt. Allerdings war auch PIAAC keineswegs die erste Studie dieser Art im Erwachsenenbereich, sondern stand in der Tradition des 1994 mehrfach durchgeführten »International »Adult Literacy Survey« (IALS) und der diesen 2002 ablösenden »Adult Learning and Lifeskills« (ALL) Studien (vgl. auch Schmidt-Hertha/Gebrande 2017).

Neben diesen internationalen Studien zur Kompetenzerfassung im Erwachsenenalter gibt es auch nationale Large-Scale-Assessments, wie die Level-One-Studie (LEO) zur Erfassung funktionalen Analphabetismus in der Erwerbsbevölkerung (Grotlüschen/Riekmann 2012) oder das Nationale Bildungspanel (NEPS),

---

[2] http://www.share-project.org/share-publications/user-publications-statistics.html [24.05.2017]

das auch eine Erwachsenenkohorte umfasst, für die neben ihrem Bildungsverhalten auch Kompetenzentwicklung längsschnittlich erfasst wird (Blossfeld/Roßbach/von Maurice 2011). Mit der Erwachsenenkohorte des NEPS liegen für Deutschland erstmals detaillierte repräsentative Längsschnittdaten zum Bildungsverhalten im Erwachsenenalter vor, die auch die Kompetenzen der Befragten erheben. In ähnlicher Weise ist in Deutschland auch die erste PIAAC-Erhebung aus dem Jahr 2012 in einen Längsschnitt (PIAAC-L)[3] übergeführt worden.

2   Das Beispiel CiLL

2012 wurde in Deutschland die erste Erhebung im Rahmen von PIAAC durchgeführt und – mit nur wenigen Wochen Abstand – die nationale Ergänzungsstudie CiLL. CiLL bestand zum einen aus einer Large-Scale-Studie, die in völliger Übereinstimmung mit den internationalen PIAAC-Kriterien und unter Nutzung der für PIAAC entwickelten Befragungs- und Testinstrumente ein analoges Assessment mit einer repräsentativen Stichprobe von 1400 in Deutschland wohnhaften 66- bis 80-Jährigen durchführte (eine Gesamtdarstellung der Studie und ihrer Ergebnisse findet sich bei Friebe/Schmidt-Hertha/Tippelt 2014). Zum anderen wurde das Large-Scale-Assessment ergänzt durch verschiedene qualitative Teilstudien (Experteninterviews, Tiefeninterviews, Einzelfallanalysen, Gruppendiskussionen mit spezifischen Teilgruppen). Im quantitativen Teil der Studie wurden neben soziodemografischen Variablen, Weiterbildungsbeteiligung und -interessen, Erwerbs- und familiäre Situation, Lebenslage und Bildungsbiografie insbesondere Lesekompetenz, alltagsmathematische Kompetenz und technologiegestütztes Problemlösen erfasst. Dabei zeigte sich, dass auch die bis 80-Jährigen nur wenig Probleme mit dem durchschnittlich zweistündigen Testverfahren hatten, wenngleich die Möglichkeit, den Test als Papiervariante durchzuführen anstatt die eigentlich angedachte computergestützte Testumgebung zu nutzen, in der CiLL-Stichprobe deutlich häufiger in Anspruch genommen wurde (73,9 %) als in der PIAAC-Haupterhebung (19,2 %; Zabal et al. 2013, 68). Aufgrund der fehlenden Fähigkeit oder Bereitschaft, Testaufgaben am Computer zu bearbeiten, liegen auch nur von einem Viertel der Befragten Daten zur Domäne »technologiegestütztes Problemlösen« vor (vgl. Schmidt-Hertha 2014) – ein Kompetenzbereich in dem die Nutzung digitaler Informationstechnologien im Vordergrund stand (vgl. auch Schmidt-Hertha/Rott 2014).

Die Ergebnisse aus dem Large-Scale-Assessment schreiben zum einen die Ergebnisse aus PIAAC fort, wenn sich z. B. zeigt, dass die Lese- und alltagsmathematische Kompetenz stark mit dem Alter korreliert und auch innerhalb der

---

3   Mehr Informationen zu PIAAC-L finden sich auf den Seiten von GESIS: http://www.gesis.org/piaac/fdz/daten/langzeitstudie-piaac-l/ [30.06.2017]

CiLL-Stichprobe ältere Personen durchschnittlich schlechter abschneiden als jüngere. Auch der starke Einfluss von Bildungsniveau und (ehemaliger) beruflicher Tätigkeit auf die genannten Kompetenzen bestätigt sich hier ebenso wie der Einfluss der Herkunftsfamilie. Dass die Herkunftsfamilie – hier operationalisiert über den Bildungsabschluss der Eltern – auch bei Kontrolle anderer Variablen wie dem eigenen Bildungsabschluss bei den bis 80-Jährigen noch einen signifikanten eigenständigen Beitrag zur Erklärung von Kompetenzunterschieden liefert, überrascht und unterstreicht noch einmal die langfristige Wirksamkeit sozialer Disparitäten im Bildungssystem. Unterschiede zu den in der PIAAC-Hauptstudie erfassten jüngeren Altersgruppen zeigen sich z. B. hinsichtlich Geschlechterunterschieden. Während in der PIAAC-Hauptstudie vor allem in den jüngeren Kohorten Frauen über bessere Lesekompetenzen verfügen als Männer (vgl. Rammstedt 2013), lässt sich für Personen über 70 Jahre ein umgekehrtes Verhältnis feststellen (vgl. Gebrande/Setzer 2014). Hier erklärt sich das bessere Abschneiden der Männer allerdings vor allem über deren bessere schulische und berufliche Ausbildung, die auch in dieser Altersgruppe zentraler Prädiktor für Lesekompetenz und alltagsmathematische Kompetenz ist. Für Bildungspraxis und bildungspolitisches Handeln besonders bedeutsam dürfte der hohe Anteil von Personen mit nur sehr schwach ausgeprägten Lesefähigkeiten in dieser Altersgruppe sein. Mehr als ein Drittel der 66- bis 80-Jährigen (37,8 %) erreicht im Lesekompetenztest nur Stufe 1 oder bleibt sogar darunter. Diese Gruppe ist allenfalls in der Lage kurze einfache Textabschnitte zu verstehen, ist mit komplexeren Texten aber überfordert. Ähnlich hoch (36,6 %) ist auch der Anteil derjenigen, die nur über basale alltagsmathematische Fähigkeiten verfügen und damit allenfalls einfache alltagsnahe Rechenoperationen durchführen können, wenn diese nur einen Lösungsschritt erfordern und nur wenige relevante Informationen dazu dargeboten werden (vgl. Knauber/Weiß 2014). Im Bereich der technologiegestützten Problemlösekompetenz zeigt sich schließlich, dass über die Hälfte (53,7 %) der über 65-Jährigen keinerlei Erfahrung im Umgang mit Computern hatte, bei 5 % die Fähigkeiten im Umgang mit einer Computermaus nicht ausreichten, um an den computergestützten Tests teilzunehmen und weitere 15 % sich weigerten, die Aufgaben aus den Kompetenztests am Computer zu bearbeiten. Der Anteil derjenigen, die letztlich am computergestützten Test teilnahmen, war in den Jüngeren Kohorten innerhalb der CiLL-Stichprobe und in der Gruppe der Männer wesentlich höher als in den ältesten Kohorten und in der Gruppe der Frauen (vgl. Schmidt-Hertha 2014).

Der Teil der CiLL-Studie, der sich auf eine Large-Scale-Untersuchung stützt, bietet vor allem eine umfassende Diagnose von Kompetenzen in verschiedenen Teilgruppen, wie sie für die über 65-Jährigen so bislang nicht vorlag – auch nicht in anderen Ländern. Die Daten bieten einen vertieften Einblick in grundlegende Kompetenzen Älterer in drei Domänen sowie die Möglichkeit, verschiedene unabhängige Variablen als erklärende Faktoren zu berücksichtigen. Eine echte Analyse von Ursachen der Kompetenzausprägungen oder gar Aussagen über die Kompetenzentwicklung im Alter lassen diese Daten aber schon aufgrund ihres querschnittlichen Designs nicht zu. Deshalb wurden im Rahmen von CiLL ergänzend umfangreiche qualitative Studien durchgeführt, auf die hier nicht näher eingegangen werden kann, die aber wesentliche Einblicke in die Relevanz der erfassten Kompetenzen im Alltag der Älteren und die Kompetenzentwicklung im höheren Lebensalter bieten.

3 Potenziale und Grenzen von Large-Scale-Studien

Large-Scale-Studien eröffnen die Möglichkeit auf Basis repräsentativer Stichproben belastbare Aussagen über eine größere Gesamtpopulation zu treffen und diese auf Basis verschiedener Teilstichproben auch weiter auszudifferenzieren. Insofern sind Large-Scale-Studien vor allem dann interessant, wenn es um die Identifizierung und Beschreibung z. B. von Problemlagen, Lebenslagen, Einstellungen oder Interessen aber auch Kompetenzen und Dispositionen einer größeren gesellschaftlichen Teilgruppe geht – häufig verbunden mit dem Anspruch, aus den Ergebnissen politische Entscheidungen abzuleiten (vgl. auch Drerup/Terhart 1980). Dabei muss allerdings kritisch reflektiert werden, dass der präskriptive Beitrag von Large-Scale-Studien zumindest dann eng begrenzt ist, wenn es sich – wie in der Bildungsforschung meist der Fall – um Querschnittserhebungen handelt, die zwar einen Ist-Stand dokumentieren aber oft wenig zur Erklärung von Verläufen und Ursache-Wirkungs-Zusammenhängen beitragen können. Neben den gerade in der Gerontologie etablierten und in der Bildungsforschung vereinzelt auffindbaren Längsschnittstudien (z. B. NEPS, PIAAC-L) finden sich in diesem Segment zahlreiche Studien, die (mit jeweils neuer Stichprobe) regelmäßig durchgeführt werden. Diese erfüllen eine wichtige Monitoring-Funktion und bilden eine zentrale Grundlage z. B. für den Nationalen Bildungsbericht (Autorengruppe Bildungsberichterstattung 2016) oder den Altersbericht der Bundesregierung (Deutscher Bundestag 2016), indem sie Veränderungen dokumentieren und anzeigen, ob sich die zunächst identifizierten Problemlagen verschärfen, verlagern oder abschwächen.

Forschungspraktisch stellen Large-Scale-Studien Forschende vor vielfältige Herausforderungen, da die Tragfähigkeit der Ergebnisse sehr eng an die Qualität der Planung und Durchführung der Datenerhebung gekoppelt ist. So gibt es inzwischen sehr ausgefeilte Strategien zur Sicherung der Repräsentativität durch entsprechende Verfahren der Stichprobenziehung und Gewichtung, kontinuierlich weiterentwickelte Verfahren zur Kompetenzdiagnostik und Auswertung von Testdaten aus Large-Scale-Assessments, die Standards in diesem Bereich setzen. Gleichzeitig wächst damit der Aufwand für entsprechende Studien, die in der Regel in größeren Konsortien von Spezialisten für jeweils verschiedene Teilaufgaben vorbereitet und durchgeführt werden.

Zu den größten und immer nur näherungsweise zu lösenden Herausforderungen gehört die Gestaltung von kultur- und sprachraumübergreifenden Studien. Nicht nur dass die Formulierung von Fragen und Aufgaben – auch bei professionellen Übersetzungen und Rückübersetzungen – in unterschiedlichen Sprachen nie völlig bedeutungsgleich ist, auch prägt die jeweilige Kultur die Lesart und Interpretation der Items durch die Befragten. Letzteres kann schon innerhalb eines Sprachraums zu Verzerrungen führen, da Begriffe – wie z. B. Bildung oder Alter – in unterschiedlichen Milieus und Altersgruppen abweichende Bedeutungshorizont transportieren (z. B. Barz/Tippelt 2004; Schmidt-Hertha/Schramm/Schnurr 2012).

Insgesamt leisten Large-Scale-Studien einen ganz wesentlichen Beitrag zur systematischen Erfassung von sozialwissenschaftlichen Phänomenen und ihren Entstehungsbedingungen einerseits und als Start- und Referenzpunkt für weitere Studien andererseits. Darüber hinaus sind sie Basis eines regelmäßigen Bildungsmonitorings und liefern einen reichen Datenfundus für unterschiedliche wissenschaftliche Fragestellungen. Gerade die Sekundärnutzung großer Datensätze wurde von den einschlägigen Forschungsförderern (OECD, BMBF, DFG) in den letzten Jahren nicht nur gefördert, sondern in der Regel zur Bedingung bei Vergabe von Forschungsgeldern gemacht, wodurch ein stetig wachsendes Datenvolumen für weitere wissenschaftliche Analysen zur Verfügung steht.

4 Mixed-Methods-Ansätze

Klassisch bewegen sich Large-Scale-Studien in einem quantitativen, postpositivistischen Paradigma inklusive aller damit verbundenen methodologischen Implikationen. Gerade in der Altersforschung und zum Teil auch in der Erwachsenenbildungsforschung werden Large-Scale-Studien aber auch mit Mixed-Method-Designs verbunden. Diese reichen von qualitativen Vorstudien über qualitative Elemente in einem sonst weitgehend standardisierten Design bis hin zu einer Verbindung unterschiedlicher qualitativer Zugriffe mit Large-Scale-Assessments. Johnson, Onwuegbuzie und Turner (2007) differenzieren Mixed-Methods-Ansätze nach ihrer forschungsparadigmatischen Verortung und unterscheiden Studien dominant qualitativer Ausrichtung, dominant quantitativer Ausrichtung und Studien, in welchen beide Elemente gleichberechtigt vertreten sind. Bei letzteren ist von einer klaren Orientierung am pragmatistischen Forschungsparadigma auszugehen (vgl. auch Creswell/Plane 2011). Während eine dominant qualitative Ausrichtung angesichts des beschriebenen Aufwands, der mit Large-Scale-Erhebungen verbunden ist, hier eher unwahrscheinlich erscheint, lassen sich die beiden anderen Formen von Mixed-Methods auch in Large-Scale-Forschungsarbeiten zu Bildung und Alter finden.

Beispielsweise werden in der ILSE-Studie (vgl. Schmitt 2006) längsschnittliche Erhebung personenbezogener Indikatoren zwar aus einem klar quantitativen Paradigma heraus gestaltet, es kommen dabei aber auch nicht-standardisierte Interviews zum Einsatz – zunächst mit dem Ziel daraus quantifizierbare Informationen zu generieren. Dieser Zugang, der die Zusammenführung unterschiedlicher Datenformate in ein gemeinsames Datenkonglomerat (hier einen quantifizierten Datensatz) zum Ziel hat, beschreibt Fielding (2012) auch als das anspruchsvollste Vorgehen in Mixed-Methods-Studien. Nichtsdestotrotz geht dies einher mit dem Verzicht auf ein erweitertes Analysepotenzial der Daten, die wie im Falle der Interviewdaten aus der ILSE-Studie Möglichkeiten für qualitative Analysen bieten, wie sie bislang erst in Ansätzen durchgeführt wurden (siehe der Beitrag von Ines Himmelsbach in diesem Band). Während Studien mit dem primären Ziel des Bildungsmonitorings – wie zum Beispiel der Adult Education Survey (vgl. BMBF 2015) – qualitative Zugriffe höchstens im Rahmen von Vorstudien zur Instrumentenentwicklung nutzen, greifen andere Studien wie z. B. die EdAge-Studie (vgl. Tippelt et al. 2009) auf komplexere Mixed-Methods-Designs zurück, in welchen qualitative und quantitative Daten zum Teil zur Bearbeitung unterschiedlicher Teilfragen herangezogen werden, aber auch sich ergänzende Informationen liefern. Letzteres ergibt sich z. B. durch die Möglichkeit, qualitativ herausgearbeitete Typologien zu quantifizieren oder qualitative Daten zur Interpretation quantitativer Befunde heranzuziehen, wobei die Datenanalyse zunächst aber unabhängig voneinander erfolgt. Dabei werden unterschiedliche qualitative Erhebungsverfahren (Experteninterviews, Tiefeninterviews, Gruppendiskussionen etc.) genutzt. In anderen Studien wiederum bauen qualitative und quantitative Elemente in einem kaskadischen Forschungsdesign aufeinander auf. So wurden z. B. im Rahmen der bereits beschriebenen CiLL-Studie umfangreiche qualitative und quantitative Vorstudien durchgeführt, um die Validität und Reliabilität der später in der Large-Scale-Befragung eingesetzten Instrumente zu erproben und zu entwickeln (vgl. Strobel/Schmidt-Hertha/Gnahs 2011).

5 Perspektiven

In den vergangenen Jahren hat sich die Planung von Large-Scale-Studien und der Umgang mit den daraus hervorgehenden Daten deutlich gewandelt in Richtung einer stärkeren Trennung von Datengenerierung auf der einen Seite und Datenanalyse auf der anderen. In der Regel werden Large-Scale-Studien, die in großem Umfang den Einsatz finanzieller und personeller Ressourcen erfordern, in Konsortien aus Wissenschaftlerinnen und Wissenschaftlern aus Universitäten und privatwirtschaftlichen Forschungs- und Umfrageinstituten vorbereitet, konzipiert und umgesetzt. Diese Konsortien sind in der Regel interdisziplinär besetzt und arbeiten mit einer klaren an der jeweiligen Expertise ausgerichteten Aufgabenverteilung. Während die Konsortien selbst in der Regel einen breit angelegten, unter Zeitdruck verfassten und vor allem auf politisch relevante Indikatoren hin ausgerichteten Bericht liefern, beginnt oft danach erst die intensive wissenschaftliche Auseinandersetzung mit den Daten. Über sogenannte Scientific-Use-Files wird anderen Wissenschaftlerinnen und Wissenschaftlern die Möglichkeit eröffnet, eigene Fragestellungen an das Datenmaterial heranzutragen und dieses weiter zu analysieren.

Aufgrund der hohen Kosten und dem Ziel, für möglichst viele wissenschaftliche Fragestellungen Analysepotenzial zu bieten, werden Large-Scale-Studien weniger auf einzelne konkrete Fragestellungen hin abgestimmt, sondern sollen ein möglichst breites Spektrum an Daten liefern, dass an unterschiedliche Fragestellungen aus verschiedenen disziplinären und subdisziplinären Kontexten anschlussfähig ist. So sind allein über 1000 Forschungsprojekte registriert, die sich auf die Daten des nationalen Bildungspanels stützen[4]. In anderen Large-Scale-Studien macht die Sekundärverwertung der Daten nur einen Teil der Ziele aus und der Bericht direkt aus den Konsortien hat mehr Gewicht und zumeist auch politische Relevanz (z. B. PIAAC, AES). Die dadurch verfügbaren Datensätze bieten nicht nur Nachwuchswissenschaftler*innen die Möglichkeit, eigene Hypothesen an repräsentativen Large-Scale-Daten zu testen und so mit vertretbarem Ressourcenaufwand empirisch breit abgesicherte Ergebnisse zu erlangen.

Ein Risiko von Large-Scale-Programmen liegt in der bereits erwähnten Spezialisierung in den Konsortien. Durch die Komplexität dieser Studien gibt es eine überschaubare Zahl von Einrichtungen, die überhaupt in der Lage sind, essentielle Teile der Instrumentenentwicklung oder Erhebung zu übernehmen. Es ist daher darauf zu achten, dass sich hier keine verkrusteten Strukturen mit den immer gleichen hochspezialisierten Akteuren bilden, die diese Studien verantworten, sondern eine lebendige Konkurrenz um diese wissenschaftlichen Großprojekte erhalten bleibt.

Literatur

Autorengruppe Bildungsberichterstattung (2016): *Bildung in Deutschland 2016. Ein indikatorengestützter Bericht mit einer Analyse zu Bildung und Migration*. Bielefeld: wbv.
Barz, H./Tippelt, R. (Hg.) (2004): *Weiterbildung und soziale Milieus in Deutschland. Band 2: Adressaten- und Milieuforschung zu Weiterbildungsverhalten und -interessen*. Bielefeld: Bertelsmann.
Blossfeld, H.-P./Roßbach, H.-G./Maurice, J. von (Hg.) (2011): *Education as a lifelong process. The German National Educational Panel Study (NEPS)*. Wiesbaden: VS Verlag.
BMBF (Bundesministerium für Bildung und Forschung) (Hg.) (2006): *Berichtssystem Weiterbildung IX. Integrierter Gesamtbericht zur Weiterbildungssituation in Deutschland*. Bonn.
BMBF (Bundesministerium für Bildung und Forschung) (Hg.) (2015): *Weiterbildungsverhalten in Deutschland 2014. Ergebnisse des Adult Education Survey – AES Trendbericht*. https://www.bmbf.de/pub/Weiterbildungsverhalten_in_Deutschland_2014.pdf [28.06.2017].

---

4 Siehe https://www.neps-data.de/tabid/488/language/de-DE/Default.aspx [26.06.2017]

Deutscher Bundestag (2016): Siebter Bericht zur Lage der älteren Generation in der Bundesrepublik Deutschland. Sorge und Mitverantwortung in der Kommune – Aufbau und Sicherung zukunftsfähiger Gemeinschaften. https://www.siebter-altenbericht.de/ [30.06.2017].

Börsch-Supan, A./Kneip, T./Litin, H./Myck, M./Weber, G. (Eds.) (2015): *Ageing in Europe – Supporting Policies for an Inclusive Society*. Berlin: De Gruyter.

Cresswell, J./Schwantner, U./Waters, C. (2015): *A review of International large-scale assessments in education. Assessing component skills and collecting contextual data*. Paris: OECD.

Creswell, J./Plane, V. L. (2011): *Designing and Conducting Mixed Methods Research*. Thousand Oaks: SAGE.

Drerup, H./Terhart, E. (1980): Zur politikberatenden Funktion von Bildungsforschung. Ein Beitrag zur Relevanzdebatte in der vergleichenden Erziehungswissenschaft. In: *VE-Informationen*, 6, S. 4–16.

Fielding, N.G. (2012): Triangulation and mixed methods designs: Data integration with new research technologies. In: *Journal of Mixed Methods Research* 6(2), pp 124–136.

Friebe, J./Schmidt-Hertha, B./Tippelt, R. (Hg.) (2014): Kompetenzen im höheren Lebensalter. Ergebnisse der Studie »Competencies in Later Life« (CiLL). Bielefeld: Bertelsmann.

Gebrande, J./Setzer, B. (2014): Lesekompetenz. In: Friebe et al. (Hg.): *Kompetenzen im höheren Lebensalter. Ergebnisse der Studie »Competencies in Later Life« (CiLL)*. Bielefeld: Bertelsmann, S. 37–54.

Grotlüschen, A./Riekmann, W. (Hg.) (2012): *Funktionaler Analphabetismus in Deutschland. Ergebnisse der ersten leo. Level-One Studie*. Münster u. a.: Waxmann.

Johnson, R. B./Onwuegbuzie, A. J./Turner, L. A. (2007): Toward a definition of mixed methods research. In: *Journal of Mixed Methods Research* 1(2), pp 112–132.

Knauber, C./Weiß, C. (2014): Alltagsmathematische Kompetenz. In: Friebe et al. (Hg.): *Kompetenzen im höheren Lebensalter. Ergebnisse der Studie »Competencies in Later Life« (CiLL)*. Bielefeld: Bertelsmann, S. 81–98.

Mahne, K./Wolff, J. K./Simonson, J./Tesch-Römer, C. (Hg.). (2017): *Altern im Wandel. Zwei Jahrzehnte Deutscher Alterssurvey (DEAS)*. Wiesbaden: Springer VS.

OECD – Organisation for Economic Co-operation and Development (2013): *OECD Skills Outlook 2013. First results from the Survey of Adult Skills*. URL: http://dx.doi.org/10.1787/9789264204256-en.

Rammstedt, B. (Hg.) (2013): *Grundlegende Kompetenzen Erwachsener im internationalen Vergleich. Ergebnisse von PIAAC 2012*. Münster u. a.: Waxmann.

Rosenbladt, B. von/Bilger, F. (2008): *Weiterbildungsverhalten in Deutschland. Band 1: Berichtssystem Weiterbildung und Adult Education Survey 2007*. Bielefeld: wbv.

Schiersmann, C. (2006): *Profile Lebenslangen Lernens. Weiterbildungserfahrungen und Lernbereitschaft der Erwerbsbevölkerung*. Bielefeld: wbv.

Schmidt-Hertha, B. (2014): Technologiebasierte Problemlösekompetenz. In: Friebe et al. (Hg.): *Kompetenzen im höheren Lebensalter. Ergebnisse der Studie »Competencies in Later Life« (CiLL)*. Bielefeld: Bertelsmann, S. 99–114.

Schmidt-Hertha, B./Gebrande, J. (2017): Large Scale Assessments in der Erwachsenenbildung/Weiterbildung. In: Tippelt, R./Hippel, A. von (Hg.): *Handbuch Erwachsenenbildung/Weiterbildung*. https://link.springer.com/content/pdf/10.1007%2F978-3-531-20-001-9_21-1.pdf [30.06.2017].

Schmidt-Hertha, B./Rott, K. (2014): Problemlösen im Internet: Theoretische und methodische Verortung eines neuen (?) Konzepts. In: *Report Zeitschrift für Weiterbildungsforschung*, 37/3, 38–49.

Schmidt-Hertha, B./Schramm, S./Schnurr, S. (2012): Altersbilder von Kindern und Jugendlichen. In: Berner, F./Rossow, J./Schwitzer, K.-P. (Hg.): *Individuelle und kulturelle Altersbilder. Expertisen zum Sechsten Altenbericht der Bundesregierung. Band 1*. Wiesbaden: VS Verlag, S. 71–108.

Schmitt, M. (2006). ILSE: Interdisziplinäre Längsschnittstudie des Erwachsenenalters [Interdisciplinary Longitudinal Study of Adult Development] In: Oswald, W. D./Lehr,

U./Sieber, C./Kornhuber, J. (Hg.): *Gerontologie. Medizinische, psychologische und sozialwissenschaftliche Grundbegriffe.* 3. vollständig überarbeitete Neuauflage. Stuttgart: Kohlhammer, S. 220–224.
Schröder, H./Gilberg, R. (2005): *Weiterbildung Älterer im demographischen Wandel. Empirische Bestandsaufnahme und Prognose.* Bielefeld: wbv.
Strobel, C./Schmidt-Hertha, B./Gnahs, D. (2011). Bildungsbiografische und soziale Bedingungen des Lernens in der Nacherwerbsphase. In: *Magazin erwachsenenbildung.at,* (13), 01-2 – 19-4. http://www.erwachsenenbildung.at/magazin/11-13/meb11-13.pdf.
Tippelt, R./Schmidt, B./Schnurr, S./Sinner, S./Theisen, C. (Hg.) (2009): *Bildung Älterer – Chancen im demografischen Wandel.* Bielefeld: Bertelsmann.
Wahl, H.-W./Heyl, V. (2015): *Gerontologie – Einführung und Geschichte.* 2. Auflage. Stuttgart: Kohlhammer.
Zabal, A./Martin, S./Klaukien, A./Rammstedt, B./Baumert, J./Klieme, E. (2013): Grundlegende Kompetenzen der erwachsenen Bevölkerung in Deutschland im internationalen Vergleich. In: Rammstedt, B. (Hg.): *Grundlegende Kompetenzen Erwachsener im internationalen Vergleich. Ergebnisse von PIAAC 2012.* Münster u. a.: Waxmann, S. 60–76.

Bildungsbarrieren im Lebenslauf – Effekte kumulativer Bildungsbenachteiligung?

Vera Gallistl, Anna Wanka und Franz Kolland

Die positiven Wirkungen von Bildung in der nachberuflichen Phase – etwa auf die Lebensqualität im Alter – sind empirisch gut belegt (Jenkins/Mostafa 2015). Über derlei individuelle Effekte von Bildung im Alter hinaus besteht aus der Sicht der kritischen Gerontologie bzw. kritischen Geragogik der Anspruch, ältere Menschen mit und durch Bildung aus ihrer marginalisierten gesellschaftlichen Position zu bringen (Köster 2012). Aus dieser Perspektive geht es bei Bildung in der nachberuflichen Phase vor allem um die Reduktion sozialer Ungleichheiten durch Bildungsteilhabe, die zu gesellschaftlichem Empowerment führt. Praktisch bedeutet das, dass vor allem sozial benachteiligte Personen innerhalb der heterogenen Gruppe älterer Menschen von Bildung im Alter erreicht werden sollten. Diesem Ziel steht der empirische Befund gegenüber, dass sich insgesamt nur ein geringer Prozentsatz älterer Menschen bisher an Bildung beteiligt (Wanka/Gallistl 2016). Bei genauerer Analyse zeigt sich, dass Bildung im Alter eine höchst voraussetzungsreiche soziale Praxis ist – so beeinflussen etwa Schulbildung, Einkommen aber auch Informationsdefizite oder ein erschwerter Zugang zu neuen Technologien die Chancen, an nachberuflicher Bildung teilzunehmen (Kolland/Gallistl/Wanka 2014a).

Um diesen Umstand zu erklären, stellt sich die Frage, wer über die nötigen Ressourcen verfügt, um an Bildung im Alter teilzunehmen. Bisher ist diese Frage in der Sozialgerontologie vor allem vor dem Hintergrund individueller Bildungsbiographien (intrinsische Faktoren) und organisationaler Bildungshindernisse (situative Faktoren) behandelt worden (Rosenbladt/Bilger 2008). In diesem Beitrag soll argumentiert werden, dass es zusätzlich zur Benennung von extrinsischen und intrinsischen Bildungsbedingungen in der Lebensphase Alter eine Lebenslaufperspektive auf Bildungsungleichheiten braucht, um Zugangsbarrieren zur Bildung (im Alter) angemessen zu beschreiben. Die Lebenslaufperspektive thematisiert dabei Ungleichheiten im Zugang zu Bildung in unterschiedlichen Lebensphasen in ihrer gemeinsamen oder besser gesagt kumulativen Wirkung auf Bildungschancen im Alter. Unterschiedliche soziale Zugangschancen zur Primärausbildung und Erfolge beeinflussen die weitere Teilnahme an Erwachsenenbildung und diese wiederum wirkt strukturierend auf die Teilnahmechancen an der nachberuflichen Bildungsteilnahme. Die Lern- und Bildungsbiographie, so die Annahme, wird von Merkmalen der materiellen Lebenslage und von sozialen Ermutigungs- bzw. Entmutigungsbedingungen im Bildungssystem beeinflusst. Ergebnisse der PIAAC-Erhebung für Österreich zeigen in Hinsicht auf die Wirkungen der materiellen Lebensbedingungen, dass auch im Alter von 50 bis 65 Jahren der Bildungsstand der Eltern einen signifikanten Einfluss darauf nimmt, ob sich ältere Menschen an Bildung beteiligen (Kolland/Gallistl/Wanka 2014b). Diese Zusammenhänge der »doppelten Selektivität« (Faulstich 2003, 39) wurden für die Erwachsenenbildung immer wieder nachgewiesen (vgl. etwa Schiersmann 2006), sind aber bislang für die nachberufliche Bildung noch nicht eindeutig belegt. So wurde zwar immer wieder gezeigt, dass die Primärausbildung die Chancen auf die Teilnahme an nachberuflicher Bildung beeinflusst, es wurde allerdings nicht untersucht, inwiefern unterschiedliche lebensphasenspezifische Barrieren in der Kindheit, Ausbildungs- und Weiterbildungsphase kumulieren, in einer Form von Kontinuität bestehen bleiben oder sich abschwächen.

Der vorliegende Beitrag beschäftigt sich daher aus einer Lebenslaufperspektive mit Bildung im Alter, d. h. mit der Frage, ob Kontinuität, Kumulation oder eine Destrukturierung (Abbau) von Bildungsbarrieren und -chancen im Lebensverlauf gegeben ist. Wie beeinflussen Bildungschancen in unterschiedlichen Lebensphasen die Bildungsbeteiligung im Alter? Kommt es über den Lebenslauf zu Formen kumulativer Bildungsbenachteiligung? Und wenn ja: Welche Interventionsmöglichkeiten bestehen durch die Bildung im Alter?

1 Die Kumulation sozialer Ungleichheiten im institutionalisierten Lebenslauf

Um die Verteilung von Bildungschancen über den Lebenslauf zu erklären, kann die sozialgerontologische Theorie der kumulativen Bevorzugung und Benachteiligung herangezogen werden (Cumulative Advantage Theory CAT, Dannefer 2003): Ausgangspunkt ist hierbei die Vorstellung von Bewegungs- und Entwicklungsbahnen (»pathways«) im Lebenslauf, in dem in Kindheit und Jugend erlebte Benachteiligung bzw. Bevorzugung bis ins späte Leben ihre Wirkung entfalten. Dies bedeutet allerdings nicht, dass allein Zeit oder biologische Veränderungen für diese Verschärfung sozialer Ungleichheiten verantwortlich sind. Der »Mechanismus«, der die Kumulation von Benachteiligung bzw. Bevorzugung absichert, findet sich im institutionalisierten Lebenslauf, der die Ungleichheiten kontinuierlich über den gesamten Lebenslauf fortschreibt (O'Rand 1996).

Martin Kohli (1985, 404) beschreibt und konzipiert den Lebenslauf als ein »institutionalisiertes Programm« und richtet damit den Blick auf die »prozessierenden Mechanismen und Institutionen, die die Realisierung des Ablaufprogramms gewährleisten« (ebd.). Dies bedeutet: Individuen durchlaufen in ihrem Lebenslauf unterschiedliche institutionalisierte Lebensphasen, die ihre Bildungschancen beeinflussen. Zu diesen Institutionen gehören Schule, Erwerbsarbeit, Rente. Bildungsungleichheiten im Alter sind als Folge unterschiedlicher Eingliederung der verschiedenen sozialen Gruppen in die Bildung über den Lebenslauf zu verstehen. Kindheit und Jugend sind mit den Ausbildungsinstitutionen verknüpft, die Erwerbsarbeit mit der Erwachsenenbildung und die Altersphase mit der Bildung im Alter. Die Bildungschancen können dabei über den Lebenslauf als kontinuierlich, als kumulativ oder als zyklisch verstanden werden. Das hängt nicht nur von der Ausgangslage ab, sondern von den gesellschaftlichen Interventionen. So kann durch die besondere Förderung von sozialen Gruppen, die gesellschaftlich und im Bildungssystem benachteiligt werden, Marginalisierung abgeschwächt werden (Clemens 2008). Aus der Perspektive der CAT steht Bildung im Alter unter dem Vorzeichen einer *kumulierenden Bildungsbenachteiligung über den Lebenslauf.*

Um nachzuzeichnen, welche Institutionen die Weitergabe von Bildungschancen in unterschiedlichen Lebensphasen gewährleisten, soll hier in Analogie zur Bildungsbiographie der Begriff des »Bildungslebenslaufs« eingeführt werden. Betrachten wir die institutionalisierenden Mechanismen des »Bildungslebenslaufs«, dann sind es folgende sozialen Einflüsse, die die Bildungschancen bis in die nachberufliche Phase beeinflussen: Erstens sind es Bildungschancen in der Kindheit, die den Ausgangspunkt für Bildungstätigkeiten im gesamten Bildungslebenslauf darstellen. Forschungsergebnisse verweisen hier darauf, dass das kulturelle Kapital der Eltern und ihr bildungsspezifischer Habitus den Primärbildungsabschluss beeinflussen: Werner Georg (2015) zeigt hier etwa anhand quantitativer Jugendstudien, dass die Transmission des kulturellen Kapitals von den Eltern auf die Kinder einen mittelstarken Einfluss auf den Schulabschluss der Kinder hat. Darauf aufbauend zeigen Forschungsergebnisse zweitens, dass die Primärbildung in Form des Schulabschlusses ein determinierender Faktor für die Teilnahme an Erwachsenenbildung ist (vgl. etwa Erler/Fischer 2012). Dies verweist darauf, dass Bildungsungleichheiten aus der Ausbildungsphase in der beruflichen Weiterbildung weitergeführt werden. Dieser Einfluss bleibt drittens bis in die nachberufliche Lebensphase bestehen. Die Bildungsbeteiligung im Alter erfolgt sozial gestaffelt. Forschungsergebnisse zeigen dabei, dass die Höhe des Schulbildungsabschlusses der stärkste Prädiktor für die Teilnahme an Bildung im Alter ist (Wanka/Gallistl 2016).

Jede der hier beschriebenen Lebensphasen birgt spezifische extrinsische und intrinsische Bildungsbarrieren. Offen bleibt allerdings bislang, wie Bildungschancen sich im Längsschnitt verändern, die in unterschiedlichen institutionalisierenden Lebensphasen aufeinander wirken. Schwächen sich frühe Bildungsbarrieren, die in einem Zusammenhang mit elterlicher Bildung stehen, im späten Leben ab? Ist die Weitergabe des kulturellen Habitus des Herkunftsmilieus in allen Lebensphasen wirksam? Wie wirken staatliche Interventionen in der Aus- und Weiterbildung auf die Bildungsbiographie? Gelingt es diesen, auf die Bildungsungleichheit moderierend zu wirken, indem sie bildungsferne Gruppen unterstützt?

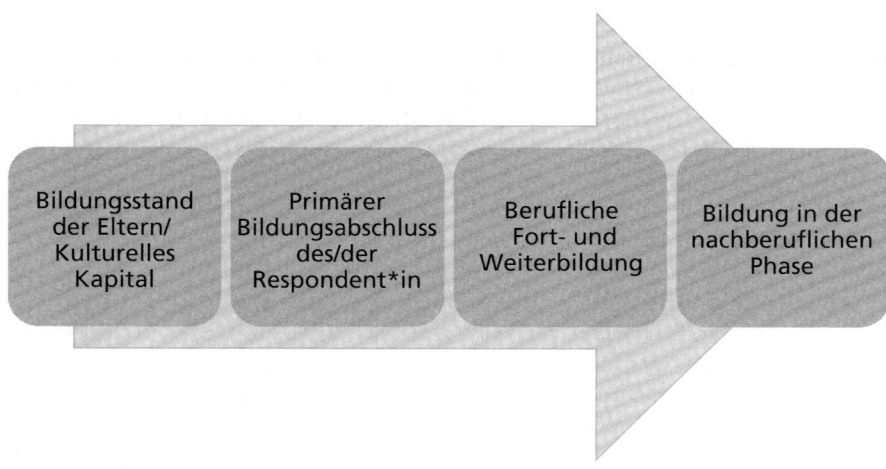

Abb. 1: Phasen des Bildungslebenslaufs in Bildungsinstitutionen

2 Bildungsteilnahme im Bildungslebenslauf

Diesen Fragen wird mittels der 6. Welle (2015) des Survey of Health, Ageing and Retirement in Europe (SHARE) nachgegangen. Die Auswertung bezieht sich damit auf einen Messzeitpunkt (Querschnitt), aus dem keine prozessualen Kausalitäten abgeleitet werden können. Die Stichprobe wurde auf in Deutschland lebende Personen über 49 Jahren eingegrenzt, womit 34.345.510 Personen (gewichtet; ungewichtet: 4.354) zwischen 50 und 99 Jahren die Basis für die empirische Untersuchung bilden. Das Durchschnittsalter liegt bei 66,9 Jahren. 17.973,324 Personen (53,4 %) befinden sich in Rente. Die wichtigsten Variablen, die für die Analyse berücksichtigt wurden, sind einerseits die nachberufliche Bildungsbeteiligung und andererseits die lebensphasenspezifischen Bildungschancen, nämlich 1) die Schulbildung der Eltern, 2) das Level der Primärausbildung des/der Respondent*in und 3) die Teilnahme an beruflicher Weiterbildung.

Insgesamt geben 7,1 % der befragten Personen an, in den vergangenen zwölf Monaten an einem Fort- oder Weiterbildungskurs teilgenommen zu haben. Die Bildungsbeteiligung in der nachberuflichen Phase ist damit um knapp 24 % geringer als unter älteren Erwerbspersonen, unter denen die Bildungsbeteiligung im letzten Jahr bei 32,4 % liegt. Jene Personen, die sich in der nachberuflichen Phase weiterbilden, sind durchschnittlich fast vier Jahre jünger (70,4 Jahre) als Personen, die sich nicht weiterbilden (74,2 Jahre). Es bestehen in der bivariaten Analyse keine Unterschiede zwischen den Geschlechtern hinsichtlich der Bildungsbeteiligung in der nachberuflichen Phase (Männer und Frauen beteiligen sich gleichermaßen zu 7,1 %), während sich innerhalb der Gruppe der Erwerbstätigen 50+ Frauen häufiger als Männer (35,5 % versus 29,4 %) weiterbilden. Als zentrale Bildungsbarriere stellt sich dabei schon in der bivariaten Analyse das Niveau der Primärausbildung des/der Befragten heraus: Während sich Personen, die maximal die Sekundarstufe I abgeschlossen haben, in der Rente nur zu 0,5 % weiterbilden, sind es unter den Personen mit Abschluss auf Sekundarstufe II oder post-sekundärer, nicht tertiärer Bildung 4,9 % und unter jenen mit Tertiärabschluss 14,7 %. Ungleichheiten im Zugang zu Weiterbildung nach Primärausbildung zeigen sich dabei unter den Vorzeichen der Kontinuität: Bei den noch Erwerbstätigen sind die Unterschiede nach Bildungsstand dabei noch größer (ISCED 0-2: 12,1 %; ISCED 3-4: 26,3 %; ISCED 5-8: 44,5 %).

Tab. 1: Stichprobenbeschreibung, SHARE Welle 6, Deutschland

Merkmal	Prozent	Merkmal	Prozent
Alter		Bildungsstand[2]	
Drittes Lebensalter	73,3	ISCED 0 – 2	13,7
(50–74 Jahre)		ISCED 3 – 4	57,0
Viertes Lebensalter	26,7	ISCED 5 – 8	29,3
(75+ Jahre)			
Geschlecht		Bildungsstand Mutter[2]	
weiblich	53,6	ISCED 0 – 2	58,0
männlich	46,4	ISCED 3 – 4	38,4
		ISCED 5 – 8	9,6
Berufsstatus		Bildungsstand Vater[2]	
in Rente	53,4	ISCED 0 – 2	21,4
erwerbstätig	34,5	ISCED 3 – 4	59,7
anderes[1]	12,1	ISCED 5 – 8	18,9
Gesamt % (n)	100 (34.345510)		100 (34.345510)

[1] im Haushalt tätig, arbeitslos, arbeitsunfähig; aufgrund der geringen Fallzahl wird diese Kategorie in den folgenden Auswertungen weitgehend ausgeschlossen
[2] kodiert nach ISCED-2011: https://www.oecd.org/berlin/publikationen/Zuordnung%20nationaler%20Bildungsprogramme%20zur%20ISCED%202011.pdf

Jener Abschluss, der in der Ausbildungsphase erworben wurde, wirkt also auf die Bildungsbeteiligung im Erwerbsleben und in die nachberufliche Phase nach. Die Ursachen für die Kontinuität der Bildungsungleichheit im Alter reichen jedoch noch weiter zurück, nämlich bis zu den (Aus-)Bildungsabschlüssen der Elterngeneration. So zeigt sich nicht nur die Schulbildung der befragten über 55-Jährigen selbst, sondern auch die Schulbildung ihrer Eltern als strukturgebende Variable der Bildungsbeteiligung im Alter. Hat die Elterngeneration[1] maximal die Sekundarstufe I abgeschlossen, beteiligen sich 2,3 % der »Kinder«-Genera-

---

1 Zur vereinfachten Darstellung wurde ein Summenindex aus den Bildungsabschlüssen von Vater und Mutter gebildet, durch zwei dividiert und aufgerundet. Hat also beispielsweise der Vater eines Befragten einen Magisterabschluss (ISCED 7) und die Mut-

tion in der nachberuflichen Phase an Bildung; dieser Prozentsatz steigt linear bis 12,6 % an, wenn die Eltern einen akademischen Abschluss haben. Bei Personen, die erwerbstätig sind, steigen die jeweiligen Anteile ebenfalls linear um mehr als 10 % (von 27 % auf 39,7 %).

Die Teilnahme an Bildungsaktivitäten der gegenwärtigen Generationen älterer Menschen ist nicht nur von gegenwärtigen und kürzer zurückliegenden sozialen Einflüssen bestimmt, sondern auch von weit zurückliegenden sozio-kulturellen Bedingungen, wie etwa dem Bildungsstatus der Eltern. Wir können also von einer Art *generativen Bildungssozialisation* sprechen, die bis ins hohe Erwachsenenalter ihre Wirkung entfaltet. Diese langfristige Weitergabe wird institutionell durch die Primärbildung abgesichert und nicht grundlegend verändert. Eltern »vererben« ihren Bildungsabschluss an ihre Kinder (R = 0,38; p<0,001) und dieser Bildungsabschluss ist wiederum dafür entscheidend, wie sich die Bildungsbeteiligung nach der Jugendphase gestaltet. Der SHARE-Datensatz belegt damit eine Bildungsungleichheit im Alter, die so bisher weitgehend nur für die Kindheits- und Jugendphase nachgewiesen wurde. Bildungsungleichheit wird von einer Generation zur nächsten weitergegeben und verhindert Mobilitätschancen. Dieser intergenerationelle Transfer wirkt sich bis ins Alter auf Bildungschancen und Bildungsbeteiligung aus.

Abbildung 2 zeigt den Einfluss des Bildungsniveaus der Elterngeneration auf Bildungsbeteiligung und den Bildungsabschluss der Befragten in den drei untersuchten Lebensphasen. Alle drei Lebensphasen zeigen sich dabei vom Bildungsstatus der Elterngeneration beeinflusst. So haben 72 % der Personen, die einen Hochschulabschluss erreichen, hochgebildete (ISCED 5-8) Eltern. In der Lebensphase der Erwerbstätigkeit betätigen sich wiederum jene Personen mit hochgebildeten Eltern zu 39,7 % an Bildung, während dies nur 27 % der Personen mit Eltern mit geringeren Bildungsabschlüssen (ISCED 0-2) tun. In der nachberuflichen Phase schließlich beteiligen sich Personen mit höher schulisch gebildeten Eltern zu 12,6 % an Bildung; Personen mit niedrigem Bildungsstatus der Eltern allerdings nur zu 2,3 %.

Doch wie stellen sich diese Zusammenhänge unter Konstanthaltung von relevanten Faktoren Drittvariablen dar? In welchem Zusammenhang steht der Einfluss der lebensphasenspezifischen Bildungschancen zueinander? Mittels logistischer Regressionsmodelle kann der Einfluss der elterlichen Bildung unter Kontrolle von Alter und Geschlecht auf die unabhängige Variable des eigenen Bildungsstandes (i) sowie der Einfluss des eigenen Bildungsstands, des Bildungsstands der Mutter und des Vaters unter gegenseitiger Konstanthaltung sowie Kontrolle von Alter und Geschlecht auf die abhängigen Variablen der Bildungsbeteiligung während des Erwerbslebens (ii) und in der nachberuflichen Phase (iii) festgestellt werden (▶ Tab. 2).

---

ter die Hauptschule (ISCED 2) abgeschlossen, ergibt sich für die Person ein Wert von (7+2)/2 = 4,5, gerundet 5 (ISCED 5, z. B. Meisterausbildung).

Bildungsbarrieren im Lebenslauf – Effekte kumulativer Bildungsbenachteiligung?

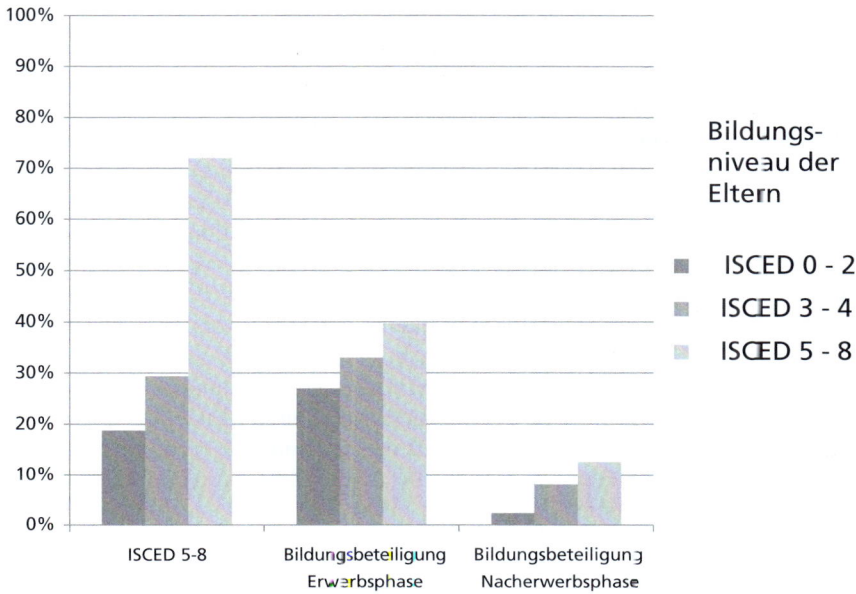

Abb. 2: Bildungsabschluss der Elterngeneration und Bildungsbeteiligung des/der Respondent*in in der Ausbildungs-, Erwerbs- und Nacherwerbsphase

Tab. 2: Bildungsstand, Bildungsbeteiligung in der Erwerbsphase und der nachberuflichen Phase nach eigenem und elterlichem Bildungsstand – ordinale bzw. binär logistische Regressionsmodelle, Regressionskoeffizienten B

Unabhängige Variablen	Modell (i): höchste abgeschlossene Ausbildung	Modell (ii): Bildungsbeteiligung Erwerbsphase	Modell (iii): Bildungsbeteiligung Nacherwerbsphase
Alter	-0,024 (Odds: 0,976)	-0,043 (Odds: 0,958)	-0,068 (Odds: 0,934)
Geschlecht (männlich)	+0,891 (Odds: 2,44)	-0,334 (Odds: 0,716)	-0,426 (Odds: 0,653)
Bildungsstand Mutter	+0,369 (Odds: 1,45)	-0,084 (Odds: 0,920)	-0,190 (Odds: 0,981)
Bildungsstand Vater	+0,482 (Odds: 1,62)	+0,014 (Odds: 1,014)	+0,152 (Odds: 1,164)
Bildungsstand Befragte*r	-	+0,383 (Odds: 1,466)	+0,405 (Odds: 1,500)
Nagelkerke's R^2	0,23	0,10	0,13
n (gewichtet)	24.757,572	9.775,857	11.017,269

Anmerkung: alle p<0,001; eigener und elterlicher Bildungsstand: ISCED-2011 kodiert (ISCED 0-8)

Die multivariate Datenanalyse zeigt für die Frage der kumulativen Bildungsbenachteiligung über den Lebenslauf vier zentrale Ergebnisse:

Erstens eignen sich die Modellfaktoren (Schulbildung der Eltern, Alter und Geschlecht) am besten zur Erklärung der höchsten abgeschlossenen Bildung. Sie erklären 23 % der Varianz. Dieser Erklärungswert sinkt für die berufliche Weiterbildung auf 10 % und für die nachberufliche Bildung auf 13 %. Die elterliche Bildung übt, wie zu erwarten, einen stärkeren Einfluss auf die Primärbildung aus als auf die berufliche und nachberufliche Bildung im Alter. Der Einfluss der sozialen Herkunft bzw. des Bildungsstatus schwächt sich also über den Lebenslauf bzw. über den Bildungslebenslauf ab. Nichtsdestotrotz bleibt der Bildungsstatus der Eltern als signifikanter Einflussfaktor bis ins höhere Alter bestehen. *Zweitens* spielt das Geschlecht in allen drei Modellen eine bedeutsame Rolle, wobei ältere Männer eher einen höheren Bildungsabschluss haben als ältere Frauen, aber weniger häufig an beruflicher und nachberuflicher Bildung teilnehmen. Durch die Konstanthaltung der anderen berücksichtigen Variablen werden damit Genderunterschiede in der Bildungsteilnahme deutlich. *Drittens* spielt neben dem Geschlecht der eigene Bildungsstand die größte Rolle bei der Erklärung der beruflichen und nachberuflichen Bildungsbeteiligung. Mit jeder Bildungsstufe steigt die Wahrscheinlichkeit, sich auch im Alter noch weiterzubilden, um knapp 50 %. Und *viertens* nimmt die Weitergabe des elterlichen Bildungskapitals zwar in jeder Lebensphase Einfluss auf die Chancen an (Weiter-)Bildung – dieser Einfluss verändert sich allerdings über den Lebenslauf: So ist er bei Absolvierung der Primärausbildung am stärksten, während des Erwerbslebens schwächer und bei Personen in der nachberuflichen Phase wieder etwas stärker zu finden.

Während des Erwerbslebens ist der Einfluss des Bildungskapitals der Eltern auf die Bildungsbeteiligung also etwas geringer als nach dem Renteneintritt. Dies könnte auf eine positive Wirkung der Berufsumwelt hinweisen, die Bildungsungleichheiten auszugleichen imstande ist. Dieser Ausgleich wird nach dem Ende der Erwerbstätigkeit geringer. Handelt es sich hier also um einen Lebensphaseneffekt, d.h. eine ausgleichende Wirkung der Erwerbstätigkeit? Analysiert man die Daten genauer, dann lässt diese sich These widerlegen: Bei den »jungen Alten« (50 bis 74 Jahre) ist der Einfluss des elterlichen Bildungsstandes unabhängig davon, ob sie noch erwerbstätig oder bereits in Rente sind, um einiges geringer als bei den »alten Alten« (75+ Jahre). Bei diesen haben sowohl der elterliche Bildungshintergrund als auch der eigene Bildungsstand, das Geschlecht und das Alter einen größeren Einfluss. Nahe liegt hier also die These, dass es sich bei den Unterschieden weniger um einen Institutionen-, sondern um einen doppelten Generationeneffekt handelt. Erstens haben jüngere Generationen, unabhängig davon, ob sie noch im Erwerbsleben stehen oder nicht, höhere Bildungsabschlüsse als ältere Generationen und beteiligen sich deswegen stärker an beruflicher und nachberuflicher Weiterbildung. Und zweitens unterscheiden sich die Elterngenerationen in ihrem Bildungsstatus und Bildungsverhalten grundlegend von den hier untersuchten Altengenerationen. Höhere Bildungsabschlüsse blieben in der Elterngeneration einer sehr kleinen Elite vorbehalten, die überwiegende Mehrheit kam aufgrund der institutionellen Bildungsbedingungen und schwieriger Lebensverhältnisse in der ersten Hälfte des 20. Jahrhunderts nicht über den Pflichtschulabschluss hinaus.

3 Diskussion

Welche Schlüsse lassen diese Ergebnisse auf die Frage nach kumulativer Bildungsbenachteiligung über den Lebenslauf zu? Zunächst hat sich gezeigt, dass der Bildungsstand der Eltern bis ins Alter Einfluss auf die Bildungsbeteiligung nimmt. Gleichzeitig unterscheidet sich der Einfluss, den der Bildungsstatus der Eltern auf die Kindergeneration nimmt, nach Lebensphase. Der Prozess der Bildungs»vererbung« ist erstens als historisch-gesellschaftliches Phänomen zu verstehen und zweitens nicht linear und damit naturgegeben, sondern kann durch Interventionen gesteuert werden. In den Daten zeigen sich etwa generationenspezifische Bildungschancen vor allem für die Generation der »jungen Alten«, die von der Bildungsexpansion der zweiten Hälfte des 20. Jahrhunderts profitieren konnten. Dies ist eine prinzipiell positive Nachricht für die Bildung im Alter – Bildungsungleichheiten bestehen über den Lebenslauf kontinuierlich fort und lassen sich doch durch politische Interventionen gestalten.

Die Einrichtungen des »institutionalisierten Lebenslaufs« (Kohli 1985) können die Bildungssozialisationen durch die Familie dauerhaft stabilisieren, abschwächen oder verstärken. So ist die Erklärungskraft unseres Modells etwa im Bereich der Erwachsenenbildung geringer als im Bereich der Bildung im Alter und beide diese Weiterbildungsformen sind weniger sozial strukturiert als die Primärausbildung. Es lässt sich aus diesen Daten schließen, dass die Weiterbildungsinstitutionen der Erwachsenen- und Altersbildung einen abschwächenden Effekt auf die elterliche Weitergabe von Bildung haben, auch wenn der Einfluss des Bildungsstatus bzw. des kulturellen Kapitals der Elterngeneration bis ins hohe Alter bestehen bleibt. Personen durchlaufen Bildungsinstitutionen mit unterschiedlichem Startkapital, doch gleichzeitig wirken manche dieser Institutionen, wie die Erwerbsarbeit, ausgleichend auf die Weitergabe des Bildungskapitals durch die Familie.

Methodisch müssen dabei zwei Einschränkungen erwähnt werden: Erstens handelt es sich beim verwendeten Datensatz um eine Betrachtung im Querschnitt. Institutionen- und Generationeneffekte lassen sich damit nicht eindeutig trennen und Bildungsverläufe können nur retrospektiv nachgezeichnet werden. Bislang sehen wir also Korrelationen in der Teilnahme zwischen unterschiedlichen Punkten im Bildungslebenslauf, in ihrer Kausalität eindeutig feststellen lassen sich diese Zusammenhänge aber auf Basis von Querschnittsdaten nicht. Zweitens wird die Bildungsteilnahme in SHARE anhand eines Instruments erhoben, dass die Bildungsbeteiligung in der nachberuflichen Phase unterschätzen könnte, weil statt eine mehrdimensionalen eine eindimensionale Skala zur Operationalisierung herangezogen wird. Die Teilnahme an Bildung im Alter in formalen, non-formalen und informellen Settings könnte damit im Datensatz unterschätzt werden.

Was bedeuten diese Ergebnisse für die Praxis der Bildung im Alter? Zunächst unterstreichen sie die Wichtigkeit einer Lebenslaufperspektive bei der Analyse von Bildungsprozessen im Alter. Bildungschancen und Bildungsbarrieren über den Lebenslauf stellen wichtige Prädiktoren der Bildungsbeteiligung im Alter dar. Bildung im Alter für eine möglichst große Gruppe älterer Menschen zugänglich zu machen, bedeutet vor dem Hintergrund dieser Ergebnisse, Zugangschancen für marginalisierte Gruppen zu Bildungsinstitutionen auch in der Ausbildungsphase und in der Erwerbstätigkeit konsequent einzufordern. Zur Gestaltung von lebensweltorientierten Lernsituationen, die sich kritisch mit dem Aktivitätsdiskurs und der Diversität des Alters auseinandersetzen (vgl. Steinfort-Diedenhofen in diesem Buch) wollen wir auf Basis unserer Forschungsergebnisse die Lebenslaufperspektive hinzuzufügen. Sie ermöglicht es, die geringe Bildungsbeteiligung im Alter besser zu verstehen und Interventionen anzuregen, die weniger am Individuum ansetzen als an sozial-strukturellen Bedingungen.

Literatur

Clemens, W. (2008): Zur »ungleichheitsempirischen Selbstvergessenheit« der deutschsprachigen Alter(n)ssoziologie. In: Künemund, H./Schroeter, K. R. (Hg.): *Soziale Ungleichheiten und kulturelle Unterschiede in Lebenslauf und Alter. Fakten, Prognosen und Visionen*. Wiesbaden: VS Verlag, S. 17-30.

Dannefer, D. (2003): Cumulative Advantage/Disadvantage and the Life Course: Cross-Fertilizing Age and Social Science Theory. In: *The Journals of Gerontology Series B: Psychological Sciences and Social Sciences, 58*(6). doi:10.1093/geronb/58.6.s327, S. 327–337

Erler, I./Fischer, M. (2012): *Teilnahme und Nichtteilnahme an Erwachsenenbildung. Sekundarstatistische Auswertungen des Adult Education Survey 2007*. Retrieved from http://www.oieb.at/upload/4720_OIEB_Studie_Teilnahme_an_Erwachsenenbildung.¬pdf

Faulstich, P. (2003): *Weiterbildung: Begründungen lebensentfaltender Bildung*. München: Oldenbourg.

Georg, W. (2015): Transmission kulturellen Kapitals und Statuserwerb. In: *Soziale Welt, 66*(3). doi:10.5771/0038-6073-2015-3-281. S. 281–300.

Jenkins, A./Mostafa, T. (2015): The effects of learning on wellbeing for older adults in England. *Ageing and Society, 35*(10). doi:10.1017/s0144686x14000762. S. 2053-2070.

Kohli, M. (1985): Die Institutionalisierung des Lebenslaufs. Historische Befunde und theoretische Argumente.In: *Kölner Zeitschrift für Soziologie und Sozialpsychologie, 37*, S. 387–409.

Kolland, F./Gallistl, V./Wanka, A. (2014a): *Nachberufliche Bildungsberatung. Projektendbericht Juli 2014*. Wien: Büro für Sozialtechnologie und Evaluationsforschung.

Kolland, F./Wanka, A./Gallistl, V. (2014b): Ältere Generationen und ihre Kompetenzen. In: Statistik Austria (Ed.), *Schlüsselkompetenzen von Erwachsenen*. Wien: Statistik Austria. S. 206–225.

Köster, D. (2012): Thesen zur kritischen Gerontologie aus sozialwissenschaftlicher Sicht. In: *Zeitschrift für Gerontologie und Geriatrie, 45*(7). doi:10.1007/s00391-012-0385-4, S. 603–609.

O'Rand, A. M. (1996): The Precious and the Precocious: Understanding Cumulative Disadvantage and Cumulative Advantage Over the Life Course. In: *The Gerontologist, 36*(2). doi:10.1093/geront/36.2.230, S. 230–238.

Rosenbladt, B./Bilger, F. (2008): *Weiterbildungsverhalten in Deutschland: Bd. 1*. Bielefeld: Bertelsmann.

Schiersmann, C. (2006): *Profile lebenslangen Lernens. Weiterbildungserfahrungen und Lernbereitschaft der Erwerbsbevölkerung*. Bielefeld: Bertelsmann.

Wanka, A./Gallistl, V. (2016): Bildung im Dritten Lebensalter. Potentiale und Zugangsbarrieren der Bildung in der nachberuflichen Phase. *IfS Working Paper, 2016(01)*. Retrieved from https://www.soz.univie.ac.at/fileadmin/user_upload/inst_soziologie/Forschung/Working_Papers/IfS_WP_1-2016_Wanka_Gallistl_Bildung_im_Dritten_Lebensalter_final.pdf

This paper uses data from SHARE Wave 6 (DOIs: 10.6103/SHARE.w6.600). The SHARE data collection has been primarily funded by the European Commission through FP5 (QLK6-CT-2001-00360), FP6 (SHARE-I3: RII-CT-2006-062193, COMPARE: CIT5-CT-2005-028857, SHARELIFE: CIT4-CT-2006-028812) and FP7 (SHARE-PREP: N° 211909, SHARE-LEAP: N°227822, SHARE M4: N°261982). Additional funding from the German Ministry of Education and Research, the Max Planck Society for the Advancement of Science, the U.S. National Institute on Aging (U01_AG09740-13S2, P01_AG005842, P01_AG08291, P30_AG12815, R21_AG025169, Y1-AG-4553-01, IAG_BSR06-11, OGHA_04-064, HHSN271201300071C) and from various national funding sources is gratefully acknowledged (see www.share-project.org).

Lernen und Teilhabeförderung im Rahmen partizipativer Technikentwicklung: Forschungsansatz und -methode im Projekt »OurPuppet«

Renate Schramek, Verena Reuter und Andrea Kuhlmann

Einleitung

Für die Gestaltung des Alltags spielen technische Assistenzsysteme bei vulnerablen Personengruppen (z. B. erkrankte, körperlich beeinträchtigte oder alte Menschen) eine zunehmende Rolle. Die Entwicklung altersgerechter Assistenzsysteme stellt aktuell ein wichtiges Forschungsfeld dar. Die Beteiligung (Partizipation) späterer Nutzer*innengruppen an der Entwicklung solch technischer Innovationen geht mit Lernprozessen einher. Lernen fördert die individuelle Entwicklung, die soziale Teilhabe und regt zur Mitgestaltung der technischen Entwicklungsprozesse an (zum interdependenten Zusammenhang von Lernen und Partizipation siehe Schramek/Bubolz-Lutz 2016). Schließlich fördern partizipative Ansätze durch ihre Nutzerorientierung und damit verbundene Lernprozesse die spätere Akzeptanz und Inanspruchnahme der technischen Unterstützungssysteme.

Im vorliegenden Beitrag werden Lernprozesse und Teilhabeförderung älterer Menschen durch einen partizipativen Ansatz im Rahmen von Technikentwicklung und -nutzung betrachtet. Lernen folgt hier einem selbstbestimmten Lernansatz (z. B. Bubolz-Lutz 2000, 2002), der partizipativ angeleitet, moderiert und evaluiert wird.

Im Rahmen dieser Forschung wird eine Schulung (Vorbereitungskurs) entwickelt, die für ein Engagement als »PuppetBegleiter*in« im intermediären Feld des Engagements (vgl. Schäffter 2000) qualifiziert. Die im Mittelpunkt stehenden Lernprozesse werden in der Lebenswelt pflegender Angehöriger und pflegebedürftiger Menschen angeregt. In den partizipativen Forschungsprozess sind die Beteiligten (engagierte »PuppetBegleiter*innen«, pflegende Angehörige und pflegebedürftige Personen) als angeleitete »Co-Forscher*innen« (Unger 2014) einbezogen.

Der vorliegende Beitrag befasst sich mit Lernprozessen und Teilhabeförderung älterer Menschen im Kontext von »Pflege und Technik« sowie der theoretischen Auseinandersetzung mit dem partizipativen Forschungsansatz am Beispiel des Forschungsprojektes »OurPuppet«[1]. Der gewählte Forschungsansatz

---

1 An dem Verbundprojekt »Our Puppet – Pflegeunterstützung mit einer interaktiven Puppe für informell Pflegende«, gefördert vom BMBF, sind beteiligt: Anasoft Technology AG, DRK-Kreisverband Bochum e. V./DRK Alzheimerhilfe, Forschungsgesellschaft für Gerontologie e. V., Forschungsinstitut für Telekommunikation und Koope-

ermöglicht, die Perspektive der Engagierten und der Nutzer*innen angemessen in die Entwicklung einzubeziehen und bereits im Forschungsprozess einen Diskurs über ethisch-soziale Fragen und daran anschließende Spannungsfelder anzustoßen.

Der Fokus richtet sich auf die Altersphase und damit verbundene Erkenntnisse zu Bildung und Lernen im Alter(n). Relevante biografische Aspekte, als Erfahrungen und Erlebnisse entlang des Lebenslaufs (Dausien 2011), sind hier einbezogen. In Fachdiskursen zur Altersbildung, die speziell auf sozialgerontologische Aspekte rekurrieren, wird dies als geragogische Perspektive bezeichnet. Speziell ist an der geragogischen Perspektive, dass sie wissenschaftliche Erkenntnisse verschiedener Disziplinen zum Alter und Altern sowie zu Bildung und Lernen im Alter in einem interdisziplinären Wissensfundus verknüpft (Bubolz-Lutz et al. 2010). Der interdisziplinäre Wissensfundus bildet die Grundlage für geragogische Forschung und geragogische Konzeptentwicklung.

Forschungsprozesse mit starkem Anwendungsbezug und begleitenden Lernprozessen müssen sich jeweils einem Diskurs zum Theorie-Praxis-Verhältnis stellen. Dies spiegelt sich auch im Forschungsprozess wider. Hier werden die theoretischen Ausführungen an dem Forschungsprojekt »OurPuppet« nachvollzogen (Kapitel 2). Der Beitrag schließt mit einem Ausblick auf weiterführende Fragen, Herausforderungen und Desiderate (Kapitel 3).

> Das interdisziplinäre Forschungs- und Entwicklungsprojekt »OurPuppet« (Laufzeit 01.05.2016–30.04.2019) zielt auf die Entwicklung einer soziotechnischen Gesamtintervention. Diese umfasst ein technisches System (sensorbasierte interaktive Puppe), das mit einer leicht nachrüstbaren technischen Infrastruktur in der Wohnung vernetzt und einer sozialen Intervention (psychosoziale Begleitung) durch geschulte ehrenamtliche und professionelle PuppetBegleiter*innen begleitet wird. Das technische System wird auf die Bedürfnisse von Menschen mit Demenz, die in der eigenen Häuslichkeit leben, und ihre pflegenden Angehörigen ausgerichtet. Dies erfolgt in einem partizipativ angelegten Entwicklungsprozess unter Berücksichtigung ethisch-sozialer und datenschutzrechtlicher Anforderungen. Die PuppetBegleiter*innen unterstützen die Einführung des technischen Systems in den Haushalten von Menschen mit Demenz, die das OurPuppet System erproben. Sie begleiten die Aneignung und Anpassung des technischen Systems.
> Die »Puppe« umfasst nach aktuellem Stand (ausgehend von partizipativ erhobenen Anliegen, identifizierten Herausforderungen und abgeleiteten Szenarien) folgende Funktionalitäten: einfache Dialoge, Anregung zu Aktivitäten wie Trinken, Essen, biografieorientierte Aktivitäten, Kontaktaufnahme zu Bezugspersonen, tagesstrukturierende Erinnerungen z. B. an Termine. U. a. soll die Puppe beruhigend auf den Pflegebedürftigen einwirken, z. B. durch Ansprache, Anregung einer Umorientierung, Hinweise zu den Ange-

---

ration e. V., Hochschule Niederrhein, Hochschule Rhein-Waal, Matthies Spielprodukte GmbH & Co. KG und Technische Universität Berlin.

> hörigen (z. B. wo dieser ist, wann er wieder kommt) und Vorschläge zur Kontaktaufnahme zur Bezugsperson.

1 Lernen und Teilhabeförderung älterer Menschen im Kontext von »Pflege und Technik«

Bildungsprozesse jenseits der Lebensmitte sind nach Kruse (2008) zu einem »umkämpften« Forschungsfeld avanciert. Die Zahl der Forschungsarbeiten in diesem Feld ist seit dem Jahr 2010 (vgl. Bubolz-Lutz et al. 2010, 91) weiter gestiegen. Technikbezogene Modellentwicklung und Forschung im Kontext von Unterstützung, Versorgung und Pflege stellen ein relevantes Forschungsfeld dar.

1.1 Lernen im Alter – Lernen in familiären Pflegesettings

Der Prozess des Alterns ist durch heterogene Lebensweisen und Lebenslagen geprägt. Dies macht eine differenzierte Betrachtung notwendig. Auch sind Menschen im »dritten« und »vierten« Lebensalter (Laslett 1995) aus entwicklungspsychologischer Perspektive vor unterschiedliche Entwicklungsaufgaben gestellt (vgl. Schramek/Bubolz-Lutz 2016). Die Auseinandersetzung mit unterschiedlichen Daseinsfragen und Themen umfasst oft einen Lernprozess, der aus unterschiedlichsten Lebenssituationen veranlasst sein kann und dessen Gelingen von den gegebenen Handlungsspielräumen und persönlichen Ressourcen abhängt.

Kritische Lebensereignisse (u. a. eintretender Hilfe- und Pflegebedarf) können als Ausgangspunkt für Lernprozesse gefasst werden. In der Auseinandersetzung mit den Herausforderungen ergeben sich verschiedene Entwicklungsoptionen, die Aneignung neuer Fähigkeiten und die Erweiterung von Fertigkeiten (vgl. Filipp 2010). Damit wird hier ein Bildungs- und Lernbegriff verknüpft, der eng verbunden ist mit der Reflexion von Handlungen und der Auseinandersetzung mit individuellem Verhalten und gesellschaftlichen Strukturen (Maier 2010). Intendiert ist ein erweitertes Verstehen, z. B. von Zusammenhängen, und eine aktive Mitwirkung bei der Gestaltung von Lebenswelt und Gesellschaft (vgl. Schramek/Bubolz-Lutz 2016, 162). In die Auseinandersetzung ist jeweils das Beziehungsgeschehen der Beteiligten einbezogen (Bubolz-Lutz et al. 2010, 20). So werden Bildung und Lernen als Auseinandersetzung des Individuums mit sich selbst, mit seinen Beziehungen und mit seiner Umwelt bzw. der Gesellschaft gefasst (Künkler 2011; Schramek 2016) – wobei letztere auch technische Systeme umfassen.

Lernherausforderungen und Entwicklungsoptionen bestehen im Kontext von Pflegebedarf und der Übernahme von Pflegeverantwortung in familiären Pflegesettings, in der Pflegebeziehung, während der Technikentwicklung und -nutzung und dem Erwerb relevanten Wissens. Im Projekt »OurPuppet« sind dies z. B. Kenntnisse über die Einführung und den Nutzen interaktiver technischer Systeme und deren Auswirkungen auf die Gestaltung der Pflegebeziehung.

Die Übernahme einer Sorge- und Pflegeaufgabe – zusätzlich neben den bestehenden Aufgaben – stellt für Betroffene eine große Herausforderung dar, die oftmals mit der Reduktion persönlicher Handlungsspielräume und eingeschränkter gesellschaftlicher Teilhabe korreliert und die, wenn auch selbstgewählt, mit vielfältigen Belastungen einhergeht (vgl. Reichert 1997, 2003) und zu Überforderung, Resignation oder subjektiv erlebtem Scheitern führen kann. So sind Lernprozesse einerseits mit belastenden Aspekten verbunden, eröffnen aber andererseits die »Optionen zur Gestaltung des individuellen Lebens – zum Erwerb von Wissen und Kompetenzen« (Schramek/Bubolz-Lutz 2016, 163) – z. B. zur Gestaltung einer Pflegesituation oder zum Erhalt der eigenen Gesundheit.

Im Alter ist die Motivation zum Lernen wesentlich beeinflusst durch individuelle Anliegen, das Erleben von Autonomie, Selbstbestimmung, Selbstwirksamkeit und sozialem Eingebundensein (vgl. Deci/Ryan 1993). Ansätze, die die persönlichen Anliegen, Selbstbestimmung und Autonomie stärken, wirken sich im Alter förderlich auf Lernprozesse aus. Auch bei dem Eintreten eines Pflegebedarfs und ggf. nicht selbst gewählter Übernahme von Pflegeverantwortung werden diese Wirkzusammenhänge deutlich: Selbstbestimmte Entscheidungen, eine selbstbestimmte Gestaltung der Situation und eine Mitgestaltung der Situation wirken sich positiv auf das Erleben des Individuums aus (Bubolz-Lutz/Kricheldorff 2011).

Von dieser Erkenntnis leitet die Geragogik für ihre Konzeptionen die Prämisse ab, dass alle Menschen – gleich welchen Alters, hilfebedürftig oder nicht – ein Bedürfnis nach Autonomie, Teilhabe und Eingebundensein in soziale Zusammenhänge haben. Zugleich werden diese als Bedingungen für ein würdiges Altern angesehen (vgl. Köster/Schramek 2005). Ansätze wie das Selbstbestimmte Lernen und die Ermöglichungsdidaktik (Arnold/Gómez Tutor 2007) tragen zu einer Stärkung des Menschen und zu Teilhabe in Lernprozessen und durch Lernprozesse bei.

Aus der Perspektive der Geragogik wird zudem die Gesellschaft in der Pflicht gesehen, Teilhabe als menschliches Grundbedürfnis zu fördern (vgl. Schramek/Bubolz-Lutz 2016, 162). So hat sich ausgehend von zahlreichen Forschungsvorhaben (z. B. Köster 2005; Kolland/Köster/Saftu 2010; Rüßler et al. 2013; Kricheldorff/Oswald 2015) eine partizipative Vorgehensweise in der geragogischen Forschung etabliert, die sich durch partizipativ ausgerichtete Forschungsmethoden auszeichnet und die ältere und alte Menschen in die Forschungsprozesse einbindet (z. B. Köster/Schramek/Dorn 2008).

1.2 Lernprozesse in der Technikentwicklung und -nutzung

Für die Gestaltung des Alternsprozesses spielt Technik – u. a. zur Unterstützung im Alltag – zunehmend eine entscheidende Rolle in Forschung und Entwicklung. Die Einsatzmöglichkeiten assistiver und interaktiver Technologien zur selbständigen Alltagsbewältigung sind vielfältig.

Im Bereich Ambient Assisted Living (AAL) richten sich die gerontologische und sozialwissenschaftliche Forschung auf die Entwicklung alter(n)sgerechter Produkte zur selbständigen Alltagsbewältigung (Vernetzung sozialer Aktivitäten, Vermittlung von Dienstleistung, Smart Home etc.) (weiterführend Decker 2016). Im Feld der emotionalen Robotik werden auch vulnerable ältere Zielgruppen über verschiedene Funktionalitäten adressiert, z. B. durch sozio-emotionale Stimuli, um u. a. Menschen mit Demenz emotional anzuregen. Der Einsatz solch technischer Systeme wird in den Fachdiskursen der Sozialen Arbeit, der Altenpflege und aus ethischer Sicht kontrovers diskutiert (vgl. Baisch et al. 2017; Klein 2017).

Der Einsatz von Technik und die Nutzung in Pflegesituationen geht dabei grundsätzlich mit Lernprozessen einher[2]. Diese beziehen sich u. a. auf die Reflexion der Reichweite von z. B. Nutzungsentscheidungen, die zunehmend dringlicher wird (vgl. Remmers 2016). Hier sehen sich die Beteiligten mit Fragen konfrontiert, die verschiedene ethische Aspekte und Spannungsfelder berühren und die einer persönlichen Positionierung bedürfen (zu denken ist an die Aufzeichnung und Speicherung von Gesprächen, Bildern zur Sprach- bzw. Emotionserkennung). Doch vollziehen sich auch in der Forschungssituation Lernprozesse, z. B. durch die Beteiligung der Nutzer*innen an der Entwicklung und dem Forschungsprozess.

Im Forschungsprozess findet die Notwendigkeit der Auseinandersetzung mit persönlichen ethisch-sozialen Grundhaltungen bereits während der Entwicklung der technischen Systeme statt, wenn Fragen zwischen scheinbar gegensätzlichen Polen offensichtlich werden. In einem partizipativen Forschungsansatz sind sowohl die Entwickler*innen als auch die späteren Nutzer*innen zum Zeitpunkt der Entwicklung mit einer wertorientierten Auseinandersetzung konfrontiert (vgl. Kuhlmann/Reuter/Schramek et al. 2017).[3]

---

2 In einer familiären Pflegesituation vollziehen sich weitere vielfältige Lernprozesse auf verschiedenen Ebenen: So stellt die Pflegesituation an sich eine Lernsituation dar (in der Bewältigung und Organisation des Pflegealltags), die auch eine Auseinandersetzung mit den eigenen und den gesellschaftlichen Wertvorstellungen erfordert (u. a. die Auseinandersetzung mit Werten, Haltungen, Bildern). Schließlich finden Lernprozesse auf der Beziehungsebene zwischen Pflegendem und Gepflegtem statt, z. B. die Auseinandersetzung mit krankheitsbedingten Verhaltensänderungen, der Umgang mit Abhängigkeit, die Auseinandersetzung mit einer veränderten Gefühlslage.

3 Zu benennen sind die Spannungsfelder: Autonomie versus Kontrolle, Selbstbestimmung versus Fremdbestimmung, Individualisierung versus Normierung, Privatsphäre versus Überwachung und Sicherheit versus Unsicherheit/Risiko. Konkret sehen sich die beteiligten Gruppen u. a. vor Fragen gestellt wie: »Bin ich bereit, Privatsphäre zugunsten von Sicherheit einzubüßen? Wenn ja, in welchem Maße bin ich dazu bereit?«

Die sich vollziehenden Lernprozesse im Kontext von Technikentwicklung und -nutzung erfolgen jeweils in Bezug auf das eigene Selbst, in Bezug auf die Beziehung zum Pflegebedürftigen bzw. pflegenden Angehörigen und in Bezug auf die Gesellschaft (vgl. Schramek 2016). Zu bedenken ist jeweils, dass sich diese Auseinandersetzungs- und Aushandlungsprozesse in einer teils stark belasteten und potentiell angespannten Lebenslage vollziehen, in der sich je nach Krankheitsbild Veränderungen in der Einschätzung, der Wertorientierung und der Fähigkeit, die Tragweite von Entscheidungen abzuschätzen, zeigen können. In der durchaus komplexen Lage können unterschiedliche Einschätzungen in der Pflegedyade zu je unterschiedlicher Positionen führen (vgl. Remmers 2016).

2 Forschungsansatz und -methoden zum begleiteten Technikeinsatz in familialen Pflegebeziehungen

Nachfolgend werden der partizipative Forschungsansatz und das Vorgehen im Projekt »OurPuppet« dargelegt und mit dem konkreten Forschungsschritt verbunden.

2.1 Forschungsanliegen aus geragogischer Perspektive

Geragogische Forschung ist darauf ausgelegt, innovative Modelle und neue Konzeptionen zu entwickeln, in der Praxis zu erproben, zu evaluieren und weiter zu entwickeln.[4] Das besondere Augenmerk richtet sich auf die Technikentwicklung, die Beteiligung vulnerabler Gruppen am Forschungsprozess und die mit der Einführung und Nutzung verbundenen Lernprozesse. Im Fokus stehen die Entwicklung und Erprobung von Lernkonzepten – zur Einführung technischer Unterstützungssysteme. Einbezogen sind Fragen zu den Bedingungen, die Selbstbestimmung, Autonomie, soziale Eingebundenheit fördern bzw. behindern.

Geragogische Forschung zielt darauf, neue Konzeptionen etc. an den tatsächlichen Anliegen und Bedarfen der Nutzer*innen zu orientieren.[5] Damit verbunden richtet sich die geragogische Forschung darauf, ethische, rechtliche und soziale Fragen (ELSI Themen) und ihre Relevanz aus Sicht der Nutzer*innen und unter Beteiligung der Nutzer*innengruppen in den Forschungsprozess zu integrieren.

---

4 Die Forschung ist verbunden mit dem geragogischen Bildungs- und Lernbegriff (Bubolz-Lutz et al. 2010).
5 Ökonomische oder gesellschaftspolitisch motivierte Ziele werden in der geragogisch ausgerichteten Forschung kritisch hinterfragt (vgl. Köster 2012).

Im vorliegenden Forschungsansatz besteht die Herausforderung darin, die vulnerablen Nutzer*innen so weit wie möglich und (vor dem Hintergrund der ggf. angespannten Situation) so viel wie nötig in den Diskurs einzubinden, an Entscheidungen sowie der Forschung zu beteiligen, ohne sie dadurch zusätzlich zu belasten. Im Sinne der Transparenz sind hier Entscheidungen und normative Diskurse offenzulegen.

Die Innovation des Forschungsansatzes besteht in der Kombination des partizipativen Forschungsansatzes zur Technikentwicklung und Nutzung mit einer psychosozialen Begleitung (vgl. Kuhlmann/Reuter/Schramek et al. 2017). Die Perspektive der Nutzer*innen wird umfassend und angemessen einbezogen.

2.2 Partizipative geragogische Forschung diskutiert am Beispiel des Projektes »OurPuppet«

Partizipative Forschung ist ein etablierter Ansatz in der qualitativen Sozialforschung (Unger 2014). Sie findet Anwendung in einer praxisorientierten Forschung. Der Begriff »partizipative Forschung« ist als Oberbegriff für Ansätze zu verstehen, die die Nutzer*innengruppen (soziale Akteure bei Unger 2014) aktiv am Forschungsprozess beteiligen, um gemeinsam zu einem Verstehen zu kommen. Unter Beteiligung aller wird Einfluss auf die Strukturen/Phänomene genommen.

Im Forschungs- und Entwicklungsprojekt »OurPuppet« wird ein interaktives, technisches System zur Unterstützung in der häuslichen Pflegesituation für Menschen mit Demenz und ihre pflegenden Angehörigen entwickelt und erprobt. Ausgehend von der anfangs bereits feststehenden Zielsetzung wird explizit die Entlastung der pflegenden Angehörigen durch das technische System und die psychosoziale Begleitung erforscht. Das Interesse richtet sich speziell auf die Optionen zur Verbesserung der Pflegebeziehung. Als Parameter werden eine Veränderung des Wohlbefindens und der Beziehungsqualität herangezogen, da die Kombination aus technischer Unterstützung und persönlicher Begleitung Entlastung schaffen und Unsicherheiten reduzieren will. Der Einsatz des kombinierten Systems impliziert eine Stärkung der Autonomie und Selbstbestimmung für die pflegenden Angehörigen und die Pflegebedürftigen. Wie das Ziel erreicht werden soll, wird im partizipativen Forschungsprozess festgelegt.

Für partizipative Forschung gilt bei den Beteiligungsprozessen eine zweifache Zielsetzung: erstens eine Beteiligung der gesellschaftlichen Akteure als Co-Forscher*innen – das sind bei »OurPuppet« die PuppetBegleiter*innen und die Nutzer*innen – und zweitens die Umsetzung von Maßnahmen zur individuellen und kollektiven Selbstbefähigung der beteiligten Gruppen im Sinne emanzipatorischer[6] oder empowernder[7] Prozesse (vgl. Unger 2014, 1).

---

6 Emanzipation meint hier die Steigerung von Mündigkeit und Freiheit bezogen auf die eigene Lebenssituation, eine so weit wie mögliche Autonomie bezogen auf Entscheidungs- und Gestaltungsprozesse.

Als partizipativer Prozess angelegt sind u. a.:

- die Erhebung der Anliegen (»Was könnte Ihnen im Alltag in der Pflegesituation Entlastung verschaffen?«, »Was könnte Sie unterstützen?«),
- die Entscheidungsprozesse in der Entwicklung (»Wie soll die Puppe gestaltet werden?«, »Wie möchten Sie die Puppe handhaben?«),
- die Nutzertests (Testung einzelner Komponenten des Systems) und
- die Praxistests (Testung eines Demonstrators in der Häuslichkeit).

Das primäre Merkmal partizipativer Forschungsprozesse ist, alle Beteiligtengruppen (PuppetBegleiter*innen und Nutzer*innen des technischen Systems) kontinuierlich als Expert*innen in eigener Sache einzubinden, um sie im geragogischen Sinne zu befähigen, die eigene Lebenswelt und die sozialen Begebenheiten zu verstehen und mitzugestalten. Für den vorliegenden Forschungskontext sind folgende typische Merkmale partizipativer Forschungsdesigns zu benennen:

- Beteiligung der Nutzer*innengruppen an der Forschung[8],
- Befähigung der Nutzer*innengruppen und Anregung emanzipatorischer Prozesse, um die jeweiligen Verhältnisse und Verhaltensweisen kritisch zu reflektieren und
- Verstehen und Veränderung der sozialen Lebenswelt (vgl. Unger 2014, 35ff.).

Es sei betont, dass die beteiligten Akteure in allen Phasen des Forschungsprozesses (Zielsetzung, Wahl des Studiendesigns, Datenerhebung, Datenauswertung und Verwertung) gleichberechtigt beteiligt werden sollen (Unger 2014, 35). Was beispielsweise dadurch realisiert wird, dass die Nutzertests auf die Fähigkeiten von Menschen mit Demenz abgestimmt werden.

Partizipative Forschung ist eng mit (themenspezifischen) Lern- und Bildungsprozessen verbunden. Diese entstehen in der Auseinandersetzung mit dem Untersuchungsgegenstand, so dass sich im besten Fall Reflexionsprozesse und eine Erweiterung des Verstehens einstellen.

---

7 Unter Empowerment verstehen wir im Projekt das Erkennen eigener Kompetenzen, Kräfte und Potenziale. Im Rahmen der Schulung beziehen wir die Anregung von Empowerment auf die PuppetBegleiter*innen, welche die empowernde Haltung sodann in die Begleitungsprozesse tragen. Sie regen mit Bezug auf die Pflegedyade empowernde Prozesse an, in dem Sinne »Entdeckung« eigener evtl. ungenutzter Potenziale und Förderung von Ressourcen zur Selbstgestaltung.

8 Da es sich im vorliegenden Forschungsvorhaben um eine durch die Erkrankung und Pflegesituation stark belastete Ausgangslage handelt, wird davon ausgegangen, dass der Grad der Beteiligung der Nutzer*innen nicht unreflektiert und unbegrenzt erfolgen kann und dass eine Überforderung der Zielgruppen zu vermeiden ist. Daher wird in ausgewählten Situationen die Perspektive der Nutzer*innen durch den Praxispartner (Schlüsselperson mit enger Anbindung und Kenntnis der Bedarfe und Anliegen der Nutzer*innen) in den Forschungsprozess einbezogen.

»Schulungen, Trainings, Fort- und Weiterbildungen sind daher ein integraler Bestandteil der partizipativen Forschungs- und Entwicklungsprozesse. Die Lern- und Bildungsprozesse vollziehen sich jedoch nicht nur in den Schulungen, sondern vor allem durch die Verknüpfung von Handeln und Reflexion sowie durch die Perspektivverschränkung in der partizipativen Zusammenarbeit und empirischen Forschung« (Unger 2014, 44f).

Als Handlungsziele werden eine weitestgehende Selbstbestimmung im Alltag, soziale Eingebundenheit und die möglichst autonome Gestaltung der Lebenswelt benannt. Damit verbunden zielt der Forschungsansatz auf eine Verbesserung der Pflegebeziehung und eine Entlastung der pflegenden Angehörigen.

Schrittfolge partizipativer geragogischer Forschungsprozesse

Das partizipative Vorgehen folgt einer strukturierten Abfolge. Die einzelnen Schritte werden bezugnehmend auf die Arbeitsschritte beschrieben (▶ Abb. 1).

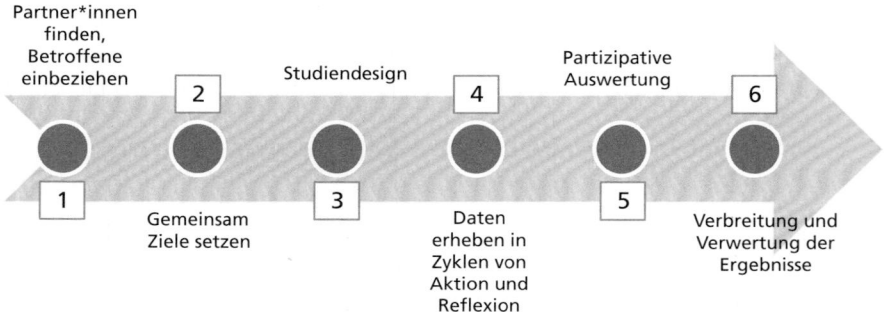

Abb. 1: Abfolge des partizipativen Forschungsansatzes, eigene Darstellung angelehnt an Unger (2014, 51ff.)

- *1. Schritt: Partner*in finden & Beteiligte einbeziehen.* Anfangs beziehen sich die Aktivitäten des partizipativen Vorgehens darauf, Partner*innen für den Forschungsprozess zu gewinnen. Der Anwendungspartner »DRK-Alzheimerhilfe Bochum«[9] bereitete den Zugang zum Nutzer*innenfeld und unterstützte durch aktives Vorgehen dabei, freiwillige Nutzer*innen und Engagierte für die Beteiligungsforschung zu finden. Eine »thematische Betroffenheit« wurde als handlungsleitend für die Auswahl gefordert (Unger 2014, 51). Die Auswahl der beteiligten Gruppen ist bedeutsam, weil ihre Sichtweisen, ihr

---

9 Die DRK-Alzheimerhilfe des Deutschen Roten Kreuz (DRK) in Bochum (http://drk-¬bochum.de) ist als erfahrener Anwendungspartner am Forschungsprojekt »OurPuppet« beteiligt. Er unterstützt den Zugang zu den Nutzer*innen und den PuppetBegleiter*innen und gestaltet den FuE-Prozess inhaltlich und im Sinne der Interessenvertretung von Menschen mit Demenz und ihren Angehörigen aktiv mit (Schlüsselperson). Der Anwendungspartner ist fortwährend in den Forschungsprozess eingebunden und steht im fortlaufenden Kontakt zu den beteiligten Gruppen.

Wissen, ihre Anliegen und Interessen die weitere Entwicklung des Forschungsprozesses entscheidend mitbestimmen. Mit der Unterstützung durch den Anwendungspartner »DRK-Alzheimerhilfe Bochum«, der über langjährige Erfahrung in der Praxisforschung und der Zusammenarbeit mit den Zielgruppen verfügt, konnte die Auswahl und Gewinnung der beteiligten Nutzergruppen erfolgreich gelöst werden.

- *2. Schritt: Gemeinsam Ziele setzen.* Im Anschluss an die Auswahl der Beteiligungspartner*innen folgt zwischen allen Beteiligten eine gemeinsame Verständigung über die Form, die Bedingungen und Grundsätze der Zusammenarbeit. Dieser Schritt wurde bei »OurPuppet« jeweils mit einer schriftlichen Information unterlegt. Gerade in der Zusammenarbeit mit vulnerablen Gruppen kann es im Prozess zu Veränderungen oder Anpassungen kommen.
- *3. Schritt: Studiendesign entwickeln bzw. festlegen.* In diesem Schritt werden gemeinsam die Methoden, das Vorgehen und die Ziele des Forschungsprozesses festgelegt. Im vorliegenden Entwicklungsprojekt verblieb das Vorgehen hier auf einer niedrigeren Stufe der Partizipation, da einige Parameter für die Zielbestimmung bereits durch den Forschungsauftrag feststanden, z. B. der Auftrag Entwicklung einer sensorbasierten, interaktiven Puppe, einschließlich der passenden technischen Infrastruktur in der Wohnung und die Ausbildung von PuppetBegleiter*innen, die die Einführung und Anwendung des Systems psychosozial begleiten und dabei die Pflegebeziehung in den Blick nehmen und möglichst stärken.[10]
- *4. Schritt: Datenerhebung in Zyklen von Aktion und Reflexion.* In der praktischen Umsetzung wechseln sich Phasen von Aktion und Reflexion ab. Zunächst wurden die Anliegen, Bedarfe und Herausforderungen der beteiligten Nutzer*innen im Pflegealltag mittels Leitfadeninterview, Fokusgruppen und Fragebogen erhoben. Auf die gemeinsame aktive Erörterung der Anliegen, Unterstützungswünsche und Identifikation von Herausforderungen im Pflegealltag in Gruppenprozessen mit den verschiedenen Beteiligungsgruppen folgte eine Phase der Reflexion, an der die Beteiligungsgruppen ebenfalls einbezogen waren, teilweise auch durch die Schlüsselperson vertreten wurden. Die sich teils konträr gegenüberstehenden Anliegen (u. a. Wunsch zwischen Kontrolle und Sicherheitsgefühl und dem Bedürfnis nach Privatsphäre) wurden als Teil eines ethischen Diskurses offen in den Forschungsprozess eingebracht. Die Identifizierung ethisch-sozialer Aspekte und Spannungsfelder erfolgte mit einem besonderen Schwerpunkt unter Beteiligung der Nutzer*innengruppen. Anschließend wurden, ausgehend von den geäußerten Anliegen, gemeinsam Herausforderungen und typische Situationen im Pflegealltag und dazu passende mögliche Interventionen identifiziert und zu sogenannten Szenarien aus dem Pflegealltag verdichtet. Hiervon wurden in engen Rückkopplungsprozessen mit den Technikentwicklern die technischen Funktionalitäten abgelei-

---

10 Diese Einschränkung, die letztlich eine Vorstufe der Partizipation darstellt, wird durch regelmäßige Information und Anhörung über die Schlüsselperson versucht auszugleichen. Die Gruppen bleiben so sensibilisiert und können zu einer späteren Phase wieder aktiv beteiligt werden.

tet.[11] Die fortlaufend erfassten ethisch-sozialen Aspekte flossen ebenso in den Entwicklungsprozess ein. Der Datenschutz (u. a. die Frage »Welche Daten erhebt das technische System?«, »Wie ist rechtlich damit umzugehen?«) wird prozessbegleitend evaluiert. Da die Priorisierung der geäußerten Anliegen sowie der ethisch-sozialen Aspekte an die technischen Möglichkeiten (Finanzrahmen, Entwicklungsstand der Technik) gebunden ist, erfolgt diese in einem komplexen Aushandlungsprozess durch die Beteiligung der Schlüsselperson. Die Dokumentation der Daten in audio-visueller und/oder schriftlicher Form erfolgte durch die Wissenschaftler*innen.

- *5. Schritt: Datenauswertung.* Die Datenauswertung fand und findet in partizipativen Prozessen mit unterschiedlichem Grad der Beteiligung statt. Die partizipativ erhobenen Anliegen wurden zunächst durch eine Inhaltsanalyse ausgewertet, in der sowohl induktiv als auch deduktiv Kategorien gebildet wurden (Mayring 2002). Dabei wurde und wird der Praxispartner in die Auswertung einbezogen. Die Ergebnisse werden dem geragogischen Forschungsansatz folgend mit den beteiligten Gruppen (spätere PuppetBegleiter*innen und Nutzer*innen) kommunikativ validiert und rückgebunden. Im Sinne von Rückkopplungsschleifen (Bubolz-Lutz et al. 2010, 61) schließt sich eine reflexive Auswertung an, die zu einem vertieften Verständnis der Zusammenhänge und/oder zu neuen Handlungsansätzen führt: Denn die Beteiligung der Nutzer*innengruppen erlaubt eine Verschränkung der Perspektiven und führt zu neuen Erkenntnissen. Die Evaluation des Forschungsprojektes bezieht sich sowohl auf die systematische Bewertung der einzelnen Systemkomponenten als auch auf die Funktionalität und Akzeptanz des Gesamtsystems während der Einführung und Nutzung. Die angewendete formative Evaluation – welche durch reflexive Rückkopplungsprozesse gekennzeichnet ist – prüft die Wirksamkeit, Effektivität und Akzeptanz der kombinierten Intervention. Im vorliegenden Prozess werden verschiedene Abschnitte durchlaufen, verschiedene Nutzer- und Praxistests einbezogen. Der Beteiligungsgrad der pflegenden Angehörigen und der an Demenz erkrankten Menschen wird während der Auswertung jeweils abgewogen; Einschränkungen bei der Beteiligung werden jeweils durch eine Vertretung des Anwendungspartners ausgeglichen.
- *6. Schritt: Verbreitung und Verwertung der Ergebnisse.* Die Verbreitung und Verwertung der Ergebnisse erfolgt im vorliegenden Forschungsprojekt, entsprechend des Vorgehens der formativen Evaluation, kontinuierlich bereits während der Entwicklungsphasen, dabei werden Ergebnisse publiziert und Verbesserungsoptionen diskutiert.

---

11 Die Funktionen des technischen Systems gehen also auf einen gemeinsamen Diskurs zu Anliegen, Herausforderungen und Belastungsmomenten zurück. Die Funktionalitäten werden später durch Nutzer- und Praxistests geprüft.

2.3 Rückschau und Fazit

Die kritische Rückschau auf den dargestellten partizipativen geragogischen Forschungsansatz zeigt, dass trotz gewisser Einschränkungen bei der Beteiligung vulnerabler Gruppen am Forschungsprozess ein partizipatives Forschungsdesign adäquat und anwendbar ist. Ein Ausgleich durch einen im Anwendungsfeld ausgewiesenen Vertreter wie im vorliegenden Kontext, der über den gesamten Forschungsprozess die Perspektive der Beteiligtengruppen einbringt und diese vertritt, ist unserer Erfahrung nach möglich wie auch notwendig.

Im Kontext der ethisch-sozialen Fragen sind im Forschungsprozess zwei Phasen zu differenzieren: die Entwicklungsphase des technischen Systems und die Einführungs- und Anwendungsphase. Während der Entwicklung werden ethisch-soziale Aspekte zu mehreren Zeitpunkten kritisch reflektiert. Dabei ist es notwendig, diesen Diskurs im Projektverlauf gemeinsam mit den Technikern/Entwicklern zu führen. So ist wiederkehrend ein Diskurs über das technisch Mögliche und die daraus folgenden ethisch-sozialen Implikationen und das ethisch Vertretbare zu führen. Diese Überlegungen sind in die Entwicklungen einzubeziehen.

Inwiefern die Teilhabechancen der Beteiligtengruppen durch den gewählten partizipativen Ansatz gefördert werden können, so dass ihre Teilhabe in unterschiedlichen Lebensbereichen und in verschiedenen Lebenslagen steigt, wird sich im weiteren Forschungsprozess noch zeigen müssen.

Zum jetzigen Stand gehen wir von folgenden Annahmen aus:

- Die Beteiligung am Forschungsprozess führt für den pflegenden Angehörigen selbst und im Hinblick auf die Pflegebeziehung
    - zu einem gestärkten Erleben von Autonomie und Selbstwirksamkeit,
    - zu einem Gefühl der Anerkennung, denn die Beteiligung am Forschungsprozess drückt Wertschätzung gegenüber den beteiligten Personen/Gruppen aus, wenn diese ernst gemeint ist,
    - zu einer Unterstützung und Entlastung im Pflegealltag durch das entwickelte technische System und damit verbunden zu einer weiter steigenden Teilhabechance in verschiedenen Lebensbereichen.
- Für die pflegebedürftigen Menschen und im Hinblick auf die Pflegebeziehung aus ihrer Sicht führen die Beteiligung am Forschungsprozess und der Einsatz der Puppe
    - zu einer Unterstützung im Alltag und zu einem gestärkten Erleben von Autonomie und Selbstwirksamkeit – z. B. durch die Erinnerungs- und Strukturierungsfunktion des technischen Systems,
    - zu einem Gefühl der Anerkennung, denn die Beteiligung am Forschungsprozess drückt Wertschätzung gegenüber den beteiligten Personen/Gruppen aus, wenn diese ernst gemeint ist.

3 Ausblick auf den weiteren Forschungsprozess und kritischer Diskurs

Ausgehend von der begleiteten, individualisierten und partizipativen Einführung und Nutzung des interaktiven Techniksystems durch eigens geschulte Puppet-Begleiter*innen stellen sich zum jetzigen Zeitpunkt Fragen zur Gestaltung der Qualifizierung für das neue Begleitungsprofil. Die zu Beginn des partizipativen Forschungsprozesses generierten Daten, die zu »typischen Szenarien« verdichtet wurden, werden in die Vorbereitung auf die neue Rolle zum/zur Puppetbegleiter*in herangezogen. Auch die Funktionalitäten des technischen Systems zusammen mit eigens identifizierten Bedarfen der Kompetenzerweiterung (u. a. kommunikative und technische Kompetenzen), rechtlichen und ethisch-sozialen Aspekten bilden die Grundlage für das zu entwickelnde Bildungsangebot der Begleiter*innen. Es werden im Bereich der Pflege und Begleitung von Menschen mit Demenz professionell und ehrenamtlich tätige Menschen zu PuppetBegleiter*innen bzw. auf die Tätigkeiten der Technikeinführung und Beziehungsbegleitung vorbereitet. Der Vorbereitungskurs folgt der im Forschungsinstitut Geragogik entwickelten Methode der partizipativen Curriculumentwicklung (vgl. Bubolz-Lutz/Steinfort 2006). Diese ist Teil des weiteren Forschungsprozesses.

Aus geragogischer Sicht ist Forschung im Kontext von Altersbildung eng verbunden mit normativen Positionen. Sie hat bezogen auf den Forschungsgegenstand einen Diskurs darüber zu führen, was ethisch und sozial vertretbar ist. Das bedeutet, dass sich Forschung hier auch daran messen lassen muss, inwiefern sie einen Wertediskurs ermöglicht. Im Projekt »OurPuppet« zeigt sich bereits mit der Bewertung von Vorteilen, Nutzen und möglichen ethisch-sozialen Bedenken des Technik-Einsatzes ein grundsätzlicher Lernanlass für die Nutzer*innen, der zudem mit normativen Haltungen verknüpft ist – so mit der Frage: »Bin ich für die Nutzung des Systems bereit, auf Privatsphäre zu verzichten und Fremdsteuerung anzunehmen?«. Aufgrund der Komplexität der damit verbundenen Fragestellungen ist zu diskutieren, ob ältere Nutzer*innen sich dieses Wissen »einfach« aneignen können oder ob hier stärker auch Interessenvertreter*innen oder Lernbegleiter*innen zu beteiligen sind (u. a. auch im Sinne von »Übersetzung« und Transfer relevanten technischen Wissens zur Beurteilungsgrundlage).

Bezogen auf den Forschungsprozess ist nun kritisch zu bedenken, ob das technisch Machbare mit den ethischen und sozialen Vorstellungen und Wertüberzeugungen konform geht. So geht es letztlich um die Frage: »Ist das technisch Mögliche im Hinblick auf das ethisch-sozial Vertretbare aus Sicht der Nutzer*innen passend? Oder stehen die Aspekte konträr zueinander?« Vor diesem Hintergrund kommen im dargestellten Forschungsprozess Methoden zum Einsatz, die eine kritische und reflektierte Beschreibung der Positionen ermöglichen und die die Wertüberzeugungen aller Beteiligten offen darlegen.

Forschung im Kontext von Bildung und Alter bezieht die Erkenntnisse aus der Grundlagenforschung anderer Disziplinen ein. Damit dies nicht verdeckt geschieht bzw. diese verdeckt auf den Forschungsprozess und das Ergebnis Einfluss nehmen, ist eine Kennzeichnung normativer Entscheidungen relevant, mit dem Ziel, eine unreflektierte Einflussnahme von Wertungen zu vermeiden. Zu solchen Einflüssen gehören z. B. ökonomisch, politisch, programmatisch oder gesellschaftlich motivierte Haltungen und Entscheidungen. Könnte doch aus einer unreflektierten, unkritischen Nutzung von Technik z. B. auf eine Entlastung der pflegenden Angehörigen verwiesen werden, ohne dass zwischen dem, was ist und sein könnte, und dem, was sein sollte, differenziert wird. So sind Diskurse um Lernen und Technikeinsatz im Alter aus einer kritischen Perspektive zu führen, die nicht auf eine Pflicht zur Entlastung durch Anwendung von Technik schließen darf.

Literatur

Arnold, R./Gómez Tutor, C. (2007): *Grundlinien einer Ermöglichungsdidaktik – Bildung ermöglichen – Vielfalt gestalten*. Augsburg: Ziel.
Baisch, S./Kolling, T./Schall, A./Rühl, S./Selic, S./Kim, Z./Rossberg, H./Klein, B./Pantel, J./Oswald, F./Knopf, M. (2017): Acceptance of Social Robots by Elder People: Does Pychosocial Functioning Matter? In: *International Journal of Socio Robotics*, published online: [18.01.2017].
Bubolz-Lutz, E. (2000): Selbstgesteuertes Lernen (SGL) in der Praxis einer Bildungsarbeit mit Älteren. In: Malwitz-Schütte, M. (Hrsg.): *Selbstgesteuertes und selbstorganisiertes Lernen in der wissenschaftlichen Weiterbildung älterer Erwachsener*. Bielefeld: Bertelsmann, S. 65–93.
Bubolz-Lutz, E. (2002): Selbstbestimmtes Lernen Älterer – eine Bestandsaufnahme. In: *Senjour. Bundesforum katholische Seniorenarbeit* (Hrsg.), 2, S. 18–22.
Bubolz-Lutz, E./Gösken, E./Kricheldorff, C./Schramek, R. (2010): *Geragogik. Bildung und Lernen im Prozess des Alterns. Das Lehrbuch*. Stuttgart: Kohlhammer.
Bubolz-Lutz, E./Kricheldorff, C. (2011): *Pflegebegleiter. Schriftenreihe Modellprogramm zur Weiterentwicklung der Pflegeversicherung*, Band 6, GKV-Spitzenverband (Hrsg.), Berlin.
Bubolz-Lutz, E./Steinfort, J. (2016): *Partizipative Curriculumentwicklung*. Homepage »Pflegebegleiter«.
Dausien, B. (2011): »Biographisches Lernen« und »Biographizität«. Überlegungen zu einer pädagogischen Idee und Praxis in der Erwachsenenbildung. In: *Hessische Blätter für Volksbildung*, 61. Jg., H. 2, S. 110–125.
Deci, E. L./Ryan, R. M. (1993): Die Selbstbestimmungstheorie der Motivation und ihre Bedeutung für die Pädagogik. In: *Zeitschrift für Pädagogik*, 39, S. 223–238.
Decker, M. (2016): *Von Mensch und Maschine: Roboter in der Pflege*. Öffentliche Sitzung der Bioethikkommission. Institut für Technikfolgenabschätzung und Systemanalyse. (ITAS) Vortrag im Bundeskanzleramt, Wien. Online: http://archiv.bundeskanzleramt.at/DocView.axd?CobId=65003, [10.09.2017]
Filipp, S.-H. (2010): *Kritische Lebensereignisse*. 3. Aufl., Weinheim: Beltz PVU.
Klein, B. (2017): The role of robotics in social care for older people. In: Clarke, C.; Schwannauer, M. Taylor, J. (ed.): Risk and Resilience: Global learning across the age span. Edinburgh: *Dunedin Academic Press*, 2017 (ISBN: 978-1-78046-063-5).
Köster, D. (2005): Altengerechte Stadt. Ein Projekt zur Förderung der Partizipation im Alter. In: *Städtenetzwerk* (Hrsg.): Stadtszenarien no.10/05. S. 29–33.

Köster, D. (2012): Thesen zur kritischen Gerontologie aus sozialwissenschaftlicher Sicht. In: *Zeitschrift für Gerontologie und Geriatrie 45*.Jg, S. 603–609.
Köster, D./Schramek, R. (2005): Die Autonomie des Alters und ihre Konsequenzen für zivilgesellschaftliches Engagement. In: *Hessische Blätter für Volksbildung*. 55 Jg., 3/ 2005, S. 226–237.
Köster, D./Schramek, R./Dorn, S. (2008): *Qualitätsziele moderner SeniorInnenarbeit und Altersbildung. Das Handbuch*. Oberhausen: Athena Verlag.
Kolland, F./Köster, D./Saftu, L. (2010): Social Networking and Learning in later life: An Empirical Research Model. In: *Journal of Educational Sciences Magazine published by West University from Timisoara*, No. 2/2010, Timisoara.
Kricheldorff, C./Oswald, F. (2015): Gelingendes Altern in Sozialraum und Quartier. In: *Zeitschrift für Gerontologie und Geriatrie*, Heft 5/2015, S. 390–400.
Kruse, A. (2008): *Weiterbildung in der zweiten Lebenshälfte: multidisziplinäre Antworten auf Herausforderungen des demografischen Wandels*. Bielefeld: Bertelsmann.
Künkler, T. (2011): *Lernen in Beziehung. Zum Verhältnis von Subjektivität und Relationalität in Lernprozessen*. Bielefeld: Transcript Verlag.
Kuhlmann, A./Reuter, V./Schramek, R. et al. (2017): OurPuppet – Pflegeunterstützung mit einer interaktiven Puppe für pflegende Angehörige. Chancen und Herausforderungen im sozialen und technischen Entwicklungsprozess. In: *Z Gerontol Geriat* (2017). https://doi.org/10.1007/s00391-017-1348-6
Laslett, P. (1995): *Das dritte Alter. Historische Soziologie des Alterns*. München: Juventa.
Maier, G. (2010): Höheres Erwachsenenalter und Bildung. In: Tippelt, R./Schmidt, B. (Hrsg.): *Handbuch Bildungsforschung*. 3. durchges. Aufl., Wiesbaden: Springer, S. 677–692.
Mayring, P. (2002): *Einführung in die qualitative Sozialforschung*. 5. Auflage, Weinheim: Beltz.
Reichert, M. (1997): Analyse relevanter Literatur zum Thema »Vereinbarkeit von Erwerbstätigkeit und Hilfe/Pflege für ältere Angehörige«. In: Beck, B./Naegele, G./Reichert, M. (Hrsg.): *Vereinbarkeit von Erwerbstätigkeit und Pflege*. Stuttgart, S. 23–62.
Reichert, M. (2003): Erwerbstätigkeit und Pflege – ein neues Konfliktfeld des Demographischen Wandels? Überblick über den nationalen und internationalen Forschungsstand. In: Goldmann, M. et al. (Hrsg.): *Projektdokumentation Gender Mainstreaming und Demographischer Wandel*, S. 203–223.
Remmers, H. (2016): *Ethische Implikationen der Nutzung altersgerechter technischer Assistenzsysteme*. Expertise zum Siebten Altenbericht der Bundesregierung.
Rüßler, H./Köster, D./Heite, E./Stiel, J. (2013): Soziale Ungleichheit und Partizipation in alternden Stadtgesellschaften. In: *Zeitschrift für Gerontologie und Geriatrie (ZfGG)*, 4/2013, S. 306–311.
Schäffter, O. (2000): Didaktisierte Lernkontexte lebensbegleitenden Lernens. In: Becker, S./Veelken, L./Wallraven, K.-P. (Hrsg.): *Handbuch Altenbildung: Theorien und Konzepte für Gegenwart und Zukunft*. Opladen: Leske + Budrich, S. 74–86.
Schramek, R. (2016): Bildung im Alter: eine relationale Sicht. In: *forum EB 49*. Jg, 4/ 2016, S. 52–54.
Schramek, R./Bubolz-Lutz, E. (2016): Partizipatives Lernen – ein geragogischer Ansatz. In: Naegele, G./Olbermann, E./Kuhlmann, A. (Hrsg.): *Teilhabe im Alter gestalten. Aktuelle Themen der Sozialen Gerontologie*. Wiesbaden: Springer, S. 161–179.
Unger, H. von (2014): *Partizipative Forschung. Einführung in die Forschungspraxis*. Wiesbaden: Springer.

Altern und lebensentfaltendes Lernen

Claudia Kulmus

Einleitung

In diesem Beitrag geht es um die Frage, warum Menschen auch noch in höherem Alter an Lerninteressen festhalten und welche Rolle Lernen beim Umgang mit den besonderen Bedingungen und Herausforderungen des Alterns spielt. Damit soll versucht werden, Besonderheiten des Lernens im Alter herauszuarbeiten. Lernen im Alter wird aus erwachsenenpädagogischer Perspektive erst in jüngerer Zeit auch empirisch erforscht. Vor allem Untersuchungen, die subjektive Lernbegründungen im Alter erfassen, liegen bislang nur vereinzelt vor (z. B. Kaiser 1997; Himmelsbach 2009). Nachdem längere Zeit eher institutionell-bildungspraktische Ansätze und daneben wenige theoretische Überlegungen die andragogische Beschäftigung mit dem Lernen Älterer geprägt haben (vgl. Kade 2007), nimmt erst in jüngerer Zeit auch die empirische Forschung aus andragogischer Perspektive zu. Neben der Untersuchung von Altern in der Erwerbstätigkeit (z. B. Iller 2006; Schmidt 2009), stehen derzeit vor allem Teilnahmestudien im Vordergrund (Tippelt et al. 2009; Friebe et al. 2014). Dabei geht es vor allem um die Erfassung von Strukturen der Teilnahme, die darauf verweisen, dass sich der Bildungshintergrund auch noch im Alter erheblich auf Teilnahme auswirkt, hier also im Grunde keine Altersspezifik erkennbar ist (vgl. Tippelt et al. 2009). Deutlich wird allerdings auch, dass im Alter (bzw. v. a. mit dem Ende der Erwerbsarbeit) die Teilnahme deutlich zurückgeht und gleichzeitig Barrieren wie »kein Bedarf an Weiterbildung« zunehmen. Um diese vertieft zu verstehen, müssten aber die individuellen Erfahrungen des Alterns und deren Interpretationen herausgearbeitet werden, um zu begreifen, wie diese Erfahrungen lernend bearbeitet werden.

Um dieser Frage nachzugehen wurde in einer empirischen Untersuchung zunächst eine theoretische Dreifachbestimmung von Altern vorgenommen: als Ende von Erwerbsarbeit, als leibliches Altern und als lebenszeitliche Perspektive, die zugespitzt Endlichkeit bedeutet. Diese Dreifachbestimmung ist anschlussfähig an gerontologische Definitionen von Altern (vgl. BMFSFJ 2010), wird aber bildungsbezogen erarbeitet. Zentral ist dabei die Frage, ob und wie diese Alternsdimensionen für alternde Menschen überhaupt zum Problem werden und wie – möglicherweise lernend – damit umgegangen wird. Es werden also subjektive Alternserfahrungen (vgl. ebd.) als Ausgangspunkt für Lernen angenommen.

1 Lernen als Umgang mit neuen Erfahrungen

Einem solchen Ansatz liegt ein spezifisches Lernverständnis zugrunde, das Lernen nicht allein als Teilnahme an Bildungsveranstaltungen oder als Reaktion auf äußere Anforderungen oder Bewältigung von körperlichen Funktionsstörungen begreift, wie es in frühen Veröffentlichungen als (implizites) Lernverständnis erscheint (vgl. Kade 2007). Stattdessen wird ein weites Verständnis von Lernen angelegt, das Lernen als Umgang mit und Aneignung von neuen Erfahrungen begreift und damit einem subjektorientierten Zugang zugeordnet werden kann (vgl. Faulstich 2013; Holzkamp 1993). Kerngedanke eines subjektorientierten Ansatzes ist zunächst, dass Lernen eingebunden ist in Lebensinteressen und letztlich darauf gerichtet ist, ein gutes Leben aufrechtzuerhalten, zu gewinnen oder auch zu verteidigen. Vorausgesetzt ist damit ein starker Subjektbegriff, der bei aller Prägung durch biologische, sozialstrukturelle oder generationsspezifische Bedingungen dennoch eine gewisse Freiheit menschlichen Handelns betont.

In der Kontinuität der Lebensführung können, so die notwendigerweise verkürzte Darstellung, Diskrepanzen auftreten: als Nichterfüllung von Erwartungen, als Diskrepanz zwischen dem, was man möchte und dem was man kann, als Irritation von Routinen durch Hindernisse oder Begrenzungen (vgl. z. B. Meyer-Drawe 2012; Faulstich 2013). Lernen kann dann als Umgang mit und Aneignung von solchen (irritierenden) Erfahrungen verstanden werden, die zur Erweiterung der Verfügung über (begrenzende) Lebensbedingungen und damit zu erweiterter Handlungsfreiheit führt (vgl. Holzkamp 1993). Solche Erfahrungen müssten aber altersbezogen konkretisiert werden, wenn nach altersspezifischem Lernen gefragt wird. Dabei kann es nicht nur um theoretisch-deduktive Bestimmungen von Alternsdimensionen gehen, sondern es ist zu fragen, wie diese subjektiv erfahren und lernrelevant werden.

Als zentrale Dimension von Altern wird daher zunächst »Arbeit« bzw. das Ende der Erwerbsarbeit angenommen und als heuristische Kategorie dann auch der Erhebung und Auswertung zugrunde gelegt. Die Bedeutung von Arbeit für Identitätsentwicklung und gesellschaftliche Verortung ist in Bezug auf Ruhestand und Altern theoretisch und empirisch bereits relativ gut ausgearbeitet (z. B. Kohli et al. 1993). Arbeit wird dabei in einem sehr umfassenden Sinn verstanden: Unter Rückgriff auf die Unterscheidung von Gebrauchs- und Tauschwert und auf historische Entwicklungen hin zu einer Erwerbsarbeitsgesellschaft (vgl. Faulstich 2003) werden Arbeit vielfältige Funktionen zugeschrieben. Mindestens gehören dazu eine sinnvolle Tätigkeit, die Teilhabe an gesellschaftlichen Veränderungsprozessen, die Einbindung in soziale Interaktionsstrukturen, die Strukturierung von alltäglicher Lebenszeit, weitreichende berufsbiografische Prägungen und die Möglichkeit von Kompetenzentwicklung in gesellschaftlich relevanten Tätigkeiten (vgl. ebd.). Vor diesem Hintergrund lässt sich Arbeit bzw. das Ende von Erwerbsarbeit als eine Kennzeichnung von Altern herausarbeiten.

Altern bedeutet zweitens aber nicht nur, nicht mehr erwerbstätig zu sein, sondern geht auch mit körperlichen Veränderungen einher, die in letzter Konsequenz sogar zum Tod führen und damit drittens eine lebenszeitliche Dimension beinhalten. Körperliche Veränderungen und Einschränkungen werden in den derzeitigen Erhebungen, wenn überhaupt, als ein Barriere-Faktor erfragt (»Gesundheit erlaubt es nicht«). Erst in jüngerer Zeit wird Körperlichkeit oder genauer: Leiblichkeit auch wieder verstärkt in erwachsenenpädagogischen Veröffentlichungen aufgenommen und mit eher subjektorientiertem Fokus als Rahmung und Anlass für Lernprozesse konzipiert (z. B. Himmelsbach 2009; Nittel/Seltrecht 2013). Nittel und Seltrecht (2013) untersuchen dabei zwar eigentlich nicht Ältere, sondern lebensbedrohliche Krankheiten, der Ansatz ist aber auch für die Frage nach leiblichem Altern instruktiv. Es geht dabei nämlich nicht um die medizinisch-funktionelle Diagnose eines Krankheitszustandes, sondern um das subjektive Erleben und den Umgang mit körperlichen Veränderungen (ebd.). Die Aneignung der Krankheit wird als ein Lernprozess herausgearbeitet, der nicht nur wissensbezogene Aspekte (z. B. über die Krankheit) beinhaltet, sondern auch die Integration der Krankheit in die Identität. Der Lernprozess wird als Biografie- oder Identitätsarbeit bezeichnet, der zu einer identitären Neubestimmung und neuen Selbstpositionierung führt.

Und zuletzt wird »Endlichkeit« als konstitutive Dimension für Altern angenommen. Weiter gefasst sind damit lebenszeitlich-biografische Fragen berührt, die sich im Alter – so die theoretische Annahme – zuspitzen können (vgl. Arnold 2006). Die prinzipielle Offenheit der Zukunft und damit auch die biografische Gestaltbarkeit nehmen ab, ohne dass dies, anders als es beim körperlichen Altern der Fall sein wird, unmittelbar erfahren werden kann (vgl. Nittel/Seltrecht 2013). Diese Verknappung von Lebenszeit und ihre (mögliche) Relevanz für Lernen wird aus andragogischer Perspektive erst in jüngerer Zeit thematisiert, indem darauf hingewiesen wird, dass die Endlichkeit des Daseins in der Rede vom lebenslangen Lernen nicht ausgeblendet werden darf (vgl. ebd). Zum anderen wird im Verhältnis zu Lernen auch ein theoretisches Problem erkannt: Lernen und Bildung beinhalten das Versprechen einer Verbesserung der Zukunft, von »Bildern eines aufbrechenden Lebens« (vgl. Arnold 2006), nicht von einer von Sterben und Stillstand geprägten Bewegung. Dem steht die Verengung der Zukunftsperspektive entgegen, die nicht erst »im Alter« beginnt, sich hier aber zuspitzen kann.

Diese drei Dimensionen lassen sich darüber hinaus auf ihren sozialen Aspekt hin befragen, auf ihre gesellschaftliche Einordnung: So sind körperliche Veränderungen auch »dem Blick der anderen« ausgesetzt, in ihnen wird Alter, also was vom Gegenüber oder gesellschaftlich darunter verstanden wird, sichtbar. Das Ende der Erwerbsarbeit geht mit der Statusveränderung einher und bedeutet, nicht mehr Teil gesellschaftlicher Erwerbsarbeitsstrukturen zu sein (vgl. Kulmus 2016). Vor dem Hintergrund dieser theoretischen Alterns- und Lernbestimmung geht es daher in der Empirie darum, Alternserfahrungen der Älteren selbst zu erheben und zu fragen, ob und wie diese lernrelevant werden.

2 Methodisches Vorgehen: Gruppendiskussionen mit Älteren in Seniorenbegegnungsstätten

Qualitativ-empirische Basis für den vorliegenden Beitrag sind vier Gruppendiskussionen. Teilgenommen haben insgesamt 27 Personen zwischen 58 und 86 Jahren mit heterogenem Bildungshintergrund, von denen zwei noch berufstätig waren, alle anderen im Ruhestand. Die Gruppendiskussionen wurden in regelmäßigen Veranstaltungen von Seniorenbegegnungsstätten geführt: Acrylmalen, Handarbeit, Qigong und Philosophie[1]. Diese haben kursähnliche Strukturen: Sie finden in der Regel einmal wöchentlich statt, haben eine Dauer von 90 Minuten und sind im Programm der Begegnungsstätte als dauerhaftes Angebot aufgeführt. Die Teilnahme ist allerdings nicht verbindlich, sondern die Gruppen sind prinzipiell offen. Dennoch gibt es in allen so etwas wie einen festen Teilnehmenden-Kern und eine relative Stabilität.

Die semi-institutionelle Struktur in den Begegnungsstätten bietet den Vorteil von »Realgruppen«, die gleichzeitig als eher informelle Orte der Begegnung und nur nachrangig der »Bildung« gelten können und somit relativ offene Gespräche über »das Altern« ermöglichen. Idee und Ziel war vor allem, dass in einer Gruppe Älterer in offenen Gesprächen über ihre Alternserfahrungen andere Themen zur Sprache kommen können als nur in der direkten Interaktion – etwa mit einer Interviewpartnerin, die sich in einer völlig anderen Lebensphase befindet.

Die Gruppendiskussionen wurden aufgezeichnet und vollständig transkribiert. In der Auswertung wurde, anders als für Gruppendiskussionen derzeit üblich, auf kodierende Verfahren zurückgegriffen, statt auf die dokumentarische Methode (vgl. Flick 2011). Der Schwerpunkt der Auswertung lag darauf, Lernen als Umgang mit spezifischen Alternserfahrungen herauszuarbeiten. Damit sollte dem lerntheoretischen Anspruch Genüge getan werden, Lernen in einem weiten Sinn als Umgang mit und Aneignung von neuen Erfahrungen zu begreifen und es damit als gerichtete, kontextualisierte Aktivität zu verstehen, mit der alternsspezifische Erfahrungen bearbeitet werden.

3 Alternserfahrungen und Lernen

Zunächst wird rekonstruiert, wie Ältere ihr eigenes Altern erfahren. Hier erweisen sich die drei Dimensionen »Arbeit«, »Leib« und »Lebenszeit/Endlichkeit« als tragfähig. Anschließend wird aufgezeigt, wie mit diesen Alternserfahrungen

---

1 In den folgenden Kennzeichnungen des empirischen Materials jeweils als GDA, GDH, GDQ und GDP bezeichnet (GD=Gruppendiskussion).

umgegangen wird und wie dieser Umgang auf die Aufrechterhaltung von Entfaltungschancen bezogen ist.

3.1 Alternserfahrungen

Das *Ende der Erwerbsarbeit* stellt eine gesellschaftlich festgelegte Zäsur im Lebenslauf dar. Die subjektive Erfahrung dieser Zäsur lässt sich empirisch auf folgende Begriffe zuspitzen: *Tätigkeit, Kompetenz, Verortung*. Zunächst wird der Beginn einer neuen Lebensphase betont, in der der Beruf keine Rolle mehr spielt (»Das haben wir hinter uns gelassen«, GDA 245). Gleichzeitig lassen sich dennoch Bezüge zur (Erwerbs-)Arbeit finden: Explizite Abgrenzungsbemühungen finden sich vor allem dort, wo die Berufstätigkeit als fremdbestimmt empfunden wurde, etwa durch hierarchische Strukturen oder fehlende Möglichkeiten zur Selbstsorge. Es zeigen sich aber auch fortdauernde Bezüge zu Arbeit, wobei weniger die Erwerbsarbeit, als vielmehr Arbeit und Beruf in einem weiteren Verständnis als inhaltliche Tätigkeit sichtbar werden (vgl. Faulstich 2003; Kohli et al. 1993): So wird der Verlust von Aufgaben und subjektiv sinnvollen Tätigkeiten sichtbar sowie etwas mitzugestalten und einen Beitrag zu leisten (»Hat das Sinn oder gar keinen Sinn. Ist für einen selbst, na gut!«, GDP 295). Auch die Möglichkeit eigene *Kompetenzen* zu entwickeln und Leistung zu zeigen wird problematisch und zunehmend selbstbezüglich, wenn das Einbringen von Fähigkeiten nicht mehr an gesellschaftlich relevante Aufgaben gebunden ist. Damit gehen Schwierigkeiten einher, sich selbst weiterhin im sozialen Gefüge zu *verorten*. Dies zeigt sich unter anderem an etwas hilflos anmutenden Versuchen, Leistungsparameter für bspw. sportliche Aktivitäten zu finden und sich mit anderen vergleichend einzuordnen (»Ich laufe immer mit dem Schrittzähler, und das müssen mindestens 10.000 Schritte am Tag sein ... und dann kam 'ne Nachbarin und sagt, ich mach aber 20.000 Schritte. Die ist aber halb so alt, ja.« GDQ 90-102).

Leibliche Alternserfahrungen ließen sich in dem empirischen Material auf die drei Aspekte *Verletzlichkeit, Körperdominanz* und *Attraktivitätsverlust* zuspitzen. Auffällig ist, dass Altern auf der körperlich-leiblichen Ebene zunächst als eigentlich unmerklicher, schleichender Prozess beschrieben wird (»Die Prozesse sind in der Regel langsam«, GDQ 282). Erfahrbar wird leibliches Altern erst dann, wenn Krankheiten oder gar massive körperliche Einbrüche auftreten, durch die der stille, leibliche Lebensvollzug (vgl. Meyer-Drawe 2012) unterbrochen wird. Dann kann der Körper – oft unerwartet und mit großer Vehemenz – in seinem Altern erfahrbar werden. Gerade in der elementaren Erfahrung von Schmerz, aber auch in zunehmender Einschränkung kann ein Gefühl von Abhängigkeit (»Man fühlt sich so ausgeliefert« GDF 477) entstehen. Zudem können jegliche Intentionen zunichte gemacht werden: Der Körper wird zum *dominanten Akteur*, der Raum einnimmt, Rücksicht einfordert und Pläne zunichtemacht. Eine auch dauerhafte Folge ist die Erfahrung, dass Aktivitäten, die bislang als erfüllend erlebt wurden und zur Lebensqualität beigetragen haben (Autofahren, Klavierspielen etc.), nicht mehr ausgeübt werden können, oder zumindest nicht mehr mit der gewohnten Leichtigkeit. Damit kann ein Verlust an Lebensqualität einhergehen (»Es *war* schön, aber es *ist* nicht mehr schön!« GDP 137), und auch die Eigenständigkeit der Lebensführung kann eingeschränkt sein. Darin wird eine große *Lebensverletzlichkeit* spürbar. In diesen körperlichen Veränderungen wird schließlich das leibliche Altern auch für andere sichtbar, durch optische Veränderungen (»Leute, die nur glotzen, ja, und Falten sehen« GDP 227), aber auch durch wachsende Hilfebedarfe. Diese können als »peinlich« erlebt werden und Scham auslösen. Dadurch wird auch die eigene Bedeutung für andere und die Gesellschaft unsicher, nämlich *für andere noch interessant* zu sein, wenn man offenkundig »alt« ist, keinen Beitrag mehr zu gesellschaftlich relevanter Tätigkeit leistet und der Hilfebedarf steigt.

Lebenszeitliche oder enger: *endlichkeitsbezogene* Alternserfahrungen lassen sich zuspitzen auf die drei Aspekte »*Sinnverlust*«, »*Rückzug*« und »*Gestaltung*«. Sie sind, anders als in der Dimension des leiblichen Alterns oder in der Zäsur der alltäglichen Lebensroutinen durch die Verrentung, nicht ohne weiteres als Brüche in der Kontinuität des Lebens erfahrbar. Vielmehr bewegen sie sich zwischen dem prinzipiellen Wissen um die Endlichkeit menschlichen Lebens und der Ungewissheit, wann diese eintreten wird. Diese Unbestimmtheit und damit einhergehende Nicht-Planbarkeit kann erstens beängstigend wirken und eine gewisse Einsamkeit auslösen, wenn etwa in Gesprächen mit anderen (auch in den Gruppendiskussionen) kein Platz für Bedrohlichkeit und Angst ist (»Was man mit sich alleine auch ausmacht«, GDA 992). Zudem kann Unkontrollierbarkeit des Lebensendes und das perspektivische Ende der Existenz den *Sinn* jeglicher Handlungen und Intentionen in Frage stellen (»Es wird enger. Und da kommt der Sinn. Wozu.« GDP 259ff.). Damit und auch mit zunehmender Beschwerlichkeit von Aktivitäten kann die Gefahr eines *Rückzugs* und auch einer gesellschaftlichen Ausgrenzung einhergehen. Zentrale Formulierungen sind hier »sich begraben« und »ad acta gelegt« werden. Dem entgegengesetzt wird allerdings auch die Betonung einer »goldenen Zeit«, in der sich die drei Dimensionen des Alterns einmal mehr verbinden: Befreit von Zwängen der Erwerbsarbeit mit guter Gesundheit stehen vielfältige Möglichkeiten der *Lebensgestaltung* offen, die allerdings begrenzt werden durch das Wissen um die Begrenztheit dieser Lebensphase.

3.2 Umgang mit Alternserfahrungen

In Hinblick auf den Umgang mit diesen Alternserfahrungen wird eine beträchtliche Bandbreite und Komplexität deutlich. Sie bewegen sich in verschiedenen Spannungsfeldern, die zugleich die Ambivalenzen des Alterns zum Ausdruck bringen: zwischen einem eher widerständigen und einem eher annehmenden Umgang, zwischen eher defensiver Bewältigung und eher aktiver Gestaltung, zwischen eher innerem, haltungs- oder deutungsbezogenem Umgang und konkretem äußerem Verhalten und zwischen eher individuell und eher sozial ausgerichtetem Umgang. Mindestens die folgenden Umgangsweisen lassen sich rekonstruieren:

- *Tabuisierung und Aktivitätsdarstellung:* Es geht darum, Schwächen und Ängste nicht sichtbar werden zu lassen und ihnen keinen Raum zu geben. Dies gilt einerseits in der sozialen Interaktion mit anderen (»Also, wir sprechen nicht nur über Krankheiten hier, das [...] wenn das losgeht, dann wird sofort abgeblockt«, GDH 214–222). Es gilt aber auch vor sich selbst: Schmerzen und Einschränkungen nicht zu viel Raum zu geben, den Körper und lebenszeitbezogene Ängste nicht zu dominant werden zu lassen und sich nicht überrollen zu lassen von leidvollen Erfahrungen (»Es darf nicht so dominant werden«, GDA 867).
- *Selbstsorge und Abwehr von Fremderwartungen:* Zentral ist hier, dass gelernt werden muss, Dinge hinzunehmen, die nicht zu ändern sind, seien es körperliche Einschränkungen oder das Wissen um die begrenzte Lebenszeit. Wenn das Tabuisieren nicht mehr geht, weil Schmerzen auftreten oder auch Lebensgefahr real wird (etwa bei schwierigen operativen Eingriffen), gilt es, sich selbst mit Rücksichtnahme zu begegnen (»Ja, und, mal kann ich es richtig kontinuierlich durchziehen, und manchmal muss ich drauf hören, dass mein Körper sich verändert [...], GDQ 60). Es geht nicht nur darum, dies kognitiv oder rhetorisch zu akzeptieren, sondern es auch emotional für sich anzunehmen (»Insofern muss man sich damit befreunden [...] dass man sein Leben gelebt hat [...] Ja?, GDH 213). Mit der Selbstbefreundung kann auch einhergehen, Fremderwartungen abzulehnen: sich von (unsinnig gewordenen) Fremdanforderungen zu befreien, also z. B. bewusst lange zu schlafen, um sich der erwerbsarbeitsbezogenen Norm des frühen Aufstehens (vgl. Meyer 2008) zu entziehen oder auf körperliche Leistungsanforderungen zu verzichten.
- *Kämpfen und Dagegenarbeiten:* Hiermit sind vor allem Umgangsweisen gemeint, die darauf zielen, Alternserfahrungen zumindest nicht von vornherein hinzunehmen, sondern auch dagegen anzugehen (»Und dann hab' ich ja mit meinem inneren Schweinehund zu arbeiten und Initiativen zu ergreifen«, GDQ 284). Dies bezieht sich sowohl auf körperliche Veränderungen als auch auf Erfahrungen durch Verwitwung, die als sehr leidvoll empfunden werden, aus denen man sich wieder zurückkämpfen muss (»Ich hab' mich dann wieder hochgearbeitet«, GDH 160). Die Metapher des »Arbeitens« verweist auf die Anstrengung, die damit verbunden ist, sich Schmerzen, Rückzug oder Einsamkeit nicht hinzugeben, sondern Ansprüche auf Gestaltung und Wohlbefinden aufrechtzuerhalten.
- *Leichtigkeit und Humor bewahren:* Auch Leichtigkeit und Humor werden (leidvollen) Alternserfahrungen entgegengesetzt. In den Gruppendiskussionen zeigt sich dies etwa in humorvollen Interaktionen: So wird die Aussage beim Thema Lebenszeit »Ich werde 101« mit herzlichem Lachen quittiert oder es wird in fröhlich-ausgelassener Stimmung nach Sekt verlangt. Und es zeigt sich auch in ironisch-humorvollen Ausdrücken wie etwa »Runzelballett« oder »Oma-Tischtennis«, in denen gegenüber Jüngeren (Enkeln, Fitnessteilnehmenden) der Blick der anderen antizipiert und ihm offensiv begegnet wird. Der humorvolle Umgang schafft eine innere Distanz zu sich selbst und den negativen Erfahrungen und kann da-

vor schützen, in die Defensive zu geraten angesichts von sichtbaren Schwächen.
- *Kontrolle und Stabilität erhalten:* Hierzu gehört die zeitliche Strukturierung von Tagen und Wochen durch verbindliche Termine (»Freitag erscheinen wir hier alle um zehne, da ist nichts zu wollen, ja?«, GDH 77). Diese Verbindlichkeit stellt über die Strukturierung hinaus auch sicher, dass man vermisst wird, wenn man nicht erscheint. Dazu gehören aber auch Orientierungen und Planungen in Bezug auf das Lebensende und die verbleibende Lebenszeit. Das humorvoll angesprochene »Zielalter« von 101 Jahren kann als ein Versuch gesehen werden, gegenüber der Ungewissheit des Lebensendes eine Orientierung zu bewahren. Auch Patientenverfügungen und Testamentsregelungen gehören dazu. Diese Themen wurden in den Gruppendiskussionen zum Thema Lebenszeit und Endlichkeit von den Teilnehmenden eingebracht.

> Veronika: »Nee, also, als ich bei … ich *habe* begrenzt, ich gehe immer davon aus, so lange mir es gut geht, möchte ich leben. […] aber ich will nicht am Leben erhalten werden, um dann letztendlich …«. Irma: »Um des Lebens willen« (GDH 190–196).

Solche Planungen und Festlegungen werden bewusst der Gefahr einer alltags- und lebenszeitlichen Beliebigkeit und Zufälligkeit entgegengesetzt und zielen darauf, eine größtmögliche Kontrolle der letzten Lebensvorgänge zu bewahren.

- *Aufgaben und Verantwortung schaffen:* Diese Umgangsweise ist weniger auf das teils allein zu bewältigende Altern ausgerichtet, sondern stärker nach außen, auf »die Welt« und die soziale Verortung hin orientiert. Es geht darum, sich bei aller (nötigen) Selbstsorge nicht nur mit sich selbst und dem eigenen Altern zu beschäftigen, sondern mit »der Welt« und letztlich sich Teilhabe zu sichern und eben nicht sich zurückzuziehen. So zielt diese Umgangsweise angesichts von Rollen- und Aufgabenverlusten darauf, sich der eigenen Bedeutung und des eigenen auch gesellschaftlichen Stellenwertes zu vergewissern und dieses auch für andere sichtbar zu machen. Hierunter fallen Aktivitäten wie ehrenamtliche Tätigkeiten oder andere verantwortungsvolle Tätigkeiten, in denen Einfluss genommen und das Umfeld mitgestaltet werden kann. Eindrücklich wird dies in dieser folgenden Passage: Frauke:

> »Also, wenn es Dir gut geht, kannst Du da auch noch was hinbringen in Anführungsstrichen.«
> Vera: »Jaja, und meistens hat man auch noch was abzugeben« (GDQ 290–291).

Die Vergewisserung darüber, dass man noch etwas »abzugeben« oder »hinzubringen« hat, trotz aller Einschränkungen und Beschwerden und eigenen Abhängigkeiten, tritt zentral in den Gesprächen auf und zeigt, wie fraglich offenbar der eigene Wert angesichts von Alterserfahrungen werden kann.

- *Lernen und Entwicklung offenhalten*: Hierunter fallen zum einen die Teilnahme an Angeboten wie denen der Begegnungsstätte, aber auch informelles (aber intentionales) Lernen durch Bücher, Museumsbesuche etc. In Bezug auf gewisse Tätigkeiten wie z. B. Acrylmalen wird explizit auf Weiterbildung verwiesen:

> Gerda: »Ja, manchmal denke ich, mir fehlt einfach mehr Technik. [...].«
> Gitta: »Da kommt ja die Weiterbildung rein, ne« (GDA 250–259).

Es geht auch konkret darum, sich in gewissen Tätigkeiten weiterzuentwickeln und gewissermaßen zu professionalisieren, ähnlich wie im Berufsleben und bezogen auf eine Tätigkeit, die das Potenzial hat zu »fordern« und welche Entwicklung ermöglicht. Zum anderen werden hierunter biografische Lernprozesse gefasst:

> Norbert: »Dass ich äh ... jetzt die Zeit habe und die innere Ruhe [...] mich weiterzubilden und entsprechend neue Erkenntnisse zu erwerben [...] und meine Ansichten zu den Ansichten bei andern eben abzugleichen. [...] Und das bringt für mich irgendwie einen Gewinn an Wissen, um meine eigene Position auch noch mal zu hinterfragen gegebenenfalls. Dass man nicht so in einer Linie denkt, man hat ja doch sonst oft vorgefasste Meinungen, die man im Laufe seines Lebens sich aneignet durch verschiedenste Umstände, und so kann man das noch mal in Frage stellen, was man selber so gedacht hat, denkt ... Ja, das ist so« (GDP 20).

Ziel ist nicht nur ein Zuwachs an Wissen sondern auch die Befreiung von einer sozialisatorisch-biografischen Festgefahrenheit, für die bewusst ein kommunikatives Angebot wie ein Gesprächskreis ausgewählt wird. Eine solche Entwicklungsoffenheit wird in einer anderen Diskussion auch mit »sich interessieren« und »teilnehmen am Leben« bezeichnet und explizit dem drohenden Stillstand und Lebensende (»sich begraben«) entgegengesetzt.

3.3 Lernen zwischen Verfügungsbegrenzungen und Ansprüchen an das Leben

In diesen Umgangsweisen wird sehr deutlich, dass es beim Altern nicht allein um die Bewältigung und Kompensation funktionaler Einbußen etwa im körperlichen Sinn geht, sondern dass damit weitreichend die gesamte Lebensführung, Identität und gesellschaftliche Verortung betroffen ist.

> Anne: »Dann kann ich ja mich gleich begraben lassen. Wenn ich nicht mehr teilnehme am Leben [...] wenn man sich da nicht irgendwo am Leben beteiligt und auch rundrum für sich nichts mehr interessiert, ja, was – was ist man dann noch!« (GDA 445).

Die eher als Ausruf formulierte Frage »Was ist man dann noch!« verweist auf eine sehr grundsätzliche Gefährdung des Selbst: Körperliche Veränderungen können mit Fähigkeitsverlusten und Verlust an Aktivitäten einhergehen, die zu Freude und Lebensqualität dazugehören. Ebenso birgt dies die Gefahr wachsender Abhängigkeit und Unkontrollierbarkeit des Lebens, die in letzter Konsequenz auf die endlichkeitsbezogene Verengung der Lebensperspektive verweisen und diese erfahrbar machen. Damit einher geht die Befürchtung, dass schon mit dem Ende der Erwerbstätigkeit als Teilhabe an gesellschaftlichen Arbeitsstrukturen, erst recht aber mit dem näher rückenden Lebensende das Selbst in völliger Bedeutungslosigkeit versinken kann (»Was bleibt über? Nix«, GDA 1089). Alles Handeln kann damit prinzipiell sinnlos werden.

Die Umgangsweisen können als ein beständiges und aktives Ringen interpretiert werden, angesichts zum Teil massiver sozialer, körperlicher und lebenszeitlicher Verfügungsbegrenzungen Akteur des eigenen Lebens zu bleiben und sich immer wieder aus einer Defensive heraus zu kämpfen.

> Gerda: »Ja, man hat ein Ziel, man hat Ansprüche.«
> Anne: »Für einen selber [..].«
> Gitta: »Ansprüche an sich, an das Leben ... [...]. Man will sich nicht vergraben, man will (?) [...] ...«
> Bärbel: »Das ist doch das Leben überhaupt!« (GDA 531–539)

Zunächst als Ansprüche an das Malen und darin auch Ansprüche an Kompetenzentwicklung und »Professionalität« formuliert, werden diese dann als Ansprüche an das Leben selbst ausgeweitet und als Gegenfolie zu dem »sich vergraben« gesehen. Lernen bedeutet vor diesem Hintergrund die Aneignung und Integration dieser neuen Erfahrungen in die Lebensführung und das eigene Selbst. An anderer Stelle heißt es: »Ich hab' mich ganz anders kennengelernt« (GDQ 60). Dies bedeutet zugleich, Entwicklungspotenziale und Freiräume des Alters zu nutzen und einzufordern, so der Gefahr des Rückzugs und des Ausgeschlossen werdens zu trotzen und Ansprüche auf sinnvoll Tätigkeit und damit verbunden Anerkennung weiterhin aufrechtzuerhalten und einzufordern.

4 Lebensentfaltendes Lernen als Umgang mit dem Altern

Bei allen mit dem Altern einhergehenden Freiheiten werden im empirischen Material Begrenzung der Verfügung über Lebensbedingungen sichtbar. Diese sind einerseits sozial bedingt: Die Ausgliederung aus der Erwerbsarbeit ist ein sichtbares und gesellschaftliches konstruiertes Merkmal des Alterns. Gleichzeitig müssen aber leibliche und lebenszeitliche Verfügungsbegrenzungen aufgenommen werden, wenn nach »altersspezifischem« Lernen gefragt wird. Auffällig ist, wie insgesamt die Gefährdungen des Alterns in der Empirie mit Metaphern des (auch sozialen) Todes oder des Sterbens belegt werden: sich vergraben, sich begraben lassen, ad acta gelegt werden, ausgegrenzt werden. Als Gegenstück wird formuliert, noch am Leben teilzunehmen, sich zurück zu kämpfen in das Leben, sich noch zu interessieren. Dieses ist mit expansiven Ansprüchen an das Leben verbunden. In einem auf Entfaltung ausgerichteten Sinn bedeutet Lernen hier, sich der Rolle und Zuschreibung als alt, uninteressant und überflüssig nicht hinzugeben, sondern immer wieder neue Horizonte für Teilhabe und Identitätsentwicklung zu suchen, immer wieder Neues zu lernen und sich – der begrenzten Lebenszeit zum Trotz – weiterzuentwickeln. Das bedeutet, Ansprüche auf gesellschaftliche Anerkennung aufrechtzuerhalten und sich zugleich »sinnlosen« Aktivitätsanforderungen zu widersetzen. Die Aufgabe der Erwachsenenbildung ist vor diesem Hintergrund mehr als anspruchsvoll. Es gilt, nicht nur affirmativ gesellschaftliche Aktivitätsanforderungen an die Lernenden durchzureichen und unkritisch »Anpassungsleistungen« zu fördern, sondern zugleich derartige Anforderungen zu hinterfragen und zu problematisieren. Zugleich verweisen die empirischen Ergebnisse auf die komplexe Aufgabe, in der Bildungsarbeit konstruktive Umgangsweisen mit dem Altern zu erarbeiten und Verantwortung zu stärken, ohne dabei die immer auch auftretenden negativen Erfahrungen und Aspekte wie strukturelle Ausgrenzung oder die unauflösbare Endlichkeit menschlicher Existenz zu ignorieren und die Lernenden darin letztlich alleine zu lassen. Die Ambivalenz des Alterns wird zu einer Ambivalenz der Bildungsaufgabe. Diese auszuhalten und zu gestalten, ist Voraussetzung dafür, dem durchaus normativen Anspruch, lebensentfaltendes Lernen auch im Alter zu unterstützen (vgl. auch Bubolz-Lutz u. a. 2010), gerecht werden zu können.

Literatur

Arnold, R. (2006): Abschiedliche Bildung. In: *Report 3/2006*, S. 19–28.
BMFSFJ (Hg.) (2010): *Altersbilder in der Gesellschaft*. Berlin.
Bubolz-Lutz, E. et al. (2010): *Geragogik*. Stuttgart: Kohlhammer.
Faulstich, P. (2003): *Weiterbildung* München/Wien: Oldenbourg.
Faulstich, P. (2013): *Menschliches Lernen*. Bielefeld: Transcript.
Flick, U. (2011): *Qualitative Sozialforschung*. Reinbek: Rowohlt.
Friebe, J. et al. (Hg.) (2014): *Kompetenzen im höheren Lebensalter*. Bielefeld: wbv.
Himmelsbach, I. (2009): *Altern zwischen Kompetenz und Defizit*. Wiesbaden: VS Verlag.
Holzkamp, K. (1993): *Lernen*. Frankfurt: Campus.
Iller, C. (2006): *Altern gestalten*. Online unter: https://www.die-bonn.de/esprid/dokumente/doc-2005/iller05_12.pdf, 01.03.2017.
Kade, S. (2007): *Altern und Bildung*. Bielefeld: wbv.
Kaiser, M. (1997): *Bildung durch ein Studium im Alter*. Münster: Waxmann.
Kohli, M. et al. (1993): *Engagement im Ruhestand*. Opladen: Leske + Budrich.
Kulmus, C. (2016): Ruhestand als Ende der Erwerbstätigkeit – »Alter« als Ende von Arbeitsorientierung? In: *bwp@ Spezial 12*. Online: http://www.bwpat.de/ausgabe/spezial12, 18.6.2017
Kulmus, C. (im Druck): Altern und Lernen. WBV-Verlag Bielefeld.
Meyer, C. (2008): *Altern und Zeit*. Wiesbaden: VS.
Meyer-Drawe (2012): *Diskurse des Lernens*. Paderborn: Wilhelm Fink.
Nittel, D.; Seltrecht, A. (Hg.) (2013): *Krankheit: Lernen im Ausnahmezustand?* Heidelberg: Springer.
Schmidt, B. (2009): *Weiterbildung und informelles Lernen älterer Arbeitnehmer*. Wiesbaden: VS Verlag.
Tippelt, R. et al. (Hg.) (2009): *Bildung Älterer*. Bielefeld: wbv.

Lernen in der Lebensendphase. Vom Nutzen journalistischer Quellen für die Analyse biografischer Lernprozesse

Dieter Nittel und Nikolaus Meyer

1 Vorbemerkung: »Die Daten liegen auf der Straße!« – Aufbau des vorliegenden Beitrags

Als qualitative Bildungsforscher nutzen wir in diesem Beitrag ein Material, das bereits schon einmal in dem Sachbuch »Dieser Mensch war ich. Nachrufe auf das eigene Leben« (vgl. Salm 2015) publiziert wurde. Wir glauben, dass in der Erziehungswissenschaft im Allgemeinen, aber auch in der von Pädagog*innen betriebenen Gerontologie im Besonderen langfristig viel häufiger Daten genutzt werden sollten, die allgemein zugänglich sind, in spezifischen Archiven lagern oder in anderer Weise sekundäranalytisch bearbeitet werden können. Das Votum, stärker auf bereits erhobene Daten zuzugreifen, hat sicherlich etwas mit den knappen finanziellen Mitteln in bestimmten Bereichen des Wissenschaftssystems zu tun. Es gibt aber auch andere ›gute Gründe‹ für diese Wahl. Wer über mehrere Jahrzehnte verteilungstheoretische Erhebungen durchgeführt hat, wird die folgende Beobachtung bestätigen können: Die Beteiligungsraten bei Fragebogenerhebungen oder anderen statistischen Verfahren ist in den letzten fünfzig Jahren deutlich zurückgegangen. Wer als Student*in in den 1970er Jahren bei einem der damals kompetentesten Vertreter der quantitativ orientierten Erziehungswissenschaften, Willi Wolf, »Statistik I und II« besucht hat, lernte die Faustregel, dass man bei Fragebogenerhebungen von einer Rücklaufquote von mehr als 40 % ausgehen könne. Wer sich dagegen heute aktuelle Lehrbücher der Statistik anschaut, wird über die viel geringeren Rücklaufquoten erstaunt sein. Diekmann (2016, 516) weist daraufhin, dass selten mehr als 20 % und bei manchen Zielgruppen sogar nur 5 % Rücklaufquote erreicht würden, was sich auch in zahlreichen empirischen Forschungsprojekten widerspiegelt (vgl. Porst 2001; Burkart/Meyer/Stemmer 2016). Die kommerzielle Marktforschung und die Häufung der Umfrageprojekte verursacht in der Bevölkerung eine gewisse Ermüdung, eine spürbare Skepsis gegenüber empirischer Sozialforschung. In einem unserer Projekte hat ein Vertreter der Praxis gar vom Heuschrecken-Syndrom gesprochen. Unter dieser Metapher versteht er das Phänomen, dass die Forscher in die pädagogische Berufspraxis massenhaft ausschwärmen würden, dort Daten abgreifen, diese auswerten und trotz gegenteiliger Versicherungen nie wieder etwas von ihnen gehört würde.

Das hier behauptete Phänomen einer Ermüdung potentieller Informant*innen ist keineswegs der quantitativen Forschung vorbehalten – es findet sich in abgeschwächter Form auch in der qualitativen Variante. Hier ist der logistische und infrastrukturelle Aufwand wesentlich größer und die datenschutzrechtlichen Barrieren sind um einiges komplexer. Es scheint augenblicklich eine Fülle von Gründen und Anlässen zu geben, auch als qualitativer Bildungsforscher auf bereits vorliegende Datenquellen zurückzugreifen. Natürlich ist die Überschrift in diesem Abschnitt auch provokativ gemeint: Denn die Daten liegen in der Tat nicht in einem trivialen Sinne auf der Straße, sondern es bedarf spezieller Anstrengungen, in der quantitativen wie besonders in der qualitativen empirischen Bildungsforschung, spezielle Institutionen der Datensammlung und Aufbereitung zu schaffen. Ein solches zentral positioniertes Archiv der qualitativen erziehungs- und sozialwissenschaftlichen Forschung könnte ganz neue Impulse setzen, da es nicht nur in der universitären Ausbildung, sondern auch in der Fort- und Weiterbildung von pädagogisch Tätigen gut einsetzbar wäre.

Für diesen Beitrag haben wir aus dem eben erwähnten Buch der Journalistin Christiane zu Salm eines von vielen Beispielen ausgewählt, in dem das informelle Lernen thematisch relevant wird, ohne dass sich dies auf der Oberflächenschicht des Textes sofort abbilden würde. Die Autorin hat als ehrenamtliche Sterbebegleiterin gearbeitet und Menschen gleichsam auf dem Sterbebett – in der Sprache der Medizin ausgedrückt – in der präfinalen Lebensphase nach ihrem biografischen Resümee befragt. Es handelt sich keineswegs um authentische Texte, sondern um Fassungen, die mehrfach durch die Prozeduren der journalistischen Reinterpretation gegangen sind. Wir hören daher nicht nur die Stimme der Betroffenen, sondern auch die Stimme der Journalistin.

Das Buch enthält eine ausführliche Einleitung, in der die Verfasserin ihre persönlichen Motive entfaltet. Daran anschließend werden 79 Fallvignetten präsentiert, in denen Menschen kurz vor ihrem Tod ihre individuellen Reflexionen über das Leben ausbreiten und sehr intime Dinge über sich preisgeben. Nun beschäftigen sich Erziehungswissenschaftler*innen eher selten mit dem Thema »Tod«. Dabei markiert der Tod die objektivierbare Grenze des lebenslangen Lernens (vgl. Nittel 2013c) und das Wissen um ihn einen Anlass für gesteigerte Reflexionsprozesse. Für Pädagog*innen dürfte mit Blick auf die erwähnte Publikation vor allem ein Aspekt entscheidend sein: Weder in der Einleitung noch in dem abschließenden Nachwort rekurriert die Verfasserin auf das Thema Lernen. Warum der Band dennoch für die erziehungswissenschaftliche Lernforschung interessant ist – und auch für die pädagogische Praxis – versuchen wir in diesem Beitrag mithilfe eines lerntheoretischen Verfahrens (vgl. Nittel/Seltrecht 2013) zu beantworten. Da dieser Ansatz bereits mehrfach vorgestellt worden ist (vgl. ebd.; Nittel 2010, 2011, 2015), verzichten wir auf eine ausgiebige Präsentation, wobei immer, wenn einschlägige Begriffe benutzt werden, in Fußnoten entsprechendes Hintergrundwissen benannt wird.

1 Datenausschnitte und deren Interpretation

Nachfolgend präsentieren wir zu Beginn jeweils einen segmentierten Ausschnitt aus dem Datenbeispiel von Christiane zu Salm. Für diesen Beitrag wurde der 28. Bericht mit dem Titel »Mit Dir möchte ich nur noch Erinnerung wachrufen« (ebd., 103) ausgewählt. Es handelt sich um die Schilderungen einer damals 74jährigen Frau, die als Ute Angermeier anonymisiert wurde; sie stirbt im »November 201*« an den Folgen einer Krebserkrankung (Salm 2015, 104). Wenn wir nun jeweils ein Segment des journalistischen Texts vorstellen und anschließend recht kleinschrittig interpretieren, so verfolgen wir damit ein bestimmtes Vermittlungsinteresse und gleichsam einen didaktischen Anspruch. Uns geht es um ein konkretes Anliegen: Leser*innen sollen durch unseren Text den Unterschied zwischen der Lektüre eines journalistischen Textes und dem sozial- und erziehungswissenschaftlichen Verstehen konkret erfahren. Während die erziehungswissenschaftliche Hermeneutik mit der Differenz zwischen manifestem und latentem Sinn arbeitet sowie Oberflächen- und Tiefenschicht eines Textes unterscheidet, ist der Journalismus vor allem an einem interessiert: am Überraschungswert und der Neuartigkeit der Information (vgl. Meyer 2017).

1. Segment: »Warum kann man als Ehepaar nicht einfach getrennt leben, wenn man alt geworden ist?«

Die im vorliegenden Sprechakt zum Ausdruck kommende Frage scheint – unter Berücksichtigung des weiteren Darstellungsverlaufs – aus der Sicht der Fragestellerin längst beantwortet zu sein. Implizit wird in der Frage etwas in Erwägung gezogen, was dem lebenszyklischen Ablauf- und Erwartungsmuster[1] einer

---

1 Lebenszyklische Ablauf- und Erwartungsmuster gehören zur Gruppe der Prozessstrukturen des Lebensablaufs (Schütze 1984, 92). Diese stellen ganz generell Instrumente einer Beobachtung zweiter Ordnung dar, semantische Konstruktionen mit denen elementare Erfahrungen der Aneignung der gesellschaftlichen Realität in ihrer diachronen Qualität einer wissenschaftlichen Analyse zugeführt werden können, auch ohne dass sie ein unmittelbares Pendant im Alltagswissen der Akteure besitzen. Mit ihnen werden grundlegende Haltungen auf den eigenen biografischen Erfahrungsstrom zum Ausdruck gebracht. In epistemologischer Hinsicht bedeutet dies den konsequenten Ausschluss einer ontologisierenden Sicht im Sinne einer bloßen Subsumtion einer Textaussage unter eine bestimmte abstrakte Prozessstruktur-Kategorie. Prozessstrukturen des Lebensablaufs sind erst im Zuge einer in der Regel zeitaufwändigen Interaktion des Forschers mit mündlich erzeugten lebensgeschichtlichen Daten identifizierbar, deren Flüchtigkeit über den Weg der Transkription gebannt wird. Die Lebensgeschichte im Medium der erlebten Zeit wird in eine unter erziehungswissenschaftlichen Prämissen beobachtete Lebensgeschichte transformiert. Die Prozessstrukturen des Lebensablaufs können weder allein auf induktivem noch ausschließlich auf deduktivem Wege identifiziert werden; vielmehr müssen sie im Zuge des erwähnten Interaktionsprozesses zwischen dem vorliegenden Text und den beteiligten Forschern abduktiv gewonnen werden, wobei der Prozess der annähernden Konstruktion idealtypisch aus der Mitte des zunächst unverwechselbaren Materials und des verfügbaren sozialwissenschaftlichen Sonderwissens des Forschers erfolgt. Die Bezugnahme auf die

Ehe eigentlich widerspricht. Frau Angermeier stellt in ihrem Bericht, das evoziert eine erste flüchtige journalistische Leseerfahrung, die Möglichkeit in Rechnung, eine räumliche Trennung unter den Bedingungen einer logistisch und infrastrukturell objektiv möglichen gemeinsamen Unterbringung vorzunehmen. Das in dieser Eingangssequenz aufscheinende Lernpotential ergibt sich aus der Spannung zwischen den lebenszyklischen Erwartungsstruktur an eine gute Ehe auf der einen Seite (z. B. in guten wie in schlechten Zeiten dem Partner die Treue zu halten, gemeinsam alt zu werden) und der Möglichkeit auf der anderen Seite, aus den gewohnten Bahnen der Konventionen, der Sitten und Gebräuche auszubrechen und dafür Begründungen zu entwickeln, die im Moment noch gar nicht bekannt sind.

2. Segment: »Friedhelm und ich sind seit vierundfünfzig Jahren verheiratet, haben drei Kinder großgezogen, das heißt, ich habe sie großgezogen und Friedhelm hat uns versorgt. Wir sind gemeinsam durch dick und dünn gegangen. Sind viel verreist, haben was von der Welt gesehen, haben Freunde. Beide hatten wir einen erfüllenden Beruf als Lehrer. Das Geld hat immer gereicht. Wir hatten ein gutes Leben, ich mag mich nicht beklagen.«

An die rhetorische Frage schließt sich die im Duktus einer Aufzählung dargebotenen Beschreibung einer langjährigen und erfüllten Ehe von zwei Personen an, die beide als Lehrer gearbeitet haben. Als Attribute des »guten Ehelebens« werden die folgenden Merkmale ins Feld geführt: die gemeinsam geteilten Erfahrungen, über vierundfünfzig Jahre verheiratet zu sein und den gleichen Beruf ausgeübt, drei Kinder großgezogen zu haben, auf eine gut funktionierende Arbeitsteilung zurück zu blicken und gemeinsam viele Bewährungsproben bestanden zu haben. Die Wendung »haben was von der Welt gesehen« deutet auf die Erweiterung des eigenen Horizonts und eine gemeinsame Bildungsbiographie hin. Komplettiert wird die Darlegung eines guten und erfüllten Lebens durch Hinweise auf ein befriedigendes Berufsleben beider Eheleute und einen damit verbundenen materiellen Wohlstand. Daran schließt die Konklusion an: »Wir hatten ein gutes Leben, ich mag mich nicht beklagen«.

Prozessstrukturen des Lebensablaufs ist aus erziehungswissenschaftlicher Sicht deswegen instruktiv, weil auf diese Weise empirisch sehr präzise nachgewiesen werden kann, dass mit elementaren lebensgeschichtlichen Erfahrungen auch spezifische Lernerfahrungen verbunden sind (Nittel 2013a, 115ff.). Zum Konzept der von Schütze (1984, 92) entwickelten Prozessstrukturen des Lebensablaufs gehört das institutionalisierte Ablauf- und Erwartungsmuster, das aus dieser Perspektive relativ standardisierte Fahrpläne und Karrieremuster meint, die dem Lebensverlauf eine Ordnung verleihen und die in der Regel von großen pädagogischen Institutionen (Schule, Berufsausbildung, Universität) oder privatwirtschaftlichen Organisationen (Betrieben), Wohlfahrtsorganisationen (Rentenversicherung) oder staatlichen Instanzen (Justizwesen) überformt werden. Daneben existieren noch biografisch relevante Handlungsschemata (langfristig angelegte, strategisch überformte Handlungspläne), Verlaufskurven des Erleidens (Prozesse der lebensbedrohlichen Erkrankung, Dauerarbeitslosigkeit, Drogenkarrieren) und biografische Wandlungsprozesse (Entfaltung von Kreativitätspotentialen und dauerhafte Veränderung der Persönlichkeitsstruktur).

3. Segment: »Beklagen tue ich mich nur, weil das jetzt alles kaputtzugehen droht. Wir haben uns zwar immer geschworen, gemeinsam alt zu werden, aber ich muss feststellen, dass das in der Realität eine sehr unschöne Sache ist. Irgendwie habe ich das Gefühl, dass die jetzige Zeit unsere gesamten guten Ehejahre von hinten aufrollt und auslöscht.«

Im dritten Segment wird eine bestimmte Klage vorgebracht. Das hat einen gewissen Überraschungseffekt für die/den Leser*in, da zuvor ja ein ganzes Spektrum an Gründen genannt worden ist, die eine mögliche Klage obsolet machen. Diese nun formulierte Klage entlädt sich in der Behauptung, dass die über den Zeitraum von fünfzig Jahren aufgebaute Existenz einer glücklichen Ehe nun »kaputtzugehen drohe«. Die Behauptung der vollständigen Entwertung des bisherigen institutionellen Ablauf- und Erwartungsmusters einer Ehe wird mit der Prognose spezifiziert, dass die jetzige, durch und durch triste Realität die guten Ehejahre »von hinten aufrollt und auslöscht«. Das impliziert eine bestimmte Art des Verlernens[2], genauer: des Umdeutens von signifikanten biografischen Erfahrungen einer glücklichen Ehe vor dem Hintergrund negativer Erfahrungen im Hier und Jetzt. Im Klartext wird hier die Gefahr genannt, dass die Ehepaare aufgrund der bedrückenden Gegenwart die Fähigkeit verlernen könnten, sich wechselseitig von der glücklichen Vergangenheit zu erzählen und so die kollektive Identität zu tradieren.

4. Segment: »Denn es geht nur noch darum, dass ich meinen Mann pflege. Er ist am ganzen Körper krank, ich kann gar nicht aufzählen, was er alles hat. Dass ich inzwischen mindestens so krank bin wie er, das merkt er gar nicht. Hauptsache, ich kümmere mich um ihn. Ute, ich habe Durst. Ute, wo ist die Fernbedienung für den Fernseher? Ute, ich muss zur Toilette. Dann koch ich was, und er sagt, es schmeckt ihm nicht. Dann schmeiße ich das Essen weg, und er ruft: Ute, was hast du zu essen? Ich habe Hunger. So geht das den ganzen Tag. Und nachts, wenn er nicht schlafen kann, natürlich auch.«

Hier formuliert Ute Angermeier eine Begründung für die Behauptung, warum aus ihrer Sicht die »jetzige Zeit« die an sich stabil und glücklich verlaufende Ehegeschichte vollständig entwerten könnte. Damit liefert sie eine Antwort auf die naheliegende Frage, warum sie in der Tat die Gefahr des Verlernens sieht, ihre Ehe als gute Ehe zu bilanzieren. Ihr Lebensalltag, so Ute Angermeier, erschöpfe sich ganz und gar in der Pflege des Mannes. Der Mann sei von einer Vielzahl von Gebrechen gezeichnet und sein multiples Krankheitsbild reduziere ihn gleichsam nur auf ein Merkmal, nämlich auf das der Krankheit.

---

2 Die sogenannten Lernmodi, zu denen Verlernen gehört, verweisen auf die Frage wie gelernt wird (vgl. Nittel 2011, 84). Sie lassen sich in Neulernen, Umlernen, Verlernen und Nichtlernen differenzieren (Nittel 2012, 40). Der Modus des Verlernens stellt in Rechnung, dass einmal erlerntes Wissen zugunsten von neuen Erkenntnissen und Perspektiven vergessen und verlernt wird (ebd., 50).

Das hat lerntheoretische Implikationen: Der hier dargelegte Ereignisrahmen setzt auf der Ebene der strukturellen Lerndimension[3] voraus, dass sie minimales Wissen über bestimmte Pflegetechniken und die Art der Erkrankung des Mannes angeeignet und ihren Alltag verändert hat, ja, dass,sie ihren Ehemann mehr und mehr in seiner Rolle als Patienten wahrzunehmen lernt. Diese Verschränkung von Wissensaneignung, Veränderung des Alltaglebens und Modifikation der Persönlichkeit artikuliert sich hier in der Form des leidgeprüften Lernens[4]. Die bis zu dieser Stelle dominante Prozessstruktur des lebenszyklischen Ablauf- und Erwartungsmuster einer Ehebeziehung wird nun von der Prozessstruktur des Erleidens abgelöst und damit verändert sich auch die dominante prozessuale Lerndimension.

Auffällig ist in formaler Hinsicht, dass keine genaueren Informationen über die Art der Erkrankung geliefert werden. Die Veränderungen des Ehemannes werden in einer Weise beschrieben, dass er sich von einem treusorgenden und respektvoll agierenden Partner zu einem unberechenbaren, also »schwierigen« Patienten verwandelt habe. Die Unberechenbarkeit in seinem Verhalten beinhalte, so die Sicht von Frau Angermeier, auch etwas leicht Schikanöses. Durch die Art der Darstellung wird der prekäre Zustand des Ehemannes als Dauerbetreuung und -belastung generalisiert. Für die Ehefrau gäbe es keine Rückzugsmöglichkeiten, noch nicht einmal in der Nacht. Das alles unterstreicht den Befund, dass der intentionale Modus des Handelns in den konditionalen umgeschlagen ist, also eine Verlaufskurve bestimmend wird, was mit einer Dominanz des leidgeprüften Lernens einhergeht.

---

3 Strukturelle Lerndimensionen umfassen schließlich die gesamte thematische Bandbreite an möglichen Lerninhalten (vgl. Nittel 2013a, 111). Damit stehen die jeweiligen Veränderungen im Selbst- und Weltbezug im Vordergrund sowie die Reichweite und Ebenen des Lernens (räumlich, sachlich, sozial und zeitlich). Zentral ist die Frage nach dem, was gelernt wird.

4 Mit der biografieanalytischen Beschreibung der Prozessstrukturen des Lebenslaufs (vgl. Schütze 1981) sind auch entsprechende Lernerfahrungen verbunden (vgl. Nittel 2013b, 144). Diese werden mithilfe der prozessualen Lerndimensionen verdeutlicht, die sich auf die »Wann-Fragen« (ebd.) hinsichtlich des Lernens im Lebensablauf beziehen. Als leidgeprüftes Lernen, eine von vier prozessualen Lerndimensionen (Nittel 2012, 40), wird in der biografischen Prozessstruktur der Verlaufskurve eine Verkettung von Ereignissen bezeichnet, die die bisherige intentionale Lebensführung nachhaltig stört und einer konditionellen Handlungsorganisation Raum gibt (Schütze 1981, 91). Im Zuge dieses biografischen Bruchs findet ein konstruktives Lernen statt, dass sich in Bearbeitungs- und Kontrollhandlungsstrategien manifestiert (vgl. Nittel 2013b, 157f.). Dieses leidgeprüftes Lernen ist »ein Oszillieren zwischen Nicht-Lernen-Können und einem Lernen aus der Not heraus« (ebd., 159).

5. Segment: »Wo ist da noch Platz, sich am gemeinsamen Altwerden zu freuen? Man mag es ja nicht aussprechen, aber es ist doch wahr: Wenn einer von uns plötzlich gestorben wäre, wären die Erinnerungen für den anderen schöner. Reiner. Unberührt von dieser ätzenden Last der Altenpflege, die alles kaputt macht. Darüber entfremdet man sich doch auch. Das habe ich dem Friedhelm immer wieder gesagt: Lass uns unsere Liebe schonen, lass uns eine Pflegerin oder einen Pfleger ins Haus holen. Und wir beide treffen uns täglich zweimal zu Kaffee und Kuchen. Und erinnern uns dabei an die wunderschönen Zeiten, die wir hatten. Zum Beispiel, als wir zum ersten Mal in Spanien waren, in Sevilla, und uns dort auf der Suche nach der Kathedrale so fürchterlich verlaufen haben. Hätten wir uns nicht verlaufen, hätten wir auch nie Juan kennengelernt, der dann der Patenonkel aller unserer Kinder wurde.«

Frau Angermeier formuliert gleich zu Anfang des 5. Segments eine rhetorische Frage (»Wo ist da noch Platz, sich am gemeinsamen Altwerden zu freuen?«). Diese Frage ist durch die vorhergehenden Segmente bereits teilweise beantwortet worden. Letztlich stellt diese Einlassung eine neue Behauptung dar: Unter den dargestellten prekären Bedingungen der Pflege, so das Argument, werde auch die Zukunft und nicht nur die Gegenwart der Eheleute vollständig in den Einflussbereich der Verlaufskurve geraten. Damit droht ein wesentlicher Konstitutionsbaustein von Subjektivität obsolet zu werden, nämlich das der Offenheit von Biografie. Es erfolgt eine Zuspitzung des dargestellten Szenariums durch die gedankenexperimentelle Konstruktion: der Tod eines Ehepartners würde die Gesamtsituation sogar noch entspannen, weil damit wenigstens für den überlebenden Partner die schönen Erinnerungen gerettet wären. Diese Erkenntnis kann als tragische Konsequenz im Prozess des leidgeprüften Lernens gelten. Gleichzeitig wird die Eskalation und die Dramatik des Prozesses des Erleidens deutlich. Anschließend wird eine Drohkulisse aufgebaut. Diese zeichnet sich dadurch aus, dass die gegenwärtige Handlungskonstellation unweigerlich in die Katastrophe führen müsse, wenn nicht bald ein Umsteuern, eine »Läuterung« und ein Einlenken des Ehemanns erfolgen würde. Plausibilisiert wird dies Drohkulisse durch die von Frau Angermeier behaupteten konstruktiven Vorstöße, die Verlaufskurve der Pflege zu bearbeiten, indem eine Pflegerin und andere Hilfskräfte rekrutiert werden. Hier deutet sich bereits eine weitere prozessuale Dimension, nämlich die des zielgerichteten Lernens[5] im Kontext eines biografischen Handlungsschemas, an. Es wird ein bestimmter Zielzustand definiert (Fortsetzung einer glücklichen Ehe in einem veränderten räumlichen Setting), woraus sich gewisse Zugzwänge des Lernens für sich selbst und für den Ehemann ergeben.

---

5 Das zielgerichtete Lernen korrespondiert mit der Prozessstruktur des biographischen Handlungsschemas (vgl. Nittel 2013a und 2013b), denn die Erfahrungshaltung des Akteurs gegenüber der eigenen Lebensgeschichte ist aktiv und zielgerichtet. Die Aneignungsprozesse sind in dieser Prozessstruktur pragmatisch und es kommt zur Zweck-Mittel-Relation.

Die Attraktivität einer neuen institutionellen Supportstruktur wird durch die Ventilierung einer durch und durch romantisch wirkenden Geschichte gestützt. Diese Geschichte handelt von einer zufälligen Urlaubsbegegnung, der Bekanntschaft mit einem Mann, der dann schließlich als Patenonkel aller Kinder diente. Diese Geschichte hat quasi die Funktion eines Quasi-Lockangebotes: Solche Geschichten, so die implizite Mitteilung von Frau Angermeier an ihren Mann, könnten wir uns in Zukunft gegenseitig mitteilen, aber leider ist eine solch schöne Erfahrung aufgrund deiner Renitenz, deiner Neigung zum Nichtlernen versperrt. Im fünften Segment wird der Ehemann Friedhelm, der zuvor als Patient dargestellt worden ist, dann endgültig in den Status eines »Lernverweigeres« gehoben.

6. Segment: »Ja, so stelle ich mir vor, eine Ehe würdevoll zu Ende zu bringen. Aber das willst du ja nicht, du willst ja keine fremden Pfleger im Haus. Du willst, dass ich dich pflege, bis dass der Tod uns scheidet. Und ich schaffe es auch nicht, mich darüber hinwegzusetzen. Nun, vielleicht sterbe ich ja vor dir. Nach dem, was die Ärzte sagen, ist das gar nicht so unwahrscheinlich. Wenn ich bald nicht mehr laufen kann, werde ich es sein, die bis an ihr Ende gepflegt werden muss. Aber keine Sorge, ich möchte nicht, dass du das machst. Mit dir, lieber Friedhelm, möchte ich nur noch Erinnerungen wachrufen. Jeden Tag mindestens eine. Das ist doch eigentlich das Schönste, was man am Ende tun kann. Und übrigens auch das Einzige.«

Im letzten Segment werden zwei Szenarien gegenüber gestellt: Einerseits wird der Vorschlag in den Raum gestellt, die angeblich glückliche Ehe unter der Bedingung einer Pflegehilfe und möglicherweise Herstellung einer räumlichen Trennung fortzusetzen und andererseits wird die Option einer Pflege bis zum bitteren Ende und eines damit verbundenen drohenden Zusammenbruchs der Ehefrau erwogen. Dass diese Entscheidungskonstellation möglicherweise fingiert ist und sich durch wenig Wahrhaftigkeit auszeichnet, wird an den diametral entgegengesetzten lebenspraktischen Konsequenzen deutlich. Der Umstand, dass Frau Angermeier zuvor und auch in diesem Segment mit ihren Einlassungen anscheinend alle relevanten Perspektiven berücksichtigt zu haben scheint, das gemeinsame Interesse der Ehe mit den partikularen Interessen der Eheleute unter Beachtung der gesellschaftlichen Normalformerwartungen abgeglichen hat, verleiht ihrem Text unter Maßgabe einer journalistischen Annäherung ein gewisses Maß an vordergründiger Rationalität. Die Stoßrichtung ihrer Botschaft ist eindeutig: Im gegebenen Kontext bräuchte der Mann eigentlich nur »ja« zu sagen und der/die Leser*in hätte den Eindruck, die Welt sei wieder im Lot. Der Vorschlag der Frau korrespondiert mit einem großflächigen soziokulturellen Lernprozess, soziale Nähe mittels räumlicher Distanz herzustellen und eine Art Entkoppelung zwischen räumlich gebundener lebenspraktischen Partnerschaft und einer faktischen Intimbeziehung zu gewährleisten. So wie sie den Leser/die Leserin mit ihren Darlegungen von der Richtigkeit ihres Vorschlags überzeugen versucht, hat sie – analog zu ihrem Handlungsschema – auch ihren

Ehemann von der Sinnhaftigkeit einer institutionellen Hilfe, ja vielleicht sogar einer räumlichen Veränderung zu überzeugen versucht.

Im hier vorliegenden Segment zeichnet sich zudem die Inszenierung einer moralischen Überlegenheit durch die implizit behauptete eigene Lernbereitschaft und die explizit ausgestellte Lernunwilligkeit des Ehemanns ab. Die behauptete moralische Überlegenheit wird durch das Zugeständnis des eigenen Nichtlernens (»Und ich schaffe es auch nicht, mich darüber hinwegzusetzen«) sogar noch gesteigert, da die Ehefrau damit auch die menschliche Größe demonstriert, sich als nicht in allen Belangen perfekt in Szene zu setzen vermag. Erst im letzten Segment wird die eigene Krankheit angesprochen, ohne dass dem/der Leser*in jedoch klar ist, dass bei Frau Angermeier eine Krebserkrankung diagnostiziert worden ist, von der erst durch die Autorinnenangaben am Ende des Portraits die Rede ist.

Mit einer gewissen Süffisanz weist die Ehefrau dann kurz nach der Erwähnung der eigenen Krankheit und der Wahrscheinlichkeit der eigenen Pflegebedürftigkeit darauf hin: »Aber keine Sorge, ich möchte nicht, dass du das machst«. Hier scheint Frau Angermeier gleichsam eine moralische Demaskierung des Mannes zu vollziehen, da sie dem Mann signalisiert, gerade nicht auf der Reziprozitätserwartung (»ich pflege Dich und Du pflegst mich im Krankheitsfall«) zu bestehen, was von ihrem Ehemann eigentlich nur mit einer gewissen Scham hätte quittiert werden können. Am Ende des Segments findet eine erneute Hinwendung auf die Chance einer gemeinsamen Vitalisierung einer gemeinsamen Vergangenheit statt und die damit verbundene Option, jeden Tag eine schöne Erinnerung wachzurufen. Unter Berücksichtigung der wie eine Präambel platzierten Eingangsfrage ganz zu Beginn des Textes entsteht so der Eindruck einer formalen Geschlossenheit.

2 Elemente eines Lernportfolios und kritische Würdigung des Einzelfalls

Auf den ersten Blick findet in der dargestellten Fallvignette ein interessanter Lernprozess von zwei Menschen in der präfinalen Lebensphase statt: Eine Ehefrau aus einer eher traditionell orientierten Ehebeziehung entwickelte unter der Bedingung einer Verlaufskurve, die wohl auf die Überforderung einer Pflegesituation zurückzuführen ist, die Erkenntnis, dass nur eine räumliche Distanzierung und die Einbeziehung von Pflegekräften die Intimbeziehung der Ehe letztlich vor einer tiefgreifenden Krise, ja vor dem Scheitern bewahren kann. Sie entwickelt das biografische Handlungsschema, ihren Mann von der Notwendigkeit einer räumlichen Trennung, zumindest aber von der Beteiligung eines professionellen Pflegedienstes zu überzeugen.

In jedem Lernportfolio gilt es (vgl. Nittel 2013a), den eigentlichen Träger eines Lernprozesses zu bestimmen. Möglicher Träger des Lernprozesses ist in unserem Fall nicht nur Frau oder Herr Angermeier, sondern deren Ehe als Ort eines kommunikativen Gedächtnisses (vgl. Assmann/Assmann 1994). Diese soziale Einheit droht sich negativ zu verändern und zwar in Richtung einer reinen Pflegebeziehung, ja einem durch und durch funktionalen Dienstleistungskontrakt mit möglicherweise daraus resultierenden Untertönen der Aggressivität. Die Frau appelliert an die Einsicht des Mannes, weil sie dem Augenschein nach die mit Händen zu greifende Gefahr sieht, dass beide Ehepartner die leidvolle Erfahrung des Verlernens machen: nämlich nicht mehr in der Lage zu sein, den Hergang, die Facetten und die Höhepunkte, aber auch die unscheinbaren Erlebnisse einer glücklichen Ehe im Medium des Erzählens wachrufen zu können. Der Mann wird – auf der Oberflächenschicht des Textes und im Modus des journalistischen Verstehens – als Sachwalter des Nichtlernens dargestellt, der sich weder gegenüber lebenspraktisch absolut einleuchtenden Gründen noch unter Mobilisierung von moralischem Druck einsichtig verhalten will – sprich: Er ist nicht bereit, den Vorschlägen der Ehefrau zu folgen. Soweit zur Rekonstruktion der Oberflächenschicht des Textes.

Unter Berücksichtigung von formalen Elementen muss das eben gewonnene Analyseergebnis allerdings mit sehr großer Vorsicht behandelt werden. Der Text ist kunstvoll von der Journalistin gestaltet worden: Da ist die wie eine Präambel platzierte rhetorische Frage am Anfang, die das Kernergebnis vorwegnimmt. Auch wird ein dramaturgisch geschickter Spannungsbogen aufbaut, der auf den ersten Blick sehr überzeugend wirkt, bei genauem Hinsehen aber voller Inkonsistenzen steckt. Der Text weist eine Vielzahl artifizieller Züge auf: Die Zeichnung des übereindeutigen Bildes einer heilen Ehe, die Kontrastierung dieses Szenarios durch die Beschreibung des tristen Pflegealltags und die Charakterisierung des Ehemannes als schwierigen Patienten; die heroischen Versuche der Frau, die Situation zu verändern, und die Uneinsichtigkeit des Mannes und schließlich die moralische Aufwertung durch die Signalisierung der Bereitschaft, das vom traditionellen lebenszyklischen Ablaufmuster des Ehelebens verlangte Opfer zu erbringen. Diese Konstruktion erscheint klinisch rein und ist ästhetisch durchkomponiert. Sie wirkt viel zu aseptisch, als dass sie authentisch sein könnte.

Der Text gibt mit Sicherheit nicht die tatsächliche Perspektive der Betroffenen und den faktischen Hergang wieder, sondern die Haltung und »Theorie« der Buchautorin Christiane zu Salm über die Betroffene und die Ereignisse. Es gibt eine Vielzahl von Plausibilitätslücken, die den hier zitierten Text fragwürdig erscheinen lassen: So fragt man sich, warum der ganze rhetorische Aufwand betrieben wurde, um die exorbitante Belastung im Zusammenhang mit der Pflege des Mannes zu begründen – wo doch Frau Angermaier selbst an einer lebensbedrohlichen Erkrankung, nämlich einer Krebserkrankung, betroffen war? Kann es vielleicht sogar sein, dass die Ehefrau ihrem Ehemann gar nichts von ihrer eigenen Krebserkrankung erzählt hat und sie ihn durch dieses »Informationsmanagement« schonen wollte?

Wenden wir uns nun den nachweisbaren Indikatoren zu: Einerseits ist Frau Angermeier (so, wie sie von der Journalistin dargestellt wird) sehr präzise und detailverliebt; das wirft andererseits die Frage auf, warum keine genaueren Angaben zur Krankheit des Ehemannes vermittelt werden. Die Ehefrau wird in der Darstellung von der Herausgeberin als eine Virtuosin der Perspektivenübernahme geschildert. Das wiederum provoziert die Frage, warum die Ehefrau nicht – ausgehend von den Beobachtungen einer tiefgreifenden Verhaltensveränderung des Mannes – auch die Möglichkeit eines psychischen Krankheitsbildes in Erwägung zieht. Die Ehefrau geht im Me-Bild (Mead) ihrem Mann gegenüber hartnäckig von einer Kontinuitätsannahme aus (»Mein Mann ist der gleiche Mann, den ich vor unserer Hochzeit kennen gelernt habe«), ohne die biografischen, alters- und krankheitsbedingten Veränderungen mit in Rechnung zu stellen. Sollte diese beschriebene Neigung nicht nur das Artefakt der Interpretation der Journalistin sein, sondern mit der realen Haltung der Ehefrau korrespondieren, so könnte sogar eine gewisse Tendenz einer verdinglichten Personenperzeption vorliegen. Analytisch relevant ist auch, dass die Ehefrau die wünschenswerte Tradierung einer ehelichen Erinnerungsgemeinschaft zu mystifizieren und zu idealisieren scheint sowie diese gleichzeitig im Kontext argumentativer Praktiken als Faustpfand subtiler moralischer Vorwürfe gegen den Ehemann einsetzt. Gemeinsam mit dem Umstand, dass das Bild von einer heilen Familie gezeichnet wird, dem gegenüber die Kinder in der Alterssituation aber schlicht nicht auftauchen, kann – ganz im Gegensatz zu den strategischen Darstellungsabsichten – eine weitaus geringere Harmonie in der Gesamtfamilie unterstellt werden. Die Ehefrau agiert in der Darstellung der Journalistin in einer extremen Weise strategisch. Dies ist nicht nur auf der inhaltlichen Ebene des Textes evident, sondern auch auf der formalen. Ein zentrales Element im strategischen Handeln (der Aufbau geschlossener Bewusstheitskontexte) kommt im Medium der stillschweigenden Antizipation von Handlungsevaluationen zur Geltung. Zwei extreme Lesarten bieten sich mit Blick auf den Text an: Einerseits kann es durchaus sein, dass Frau Angermeier die rhetorische Inszenierung vor allem unter Maßgabe des Versuchs unternimmt, ihrem Mann die eigene lebensbedrohliche Erkrankung zu verheimlichen, ihn schonen zu wollen und ihn in dem Glauben der eigenen körperlichen Unversehrtheit zu wiegen. Andererseits kann es sein, dass Frau Angermeier nur den Mythos einer heilen Ehe konstruiert und eine primär strategische Beziehung zu ihrem Ehemann pflegt und die in dem Text aufscheinende Argumentation in der Tendenz ein moralischer Erpressungsversuch darstellt. Nicht ausschließen wollen wir, dass es zwischen den beiden Extremlesarten auch mittlere Positionen geben könnte.

Soll unter dem Eindruck der eben vollzogenen Interpretation das Ausgangsmaterial als gänzlich wertlos betrachtet werden? Kann der Geschichte »Mit dir möchte ich nur noch Erinnerungen wachrufen« angesichts der durchaus kunstvoll ausstaffierten journalistischen Form noch ein analytischer Wert im Zusammenhang mit einer ernsthaften erziehungswissenschaftlichen Forschung attestiert werden? Wie kann das Fiktionale und das Faktische voneinander unterschieden werden?

Wir schlagen vor, dass man sich aus der Sicht der erziehungswissenschaftlichen Hermeneutik bei der lerntheoretischen Würdigung des eben betrachteten Falls nur auf den elementarsten Ereigniskern, gleichsam auf die nackten Tatsachen, beschränkt: Ein Ehepaar, von dem zumindest die Ehefrau die Theorie entwirft, ein glückliches Familienleben geführt zu haben, wird im Alter in eine Krankheitsverlaufskurve verstrickt. Dies begünstigt Phänomene des leidgeprüften Lernens. Da zunächst der Mann stärker von den Gebrechen betroffen ist, agiert die Ehefrau als Pflegerin des Mannes. Die Krankheitsverlaufskurve und die damit verbundenen Krisen lösen bei der Ehefrau die Erkenntnis aus, dass nur unter den Bedingungen einer räumlichen Trennung und der Abgabe der Verpflichtung zu pflegen eine Kontinuität der Ehe als Ort einer gemeinsam geteilten Erinnerungskultur als strategisch wichtigster Stützpfeiler der Familie möglich erscheint. Dieser Prozess des behaupteten Umlernens bei Frau Angermeier wird vom angeblichen Nichtlernen von Herrn Angermeier flankiert. Die krankheitsspezifische Verlaufskurve der Ehe hat ihr Pendant auch in dem kollektiven Lernprozess: Die Erkenntnis- und Lernprozesse gehen in eine unterschiedliche Richtung und dieser Umstand produziert neues Verlaufskurvenpotential, das wiederum im Medium des leidgeprüften Lernens bearbeitet – aber eben nicht bewältigt – wird.

Mit der hier vorgeschlagenen Kondensierung auf den Ereigniskern ist vor allem die folgende Erkenntnis gewonnen: Im Unterschied zur journalistischen Lesart, die der impliziten normativen Einordnung der Ehefrau als lernbereit und »gut« folgen würde, klammert die sozial- und erziehungswissenschaftliche Lesart diese normativ gefärbte Lesart konsequent ein.

Unter methodologischen Gesichtspunkten gilt es zudem Folgendes anzumerken: Das hier vorgestellte Lernkonzept ist nur sehr eingeschränkt in der Lage, ganz konkrete Situationen zu rekonstruieren, in denen die in diesem Fall agierenden Personen bestimmte Wissensformen, Verhaltensweisen oder Persönlichkeitsmerkmale verändert haben. Im autobiographisch-narrativen Interview, auf welches das hier skizzierte Konzept eigentlich zugeschnitten ist, ist die forschende Person auf ausführliche Situationsbeschreibungen angewiesen, die in dieser Interviewgattung eher spärlich auftreten, dann aber in einem anderen Sachverhaltsschema als dem des Erzählens präsentiert werden. Solche Situationsbeschreibungen sind vor allem bei Höhepunktereignissen im Zusammenhang weniger biographischer Schlüsselerfahrungen oder in der Darstellung innerer Zustände zu erwarten. Um Lehr-Lernphänomene in der situativen Einbettung und im realen Vollzug zu untersuchen, erscheinen konversationsanalytische Zugänge oder die Videographie besser geeignet zu sein, als autobiographisch narrative Interviews.

Was die Stärke des hier präsentierten Lernkonzeptes, einschließlich des dazu gehörenden autobiographisch-narrativen Interviews ausmacht, so sticht die hochgradige Sensibilität gegenüber der Veränderung von Beziehungskonstellationen heraus. Auf dieser Ebene können die eben skizzierten Nachteile wieder wettgemacht werden. Mit Blick auf den Fall Angermann kann man festhalten, dass mit dem Wechsel der dominanten Prozessstruktur, vom institutionellen Ablauf- und Erwartungsmuster einer Ehebeziehung zur Verlaufskurve einer hochgradig belasteten Ehebeziehung aufgrund einer lebensbedrohlichen Erkrankung, das gesamte Beziehungstableau durcheinandergewirbelt worden ist. Diesbezüglich haben wir – quer zu den strukturellen und prozessualen Lerndimensionen, Lernmodi und Lernorten – die analytische Kategorie des interaktionsgeschichtlichen Lernens geprägt (Nittel 2013a, 2013b, 2015). Aus der Analyse anderer Krankheitsverlaufskurven wissen wir, dass die Geschäftsgrundlagen einer Beziehung zu einem signifikanten Anderen (Eltern, Ehepaare, Freunde) unter den Bedingungen einer lebensbedrohlichen Erkrankung per se zur Disposition stehen und neu justiert werden müssen: Krebserkrankte berichten regelmäßig davon, dass sich plötzlich fernstehende Menschen melden und Hilfe anbieten, während sich Menschen, denen man sich nah gefühlt hat, abrupt abzuwenden scheinen. Das ist nur eine von vielen anderen Dimensionen des interaktionsgeschichtlichen Lernens. Letztlich geht es darum, einen Menschen, der im Angesicht des Todes steht, neu kennenzulernen, weil die elementarste Grundlage sozialer Beziehungen, eine offene Zukunft, obsolet geworden ist. Das interaktionsgeschichtliche Lernen von Frau Angermann ist hinreichend beschrieben worden: Sie geht in Distanz zu ihrem Ehemann, was wiederum das Wissen über den Ehemann (er zeigt sich aus ihrer Sicht plötzlich von einer ganz anderen, unerwarteten Seite), das Alltagsverhalten (man teilt nicht mehr die täglichen drei Mahlzeiten) als auch die Identitätsebene (der starke Ehemann erweist sich als extrem verletzlich und schwach) tangiert. Alle Ebenen der Lebenswelt und nicht nur die »Beziehungsebene« sind tangiert. Das erklärt auch das Phänomen, dass Menschen in solchen Situationen Aussagen machen wie: »Und da ist mir der Boden unter den Füßen weggebrochen!«

3 Pädagogische und fallübergreifende Implikationen

Stellt man in Rechnung, dass nahezu jeder zweite Mensch in Deutschland in Organisationen stirbt (vgl. Bertelsmann-Stiftung 2015), so verweist der Fall Angermeier auf folgendes Kernproblem: *Im Moment zeichnet sich noch eine gewisse zeitliche Differenz zwischen dem Tod der Ehepartner ab, denn Männer starben 2015 in der Regel fünf Jahre früher (vgl. Statista 2017). Die eben vorgestellte Analyse vermittelt eine Vorstellung davon, welche lebenspraktischen Folgen auf die Betroffenen zukommen, wenn aufgrund des demografischen Wandels und der Fortschritte in der medizinischen Versorgung sich diese Differenz im Sterbeverhalten von Männern und Frauen nach und nach verringern sollte (vgl. Kontis et al. 2017). In welchen institutionellen Settings verbringen verheiratete Menschen ihre Lebensendphase unter der Bedingung von sehr unterschiedlichen Krankheitsverläufen? Und wie verhalten sich die Einrichtungen des Wohlfahrtsstaates gegenüber dem Umstand, wenn nicht nur die körperliche Konstitution der Ehepartner, sondern auch die krisenhafte Beziehungsdynamik einen Bedarf nach professioneller Unterstützung und Hilfe verlangt?*

Die heutigen Pflege- und Betreuungseinrichtungen sind vorwiegend auf die Optimierung der körperlichen Situation bei einzelnen Menschen ausgerichtet. Das soeben präsentierte Beispiel legt eine gewisse Perspektiverweiterung nahe: Hier geht es nicht um ein singuläres Phänomen, sondern um den kollektiven Fall einer Ehebeziehung bzw. einer ganzen Familie. Auch die Konzentration auf die technische Dimension der leiblichen Pflege des Ehemannes erscheint nicht ganz angemessen zu sein, da in der konkreten Situation nichts Geringeres als die Neudefinition der Ehebeziehung im Alter ansteht.

Die Organisationen des modernen Wohlfahrtsstaates gehen von der Rationalität bestimmter Entscheidungsprozesse und dem Vollzug eines gesamtgesellschaftlichen wirksamen Lernprozesses aus: dass nämlich unter den Bedingungen einer chronischen Pflegesituation langjährig miteinander liierte Ehepaare eine räumliche Trennung, die Auflösung des Familienbundes vorzuziehen bereit sind, um durch eine Neujustierung der Lebensführung ihre persönliche Nähe aufrecht zu erhalten. Dieser auch von Frau Angermeier vollzogene Lernprozess wird von Herrn Angermeier jedoch nicht realisiert. Pädagogisch Tätige sollten – und damit wären wir beim Aspekt der Praxisrelevanz der vorliegenden Analyse – eine gewisse Reserviertheit an den Tag legen, in einer ähnlichen Situation unter Maßgabe eines vordergründig »klaren Falls« entweder ausschließlich Partei für den Ehemann oder für die Ehefrau zu ergreifen. *Menschen haben schließlich auch ein Recht auf Nichtlernen.* Darin realisiert sich die Autonomie ihrer Lebenspraxis. Die vom Ehemann an den Tag gelegte Orientierung an traditionellen Formen der Ehebeziehung ist keineswegs per se als irrational zu bezeichnen.

Wie kann in einem solchen Fall eine durch sozialpädagogische Begleitung flankierte Kompromissbildung aussehen? Die Aufgabe von sozialpädagogisch Tätigen könnte im Zusammenhang mit dem eben geschilderten Fall unter anderem darin bestehen, den Aushandlungsprozess zwischen den Ehepartner*innen in einer möglichst zivilen Welt, d. h. in einem wenig ehrverletzenden Modus zu führen. Im Zuge eines solchen Vorgehens wäre Frau Angermeier darin zu ermuntern, ihre strategische Haltung gegenüber ihrem Ehemann zu überwinden. Die pädagogisch Tätigen hätten die Aufgabe, sich den Ehepartner die Logik und die lebenspraktischen Folgen der jeweils anderen Sichtweise deutlich vor Augen zu führen und im Akt der stellvertretenden Deutung Begründungen für die jeweils andere Position zu liefern. Eine solche Perspektivenverschränkung erscheint sogar dann notwendig, wenn emotionale Konstellationen mögliche Lernprozesse unwahrscheinlich erscheinen lassen. In einem solchen Fall kann es nur um eine Kompromissbildung im Sinne einer hochgradigen Schadensbegrenzung und den Erhalt verbliebener Lebensqualität gehen, ohne auf einen Scheinkompromiss abzuzielen. Doch ist keineswegs ausgeschlossen, dass im Zuge eines solchen Prozesses kein Konsens zwischen den Ehepartner*innen zustande kommt, wohl aber eine Konstellation, welche eine Verstrickung in eine familiäre Verlaufskurve ausschließt. Eine solche Schadensbegrenzung greift aber nur dann, wenn institutionelle Gelegenheitsstrukturen existieren und räumliche Arrangements möglich sind, die genau eine solche Kompromissbildung in lebenspraktisch infrastruktureller Hinsicht möglich machen. So ist hier auch das Lernen von Organisationen gefordert. Es stellt sich die Frage: Verfügen moderne Pflegeheime über ausreichende Flexibilität und die notwendige Beratungskompetenz, um im gegeben Fall bei Bedarf tatsächlich eine räumliche Entzerrung herbei zu führen, ohne unter Umständen das Vertrauen des Ehemannes nicht nachhaltig zu verletzen, der Ehefrau aber dennoch ein Höchstmaß an lebenspraktischer Selbstbestimmung zu ermöglichen und das Ehepaar bei alledem dennoch mit der Wahrheit, nämlich mit der lebensbedrohlichen Krebserkrankung der Ehefrau, zu konfrontieren. Viel ist in solchen Fällen gewonnen, wenn professionell tätige Pädagog*innen zur moralischen Deeskalation beitragen, indem sie sich von einzelnen Familienangehörigen nicht für partikulare Zwecke instrumentalisieren lassen. Bedingung für die Möglichkeit eines solch umsichtigen Vorgehens ist die Kompetenz, über das journalistische Verstehen hinaus in der Manier eines fallrekonstruktiven Vorgehens eine Beziehungskonstellation bis in seine Tiefenschicht zu durchdringen, sie in all ihren relevanten Dimensionen zu verstehen. In der qualitativen Bildungsforschung ausgebildete Pädagog*innen verfügen heute sehr wohl über das notwendige analytische Werkzeug, um mit einem Höchstmaß an analytischer Sensibilität formale und inhaltliche Textphänomene abzuwägen, den latenten Sinn vom manifesten zu unterscheiden, die ethnographische Tugend des Einklammerns moralischer Urteile zu pflegen – und sich eben nicht von vordergründigen Evidenzen blenden zu lassen.

Literatur

Assmann, A./Assmann, J. (1994): Das Gestern im Heute. Medien und soziales Gedächtnis. In: Merten, K./Schmidt, S.J./Weischenberg, S. (Hg.): *Die Wirklichkeit der Medien. Eine Einführung in die Kommunikationswissenschaft.* Opladen: Westdt. Verl., S. 114–140.

Bertelsmann-Stiftung (Hg.) (2015): *Medizinische Versorgung am Lebensende noch zu häufig im Krankenhaus.* http://www.bertelsmann-stiftung.de/de/presse/pressemitteilungen/pressemitteilung/pid/medizinische-versorgung-am-lebensende-noch-zu-haeufig-im-krankenhaus/ [02.05.2017].

Burkart, G./Meyer, N./Stemmer, R. (2016): Organisationales Lernen in Einrichtungen der stationären Altenhilfe als Ermöglichung von Autonomie und Partizipation. In: *Der pädagogische Blick (4),* S. 209–217.

Diekmann, A. (2016): *Empirische Sozialforschung. Grundlagen, Methoden, Anwendungen.* Reinbek: Rowohlt.

Griese, B. (2009): Von »A« wie Ankündigung über »T« wie Trauma bis »Z« wie Zugzwänge. Biographieforschung zwischen erzähltheoretischen und (sozial)psychologischen Analysen – eine Hinführung. In: *Zeitschrift für qualitative Forschung 10 (2),* S. 331–362.

König, H.-D./Nittel, D. (2016): Die Dialektik von Lern- und Leidenserfahrungen: Narrationsanalytische und tiefenhermeneutische Rekonstruktion der Biographie einer Brustkrebspatientin. In: Detka, C. (Hg.): *Qualitative Gesundheitsforschung. Beispiele aus der interdisziplinären Forschungspraxis.* Opladen: Leske + Budrich, S. 51–122.

Kontis, V./Bennett, J. E./Mathers, C. D./Li, G./Foreman, K./Ezzati, M. (2017): Future life expectancy in 35 industrialised countries: projections with a Bayesian model ensemble. In: *The Lancet 389* (10076), doi:10.1016/S0140-6736(16)32381-9, pp 1323–1335.

Meyer, N. (2017): *Komparative pädagogische Berufsgruppenforschung. Erwachsenenpädagogik und Journalismus im Vergleich*. Bielefeld: Bertelsmann.
Nittel, D. (2010): Lernphänomene im Kontext lebensbedrohlicher Erkrankungen im Alter. Mechanismen der Erzeugung von biografischer Irrelevanz bei Brustkrebspatienten. In: Hof, C./Ludwig, J./Schäffer, B. (Hg.), *Erwachsenenbildung im demographischen und sozialen Wandel*. Baltmannsweiler: Schneider-Verl. Hohengehren, S. 94–104.
Nittel, D. (2011): Die Aneignung von Krankheit: Bearbeitung lebensgeschichtlicher Krisen im Modus des Lernens. In: *Der pädagogische Blick (2)*, S. 80–89.
Nittel, D. (2013a): Prozessuale Lerndimensionen: Ein biographieanalytisches Instrument zur Beobachtung von Bildungsprozessen bei Menschen mit lebensbedrohlicher Erkrankung und zur Begründung pädagogischer Intervention. In: Herzberg, H./Seltrecht, A. (Hg.): *Der soziale Körper. Interdisziplinäre Zugänge zur Leiblichkeit*. Opladen: Leske + Budrich. S. 107–153
Nittel, D. (2013b): Prozessuale Lerndimensionen: Instrumente zur Erschließung von Lernprozessen bei Patienten mit lebensbedrohlichen Erkrankungen. In: Nittel, D./Seltrecht, A. (Hg.): Krankheit: Lernen im Ausnahmezustand? Brustkrebs und Herzinfarkt aus interdisziplinärer Perspektive. Berlin: Springer, S. 139–171.
Nittel, D. (2013c): Sterben und Tod aus Sicht des lebenslangen Lernens. Makrodidaktische Überlegungen. In: *Erwachsenenbildung (3)*, S. 111–115.
Nittel, D. (2015): Bob Dylan! Versuch einer lernbiografischen Deutung. In: *Hessische Blätter für Volksbildung (3)*, S. 235–247.
Nittel, D./Seltrecht, A. (Hg.): *Krankheit: Lernen im Ausnahmezustand? Brustkrebs und Herzinfarkt aus interdisziplinärer Perspektive*. Berlin: Springer
Porst, R. (Hg.). (2001): *Wie man die Rücklaufquote bei postalischen Befragungen erhöht.* ZUMA How-to-Reihe: 49. http://www.gesis.org/fileadmin/upload/forschung/publikationen/gesis_reihen/howto/how-to9rp.pdf. [10.03.2017].
Salm, C. zu. (2015): *Dieser Mensch war ich. Nachrufe auf das eigene Leben*. München: Goldmann.
Schütze, F. (1981): Prozessstrukturen des Lebensablaufs. In: Matthes, J./Pfeifenberger, A./Stosberg, M. (Hg.): *Biographie in handlungstheoretischer Perspektive*. Nürnberg: Verlag der Nürnberger Forschungsvereinigung, S. 67–165.
Schütze, F. (1984): Kognitive Figuren des autobiographischen Stegreiferzählens. In: Kohli, M./Robert, G. (Hg.): *Biographie und soziale Wirklichkeit*. Stuttgart: Metzler, S. 78–117.
Statista (Hg.) (2017): *Entwicklung der Lebenserwartung bei Geburt in Deutschland nach Geschlecht in den Jahren von 1950 bis 2060.* https://de.statista.com/statistik/daten/studie/273406/umfrage/entwicklung-der-lebenserwartung-bei-geburt-in-deutschland-nach-geschlecht/. [29.06.2017].

Teil 3: Felder der Bildungsarbeit mit älteren und alten Menschen

Vielfalt in Ansätzen, Kontexten und Methoden

Julia Steinfort-Diedenhofen

Die Orte, an denen Bildung im Alter und für das Altern stattfinden, haben sich in Deutschland in sehr unterschiedlichen Feldern etabliert. Je nach Kontext und Tradition sind damit spezifische Sichtweisen und Herangehensweisen auf Bildungs- und Lernprozesse verbunden, die sich wiederum in den jeweils für das Feld typischen Konzepten und Methoden ausdrücken.

Die folgende Auswahl aktueller Handlungsfelder der Bildungsarbeit mit älteren und alten Menschen zeigt die Vielfalt des Spektrums auf, in denen sich Lernprozesse vollziehen. Ziel der vorliegenden Publikation ist es dabei nicht, alle Felder abzubilden, sondern durch die Auswahl spezifischer Handlungsfelder zu einem übergreifenden Verständnis über die Vielseitigkeit verschiedener Ansätze, Konzepte und Methoden zu gelangen.

Der Begriff »Felder der Bildungsarbeit« versucht dabei, die Kontexte und Orte zu rahmen, an denen sich Lernprozesse vollziehen. Diese haben sich im Laufe der letzten Jahrzehnte sehr verändert und versuchen den demografischen Wandel durch soziale Innovationen in der Bildungsarbeit zu flankieren.

Insgesamt haben sich die Bildungsangebote in den letzten Jahren immer weiter ausdifferenziert. Wurden noch Mitte der 1990er Jahre von der Erwachsenenbildnerin S. Kade systematisierend vier Lernfelder benannt (Biografie, Alltag, Kreativität und Produktivität), so fasst das Lehrbuch Geragogik aus dem Jahr 2010 (Bubolz-Lutz et al. 2010, 161ff.) bereits sieben Lernfelder, die thematisch strukturierte Zugänge zu lebensphasenspezifischen Themen aufzeigen: (1) Biografie und Identität, (2) Sinn und Spiritualität, (3) Kreative Lebensgestaltung, (4) Gesundheit, Krankheit und Behinderung, (5) Generationendialog, (6) Medien und Kommunikationstechnologien und (7) Freiwilliges und bürgerschaftliches Engagement. Da sich Handlungsfelder, an denen Bildung im Alter stattfindet, aber auch außerhalb systematisierter Strukturen etablieren, wird eine eindeutige Felderzuordnung immer schwieriger.

Vor diesem Hintergrund und dem Bestreben, einer möglichst weiten Perspektive auf das Thema, stellt sich die vorliegende Publikation die Aufgabe, die Breite des Spektrums an Bildungsfeldern im Alter und für das Altern auszuloten und dabei exemplarisch inhaltliche Akzente zu setzen.

Begonnen wird mit der Perspektive auf das Subjekt und, sozusagen als erweiterte Perspektive, auf das Lernen in intergenerationellen Beziehungen. Mit der Fokussierung auf den alternden Menschen, fragt D. Rothe in ihrem Beitrag biografietheoretisch, wie sich das Alter(n) darstellt. Sie zeigt anhand zweier Beispiele auf, dass es in der konkreten Bildungsarbeit mit Älteren dabei nicht nur um die Aneignung von Wissen und Kompetenzen geht, sondern dass dort gleichzeitig biografisch gelernt wird. Dass ein solches Lernen aber auch Teil eines Interaktionsprozesses ist, der angesichts der zunehmend parallel lebenden Generationen eine neue Thematisierung erfährt, zeigen J. Franz/B. Schmidt-Hertha in ihrem Beitrag auf. Ausgehend von einer theoretischen Beschreibung stellen sie empirische Befunde zur Gestaltung intergenerationeller Lernszenarien vor und reflektieren Anforderungen für Lehrende und Lernende.

Schwerpunkt des zweiten Abschnitts sind mögliche Orte, an denen professionell begleitete Bildungsarbeit mit älteren Menschen stattfindet. Bereits seit über 30 Jahren gibt es die Möglichkeit des Senior*innenstudiums, was S. Dabo-Cruz/K. Pauls zum Anlass einer kritischen Zwischenbilanz nehmen und daraus neue Handlungsbedarfe für das Feld der wissenschaftlichen Weiterbildung ableiten. Dass auch die stationäre Altenhilfe ein Bildungsort ist, zeigen B. Deppe/ S. Jahn/ H. Kunz/W. Wittkämper in ihrem Beitrag auf. Anhand der drei klassischen Methoden Einzelfallhilfe, soziale Gruppenarbeit und Gemeinwesenarbeit verweisen sie auf deren Bildungsgehalte in bespielhaften Praxisprojekten.

Im folgenden Abschnitt findet eine Fokussierung auf die aktuellen Entwicklungen im Feld der kulturellen Bildung statt. T. Hartogh/H. Hermann Wickel verorten die Musikgeragogik als eigenständige Disziplinen und reflektieren didaktische Aspekte des Musiklernens im Alter und verweisen insbesondere auf die Chancen musikalischer Bildungsarbeit für demenziell erkrankte Menschen. Im zweiten Teil erörtern S. Baumann/K. de Groote die Bedeutsamkeit und Besonderheit der Kunst- und Kulturgeragogik und zeigen den Stand in der dazugehörigen Lehrentwicklung und der daraus entstandenen Praxis auf.

Im Hinblick auf die Kompetenzentwicklungsmöglichkeiten im Alter werden weiter die Felder betrieblicher Bildung älterer Arbeitnehmer von R. Schramek/ U. Elsholz und das Freiwillige Engagement von E. Bubolz-Lutz/J. Steinfort-Diedenhofen als Bildungsorte diskutiert. Dazu werden ausgewählte empirische Ergebnisse zu Motiven und didaktischen Aspekten analysiert. Die Gestaltung des demografischen Wandels durch eine Anpassung der Strukturen und die Innovation in bisher eher klar umgrenzten Bereichen bilden hier gemeinsame Ziele. Deutlich wird: Sowohl die Erwerbsarbeit als auch das Freiwillige Engagement ist auf der Suche nach neuen, passenden Modellen, die eine Produktivität und Leistungsmotivation bis ins hohe Alter ermöglichen.

Abschließend wird die Notwendigkeit einer politischen Verankerung des Bildungsanliegens am Beispiel der partizipativen Bildung im kommunalen Kontext von E. Olbermann/B. Bertermann/B. Eifert aufgezeigt. Die Autorinnen identifizieren Partizipation als zentrale, handlungsleitende Haltung und als Gestaltungsprinzip und konkretisieren dies in Lernprozessen am Beispiel kommunaler Altenberichterstattung und -planung. Dieser Blick über den Tellerrand einzelner Felder hinaus verdeutlicht, dass für die Weiterentwicklung von Bildungsfeldern im Alter auch Maßnahmen erforderlich sind, die gezielt an die Leitungsebene der kommunalen Politik und Verwaltung adressiert sind.

Die hier zusammengetragenen Überlegungen zu der Vielfalt in Ansätzen, Kontexten und Methoden in den Feldern der Bildungsarbeit im Alter und für das Altern erheben nicht den Anspruch, sämtliche Entwicklungen in dem Bereich aufzuzeigen. Vielmehr verdeutlichen die Artikel das breite Spektrum, in dem sich Lern- und Bildungsprozesse vollziehen. Ihnen gemeinsam sind angesichts der demografischen Entwicklung die vielfältigen Potenziale, aber auch die Umbrüche, die Verantwortliche aktuell erleben. Wer in der Bildungsarbeit mit Älteren neue Wege beschreiten möchte, findet in den dargestellten Bereichen ein wachsendes Betätigungsfeld mit hoher individueller und gesellschaftspolitischer Bedeutung. Gleichzeitig machen die Ausführungen deutlich, welche Bildungsmöglichkeiten im Alter in den letzten Jahrzehnten bereits entwickelt wurden. Hoffnungsfroh stimmen dabei insbesondere Blickwinkel, die die Möglichkeit von zugehenden Bildungsprozessen oder bei Demenzerkrankungen nicht außer Acht lassen und somit gleichzeitig auf die Vielfalt der Bildungsfelder im Alter hinweisen.

Biographische Perspektiven auf Bildung und Lernen im Alter

Daniela Rothe

Alter(n) in biographischer Perspektive zu thematisieren ist naheliegend, scheint doch das Interesse am Rückblick auf das eigene Leben angesichts seiner Endlichkeit größer zu werden. Das Verfassen von Autobiographien und Lebenserinnerungen ist längst nicht mehr beschränkt auf prominente Zeitgenoss*innen, sondern kann als eine legitime kulturelle Praxis in unserer Gesellschaft verstanden werden, mit dem Alter und der dann absehbaren Endlichkeit des Lebens umzugehen. Und wer nicht schreibt, erzählt – den Kindern, den Enkelkindern, den Freund*innen oder auch den Professionellen. Das Alter scheint nicht nur eine Phase der Verdichtung von Übergängen zu sein (Ruhestand, Übernahme von Betreuungsaufgaben, Wohnungswechsel), sondern auch eine Phase, in der sich die Auseinandersetzung mit der eigenen Lebensgeschichte intensivieren kann und sich die Gewichtung von Vergangenheit, Gegenwart und Zukunft verschiebt. Die gestiegene Lebenserwartung, die verbesserte gesundheitliche Versorgung und die ökonomische Absicherung im Falle einer kontinuierlichen Erwerbsphase haben das Alter zu einer eigenständigen Lebensphase gemacht, die, wie andere Lebensphasen auch, biographisch gestaltet werden kann und muss, auch wenn der Zukunftshorizont zeitlich stärker eingeschränkt und in anderem Maße ungewiss ist als in früheren Lebensphasen. Der Rückblick in die eigene Vergangenheit und die Präsenz von Erinnerungen verstärken sich vielleicht auch deshalb, weil die mit dem Alter(n) verbundenen Einschränkungen Erlebnismöglichkeiten in der Gegenwart verengen und mit Energie- und Zeitressourcen anders gehaushaltet werden muss.

Lernprozesse – das ist inzwischen weitgehend anerkannt – sind ein selbstverständlicher Bestandteil dieser Lebensphase. Sie finden in hohem Maße beiläufig statt und sind Teil anderer Aktivitäten, die um ihrer selbst willen ausgeübt werden. Zwar hat die institutionalisierte Erwachsenenbildung die Älteren als Zielgruppe durchaus im Blick, sie erreicht aber vermutlich vor allem jene, die schon in früheren Lebensphasen diese Bildungsarrangements genutzt haben. Bildung in der nachberuflichen Phase findet – wie in anderen Lebensphasen auch – vor allem dort statt, wo es vordergründig um etwas anderes geht · und das Lernen beiläufig bleibt, selbst dann, wenn es unverzichtbar ist. Das heißt, es findet vor allem in Kontexten statt, die nicht in erster Linie Bildungseinrichtungen sind.

In diesem Beitrag werde ich zunächst fragen, wie sich Alter(n) aus einer biographietheoretischen Perspektive darstellt (1) und welche Konsequenzen sich daraus für das Verständnis von Lernen und Bildung ergeben (2). Anschließend werde ich zwei Beispiele biographieorientierter Bildungsarbeit aus einem ethnographischen Forschungsprojekt vorstellen (3) und abschließend sehr knapp skizzieren, welche Perspektiven ich für eine Biographieforschung in der Erwachsenenbildung sehe, die sich für Bildung und Lernen im Alter interessiert (4).

1 Altern in biographietheoretischer Perspektive

Die Alter(n)sforschung ist ein transdisziplinäres Arbeitsfeld und es wird ein breites Methodenspektrum genutzt, um die gesellschaftlichen Bedingungen des Alter(n)s und die Lebenswirklichkeiten älterer Menschen zu erforschen (vgl. Hülsen-Esch et al. 2013). Die Biographieforschung kann hier einen spezifischen Beitrag leisten: Sie räumt der subjektiven Perspektive der Beforschten auf ihr eigenes Leben einen besonderen Stellenwert ein und versteht diese Perspektive zugleich als ein Ergebnis der Verschränkung von Individuum und Gesellschaft. Auf diese Weise wird empirisch zugänglich, wie gesellschaftliche Bedingungen auf Erfahrungsmöglichkeiten im Lebensverlauf strukturierend einwirken und die Nacherwerbsphase konstitutiv mitbestimmen, wenngleich die Umgangsweisen der Subjekte mit diesen Bedingungen konstruktiv und individuell verschieden sind. Bisher liegen erst wenige Studien über das Alter(n) vor, die sich dezidiert im Kontext der erziehungswissenschaftlichen Biographieforschung verorten. Sie nehmen unterschiedliche Fokussierungen auf ihren Gegenstand vor (z. B. Justen 2011; Müllegger 2014) und betrachten Alter(n) gar nicht unbedingt als eine zentrale Kategorie.[1] Diese Studien bestätigen die Bedeutsamkeit von Lern- und Bildungsprozessen im Alter, zeigen aber auch, wie stark Lern- und Bildungsaktivitäten in dieser Lebensphase von Routinen, Strategien und Gewohnheiten bestimmt sind, die biographisch in früheren Lebensphasen entwickelt wurden und weiterhin wirksam sind.

1.1 Biographie als sozialwissenschaftliches Konzept und Forschungsansatz

Die sozialwissenschaftliche Biographieforschung ist ein interdisziplinärer Forschungsansatz (vgl. Dausien 2006; Alheit/Dausien 2009), der im Laufe seiner Entwicklung verschiedene theoretische Strömungen wie den Sozialkonstruktivismus, den Poststrukturalismus etc. aufgenommen und auf produktive Weise verarbeitet hat. Biographietheorie und Biographieforschung gehen davon aus, dass Menschen nicht einfach eine Biographie haben, sondern dass Lebens-

---

[1] So hat zwar Justen (2011) biographische Interviews mit Frauen zwischen 60 und 90 Jahren geführt, die an einer Werkstatt zum autobiographischen Schreiben an einer Volkshochschule teilnehmen, thematisiert ihre Ergebnisse jedoch nicht unter der Perspektive des Alter(n)s, sondern unter der Perspektive Erwachsenenbildung, was durchaus angemessen ist.

geschichten eine unter bestimmten historischen Bedingungen im Prozess gesellschaftlicher Modernisierung entstandene Form der Selbstpräsentation sind (vgl. Hahn 2000). Diese Form der Selbstdarstellung als individuelle Lebensgeschichte wird erst in dem Moment historisch notwendig und sinnvoll, als gesellschaftliche Positionen das Ergebnis sehr unterschiedlicher Lebenswege sein konnten. Diese Wege können und müssen erzählt werden. Auf diese Weise entsteht eine verzeitlichte Form der Selbstdarstellung, in der die Person nicht mehr primär von dem Stand oder sozialen Kontext bestimmt ist, in den sie hineingeboren wurde, sondern sich über den Lebensweg bestimmt, den sie zurückgelegt hat. Das auf diese Weise entwickelte biographische Selbstverständnis – man könnte auch sagen: die »narrative Identität« (Lucius-Hoene 2010) – ist nicht nur auf die Anerkennung durch Andere angewiesen, sondern in sie gehen auch Zuschreibungen bzw. sogenannte Fremdidentifikationen durch Andere ein.[2]

Lebensgeschichtliche Erzählungen sind Ausdruck der produktiven Aneignung und Verarbeitung der sozialen und historischen Bedingungen, in denen das individuelle Leben stattfindet. Der Lebensverlauf als solcher ist dem Individuum in seiner Totalität nicht zugänglich, was bedeutet, dass jede biographische Darstellung immer nur eine »selektive Vergegenwärtigung« (Hahn 2000) und damit auch eine Konstruktionsleistung darstellt. Biographische Erzählungen verweisen auf die *Erinnerungen und Erfahrungen* der Erzählenden, auf die *historischen und gesellschaftlichen Bedingungen*, die sich in Lebensgeschichten eingeschrieben haben, und auf die *interaktiven Kontexte*, in denen sie hervorgebracht werden. Das sind neben der besonderen Situation des Interviews vor allem alltägliche Kontexte, aber auch Bildungssituationen oder berufliche Kontexte. Solche Erzählungen richten sich immer an ein Gegenüber und sollen von diesem verstanden werden. Eine wesentliche Aufgabe der Biographieforschung ist es, die verschiedenen Konstruktionskontexte von erzählten Lebensgeschichten erkennbar zu machen und zu rekonstruieren, wie sie im konkreten Fall den biographischen Verlauf bzw. seine Darstellung bestimmt haben.

Lebensgeschichten sind Konstruktionsleistungen, die interaktiv hervorgebracht werden. Biographieforschung interessiert sich nicht nur für biographische Verläufe, sondern zunehmend auch für die biographische Arbeit der Subjekte, die weitgehend in den Alltag eingebettet stattfindet (vgl. Alheit/Dausien 2009). Auch wenn weiterhin eine Präferenz für das narrative-biographische Interview als Methode der Erhebung von Lebensgeschichten zu beobachten ist, werden auch andere sogenannte Egodokumente (z. B. Briefe, Tagebücher, Autobiographien und Erinnerungstexte) genutzt und es wird zunehmend versucht, Verknüpfungen zu anderen methodischen Zugängen wie der Diskursanalyse

---

[2] Es handelt sich dabei um ein Selbstverständnis, das nicht an und für sich besteht, sondern das immer wieder erzählend hergestellt und dabei auch verändert wird. Deshalb ist der Identitätsbegriff missverständlich. Ich verwende stattdessen den Begriff der *biographischen Arbeit*, der sich mehr auf den Prozess bezieht, der dabei explizit oder implizit stattfindet und prinzipiell unabgeschlossen bleibt.

und der Ethnographie herzustellen. Ein Beispiel dafür ist die dispositivanalytische Studie über das »Leben im Ruhestand« von Denninger u. a. (2014). Die im Rahmen der Studie erhobenen Interviews sind an den Methoden der Biographieforschung orientiert, indem sie beispielsweise narrationsgenerierende Fragen – insbesondere zum Übergang in den Ruhestand – enthalten. Die Auswertung ist jedoch weniger an der Rekonstruktion biographischer Einzelfälle interessiert, sondern vielmehr daran, wie die Selbstpräsentationen der Befragten im Kontext einer aktivierenden Alter(n)spolitik verstanden werden können. Solche und andere methodische Erweiterungen der Biographieforschung ermöglichen es, die im Alltag entwickelten biographischen Konstruktionen systematisch auf ihren gesellschaftlichen und politischen Kontext zu beziehen und der empirischen Analyse zugänglich zu machen. Erweiterungen wie diese sind auch interessant für die Untersuchung organisierter und alltäglicher Lern- und Bildungspraxis in der Nacherwerbsphase, in denen die Auseinandersetzung mit biographischen Erfahrungen eine zentrale Rolle spielt.

1.2 Alter(n) als biographische und soziale Konstruktion

Aus einer biographietheoretischen Perspektive ist auch das Alter eine soziale Konstruktion (vgl. van Dyk 2015), d. h. eine Lebensphase, die vor allem durch die erwerbsarbeitszentrierte Institution des Lebenslaufs (vgl. Kohli 1988, 2003) erzeugt wird. Die Institution des Lebenslaufs und die strukturierende Wirkung, die sie für das Leben des Einzelnen in westlichen Gesellschaften hat, bringt die nachberufliche Lebensphase hervor, die als Alter bezeichnet und inzwischen als drittes und viertes Lebensalter differenziert wird. Empirische Studien (z. B. Denninger et al. 2014) zeigen, dass diese Bezeichnungspraxis dem Selbstverständnis der Befragten nur eingeschränkt entspricht. Aufrechterhalten und stabilisiert wird die Institution des Lebenslaufs durch unterschiedliche Elemente des Wohlfahrtsstaates, die vielfach mit Altersgrenzen operieren und damit Übergänge im Lebensverlauf herstellen und gleichzeitig regeln, z. B. indem sie festlegen, wann welche Maßnahmen greifen oder wann welche Leistungen in Anspruch genommen werden können. Von besonderer Bedeutung für die Lebensphase des Alters ist das Rentensystem, das den Übergang von Erwerbsarbeit in den Ruhestand zwar nicht zwingend herstellt, aber den Ausstieg aus der Erwerbsarbeit in einem bestimmten Alter doch wahrscheinlich macht und die gesellschaftlichen Erwartungen verändert, die an Menschen gerichtet werden, die Mitte 60 sind. Man kann zwar durchaus bezweifeln, dass »Ruhestand« ein angemessener Begriff für diese Lebensphase ist, aber er verweist deutlich auf die zentrale Bedeutung, die der Erwerbsarbeit in unserer Gesellschaft zukommt. Dabei zeigt sich in empirischen Untersuchungen, dass Erwerbsarbeit teilweise auch nach dem Erreichen des Rentenalters in reduziertem Umfang weitergeführt wird. Außerdem lässt sich beobachten, dass ehrenamtliche Tätigkeiten, die manchmal auch berufsförmigen Charakter annehmen, auch wenn sie nicht entlohnt werden, insbesondere für gut gebildete ältere Menschen eine bedeutsame Rolle in der Gestaltung der Lebensphase nach der

Erwerbstätigkeit spielen.³ Auch solche Prozesse der Destandardisierung und Deregulierung von Erwerbsarbeit sowie die Pluralisierung von Lebensweisen und -verläufen haben den grundsätzlich orientierenden Charakter der Institution Lebenslauf nicht außer Kraft gesetzt (vgl. Kohli 2003).

Das Alter ist eine Differenzkategorie, es bestimmt sich aus der Abgrenzung gegen das sogenannte mittlere Erwachsenenalter. Mit dieser Differenz – so van Dyk (2015, 133) – ist eine eigentümliche Diskrepanz »zwischen Alterslob und Anerkennungsrhetorik bei gleichbleibender Persistenz negativer Altersstereotype und diskriminierender Praktiken« verbunden.⁴ Gleichwohl lenkt die biographietheoretische Perspektive die Aufmerksamkeit darauf, wie Individuen sich zum Alter(n) in Beziehung setzen. Insofern ist es weniger das Alter als Lebens- oder gar Entwicklungsphase, woran die Biographieforschung interessiert ist, als vielmehr die Bedeutung, die dem Alter(n) in biographischen Konstruktionen zugewiesen wird, welche Rolle dabei gesellschaftliche Muster und Altersbilder spielen und in welcher Weise sich Subjekte diese aneignen und damit zugleich auch variieren und verändern.

In einer Gesellschaft, in der die Institution Lebenslauf eine zentrale Struktur bildet und sich die Lebensphase nach dem Ende der Erwerbsarbeit derartig verlängert hat, unterliegt auch das Alter der Notwendigkeit der Biographisierung (vgl. Kohli 2003), das heißt, der biographischen Planung und Gestaltung. Lernen und Bildung spielen dabei aus unterschiedlichen Gründen eine zunehmend wichtige Rolle. Aufgrund der Bildungsexpansion der 1970er Jahre verfügen Menschen am Übergang in die Nacherwerbsphase zunehmend über bessere formale Bildungsvoraussetzungen. Damit stellt für einen größeren Anteil als bisher die Teilnahme an Bildung eine durchaus vertraute Praxis dar, die über das Ende der Erwerbsarbeit hinaus relevant und sinnstiftend sein kann. Gleichzeitig werden mit dem Ende der Erwerbsarbeit berufsbezogene Weiterbildungsmöglichkeiten und die (berufliche) Verwertbarkeit von Bildung obsolet, so dass sich auch Fragen des Nutzens der Teilnahme an organisierter Bildung vermutlich anders darstellen. Die Zeitsouveränität der Nacherwerbsphase ermöglicht es einerseits, Lern- und Bildungsinteressen wiederaufzunehmen oder neu zu entwickeln, für die parallel zur Erwerbsarbeit kein Raum war, wie beispielsweise die zahlreichen Programme an Universitäten zeigen, die sich an ältere Menschen richten. Gleichzeitig steigen möglicherweise die Ansprüche an die Qualität und an die Mitgestaltung von Lern- und Bildungsmöglichkeiten dahingehend, dass

---

3 Diese Beobachtung habe ich in meinen beiden Forschungsfeldern gemacht (vgl. 3), sie findet sich aber auch in anderen Studien über das Alter(n) in der Aktivgesellschaft (z. B. Denninger et al. 2014).
4 Zur Herstellung und Aufrechterhaltung dieser Differenz trägt nicht zuletzt die sozialwissenschaftliche Alter(n)sforschung bei, indem sie Altersgruppen wie die der »jungen Alten« und der »Hochaltrigen« konstruiert. Insofern käme es zukünftig verstärkt darauf an, sich mit der Herstellung der binären Differenz alt/jung, den damit verbundenen Konzepten von Abhängigkeit/Unabhängigkeit und ihrer Funktion in der Leistungsgesellschaft auseinanderzusetzen, sich aber auch empirisch den Alltagspraktiken zuzuwenden, die Altersnormen durchkreuzen und unterlaufen (vgl. van Dyk 2015, 133ff.).

nun die Teilnahme selbst das entscheidende Moment ist und als befriedigend erlebt werden muss, weil der instrumentelle Nutzen von Abschlüssen und Zertifikaten nicht mehr gegeben ist. Das macht die Beschäftigung mit Lernen und Bildung im Alter auch für die Erwachsenenbildungsforschung interessant. Damit können Bedeutungsfacetten von Lernen und Bildung wieder in den Blick gerückt werden, die mit der funktionalistischen und individualistischen Verkürzung des Lernverständnisses im Zuge der Politik des Lebenslangen Lernens zunehmend abgeschnitten worden sind. Das sollte jedoch nicht den Blick dafür verstellen, dass Lernen und Bildung im Alter längst auch von einem Dispositiv der Produktivität (vgl. Denninger et al. 2014) und einer Politik der Aktivierung (vgl. Göckenjan 2009) bestimmt sind, für die ökonomische Rationalitäten leitend sind.

1.3 Biographieorientierung in der Bildungsarbeit mit Älteren

Die Erwachsenenbildung hat längst erkannt, dass Ältere eine zunehmend wichtige und interessante Zielgruppe mit eigenen Bildungsansprüchen und -interessen sind, für die der biographische Bezug in Bildungsveranstaltungen eine besondere Rolle spielt (vgl. Kade 2009). Bildungskontexte, in denen biographieorientiert gearbeitet wird, beschäftigen sich schon lange mit Bildungsinteressen und -bedürfnissen älterer Menschen und in den entsprechenden Methodenbüchern spielen Ältere als eigenständige Zielgruppe deshalb auch explizit eine Rolle (z. B. Gudjons et al. 2009; Ruhe 2009; Hölzele/Jansen 2011). Miethe (2011) geht sogar so weit zu sagen, dass die Entwicklung biographieorientierter Methoden in der Bildungsarbeit mit älteren Menschen begonnen hat.[5]

Aus der Perspektive biographieorientierter Bildungsarbeit erscheint das Alter als eine Lebensphase mit eigenständigen Aufgaben. Dabei wird beispielsweise von Gudjons et al. (2008) auf das entwicklungspsychologische Modell von Erikson zurückgegriffen und gelingendes Alter als »Integration der Erfahrungen in die eigene Lebensgeschichte und Persönlichkeit« (Gudjons 2008, 34) verstanden. Was das heißt, wird weitgehend metaphorisch beschrieben. Es gehe vor allem darum, Erfolge und Enttäuschungen zu verarbeiten, »mit dem eigenen Leben ins Reine kommen« und »einen roten Faden« (ebd., 35) zu erkennen, was nicht zuletzt als eine Vorbereitung auf das Sterben betrachtet wird.[6]

---

5 Biographiearbeit hat – über die Bildungsarbeit hinaus – eine wichtige Bedeutung in der Pflege (vgl. Sander 2003, 2006) sowie in der Arbeit mit demenziell Erkrankten. So wichtig dieser Bereich für die Beschäftigung mit dem Alter – insbesondere dem 4. Lebensalter – ist, möchte ich hier nicht ausführlicher auf ihn eingehen, weil damit besondere Bedingungen verbunden sind, die sich von denen der Erwachsenenbildung in vielerlei Hinsicht unterscheiden

6 Die Konstruktion von Lebensphasenmodellen, in denen unterschiedliche Altersgruppen unterschieden werden, steht eigentlich im Widerspruch zu einer biographietheoretischen Perspektive, zumal sie dazu neigen normativ aufgeladen zu werden (vgl. Rothe 2011b). Solche Normen produzieren den Nebeneffekt, dass sie als Grundlage der Be- und Abwertung von Lebensverläufen benutzt werden, so dass dann beispielsweise von

Miethe (2011) legt die biographischen Aufgaben, die im Alter zu bearbeiten sind, noch etwas breiter an und zählt auch die Verarbeitung altersspezifischer Aufgaben (Übergang in den Ruhestand, der Tod von Freunden, das Sterben bzw. die Vorbereitung auf den eigenen Tod), die Weitergabe von insbesondere zeitgeschichtlichen Erfahrungen an jüngere Generationen und die Auseinandersetzung mit der eigenen Geschichte als Teil von Gesellschafts- und Familiengeschichte dazu. Letzteres beinhaltet eine Idee von Aufarbeitung, die insbesondere mit der deutschen Geschichte (Nationalsozialismus, deutsche Teilung) verbunden ist. Neben der impliziten Vorstellung, dass das Alter eine Lebensphase des Rückblicks, der Reflexion und der Aufarbeitung ist, macht Miethe aber auch deutlich, dass der erzählende Austausch mit anderen Menschen, mit denen man bestimmte generationale Erfahrungen teilt, zu mehr Lebensqualität beitragen und der Entwicklung neuer Kompetenzen dienen kann, für die vorher weder Zeit noch Raum gewesen ist. Sie nennt hier insbesondere das Schreiben und Theaterspielen, die als kreative Methoden ebenfalls einen Zugang zur Beschäftigung mit den eigenen Lebenserinnerungen bieten. Für die meisten biographischen Methoden ergeben sich aus ihrer Sicht keine spezifischen Anforderungen oder Modifikationsnotwendigkeiten für die Arbeit mit Älteren.

Beide Autor*innen setzen an der Beobachtung an, dass dem Sprechen über die eigenen Lebenserfahrungen in dieser Lebensphase eine besondere Bedeutung zukommt. Dieses Erzählen ist angewiesen auf Zuhören und so haben sich gerade in der biographieorientierten Bildungsarbeit mit Älteren Methoden entwickelt, in denen das öffentliche und halböffentliche Erzählen von Lebenserinnerungen und das Zuhören eine zentrale Rolle spielen. Hierzu zählen insbesondere das Erzählcafé und die Arbeit mit Zeitzeug*innen (vgl. Meyer/Bosse 1998; Miethe 2011). Dabei spielt eine Atmosphäre der Informalität und Offenheit eine wichtige Rolle, wie sie beispielsweise für die unterschiedlichen Varianten von Erzählcafés typisch ist. Inzwischen ist eine Veränderung von eher monologischen Formen hin zu dialogischen Formaten des Erzählens beobachtbar. Einen etwas anderen nicht-öffentlichen Rahmen stellen Biographiegruppen her, in denen biographisches Erzählen und Zuhören in einer sich kontinuierlich treffenden Gruppe stattfindet (vgl. Meyer/Rothe 2014). Es zeigt sich jedoch immer wieder – und das bestätigt sich auch in meiner eigenen Forschung (vgl. 3.) –, dass die Moderation biographischen Erzählens eine anspruchsvolle Aufgabe ist und nicht nur hohe moderatorische Anforderungen stellt, sondern auch soziologisches und zeitgeschichtliches Hintergrundwissen erfordert.

Das Interesse Älterer an der Auseinandersetzung mit der eigenen Lebensgeschichte und ihrer Einbettung in die Zeitgeschichte zeigt sich auch in verschiedenen empirischen Studien (z. B. Justen 2011; Denninger et al. 2014), wobei es sich allerdings um ein Interesse handelt, das nicht von allen älteren Menschen per se geteilt wird, was angesichts der Pluralität von Lebenssituationen und Bildungsinteressen im Alter nicht verwunderlich ist. Aus biographietheoretischer Perspektive erscheint es dennoch plausibel, dass die Nacherwerbsphase

---

erfolgreichem Altern die Rede ist, womit auch die Möglichkeit des nicht-erfolgreichen, weil nicht normgerechten, Alterns erzeugt ist.

eine Lebensphase ist, in der verschiedene Übergänge (Ausstieg aus der Erwerbsarbeit, Übernahme von Pflegeaufgaben, Veränderungen der Wohnsituation und des sozialen Umfeldes) vollzogen werden müssen, die unter erschwerten Bedingungen stattfinden und sich darüber hinaus Lernanforderungen im Alltag und in der Alltagsgestaltung ergeben, die einen Bedarf für Arrangements erzeugen, in deren Rahmen Prozesse biographischer Arbeit unterstützt und begleitet werden.

Mit Blick auf Lernen und Bildung im Alter ergeben sich daraus nicht nur Fragestellungen für die Erwachsenenbildungsforschung, sondern auch Anhaltspunkte für die Gestaltung biographieorientierter Bildungsarbeit mit Menschen in der Nacherwerbsphase. Bevor diese jedoch anhand von Beispielen aus einem aktuellen Forschungsprojekt konkretisiert werden, stellt sich die Frage, welche lerntheoretischen Grundlagen sinnvoll sind, wenn man Biographie und Alter als soziale Konstruktionen betrachtet und die biographische Arbeit von älteren Menschen empirisch untersuchen und bildungspraktisch unterstützen will.

2   Lernen als biographische Arbeit und Interaktionsprozess

Unter den besonderen Bedingungen des Lernens im Erwachsenenalter, zu denen das Prinzip der Freiwilligkeit und ein pädagogisches Verhältnis gehören, in dem der Wissens- und Kompetenzvorsprung der Professionellen nur partiell besteht, haben sich andere lerntheoretische Zugänge etabliert und bewährt als in den übrigen Teildisziplinen der Erziehungswissenschaft. Besonders populär ist der subjektwissenschaftliche Zugang in Anlehnung an die kritische Lerntheorie Klaus Holzkamps (1993), in deren Mittelpunkt die begründeten Lebensinteressen des lernenden Subjekts stehen. Ebenfalls verbreitet, wenn auch inzwischen weniger präsent als in den 1990er Jahren, ist die konstruktivistische Lerntheorie (z. B. Siebert 2012), in der die kognitive Eigentätigkeit der Lernenden von so zentraler Bedeutung ist, dass Pädagog*innen nur noch in einer moderierenden Funktion vorkommen und einen entsprechenden Kontext herstellen, in dem Lernen stattfinden kann. Die Passförmigkeit dieses Zugangs mit neoliberalen Imperativen wie Selbstverantwortung und Selbststeuerung, sowie die Blindheit für die Relevanz gesellschaftlicher und institutioneller Machtverhältnisse, in denen Lernen stattfindet, haben dem konstruktivistischen Zugang jedoch auch einige Kritik eingebracht, zumal er im Wesentlichen nur didaktisch ausgearbeitet und kaum mit empirischer Forschung verbunden ist.

Etwas anders liegen die Dinge im Hinblick auf die biographietheoretischen Überlegungen zum Lernen Erwachsener. Sie knüpfen einerseits an sozialkonstruktivistische Theorien wie den symbolischen Interaktionismus an. Andererseits nutzen sie John Deweys (1993) Überlegungen über das Lernen als Erfahrungsprozess. Von besonderer Bedeutung sind für Dewey die sogenannten denkenden Erfahrungen oder man könnte auch sagen, die Prozesse der Reflexion, die insbesondere dann angestoßen werden, wenn Handlungen, Ereignisse etc. mit Irritationen verbunden sind. Lernen findet dann statt, wenn gedankliche Zusammenhänge zwischen Handlungen und Handlungsfolgen hergestellt werden. *Erfahrungen werden* in einem konstruktiven Prozess *gemacht*. Dieser Prozess der Herstellung und Erprobung von gedanklichen Zusammenhängen kann individuell stattfinden, ist aber produktiver, wenn unterschiedliche Perspektiven verschiedener Personen eingehen. Lernen folgt hier einer ähnlichen Logik wie Forschung. Das besondere Potenzial dieser Perspektive für ein biographietheoretisches Verständnis von Lernen liegt darin, dass es auf diese Weise sinnvoll und möglich wird, in der Vergangenheit liegende Ereignisse und Erfahrungen nicht nur zu erinnern, sondern auch erneut zu durchdenken und differenzierter bzw. auch anders zu deuten und zu verstehen.

Obwohl die biographietheoretische Perspektive in der Erwachsenenbildung etabliert und der Begriff des biographischen Lernens weit verbreitet ist, liegt nach wie vor keine Theorie biographischen Lernens vor. Empirische Untersuchungen produzieren interessante (Fall-)Studien über Lernen in ganz unterschiedlichen Kontexten und Feldern, die sich jedoch nicht ohne weiteres aufeinander beziehen lassen (vgl. Rothe 2011a). Gleichwohl haben sich einige Kernelemente einer biographietheoretischen Perspektive auf Lernen herauskristallisiert, über die weitgehend Konsens besteht und die sich auch in den unterschiedlichen empirischen Studien wiederfinden. Neben einem Verständnis von Lernen als einem aktiven Prozess des Erfahrung-Machens sind es besonders die individuelle Eigenlogik des Lernens und seine soziale Dimension, die auch in empirischen Studien immer wieder sichtbar werden (vgl. Dausien 2008; Rothe 2011a). Die individuelle Eigensinnigkeit des Lernens ist mit der Sozialität des Lernens verschränkt. Sozialität des Lernens meint dabei nicht nur, dass Lernen in der Regel in Gruppen und in Interaktionsbeziehungen stattfindet und eher selten eine individuelle Angelegenheit ist. Sozialität bezieht sich auch darauf, dass Lerngewohnheiten und Lernpraktiken von sozialer Herkunft und gesellschaftlicher Position wesentlich mitbestimmt sind, wie Studien über den Lernhabitus zeigen (vgl. Herzberg 2005), was Lernen und Bildung gerade auch im Alter ermöglicht, aber zugleich auch begrenzt (vgl. Müllegger 2014).

Kritik an der individualistischen Verkürzung im Verständnis von Lernprozessen kommt aber nicht nur aus der diskursanalytischen und gouvernementalitätstheoretischen Auseinandersetzung mit den sich verändernden gesellschaftlichen Lernverhältnissen (vgl. Rothe 2011a), sondern auch aus der poststrukturalistischen Kritik an dem Subjektverständnis, das den üblichen Lerntheorien zugrunde liegt. Am Ende seiner umfangreichen Relektüre der gängigen Lerntheorien plädiert Tobias Künkler (2011) dafür, Lernen nicht als individuellen, sondern relationalen Prozess zu verstehen, der in einer interaktiven Praxis stattfindet. Die interaktive Praxis des Lernens ist von Momenten der Nachahmung und Mitahmung, der Imitation und Antizipation, der Identifikation und Partizipation bestimmt, in denen sich auch das lernende Subjekt in seiner Bezogenheit auf Andere, die Welt und sich selbst konstituiert und verändert. Subjektivität wird in diesem Rahmen relational verstanden, das heißt, in seiner Eingebundenheit, Verflochtenheit und Bezogenheit auf Andere.

Ein solches Lernverständnis scheint mir ein produktiver Ausgangspunkt dafür zu sein, Lernprozesse nicht als individuelle Prozesse in biographischen Erzählungen zu rekonstruieren, sondern zu beobachten, wie sich in organisierten Bildungssituationen Teilnehmende als biographische Subjekte in ihren Welt-, Selbst- und Anderen-Bezügen darstellen können und anerkannt werden. Bildungsarrangements, die biographisches Erzählen nicht nur ermöglichen, sondern gezielt als Medium der Bildungsarbeit einsetzen, bieten dafür ein interessantes Beobachtungsfeld. Sie sind Orte, an denen – pädagogisch gerahmt – biographische Alltagsarbeit und damit verbundene Lernprozesse stattfinden, die sich in interaktiven Zusammenhängen beobachten lassen, in denen nicht nur Selbstverständnisse, sondern auch Weltverständnisse verhandelt werden.

Im nächsten Kapitel werden zwei Bildungsarrangements der biographieorientierten Erwachsenenbildung vorgestellt. Sie machen eine biographieorientierte Bildungspraxis mit älteren Menschen anschaulich und dienen gleichzeitig dazu, zu zeigen, welche Fragen sich aus einer biographietheoretischen Perspektive auf Lernen und Bildung im Alter an eine solche Praxis stellen. Die Beispiele sind Teil eines ethnographischen Forschungsprojektes über Prozesse und Praktiken der Biographisierung in der Bildungsarbeit mit Erwachsenen.[7] Dem Projekt liegt die Annahme zugrunde, dass Erwachsenen- und Weiterbildung nicht nur Orte der Aneignung von Wissen und Kompetenzen, sondern auch Orte biographischer Arbeit sind. Das gilt keineswegs nur für Bildungsangebote, die sich an Ältere richten, sondern prinzipiell für alle Altersgruppen. Gleichwohl ist es sicher kein Zufall, dass sich biographieorientierte Zugänge in der Bildungsarbeit mit Älteren wie auch in Kontexten intergenerationalen Lernens besonders gut etablieren konnten und bewährt haben.

3 Biographisches Erzählen in der Bildungsarbeit mit Älteren: zwei Beispiele aus einem ethnographischen Forschungsprojekt

Die Annahme, dass die lern- und bildungsbiographischen Voraussetzungen, die Lernende in organisierten Bildungssituationen mitbringen, einen wesentlichen *Hintergrund* für die darin möglichen Lernprozesse bilden, wird weithin geteilt und stellt sich in manchen Kontexten als eine spezifische Variante des Prinzips der Teilnehmer*innenorientierung dar (vgl. Dausien 2003). Darüber hinaus

---

7 Im Rahmen des Projektes wurden teilnehmende Beobachtungen in zwei unterschiedlichen Feldern biographieorientierter Bildungsarbeit durchgeführt. Als Datenmaterial liegen Beobachtungsprotokolle und transkribierte Audioaufzeichnungen vor, die in einer ethnographischen Perspektive ausgewertet werden (Breidenstein et al. 2013).

können die biographischen Erfahrungen der Teilnehmenden systematisch als Ressource für die Auseinandersetzung mit einem vorgegebenen Thema genutzt werden, indem sie methodisch im Modus des biographischen Erzählens bzw. der biographischen Kommunikation (Behrens-Cobet/Reichling 1997) in das Lerngeschehen eingebunden werden. Auf diese Weise wird »biographisches Wissen erweitert, umgeordnet, neu verknüpft und bewertet« (Dausien 2011, 117). Dausien spricht dabei von Biographie als *Lernfeld*. Das Lernen ist in einem solchen Fall eher als »re-konstruktiver Forschungsprozess« (ebd., 118) angelegt, in den unterschiedliche Erfahrungen eingebracht, aufeinander bezogen und verglichen werden und auf diese Weise das Thema entwickelt und ausdifferenziert wird. In einer weiteren Variante des Biographiebezugs werden biographische Erfahrungen explizit zum *Gegenstand* des Lernprozesses. Hierbei stehen Prozesse der (Selbst-)Reflexion und der biographischen Arbeit im Vordergrund, die der Selbstvergewisserung und der Entwicklung neuer Handlungsmöglichkeiten dienen, was insbesondere im Rahmen von biographischen Übergangsprozessen von Bedeutung sein kann.

In allen drei Varianten kommt dem angeleiteten bzw. moderierten biographischen Erzählen eine zentrale Bedeutung zu. Obwohl biographieorientierte Ansätze in der Bildungsarbeit auch in methodischer Hinsicht von der sozialwissenschaftlichen Biographieforschung inspiriert sind, stellt ein Gruppenarrangement, in dem mehrere Personen nacheinander Erzählsequenzen beitragen, eine Besonderheit dar, die mit einigen moderatorischen Herausforderungen verbunden ist. Dazu gehören u. a.: das Erzählschema in der Gruppenkommunikation zu etablieren und aufrecht zu erhalten, die Zeit zu strukturieren und beispielsweise die Dauer der Einzelerzählungen zu begrenzen, auf die Beteiligungschancen aller zu achten, Bezüge zwischen den Erzählbeiträgen herzustellen und ggf. Prozesse der Reflexion anzuleiten.

Im Folgenden werde ich zwei Beispiele für organisierte Bildungsarrangements vorstellen, die sich vor allem an ältere Menschen richten und in denen *Erinnern* und *biographisches Erzählen* im Mittelpunkt stehen, jedoch immer auf ein inhaltlich gesetztes Thema bezogen sind. Ich werde ihre Gemeinsamkeiten und Unterschiede deutlich machen und herausarbeiten, was ihre Attraktivität für ältere Teilnehmer*innen ausmacht. Da es an dieser Stelle aus Platzgründen nicht möglich ist, Ergebnisse aus der ethnographischen Untersuchung oder Ausschnitte aus Beobachtungsprotokollen oder Transkriptionen zu präsentieren und zu diskutieren, hat die Darstellung eher beschreibenden und kommentierenden Charakter. Am Ende dienen mir diese Beispiele dazu, in doppelter Perspektive zu schauen, welche Fragen sich für eine Biographieforschung stellen, die sich für Prozesse der Biographisierung in der Bildungsarbeit interessiert und welche Möglichkeiten und Grenzen ich in dieser Art von Bildungsarbeit insbesondere mit älteren Menschen sehe.

Beispiel 1: Biographisches Erzählen im stadtgeschichtlichen Museum

Die Geschichte einer Stadt zeigt sich nicht nur in den Gebäuden und Plätzen, den historischen Ereignissen und unterschiedlichen politischen Phasen, sondern ist untrennbar mit den Lebensgeschichten ihrer Bewohner*innen verbunden. Ein stadtgeschichtliches Museum bietet insofern einen nahezu idealen Rahmen für biographisches Erzählen, insbesondere dann, wenn das Museum – wie im vorliegenden Fall – auch einen zeitgeschichtlichen Schwerpunkt hat und sich nicht nur für die historischen Großereignisse, sondern für den Wandel der Alltagskultur und die Perspektive der Bewohner*innen interessiert. Im vorliegenden Fall handelt es sich um einen *Gesprächskreis*, der seit zehn Jahren Bestandteil der museumspädagogischen Vermittlungsarbeit ist und sich besonders an zeitgeschichtlich interessierte Senior*innen richtet, die in der Stadt leben. Themen, mit denen sich der Gesprächskreis anhand der biographischen Erinnerungen der Teilnehmenden in den letzten Jahren beschäftigt hat, waren beispielsweise: Mobilität in der Stadt, Konsum, Urlaub am Meer und anderswo, Arbeitswelten oder auch besondere Orte in der Stadt im Wandel der Zeit. Der Gesprächskreis, der eigentlich Erzählkreis heißen müsste, findet mit fünf bis sechs Terminen jeweils im Herbst und im Frühjahr statt. Es handelt sich um eine Kooperation zwischen dem Museum und einem universitären Archiv für lebensgeschichtliche Aufzeichnungen.

An jedem Termin nehmen zwischen 15 und 25 Personen zwischen 60 und 90 Jahren teil. Es handelt sich um ein halböffentliches Erzählarrangement, einige Personen nehmen kontinuierlich über mehrere Jahre teil, andere weniger langfristig oder vor allem themenbezogen. Prinzipiell ist der Gesprächskreis offen und ein Einstieg ist jederzeit möglich. Moderiert wird er im Wechsel von zwei Historikern und einer Soziologin.

Während das Thema im Herbst für fünf bis sechs Termine festgelegt ist und sich inhaltlich am Ausstellungsprogramm orientiert, ist das Frühjahrsprogramm thematisch offen und kann stärker an den Interessen der Teilnehmenden ausgerichtet werden. Auch wenn sich die Moderationsstile der einzelnen Personen unterscheiden und in Abhängigkeit vom Thema Variationen in der Moderationsstrategie zu beobachten sind, folgen die jeweils zweistündigen Termine einem vergleichbaren Ablauf. Der Termin beginnt mit einer Einführung in das Thema. An den ersten Terminen im Herbst werden knappe Regeln für das Erzählen und Zuhören in der Gruppe formuliert sowie darauf hingewiesen, dass die Diskussion von Meinungen in diesem Rahmen nicht erwünscht ist. Handelt es sich wie im Herbstprogramm um eine Reihe, die unter einem Hauptthema steht, wird in der Regel kurz an die vergangenen Termine erinnert, bevor eine inhaltliche Erzählanregung gegeben wird. Das Erzählen in der Gruppe kommt zumeist schnell in Gang. Die Länge der einzelnen Erzählbeiträge variiert. Es gibt kurze, eher assoziative Erinnerungen, die meisten Erzählungen sind etwa fünf bis sieben Minuten lang. Erzählpassagen, die länger als zehn Minuten sind, kommen nur im Ausnahmefall vor. Die Moderation beschränkt sich in der Hauptphase zumeist darauf, angezeigte Erzählbeiträge zu reihen und darauf zu achten, dass alle zu Wort kommen, die etwas erzählen möchten. Eher selten platziert die Moderation eine neue Erzählaufforderung, beispielsweise, um die Aufmerksamkeit auf eine noch nicht beachtete oder nur angedeutete Facette des Themas zu lenken, oder sie fragt explizit danach, ob es auch »andere Erfahrungen« gibt, wenn sich einseitige Verdichtungen und Wiederholungen einer bestimmten Perspektive entwickeln. Außerdem ist es gelegentlich notwendig, die für das Erzählen und Zuhören notwendige Ruhe wiederherzustellen, wenn Erzählbeiträge Nebengespräche, spontane Zustimmung, ausgelassene Heiterkeit oder expliziten Widerspruch erzeugen oder es Unklarheiten in der Reihung der Beiträge gibt. Am Ende übernimmt die Moderation die formale Schließung der Erzählrunde und kündigt den neuen Termin an. An manchen der von mir beobachteten Gesprächskreise ist der Schließung noch ein anderes Element vorgeschaltet. Anwesende Gäste, zu denen neben der teilnehmenden Beobachterin auch Kurator*innen des Museums und Personen gehören, die sich für biographische Methoden interessieren, werden gebeten, kurz mitzuteilen, was ihnen beim Zuhören aufgefallen ist. Auf diese Weise findet in begrenztem Maße eine knappe und sehr ausschnitthafte Reflexion des Erzählverlaufs statt. Dabei werden manchmal Themen expliziert, die im Erzählverlauf implizit geblieben sind oder es werden Aspekte hervorgehoben, die den Zuhörer*innen wichtig erschienen, aber im Erzählen eher randständig geblieben sind.

In dieser Form der biographieorientierten Arbeit steht die Auseinandersetzung mit dem *Thema im Vordergrund*. Auch wenn sich die Moderation in der Vorbereitung über unterschiedliche Facetten eines Themas Gedanken macht, um den Teilnehmenden den Einstieg in die Erinnerung an konkrete Erlebnisse zu erleichtern, findet die Differenzierung eines Themas vor allem durch die Erzählungen der Teilnehmenden statt. Im Erzählen aus den unterschiedlichsten Perspektiven entstehen immer wieder neue Facetten des Themas, die erzählend über mehrere Beiträge verfolgt werden, bis sie von neuen Aspekten abgelöst werden. Die Orientierung am Hauptthema bleibt dabei aber immer erhalten, was vor allem von den Teilnehmenden selbst eingefordert wird, wenn – was eher selten geschieht – Abschweifungen entstehen. Erzählungen stoßen immer wieder neue Erinnerungen an und die detaillierte Rekonstruktion des Erzählverlaufs zeigt, wie die Teilnehmenden in ihren Erzählungen explizit und implizit aufeinander Bezug nehmen und bereits erzählte Erfahrungen ergänzen, ausdifferenzieren, variieren oder auch mit Gegenerzählungen in Frage stellen bzw. relativieren. Auf diese Weise werden im Erzählen nicht nur die Überschneidungen und Gemeinsamkeiten biographischer Erfahrungsräume sichtbar, sondern auch Differenzen und Unterschiede. Letztere sind von zentraler Bedeutung dafür, dass ein differenziertes Bild unterschiedlicher zeitgeschichtlicher und gesellschaftlicher Kontexte und Handlungsweisen entstehen kann, die für die Lebensverläufe der Teilnehmenden bestimmend waren.

Greift man die eingangs getroffene Unterscheidung noch einmal auf, sind die biographischen Erzählungen der Teilnehmenden in diesem Kontext vor allem als *Lernfeld* relevant. Das Erzählen selbst bestimmt die inhaltliche Richtung, in die sich ein Thema entwickelt. Aus einer lerntheoretischen Perspektive ermöglicht das Arrangement den Teilnehmenden vor allem *Einblicke in unterschiedliche soziale Kontexte* des Lebens in der Stadt. Welche Einblicke hier möglich sind und inwiefern differente Perspektiven, Lebensweisen und -verläufe aufeinandertreffen, ist davon abhängig, wie heterogen die Teilnehmendengruppe zusammengesetzt ist. Das gemeinsame Erzählen ermöglicht auf diese Weise auch, sich in diesen Kontexten *zu verorten*. Im Nebeneinander und im Vergleich der unterschiedlichen Erfahrungen kann erkennbar werden, wie zeitgeschichtliche Bedingungen und gesellschaftliche Kontexte individuelle Erfahrungen bestimmen, aber auch ähnliche bzw. unterschiedliche Erfahrungen hervorbringen. Solche Prozesse der biographischen (Selbst-)Reflexion finden in diesem Kontext jedoch eher beiläufig bzw. im Hintergrund statt. Sie sind auch mit dem konzentrierten Zuhören verbunden, das mehr noch als das Erzählen der Hauptmodus der Teilnahme ist.

Etwas anders ist das biographische Erzählen im zweiten Beispiel ausgerichtet.

Beispiel 2: Lebensgeschichtliches Erzählen in Biographiegruppen

In der historisch-politischen Bildungsarbeit wird mit unterschiedlichen biographischen Methoden gearbeitet (z. B. Behrens-Cobet/Reichling 1997; Behrens/Reichling 2011), beispielsweise mit biographischen Erzählungen von Zeitzeug*innen, d. h. von Überlebenden des Holocaust oder von Menschen, die im Nationalsozialismus verfolgt wurden. Inzwischen wird der Zeitzeug*innenbegriff in einem erweiterten Verständnis verwendet und auch im Kontext anderer historisch-politischer Ereignisse und Epochen genutzt. Aber auch die Auseinandersetzung damit, wie die zeitgeschichtlichen, politischen und gesellschaftlichen Bedingungen individuelle biographische Erfahrungen mitbestimmt haben, ist ein Arbeitsfeld der historisch-politischen Bildung, d. h. es geht nicht nur um öffentliches Erzählen im Modus der Zeitzeug*innenschaft, sondern auch um die Reflexion eigenen gesellschaftlichen Gewordenseins. In einem solchen Kontext ist das Beispiel aus meinem zweiten Forschungsfeld verortet. Die Biographiegruppen werden in diesem Fall von einem Verein der historisch-politischen Bildungsarbeit angeboten, der nach einem biographieorientierten Bildungskonzept arbeitet und neben regelmäßigen öffentlichen Erzählcafés auch andere Formen biographischen Erzählens anbietet.

Biographiegruppen sind kontinuierliche, von einer Moderation angeleitete Kleingruppen, in denen sich Menschen in einem nicht-öffentlichen Kontext biographische Erfahrungen erzählen und diese gemeinsam reflektieren. Die Teilnahme an einer solchen Gruppe dient teilweise auch der Vorbereitung auf öffentliches Erzählen in Erzählcafés. Es nehmen aber vor allem Menschen teil, die Interesse am Erzählen, Zuhören und der Auseinandersetzung mit zeitgeschichtlichen Themen haben oder die biographieorientierte Arbeit des Vereins kennenlernen wollen. Im Idealfall sind die Gruppen intergenerational angelegt, auch wenn ältere Menschen die Hauptzielgruppe des Vereins sind. In Biographiegruppen ist das lebensgeschichtliche Erzählen ebenfalls mit einer thematischen Fokussierung verbunden. Diese richtet sich jedoch – anders als in dem ersten beschriebenen Setting – an Ereignissen, Lebensphasen und Erfahrungen aus, die als biographisch bedeutsam angesehen werden (z. B. Kindheit, Jugend, der erste Schultag, Schulerfahrungen, Familienfeste, die Berufswahl, Lebens- und Wohnformen). Der Ablauf der in der Regel zweistündigen Termine folgt einer wiederkehrenden Form: Zunächst werden alle Teilnehmenden aufgefordert, in Form einer Runde mit begrenzter Zeit etwas zum vorher vereinbarten Thema zu erzählen. Im Anschluss an eine Erzählung werden in dieser ersten Phase nur Verständnisfragen gestellt. Erst wenn die Erzählrunde abgeschlossen ist, beginnt der Vergleich der Erfahrungen. Mit der Markierung von Gemeinsamkeiten und Unterschieden zwischen den Erzählungen beginnt auch der Einstieg in die gemeinsame Reflexion.

Im Unterschied zum ersten Beispiel werden die Biographien der Teilnehmer*innen in Biographiegruppen zum *Lerngegenstand*. Auch die Erzählmuster unterscheiden sich vom ersten Beispiel. In den meisten Fällen wird ein Thema – z. B. Schulerfahrungen oder Lebens- und Wohnformen – auf unterschiedliche biographische Zeitpunkte oder Phasen bezogen, so dass *Erzählungen über biographische Verläufe* entstehen. Diese Form der biographischen Erzählung kommt im ersten Feld nur selten vor, was auch mit der unterschiedlichen Größe der Gruppen und der verfügbaren Erzählzeit zu tun hat. Der zentrale Unterschied zum ersten Beispiel liegt jedoch in der Bedeutung der gemeinsamen Reflexion. Sie bildet den eigentlichen Schwerpunkt der kommunikativen Praxis in der Gruppe. In der Reflexion geht es weniger darum, die individuellen Prozesse, Beweggründe oder Handlungsweisen nachzuvollziehen, sondern im Vergleich der unterschiedlichen Erzählungen *die historischen, politischen und sozialen Bedingungen von Erfahrungen* differenzierter zu verstehen, die Erfahrungsmöglichkeiten eröffnen und begrenzen sowie unterschiedliche biographische Verläufe hervorbringen. Auch hier stellt die Heterogenität der Gruppe eine wichtige Voraussetzung für eine produktive Reflexion dar.

4 Perspektiven für die Biographieforschung in der Erwachsenenbildung und die Gestaltung biographieorientierter Bildungsarbeit mit Älteren

Eine biographische Perspektive auf Lernen und Bildung im Alter einzunehmen bedeutet dreierlei: Zunächst geht es um die empirische Untersuchung der Nacherwerbsphase mit den Mitteln der Biographieforschung, um zu rekonstruieren, wie biographische Erfahrungen und Ressourcen in der Gestaltung der nachberuflichen Lebensphase im Umgang mit den aktuellen gesellschaftlichen Bedingungen des Alter(n)s ermöglichend und begrenzend wirksam werden. In Verknüpfung mit lerntheoretischen Überlegungen ist außerdem von Interesse, genauer zu verstehen, wie Lernen in der Nacherwerbsphase stattfindet und welche Strategien im Umgang mit diesen Lernanforderungen entwickelt werden. Dabei handelt es sich nicht primär um individuelle Prozesse, vielmehr findet Lernen unter konkreten sozialen Bedingungen und in sozialen Beziehungen statt.

In der Verknüpfung mit anderen methodischen Zugängen wird es außerdem möglich, in einer biographietheoretischen Einstellung unterschiedliche Formen der Bildungspraxis forschend in den Blick zu nehmen, in die ältere Menschen als TeilnehmerInnen involviert sind. Von Interesse sind dabei besonders solche Praxisformen, die explizit biographische Erfahrungen älterer Menschen aufgreifen und diese als Medium der Bildungsarbeit nutzen. Solche Arrangements ermöglichen es, dass die Teilnehmenden die inhaltliche Entwicklung des Themas auf der Grundlage ihrer eigenen biographischen Erfahrungen wesentlich mitbestimmen. Eine empirische Untersuchung solcher Arrangements ermöglicht, differenzierter zu verstehen, welche Bedeutung biographieorientierte Bildungsarbeit im Alter haben kann und inwiefern in dieser Praxis interaktive Prozesse biographischer Arbeit stattfinden.

Auf der Grundlage solcher Erkenntnisse wird es möglich, biographieorientierte Bildungspraxis methodisch und konzeptionell weiterzuentwickeln. Dabei geht es nicht um altersgruppenspezifische Bildungsangebote, die im ungünstigen Fall zur Verfestigung der jung/alt Differenz beitragen, sondern eher darum, gezielt altersübergreifende Settings zu entwickeln – zumal empirische Forschungen zeigen, dass Angebote, die sich explizit an ältere Menschen richten, für diese gar nicht unbedingt attraktiv sind (vgl. Denninger et al. 2014) und eine gezielte Ansprache auch zur Barriere für die Teilnahme werden kann. Dieses Phänomen zeigt sich teilweise auch in meinem Untersuchungsfeld. Insbesondere im stadtgeschichtlichen Museum äußern Teilnehmende immer wieder ein explizites Interesse an den Perspektiven jüngere Menschen, das gewissermaßen im Widerspruch zur altersgruppenbezogenen Logik der Bildungsangebote der Institution steht. Gerade biographieorientierte Bildungsansätze bedürfen heterogener Teilnehmendengruppen – im Hinblick auf soziale, geschlechtliche, kulturelle und generationale Zugehörigkeit, damit erzählend unterschiedliche Perspektiven eingebracht werden können.

Literatur

Alheit, P./Dausien, B. (2009): Biographie‹ in den Sozialwissenschaften Anmerkungen zu historischen und aktuellen Problemen einer Forschungsperspektive. In: Fetz, Bernhard (Hg.): *Die Biographie – Zur Grundlegung ihrer Theorie*. Berlin, New York, S. 285–315.

Alheit, Peter/Dausien, B. (2006): Biographieforschung in der Erwachsenenbildung. In: Krüger, H.-H./Marotzki, W. (Hg.). *Handbuch erziehungswissenschaftliche Biographieforschung*, 2. überarbeitete und aktualisierte Aufl., Wiesbaden VS, S. 431–457.

Behrens-Cobet, H./Reichling, N. (1997): *Biographische Kommunikation. Lebensgeschichten im Repertoire der Erwachsenenbildung.* Neuwied: Luchterhand.
Breidenstein, G./Hirschauer, S./Kalthoff, H./Nieswand, B. (2013): *Ethnografie. Die Praxis der Feldforschung.* Konstanz: UVK, UTB.
Dausien, B. (2003): Zielgruppen – Lebenswelten – Biographien. Sichtweisen der Erwachsenenbildung auf »die Teilnehmenden«. In: Ciupke, P./Faulenbach, B./Jelich, F.-J./ Reichling, N. (Hg.). *Erwachsenenbildung und politische Kultur in Nordrhein-Westfalen. Themen – Institutionen – Entwicklungen seit 1945.* Essen: Klartext, S. 31–50.
Dausien, B. (2006): Biographieforschung. In: Behnke, J./Gschwendt, T./Schindler, D./ Schnapp, K.-U. (Hg.) *Methoden der Politikwissenschaft. Neuere qualitative und quantitative Analyseverfahren.* Baden-Baden: Nomos, S. 59–68.
Dausien, B. (2008): Lebenslanges Lernen als Leitlinie für die Bildungspraxis? Überlegungen zur pädagogischen Konstruktion von Lernen aus biographietheoretischer Sicht. In: Herzberg, H. (Hg.). *Lebenslanges Lernen. Theoretische Perspektiven und empirische Befunde im Kontext der Erwachsenenbildung.* Frankfurt u. a.: P. Lang, S. 151–174.
Dausien, B. (2011): »Biographisches Lernen« und »Biographizität«. Überlegungen zu einer pädagogischen Idee und Praxis in der Erwachsenenbildung. In: *Hessische Blätter für Volksbildung,* 61. Jg., H. 2, S. 110–125.
Denninger, T./Dyk, S. van/Lessenich, S./Richter, A. (2014): *Leben im Ruhestand. Zur Neuverhandlung des Alters in der Aktivgesellschaft.* Bielefeld: transcript.
Dewey, J. (1993): *Demokratie und Erziehung. Eine Einleitung in die philosophische Pädagogik.* Weinheim, Basel: Beltz.
Dyk, S. van (2015): *Soziologie des Alters.* Bielefeld: transcript.
Gudjons, H./Wagner-Gudjons, B./Pieper, M. (2008): *Auf meinen Spuren. Übungen zur Biografiearbeit.* Neu bearbeitete und aktualisierte Auflage. Bad Heilbrunn: Klinkhardt.
Göckenjan, G. (2009): Vom ›tätigen Leben‹ zum ›aktiven Alter‹: Alter und Alterszuschreibungen im historischen Wandel. In: van Dyk, S./Lessenich, S. (Hg.). *Die jungen Alten. Analyse einer neuen Sozialfigur.* Frankfurt, New York: Campus, S. 235–255.
Hahn, A. (2000): *Konstruktionen des Selbst, der Welt und der Geschichte. Aufsätze zur Kultursoziologie.* Frankfurt: Suhrkamp.
Herzberg, H. (2005): Lernhabitus als Grundlage Lebenslanger Lernprozesse. In: *ZBBS,* 6. Jg., H. 1, S. 11–22.
Hölzele, C./Jansen, I. (Hg.) (2011): *Ressourcenorientierte Biografiearbeit. Grundlagen – Zielgruppen – Kreative Methoden.* 2. Aufl. Wiesbaden, VS.
Holzkamp, K. (1993): *Lernen. Eine subjektwissenschaftliche Grundlegung.* Frankfurt, New York: Campus.
Hülsen-Esch, A. von/Seidler, M./Tagsold, C. (2013): Methoden der Alter(n)sforschung. Disziplinäre Positionen – transdisziplinäre Perspektiven. In: Dies. (Hg.). *Methoden der Alter(n)sforschung. Disziplinäre Positionen und transdiszipläre Perspektiven.* Bielefeld: transcript, S. 7–33.
Justen, N. (2011): *Erwachsenenbildung in biographischer Perspektive. Lebensgeschichten – Bildungsmotive – Lernprozesse.* Opladen, Farmington Hills: B. Budrich.
Kade, S. (2009): *Altern und Bildung. Eine Einführung.* Bielefeld: Bertelsmann.
Kohli, M. (1988): Normalbiographie und Individualität. Zur institutionellen Dynamik des gegenwärtigen Lebenslaufregimes. In: Brose, Hanns-Georg/Hildenbrand, Bruno (Hg.). *Vom Ende des Individuums zur Individualität ohne Ende.* Opladen: Leske+Budrich, S. 33–53.
Kohli, M. (2003): Der instituttionalisierte Lebenslauf. Ein Blick zurück und nach vorn. In: Allmendinger, J. (Hg.). *Entstaatlichung und soziale Sicherheit.* Verhandlungen des 31. Kongresses der Deutschen Gesellschaft für Soziologie in Leipzig 2002. Teil 1. Opladen: Leske+Budrich, S. 525–545.
Künkler, T. (2011): *Lernen in Beziehung. Zum Verhältnis von Subjektivität und Relationalität in Lernprozessen.* Bielefeld: transcript.
Lucius-Hoene, G. (2010): Narrative Identitätsarbeit im Interview. In: Griese, Birgit (Hg.). *Subjekt – Identität –Person? Reflexionen zur Biographieforschung.* Wiesbaden: VS, S. 149–170.

Meyer, R./Bosse, S. (1998): Das Göttinger Erzählcafé – eine Möglichkeit des öffentlichen Erinnerns. In: *Zeitschrift für Politische Psychologie. Erinnerungspolitiken und kollektive Identitäten*. Jg. 1998, H.4, S. 447–458.
Meyer, R./Rothe, D. (2014): *Angeleitete und selbstorganisierte Biographiegruppen. Das Göttinger Modell*. Arbeitsmaterial.
Miethe, I. (2011): *Biografiearbeit. Lehr- und Handbuch für Studium und Praxis*. Weinheim, München: Juventa.
Müllegger, J. (2014): *Die steinerne Decke. Eine bildungssoziologische Studie über lebenslange Lernprozesse bildungsferner älterer Frauen*. Saarbrücken: Südwestdeutscher Verlag für Hochschulschriften.
Rothe, D. (2011a): *Lebenslanges Lernen als Programm. Eine diskursive Formation in der Erwachsenenbildung*. Frankfurt, New York: Campus.
Rothe, D. (2011b): Zwischen Bildungsbiographie und lernen im Lebenslauf: Konstruktionen des Biographischen in der Politik des Lebenslangen Lernens. In: Herzberg, H./Kammler, E. (Hg.). *Biographie und Gesellschaft. Überlegungen zur einer Theorie des modernen Selbst*. Frankfurt, New York: Campus, S. 43–60.
Ruhe, H. G. (2009): *Methoden der Biografiearbeit. Lebensspuren entdecken und verstehen*. Weinheim, München: Juventa.
Sander, K. (2003): *Biographie und Interaktion. Lebensgeschichten im institutionellen Rahmen eines Altenheims*. Werkstattberichte des INBL, Bd. 13. Bremen: Universität Bremen.
Sander, K. (2006): *Biographiearbeit. Grundlagen der Pflege für Aus-, Fort- und Weiterbildung*. Heft 21. Brake: Prodos Verlag.
Siebert, H. (2012): *Didaktisches Handeln in der Erwachsenenbildung. Didaktik aus konstruktivistischer Sicht*. 7. Auflage. Augsburg: Ziel Verlag.

Intergenerationelles Lernen

Julia Franz und Bernhard Schmidt-Hertha

1 Ausgangslage: das Verhältnis der Generationen

Nicht erst in der zunehmenden Bewusstheit veränderter Altersstrukturen in praktisch allen Industrienationen hat das Verhältnis verschiedener lebender Generationen (synchrones Generationenmodell; Roseman 2005) zueinander wissenschaftliche und politische Aufmerksamkeit erfahren. Schon mit den ersten Jugendstudien der Nachkriegszeit wurde das Verhältnis zwischen »der jungen Generation« und den älteren (gesellschaftlich etablierten) Generationen thematisiert (Schelsky 1957) – damals vor allem aus Sicht der Jugendlichen. Nimmt man diese Perspektive als Ausgangsbasis für eine zeithistorische Analyse, so scheinen Alt und Jung selten so positiv übereinander gesprochen zu haben wie seit der Jahrtausendwende. In jüngeren Shell-Jugendstudien (Hurrelmann/ Albert 2006) bestätigt sich der wertschätzende und von Respekt geprägte Blick der Jugendlichen auf ältere Erwachsene, wie er sich auch in empirischen Arbeiten zum wechselseitigen Generationenverhältnis widerspiegelt (z. B. Hanns-Seidel-Stiftung 2002; vgl. auch Schmidt-Hertha/Schramm/Schnurr 2012). Auch die älteren Erwachsenen begegnen der jüngeren Generation ganz überwiegend mit Respekt und betonen vor allem deren schwieriger werdende Lebensbedingungen und deren vielseitige Kompetenzen (vgl. Schmidt/Tippelt 2009). In der Literatur findet sich allerdings auch häufiger der Hinweis darauf, dass dieses positive Verhältnis mit einer gewachsenen Trennung verschiedener Generationen in unterschiedlichen Lebensbereichen einhergeht (vgl. Kade 1998; Schmidt/Tippelt 2009). Vor diesem Hintergrund lässt sich fragen, ob die gegenseitig entgegengebrachte Wertschätzung primär auf fehlenden Gelegenheiten zur kritischen Auseinandersetzung mit der jeweils anderen Generation beruht, wobei eben diese Auseinandersetzung als zentrale Basis für gesellschaftliche Entwicklung (Schweitzer 1998) und individuelle Emanzipation zu sehen wäre (vgl. Schleiermacher 1826, 1957).

Mit der Diskussion um nachhaltige Entwicklung erweitert sich der Blick auf Generationenverhältnisse und schließt nun auch die zukünftigen (noch nicht geborenen) Generationen ein, d. h. man kann hier mit Roseman (2005) von einem diachronen Generationenmodell sprechen. Die Diskurse um nachhaltige Entwicklung werden vor allem vom Gedanken der Verantwortung der lebenden Generationen für die nachfolgenden getragen und beschreiben damit ein eher einseitiges denn reziprokes Generationenverhältnis, auf das hier schon deshalb nicht weiter eingegangen wird, da die Idee des intergenerationellen Lernens sich auf zur gleichen Zeit lebende Generationen abhebt.

Neben diesen gesamtgesellschaftlichen Generationenverhältnissen, die durch soziokulturelle und kontextuelle Strukturen geprägt sind, sind auch die Beziehungen von Generationen in Familien und Organisationen – in Abhängigkeit von der jeweiligen Familien- bzw. Organisationsstruktur – sowie von Opportunitäts- und Bedürfnisstrukturen beeinflusste intergenerationelle Beziehungen zwischen einzelnen Individuen in den Blick zu nehmen (vgl. Szydlik 2000). Diese unterschiedlichen Ebenen von Generationenverhältnissen sind in pädagogischen Kontexten kaum voneinander zu trennen und müssen im Kontext intergenerationellen Lernens reflektiert werden.

In diesem Beitrag wird vor diesem Hintergrund das pädagogische Konzept intergenerationellen Lernens näher beleuchtet. Ausgehend von einer theoretischen Beschreibung (2) werden empirische Befunde zur Gestaltung intergenerationeller Lernszenarien vorgestellt (3) und daraus abgeleitete Anforderungen an Lehrende und Lernende thematisiert (4). Abschließend werden die Möglichkeiten und Grenzen intergenerationalen Lernens reflektiert (5) und in einem Fazit Anschlussmöglichkeiten für die Forschung herausgearbeitet (6).

2 Was ist intergenerationelles Lernen?

Der Begriff des intergenerationellen Lernens hat in den letzten Jahren international Konjunktur und wird dabei für nahezu alle Lernkontexte verwendet, an der Personen unterschiedlichen Alters beteiligt sind. Um intergenerationelles Lernen theoretisch weiterzuentwickeln scheint aber eine engere Bestimmung des derart entgrenzten Begriffs erforderlich.

Der Idee des intergenerationellen Lernens können zunächst unterschiedliche Generationenkonzepte zugrunde liegen. Während ein pädagogischer Generationenbegriff in der Tradition Schleiermachers (1826, 1957) die Weitergabe kulturell tradierte Wissensbestände und Normen von der älteren an die jüngere Generation zur zentralen Aufgabe pädagogischen Handelns erhebt und damit eine unidirektionale Lehr-Lern-Beziehung in den Fokus rückt, lädt ein genealogischer Generationenbegriff, der die Abfolge von Generationen z. B. in der Familie oder in Generationen thematisiert, zu einem ebenfalls hierarchischen und funktional-differenzierten Blick auf Generationen ein. Intergenerationelles Lernen meint dann oft die Befähigung einer nachkommenden Generation zur Übernahme von Aufgaben und Funktionen in einer Gemeinschaft. Viele Programme orientieren sich noch an diesem Generationenkonzept, während wissenschaftliche Diskurse zum pädagogischen und genealogischen Generationenbegriff sich längst von hierarchischen und unidirektionalen Generationenverhältnissen in Lehr-Lern-Kontexten verabschiedet haben (z. B. Liebau 1997). Ein sozio-historischer Generationenbegriff in Anlehnung an Karl Mannheim (1928) eröffnet dagegen eine andere Perspektive auf intergenerationelles Lernen, wenn Generationen hier nicht hierarchisch sondern als Produkt geteilter Erfahrungen aufgrund des Durchlebens einschneidender gesellschaftlicher Ereignisse in der gleichen Lebensphase angesehen werden (Generationslagerung). Ein an dieses Generationenkonzept anschließendes Verständnis intergenerationellen Lernens rückt den gleichberechtigten Dialog von Generationen mit ihren jeweils spezifischen Deutungsmustern und Weltsichten in den Mittelpunkt (vgl. Schmidt/Tippelt 2009; Franz 2010).

Letzteres unterscheidet dann auch intergenerationelles Lernen von einem Lernen in altersgemischten Gruppen. Intergenerationelles Lernen im engeren Sinne impliziert, dass der Dialog verschiedener Generationsperspektiven und nicht verschiedener Lebensphasen im Zentrum steht, wobei Siebert und Seidel (1990) ein »Übereinander Lernen« – also die Fokussierung der Lehr-Lern-Interaktion auf das Kennenlernen und Verstehen der jeweils anderen generationellen Perspektive – als die höchste Form intergenerationellen Lernens beschreiben.

Die vorliegenden Forschungsarbeiten zu intergenerationellem Lernen verpflichten sich freilich nicht durchgehend dem hier skizzierten engen Begriffsverständnis, sondern lassen sich in unterschiedliche Phasen unterteilen (vgl. auch Schmidt-Hertha 2014). In den 1980ern und 1990ern dominierten US-amerikanische Studien, die – ausgehend von einem genealogischen Generationenbegriff – den intergenerationellen Wissenstransfer in Familien untersuchten (z.B. Gadsden/Hall 1996; Strom/Strom 2000). Erst nach der Jahrtausendwende mehrten sich europäische Beiträge in diesem Forschungsfeld, wobei diese sich vor allem aus den Diskursen um Bildung und Lernen im Alter ableiteten. Ein auffällig häufiges Thema dabei sind intergenerationelle Lernarrangements zur Entwicklung von Digital Literacy insbesondere unter den älteren Erwachsenen (z.B. Patricío/Osorio 2012; Thalhammer/Schmidt-Hertha 2015), wobei tendenziell der intergenerationelle Dialog zugunsten eines einseitigen Kompetenzerwerbs in den Hintergrund rückt. Ebenso finden sich aber auch Studien zu Lernkontexten, in welchen verschiedene Generationen anlässlich gemeinsamer Herausforderungen und Lernanlässe zusammenkommen (z.B. Rute/Fragoso 2013; Hake 2015) und die sowohl über wesentliche Prozesse des Erfahrungslernens auf Seiten der Jüngeren (Kalisch et al. 2013) als auch über die Lernprozesse selbst hinausreichende positive Effekte bei den Älteren (Hernandez/Gonzalez 2013) berichten.

Hinsichtlich des Interesses an intergenerationellem Lernen ist bislang vor allem die Perspektive der Älteren Gegenstand von Untersuchungen gewesen, wobei sich u.a. zeigt, dass die Offenheit für altersheterogene Lerngruppen sowohl von den bisherigen Bildungserfahrungen der Älteren als auch vom jeweiligen Thema abhängt (Schmidt/Tippelt 2009). Zur Perspektive der jüngeren Generationen auf entsprechende Lernangebote fehlen bislang allerdings empirische Studien.

3 Gestaltung intergenerationeller Lernszenarien

Wenn man sich nun anschaut, wie verschiedene Generationen in der institutionellen Bildungsarbeit zum gemeinsamen Lernen zusammengebracht werden, lassen sich in der empirischen Forschung drei idealtypische Lernszenarien unterscheiden (vgl. Franz 2010; Franz et al. 2009).

In *familienorientierten Lernarrangements* stehen im Sinne eines genealogischen Generationenbegriffs (vgl. Liebau 1997) Lernprozesse zwischen Kindern, Eltern und Großeltern bzw. zwischen Kindern und Älteren, die diesem Rollenbild entsprechen, im Mittelpunkt. Ausgangspunkt ist die Annahme, dass die Jüngeren beiläufig von den Erfahrungen und dem Wissen der Älteren lernen. Diese Arrangements werden pädagogisch relativ offen gestaltet, indem ein extensionaler Erfahrungsraum bereitgestellt wird, in dem Jüngeren implizit von Älteren lernen, beispielsweise bei gemeinsamen und geselligen Aktivitäten, wie Kochen, Wandern oder Spielen. Die Adressaten dieser Arrangements profitieren in mehrfacher Hinsicht von intergenerationellen Lernkontakten. Insbesondere für Kinder und Ältere, die vor Ort über keine generationsübergreifenden familiären Kontakte verfügen, stellen solche Arrangements familienähnliche Lerngelegenheiten dar. Ältere Teilnehmende übernehmen dabei eine »soziale Großelternschaft« (vgl. Amrhein 2004), die zu ihrer Teilhabe an gesellschaftlichen Entwicklungsprozessen beitragen kann (vgl. Mahne/Motel-Klingenbiel 2009).

In *gemeinschaftsorientierten Lernarrangements* wird ein »generatives Thema« (Freire 1970) von lokaler Bedeutung zum Ausgangspunkt intergenerationeller Lernprozesse. So wird beispielsweise die Entwicklung spezifischer Orte im Sozialraum in den Blick genommen. Dabei bringen die Teilnehmenden ihre generationenspezifische Sichtweise in den gemeinsamen Prozess ein und ermöglichen so eine mehrperspektivische Bearbeitung des Themas. Solche Lernarrangements sind grundsätzlich für alle Generationengruppen offen. Empirisch zeigt sich zudem, dass hier auch die »mittleren Generationen« partizipieren, die von intergenerationellen Angeboten nur schwer erreicht werden, da Angebote häufig »Jung und Alt« als Zielgruppe adressieren und die mittlere Generation ausklammern. Gemeinschaftsorientierte Lernarrangements können zudem aufgrund ihrer lokalen Einbindung als Brückenschlag zwischen institutionalisierter Erwachsenenbildung und zivilgesellschaftlichem bzw. bürgerschaftlichem Engagement interpretiert werden (vgl. Voesgen 2006), durch die die Entwicklung sozialer Kohäsionsprozesse unterstützt werden kann.

In *differenzorientierten Lernarrangements* steht die didaktische Ermöglichung von Differenz- und Alteritätserfahrungen im Mittelpunkt. Teilnehmende werden dabei im Kontext eines historisch-soziologischen Generationenbegriffs wahrgenommen. Die Themen der Veranstaltungen werden hier genutzt, um generationsspezifische Sichtweisen durch Reflexionsübungen an die Oberfläche zu holen. Auf diese Weise werden Fremdheits- und Differenzerfahrungen angeregt und Perspektivenwechsel zwischen Generationen initiiert. Diese Arrangements zeichnen sich durch einen dezidierten Umgang mit Pluralität und Differenz aus. Gerade in Gesellschaften, die als plural oder »postmodern« (vgl.

Lyotard 1979) beschrieben werden, übernehmen solche Lernarrangements die Funktion, für Differenzen zu sensibilisieren. Teilnehmende lernen in einem geschützten Umfeld, Differenz und Alterität wahrzunehmen, zu reflektieren und anzuerkennen. Zielgruppen dieser Arrangements sind vor allem Jugendliche und Ältere, die diese Fremdheitserfahrung zu Entwicklung bzw. Reflexion der eigenen (Generationen-)Identität nutzen können.

In der konkreten didaktischen Ausgestaltung solcher Lernszenarien werden einige didaktische Grundprinzipien relevant (vgl. Franz 2014; Antz et al. 2009), mit deren Hilfe die teilnehmenden Generationen dazu angeregt werden, von-, mit- und übereinander zu lernen (vgl. Meese 2005). Im Sinne einer Beobachtung zweiter Ordnung geht es bei einer *Reflexionsorientierung* darum, generationsspezifische Perspektiven und Differenzen sichtbar und erfahrbar zu machen. In der Verknüpfung mit *biografischen Prinzipien* wird es möglich, biografie- und generationsspezifische Sichtweisen miteinander in Beziehung zu setzen und voneinander abzugrenzen. Durch didaktische Orientierungen an *Interaktion* und *Partizipation* soll gewährleistet werden, dass die Lernenden miteinander ins Gespräch kommen und sich in die konkrete Ausgestaltung der Themen einbringen können. Schließlich geht es bei einer *Sozialraumorientierung* darum, die konkrete Lebenswelt der beteiligten Generationen gezielt als Ressource für die Gestaltung von Lernprozessen zu nutzen.

4 Anforderungen an Lernende und Lehrende

Die mit intergenerationellem Lernen verbundenen Anforderungen an Lehrende und Lernende resultieren zunächst aus Erwartungshaltungen, die alle Beteiligten an die Lernarrangements herangetragen. Als relativ stabil erweist sich für Lernende – sowie für Lehrende ohne Erfahrungen mit der Gestaltung intergenerationeller Lernprozesse – die Orientierung, dass jüngere von älteren Generationen lernen sollen. Dieses auf einem Senioritätsprinzip basierende »Jung lernt von Alt«-Muster (vgl. Franz 2010; Franz/Scheunpflug 2009) beinhaltet eine hierarchische Interpretation pädagogischer und genealogischer Generationenkonzepte. Dieses Muster prägt die Erwartung der Lernenden und ist insbesondere in anfänglichen Interaktionen intergenerationeller Lernarrangements zu beobachten.

Wechselseitige Lernprozesse, bei denen die beteiligten Generationen gemeinsam Themen bearbeiten, oder bei der auch die Jüngeren die Position der Lehrenden einnehmen – wie es häufig in intergenerationellen Medienprojekten der Fall ist – werden durch das Orientierungsmuster »Jung lernt von Alt« erschwert. Vor diesem Hintergrund besteht die zentrale Anforderung intergenerationeller Lernprozesse darin, dieses Orientierungsmuster zu bearbeiten, um reziproke, partizipative und mehrperspektivische Lernprozesse zu ermöglichen.

Diese Anforderung führt bei Lehrenden und Lernenden jeweils zu spezifischen Herausforderungen.

Die *Forschung zur Perspektive der Lehrenden* verweist zunächst darauf, dass für Lehrende, die keine Erfahrung mit der pädagogischen Begleitung intergenerationeller Lernprozesse haben, das Orientierungsmuster »Jung lernt von alt« greift und die potentiellen didaktischen Gestaltungsmöglichkeiten einschränkt. Erst durch eine intensive Beschäftigung mit den Strukturen und Möglichkeiten intergenerationellen Lernens differenziert sich die Sichtweise auf intergenerationelle Lernprozesse aus (vgl. Franz 2010). Erfahrene – und für den Bereich intergenerationellen Lernens professionalisierte – Lehrende, die Angebote für verschiedene Generationen gestalten, stehen dann vor der Herausforderung, mehrperspektivische Lernprozesse zu ermöglichen und die Generationen in ihren jeweiligen Lernprozessen zu begleiten. Dabei stellt der Umgang mit der Heterogenität der Lernenden eine zentrale Anforderung für Lehrende dar. Die unterschiedlichen Interessen, Bedürfnisse, Lernerfahrungen und Erwartungen der Lernenden müssen von Lehrenden antizipiert und in der Durchführung intergenerationeller Arrangements flexibel berücksichtigt werden. Auf der einen Seite impliziert dies die Anforderung, entwicklungsoffene generationensensible Lernarrangements zu konzipieren, in denen die Interessen und Bedürfnisse der Lernenden im Prozess beobachtet und einbezogen werden können. Auf der anderen Seite müssen die differierenden Interessen und Bedürfnisse der Generationen im eigenen pädagogischen professionellen Handeln ausbalanciert werden.

Die *Forschung zur Perspektive der Lernenden* intergenerationeller Lernarrangements zeigt deutlich, dass sich alle beteiligten Generationen zu Beginn am Orientierungsmuster »Jung lernt von Alt« orientieren[1]. Für ältere Teilnehmende wirkt die Perspektive, Wissen und Erfahrungen an jüngere Generationen weiterzugeben, motivierend. Entsprechend gehen ältere Teilnehmende vehement auf jüngere Generationen zu. Auch Kinder reagieren positiv auf das Muster und gehen offen auf Ältere zu (vgl. Eisentraut 2007; Gorelik et al. 2000; Couper et al. 1991), schließlich sind sie es aus der Familie gewohnt, dass die Älte-

---

1 Dieses Orientierungsmuster kann auch als Erklärung für die unterschiedlichen Interessen an der Teilnahme in intergenerationalen Angeboten genutzt werden. Bei Älteren zeigt sich ein großes Interesse am Kontakt mit der jüngeren Generation im Rahmen von ehrenamtlichen Tätigkeiten (vgl. BMFSJF 2010, 21) und Bildungsmöglichkeiten (Tippelt et al. 2009; Schmidt/Tippelt 2009), das entwicklungspsychologisch vor dem Hintergrund einer generativen Phase (vgl. Erikson 1995), in der unter anderem die Weitergabe von Wissen und Erfahrungen an jüngere Generationen wichtig wird, erklärt werden kann. Im Gegensatz dazu weist die Gruppe der Jugendlichen nur ein geringes explizites Interesse an intergenerationellen Bildungsmöglichkeiten auf, wie sich in der Evaluation von Praxisprojekten zeigt (vgl. Franz et al. 2009) Auch hier kann entwicklungspsychologisch argumentiert werden, dass Jugendliche sich in einer Phase befinden, in der es gerade darum geht die eigene Identität in der Auseinandersetzung mit den eigenen Altersgenossen*innen und in Abgrenzung zu genealogischen Familienbeziehungen zu entwickeln. Jugendliche sind gewohnt vor Älteren zu lernen, grenzen sich allerdings gerade davon ab. Vor diesem Hintergrund stellt die Gewinnung jugendlicher Teilnehmender eine besondere Herausforderung in der Entwicklung und Planung intergenerationeller Angebote dar.

ren ihnen gegenüber als Vermittler von Wissen und Erfahrungen auftreten. Jugendliche Teilnehmende sind in den anfänglichen Interaktionen intergenerationeller Lernarrangements hingegen eher zurückhaltend gegenüber den älteren Generationen. Die didaktische Bearbeitung und Durchbrechung hierarchischer Generationenkonzepte löst bei Lernenden Irritationen und Verunsicherungen aus, da damit eine Veränderung gewohnter Rollenmuster verbunden ist. Die Perspektive, gemeinsam Themen zu erarbeiten und als gleichberechtigte Partner*innen zu agieren, stellt für Lernende eine Herausforderung dar, die durch didaktisch inszenierte und reflektierte Gruppen- und Partnerarbeiten unterstützt werden kann. Für die Entwicklung dieser neuen Rollenmuster brauchen Lernende Zeit. In der empirischen Forschung wird jedoch deutlich, dass in Veranstaltungen, die kontinuierlich über einen längeren Zeitraum angeboten werden, jüngere wie ältere Teilnehmende die Auseinandersetzung mit dem jeweils anderen als anregende Lernerfahrungen beschreiben (Franz 2010). Jugendliche thematisieren vor allem, dass sie zu Beginn »Anfangshemmungen« hatten, da sie keine Handlungsmuster für den Umgang mit älteren Generationen außerhalb ihrer Familie zur Verfügung hatten. Die Auseinandersetzung mit den »fremden Älteren« habe sie zu Reflexionsprozessen über ihre eigene und über die ältere Generation angeregt. Ältere hingegen beschreiben, durch die Auseinandersetzung mit Jugendlichen ihre eigenen relativ stabilen Einstellungen und Haltungen in einem neuen Licht betrachten zu können.

5 Möglichkeiten und Grenzen intergenerationellen Lernens

In der Zusammenschau dieser empirischen Befunde zur didaktischen Gestaltung intergenerationellen Lernens, den internationalen theoretischen Auseinandersetzungen sowie den Programmevaluationen (im Überblick z.B. bei Schmidt-Hertha/Jelenc/Krašovec/Formosa 2014) lassen sich folgende Potenziale intergenerationellen Lernens identifizieren.

- Viele Ältere – insbesondere die bildungsaktiven – wünschen sich nicht nur ein gemeinsames Lernen mit Jüngeren, sondern empfinden Bildungsangebote exklusiv für Ältere sogar als diskriminierend und stigmatisierend (vgl. Schmidt/Tippelt 2009).
- Intergenerationelle Bildungsangebote scheinen insbesondere dann besonders produktiv zu sein, wenn sie mit bürgerschaftlicher Teilhabe einhergehen und die unmittelbare Wohn- und Lebenswelt der Teilnehmenden thematisieren bzw. auf deren gemeinsame Weiterentwicklung abzielen (z.B. Rute/Fragoso 2013; Gregorčič 2017).
- Unter diesen Bedingungen kann intergenerationelles Lernen auch wesentlich zur kommunalen Entwicklung sowie zur Erhöhung der Lebensqualität in der

Kommune beitragen (Boström/Lee/Ke 2015) sowie zur kommunalen Integration von Älteren (Golding/Foley 2017).
- Intergenerationelles Lernen scheint – neben der Ebene der Wissensvermittlung – auch den Aufbau sozialen Kapitals der Beteiligten zu unterstützen. Boström (2014) verweist in ihren Studien auf den besonderen Wert der intergenerationellen Beziehungen, die in Lernkontexten aufgebaut werden können und in vielen anderen Lebensbereichen selten geworden sind (Kade 1998).

Mit den aus intergenerationellen Lernszenarien erwachsenden Möglichkeiten gehen auch Herausforderungen und Begrenzungen einher, die sich ebenso in den einschlägigen Studien abbilden.

- Intergenerationelle Lernszenarien bergen immer auch ein Konfliktpotenzial, das positiv zur kritischen Auseinandersetzung mit generationellen Perspektiven genutzt werden kann (vgl. Franz 2010), aber – insbesondere bei generationsspezifisch unterschiedlichen Lernzielen und Erwartungen an die jeweilige Veranstaltung – auch zu nur schwer überbrückbaren und störenden Differenzen führen kann (Siebert/Seidel 1990).
- Entsprechend voraussetzungsvoll ist die Gestaltung intergenerationeller Lernszenarien. Wie oben ausgeführt, erfordern intergenerationelle Lernkontexte ein besonderes Maß an pädagogischer Professionalität und didaktischer Qualität um allen Beteiligten anregende Lerngelegenheiten zu bieten (Franz/Scheunpflug 2009).
- Im Kontext informellen intergenerationellen Lernens scheinen Lernverläufe und -ergebnisse in besonderem Maße von der Qualität der Beziehung der Beteiligten untereinander abhängig zu sein. Das persönliche Verhältnis zu den anderen Lernenden bzw. Lehrenden ist dabei nicht nur für das Zustandekommen informeller intergenerationeller Lerngelegenheiten, sondern auch für deren Verlauf ausschlaggebend (vgl. Thalhammer 2017).

6 Fazit

Der Diskurs um intergenerationelles Lernen wird weitgehend normativ über die Förderung des Dialogs der Generationen begründet. Vor diesem Hintergrund lässt sich eine asynchrone Entwicklung zwischen dem Praxis- und Forschungsfeld beobachten. Während sich das Praxisfeld über unterschiedlichste Formen intergenerationeller Bildungs- und Begegnungsprojekte in verschiedenen Kontexten ausdifferenziert, scheint das Forschungsfeld im Vergleich dazu eher überschaubar. Es überwiegen Programmevaluationen, die die Zufriedenheit der Teilnehmenden in den Blick nehmen. In diesem Zusammenhang sollen abschließend drei Forschungsdesiderate herausgegriffen werden:

- Zum einen wächst derzeit der Praxisdiskurs um »Generationenmanagement« in Unternehmen, bei dem der Wissenstransfer zwischen älteren und jüngeren Mitarbeitenden oder die Führung unterschiedlicher Generationengruppen thematisiert wird (vgl. Bruch et al. 2010). Forschungsarbeiten, die Generationenverhältnisse oder intergenerationelles Lernprozesse zwischen Mitarbeitenden in Organisation in den Blick nehmen, stehen bislang allerdings noch aus.
- Zum zweiten deutet sich im Kontext empirischer Forschung an, dass Teilnehmende intergenerationeller Angebote vornehmlich über höhere Bildungsabschlüsse verfügen. Ein Desiderat – in Forschung und Praxis – besteht hier in der Frage, ob und wie sogenannte bildungsferne Personengruppen mit intergenerationellen Bildungsangeboten erreicht werden können. Schließlich können die Potenziale hinsichtlich der Integration und sozialer Kohäsion erst dann eingelöst werden, wenn auch die Vielfalt von Teilnehmendengruppen erreicht wird.
- Die Szenarien und Lernarrangements, die in der Literatur unter dem Label »intergenerationelles Lernen« verhandelt werden, zeichnen sich durch eine enorme Vielfalt an Altersdifferenzen, Kontexten, Inhalten und Zielsetzungen aus. Bislang fehlen empirische Evidenzen dafür, unter welchen Bedingungen intergenerationelles Lernen welchen Mehrwert erwarten lässt und in welchen Kontexten eine intergenerationelle Ausrichtung für die Erreichung bestimmter Lernziele eher abträglich ist.

Literatur

Amrhein, V. (2004): Die Rolle der Großeltern im Familienverband – und ihre Alternativen. In: *Das Familienhandbuch des Staatsinstituts für Frühpädagogik (IFP)*. Abgerufen von: http://www.familienhandbuch.de/cmain/f_Aktuelles/a_Elternschaft/s_1096.html

Antz, E.-M./Franz, J./Frieters, N./Scheunpflug, A. (2009): *Generationen lernen gemeinsam. Methoden für die intergenerationelle Bildungsarbeit*. Bielefeld: wbv.

BMFSFJ – Bundesministerium für Familien, Senioren, Frauen und Jugendliche (Hg.) (2010): *Hauptbericht des Freiwilligensurveys 2009 Zivilgesellschaft, soziales Kapital und freiwilliges Engagement in Deutschland 1999 – 2004 – 2009*. Berlin.

Boström, A.-K. (2014): Intergenerational Learning and Social Capital. In: Bernhard Schmidt-Hertha/Marvin Formosa/Sabina Jelenc Krasovec (Hg.) *Research on the Education and Learning of Adults*. Rotterdam: Sense Publishers.

Boström, A.-K./Lee, S. J./Kee, Y. (2015): Community Well-Being through Intergenerational Co-Operation. In: Kee, Y./Kim, Y./Phillips, R. (Hg.) *Springer Briefs in Well-Being and Quality of Life Research*. Berlin: Springer.

Bruch, H./Kunze, F./Böhm, S. (2010): *Generationen erfolgreich führen. Konzepte und Praxiserfahrungen zum Management des demographischen Wandels*. Wiesbaden: Gabler.

Couper, D. P./Sheehan, N. W./Thomas, E. L. (1991): Attitude Toward Old People: The Impact of an Intergenerational Program. In: *Educational Gerontology. An international Journal* 17/1, pp. 41–54.

Eisentraut, R. (2007): *Intergenerationelle Projekte. Motivationen und Wirkungen.* Baden-Baden
Erikson, E. Homburger (1994): *Identität und Lebenszyklus.* 14. Auflage, Frankfurt/Main.
Franz, J. (2010): *Intergenerationelles Lernen ermöglichen. Orientierungen zum Lernen der Generationen in der Erwachsenenbildung.* Bielefeld: wbv
Franz, J. (2014): *Intergenerationelle Bildung. Lernsituationen gestalten und Angebote entwickeln.* Bielefeld: wbv.
Franz, J./Frieters, N./Scheunpflug, A./Tolksdorf, M./Antz, E.-M. (2009): *Generationen lernen gemeinsam. Theorie und Praxis intergenerationeller Bildung.* Bielefeld: wbv.
Franz, J./Scheunpflug, A. (2009): Zwischen Seniorität und Alterität. Eine empirische Rekonstruktion intergenerationellen Lernens. In: *Zeitschrift für Erziehungswissenschaft,* Heft 3, S. 437–456.
Freire, P. (1970): Bildung als Erkenntnissituation. In: Schreiner, P./Mette, N./ Oesselmann, D./ Kinkelbur, D. (Hg.) (2007): *Paulo Freire – Unterdrückung und Befreiung.* Münster/New York/München/Berlin: Waxmann, S. 67–88.
Gadsden, V. L./Hall, M. (1996): *Intergenerational Learning: A Review of the Literature.* Philadelphia: NCOFF.
Golding, B./Foley, A. (2017): Men and boys: Sharing the skills across generations. *Journal of Intergenerational Relationships* 15/1, pp. 52–63.
Gorelik, Y/Damron-Rodriguez, J./Funderburk, B./Solomon, D. H. (2000): Undergraduate Interest in Aging: Is it Affected by Contact with Older Adults? In: *Educational Gerontology. An international Journal,* Volume 26, No.7, pp. 623–638.
Gregorčič, M. (2017): *Learning in the self-determining rebel communities – Potentias. Journal of Intergenerational Relationships* 15/1, pp. 64–75.
Hanns-Seidel-Stiftung (Hg.) (2002): Generationenstudie 2001: *Zwischen Konsens und Konflikt: Was Junge und Alte voneinander denken und erwarten*; veröffentlicht unter: http://www.hss.de/downloads/Politische_Studien_Sonderausgabe_Generationenstudie_2001.pdf, [04.01.2009]
Hernandez, C. R./Gonzalez, M. Zubiauer (2008): *Effects of Intergenerational Interaction on Aging. Educational Gerontology* 34, 4, pp. 292–305.
Hurrelmann, K./Albert, M. (2006): *Jugend 2006. 15. Shell Jugendstudie.* Frankfurt: Fischer Taschenbuch Verlag.
Kade, S. (1998): Institution und Generation – Erfahrungslerner in der Generationenfolge. In: Keil, Siegfried/Brunner, Thomas. (Hg.) *Intergenerationelles Lernen. Eine Zielperspektive akademischer Seniorenbildung.* Grafschaft: Vektor-Verlag, S. 35-48.
Kalisch, H. R./Coughlin, D. R./Ballard, S. M./Lamson, A. (2013): Old Age Is a Part of Living: Student Reflections on Intergenerational Service-Learning. *Gerontology & Geriatrics Education* 34/1, pp. 99–113.
Liebau, E. (1997): Generationen – ein aktuelles Problem? In: Liebau, Eckart (Hg.) *Das Generationenverhältnis. Über das Zusammenleben in Familie und Gesellschaft.* Weinheim/München, S. 15-38.
Lyotard, J.-F. (1999): *Das postmoderne Wissen: ein Bericht.* 4. Auflage (1. Auflage 1979). Wien: Passagen Verlag.
Mahne, K./Motel-Klingebiel, A. (2009): Familiale Generationenbeziehungen. In: Deutsches Zentrum für Altersfragen (DZA) (Hg.) *Themen und Auswertungskonzepte für den Abschlussbericht zur 3. Welle des Deutschen Alterssurveys.* Berlin, S. 32–52.
Mannheim, K. (1928): Das Problem der Generationen. In: *Kölner Vierteljahreshefte für Soziologie* 7, Heft 2, 157–185, Heft 3, S. 309–330.
Meese, A. (2005): Lernen im Austausch der Generationen. Praxissondierung und theoretische Reflexion zu Versuchen intergenerationeller Didaktik. In: *DIE – Zeitschrift für Erwachsenenbildung,* Heft 2, S. 39–41.
Patrício, M. R./Osorio, A. (2012): How can intergenerational learning with ICT help to strengthen intergenerational solidarity? In: S. J. Krašovec/M. Radovan (Hg.) *Intergenerational solidarity and older adults' education in community.* Ljubljana: University of Ljubljana, pp. 288–295.

Roseman, M. (2005): Generationen als »Imagined Communities«. Mythen, generationelle Identitäten und Generationenkonflikte in Deutschland vom 18. bis zum 20. Jahrhundert. In: Jureit, U./Wildt, M. (Hg.) *Generationen. Zur Relevanz eines wissenschaftlichen Grundbegriffs*. Hamburg: Hamburger Edition, S: 180–199.
Rute, R./Fragoso, A. (2013): Older Men Learning in the Community: The Case of the Amateur Fishing Club of Faro. In: I. Žemaitaityte/S. Mikulioniene (Hg.) *Proceedings of 4th international conference. Learning opportunities for older adults: Forms, providers and policies*, pp.77–88. http://eloa.mruni.eu/wp-content/uploads/2012/11/ELOA¬_e-book.pdf.
Schelsky, H. (1957): *Die skeptische Generation. Eine Soziologie der deutschen Jugend.* Düsseldorf: Diederichs.
Schleiermacher, F. (1957): Pädagogische Schriften. In: Schulze, T./Weniger, E. (Hg.) *Bd. 1: Die Vorlesungen aus dem Jahre 1826.* Düsseldorf, München: Küpper Verlag.
Schmidt, B./Tippelt, R. (2009): Bildung Älterer und intergeneratives Lernen. In: *Zeitschrift für Pädagogik 1*, 55, S. 74–90.
Schmidt-Hertha, B. (2014): Different concepts of generation and their impact on intergenerational learning. In: B. Schmidt-Hertha/S. J. Krasovec/M. Formosa (Hg.) *Learning Across Generations. Contemporary Issues in Older Adult Education.* Rotterdam et al.: Sense Publishers, pp. 145–154.
Schmidt-Hertha, B./J. Krasovec, S./Formosa, M. (Hg.) (2014): *Learning Across Generations. Contemporary Issues in Older Adult Education.* Rotterdam et al.: Sense Publishers.
Schmidt-Hertha, B./Schramm, S./Schnurr, S. (2012): Altersbilder von Kindern und Jugendlichen. In: Berner, F./Rossow, J./Schwitzer, K.-P. (Hg.) *Individuelle und kulturelle Altersbilder. Expertisen zum Sechsten Altenbericht der Bundesregierung.* Band 1. Wiesbaden, S. 71–108.
Schweitzer, R. von (1998): Die Bedeutung der Generationenerfahrungen für die Zukunft einer alternden Gesellschaft. In: Keil, S./Brunner, T. (Hg.) *Intergenerationelles Lernen. Eine Zielperspektive akademischer Seniorenbildung.* Grafschaft: Vektor, S. 15–32.
Siebert, H./Seidel, E. (1990): *SeniorInnen studieren. Zwischenbilanz des Seniorenstudiums an der Universität Hannover.* Hannover: ZEW.
Strom, R. D./Strom, S. K. (2000): Intergenerational learning and family harmony. *Educational Gerontology* 26, 30, pp. 261–283.
Szydlik, M. (2000): *Lebenslange Solidarität? Generationenbeziehungen zwischen erwachsenen Kindern und Eltern.* Opladen: Leske + Budrich.
Thalhammer, V. (2017): *Medienkompetenzerwerb intergenerationell. Vermittlungs- und Aneignungstätigkeiten in informellen Unterstützungsnetzwerken. Schriftenreihe Gesellschaft – Altern – Medien,* Bd. 10. München: kopaed-Verlag.
Tippelt, R./Schmidt, B./Schnurr, S./Sinner, S./Theisen, C. (2009): *Bildung Älterer – Chancen im demografischen Wandel.* Bielefeld: Bertelsmann.
Voesgen, H. (Hg.) (2006): *Brückenschläge: Neue Partnerschaften zwischen institutioneller Erwachsenenbildung und bürgerschaftlichem Engagement.* Bielefeld: Bertelsmann.

30 Jahre Senior*innenstudium – eine kritische Zwischenbilanz

Silvia Dabo-Cruz und Karin Pauls

Ältere Menschen suchen seit den 1970er Jahren Zugang zu akademischer Bildung. Gleichermaßen identifizierten deutsche Hochschulen die Gruppe der Älteren als neue Zielgruppe für sich und begannen, auf der Grundlage gerontologischer, erwachsenenpädagogischer, gesellschafts- und bildungspolitischer Erkenntnisse und Überlegungen Studienangebote für Ältere zu entwickeln.

1 Historische Entwicklung des Senior*innenstudiums

Impulsgebend für die Entwicklung wissenschaftlicher Angebote für Ältere war die Gründung der sogenannten Universités du Troisième Age (U3A)[1], einer »Erwachsenenbildungsbewegung« (Swindell/Thompson 1995, o. A.), die vor dem Hintergrund des demographischen Wandels Programme zur Verbesserung der Lebensqualität älterer Menschen beinhaltete. Hauptziele dieser Bewegung waren u. a. Erhaltung der geistigen und körperlichen Fähigkeiten, Schaffung von (akademischen) Bildungsangeboten, Initiierung von Forschungsfragen zum Thema Alter(n), Entwicklung eines individuellen und gesellschaftlichen Bewusstseins für Altersfragen (vgl. Vellas, o. A.). Das Konzept der Universität des Dritten Lebensalters wurde 1979 auf einer internationalen Tagung in Nancy einer breiteren wissenschaftlichen Öffentlichkeit vorgestellt (vgl. Kade 2009, 91).

In Deutschland eröffnete die erste internationale Tagung zum Thema »Öffnung der Universitäten für ältere Erwachsene« noch im selben Jahr in Oldenburg eine intensive Fachdiskussion über die Einführung eines Studiums für das dritte Lebensalter (vgl. Zentrum für wissenschaftliche Weiterbildung Oldenburg 1980). Veranstalter dieses Workshops waren das Zentrum für wissenschaftliche Weiterbildung der Universität Oldenburg und die Interdisziplinäre Arbeitsgruppe für Angewandte Soziale Gerontologie der Gesamthochschule Kassel. Auf-

---

1 Die erste U3A wurde 1973 in Toulouse, Frankreich, auf Betreiben von Pierre Vellas gegründet. Diesem Beispiel folgend kam es rasch zu weiteren U3A-Gründungen in Frankreich, darüber hinaus in Belgien, der Schweiz, Polen, Italien, Spanien, Kanada und den USA. Heute zählen über 250 Mitglieder zur ebenfalls von Vellas gegründeten »Association Internationale des Universités du Troisième Age« (http://www.aiu3a.com/).

grund der großen Resonanz seitens der Hochschulen folgten weitere Workshops in Dortmund (1981, 1984) und bis 1996 in Marburg, Frankfurt a. M. und Münster (Bertram et al. 2017, 74).

1.1 Gründe für ein Senior*innenstudium

Mit der Öffnung der Hochschulen für die Zielgruppe der Älteren waren drei Intentionen verbunden: »Soziale Öffnung für bildungsmäßig bislang benachteiligte Zielgruppen; Öffnung für neue gesamtgesellschaftliche Fragen und Problemstellungen; regionale Öffnung« (Hörr 2012, 153). Diese lassen sich wie folgt herleiten:

Die sogenannte Bildungsoffensive der Bildungspolitik in den 1960er und 1970er Jahren sollte dafür sorgen, dass auch Kinder aus bildungsfernen Familien den Weg in die Universitäten fanden. Den Auftakt hatte 1963 in Hamburg der von der SPD veranstaltete Kongress »Aufstieg durch Bildung« gebildet (vgl. Mälzer 2016, 204). Für die bildungsbenachteiligte ältere Generation, die durch Krieg und Nachkriegszeit Bildungsinteressen vielfach zurückstellen musste, konnte mit dem Senior*innenstudium ein kompensatorischer Beitrag geleistet werden (vgl. Sagebiel 2006, 191).

Überdies war die Zeit geprägt durch tiefgreifende gesellschaftliche Umwälzungen und ein sich änderndes Altersbild mit schwindender Bedeutung des kalendarischen Alters und Blick auf die Ressourcen des Alters (vgl. Höpflinger, o. A.). Exemplarisch für »epochaltypische Schlüsselprobleme« (Klafki 1994) jener Zeit seien genannt: Ölkrise, Anti-Atomkraftbewegung, Kampf um § 218 und Emanzipation der Frauen, RAF und »Deutscher Herbst«. Der Wandel, der in alle Bereiche des Lebens hineinwirkte, verlangte nach komplexen und differenzierten Antworten von Wissenschaft und Forschung und markierte für die Hochschulen einen Handlungsbedarf in Bezug auf die Wissensvermittlung.

Die genannte regionale Öffnung muss im Zusammenhang mit den wirtschaftlichen Bedingungen wie hoher Arbeitslosigkeit in strukturschwachen Regionen gesehen werden, zu denen damals auch das Ruhrgebiet zählte. Die Entwicklung von Bildungsangeboten für nachberufliche Tätigkeiten speziell für diejenigen, die eine lange Phase des Ruhestands und/oder der Erwerbslosigkeit vor sich hatten, konnte eine wichtige Funktion in der Region einnehmen.

1.2 Schwerpunktsetzungen und Namensgebung

In der Konsequenz bildeten sich unterschiedliche Modelle heraus (vgl. Eierdanz 1990, 12):

- Modell 1: Curricula, die auf ehrenamtliche bzw. nachberufliche Tätigkeiten in der Altenbildung vorbereiten (z. B. Dortmund/TU Berlin)
- Modell 2: Strukturierte Angebote, die allgemeinbildenden Charakter aufweisen und sich an zentralen gesellschaftlichen Fragen orientieren (z. B. Marburg)

- Modell 3: Geöffnete reguläre Lehrveranstaltungen mit zielgruppenspezifischen Zusatzangeboten (z. B. Münster/Frankfurt a. M.)

Daneben ist ein zu einem Senior*innenstudium deklariertes Gasthörer*innenstudium zu benennen, das die Möglichkeit eröffnet, an regulären Lehrveranstaltungen teilzunehmen, besonders auf die Bedürfnisse und Interessen der Älteren zugeschnittene Zusatzangebote aber nicht bietet.

Im Jahr 1996 offerierten insgesamt 35 Hochschulen in Ost- und Westdeutschland ein den Modellen 1–3 entsprechendes wissenschaftliches Bildungsangebot (vgl. Saup 2001, 13) und begründeten damit ein pädagogisches Praxisfeld, das sich durch folgende Dimensionen eingrenzen lässt: Zielgruppe ältere Erwachsene, Institution Hochschule und ein auf längerfristige Teilnahme und systematische Nutzung angelegtes Bildungsangebot mit wissenschaftlichem Anspruch (vgl. Eierdanz 1990, 11). Eine verbindliche einheitliche Namensgebung erfolgt nicht, auch wenn der Begriff »Seniorenstudium/Seniorinnenstudium«, vor allem im alltagssprachlichen Gebrauch, besonders häufig verwendet wird. Einige Einrichtungen verzichteten bewusst auf die Bezeichnung Senior*innenstudium, da der Begriff Senior*in für Teile der Zielgruppe negativ konnotiert ist und sie den Begriff als stigmatisierend empfinden (vgl. Eierdanz 1990, 17). Die Bezeichnungen »Wissenschaftliche Weiterbildung für Ältere« und »Studium im Alter« werden ebenfalls synonym gebraucht.

Die Entwicklung auf der Ebene der Studienangebote an verschiedenen Standorten wurde von einem fortlaufenden Prozess der Kommunikation und Reflexion untereinander begleitet, der zur Bildung eines informellen Netzwerkes führte. Um den Prozess der Standortbestimmung und Profilierung zu verstetigen, wurde 1985 die Bundesarbeitsgemeinschaft »Öffnung der Hochschulen für ältere Erwachsene (BAG)« gegründet. 1994 schloss sich die BAG mit neuem Namen »Bundesarbeitsgemeinschaft Wissenschaftliche Weiterbildung für Ältere« (BAG WiWA) der Deutschen Gesellschaft für wissenschaftliche Weiterbildung und Fernstudium e. V. (DGWF) an (vormals Arbeitskreis Universitäre Erwachsenenbildung), der wichtigsten Interessenvertretung der wissenschaftlichen Weiterbildung in Deutschland. Die Mitgliederzahl der BAG WiWA ist derzeit auf über 60 Einrichtungen angewachsen. Zu den Mitgliedereinrichtungen zählen auch die Senioren-Universität Bern, das Zentrum für Weiterbildung der Universität Graz und die Uni 55-PLUS der Universität Salzburg. Durch diese Mitglieder konnte der wissenschaftliche Austausch auf europäischer Ebene intensiviert werden.

2 Wesensmerkmale des Senior*innenstudiums

Wenngleich es kein archetypisches Studienmodell gibt, so sind – in Abgrenzung zu außeruniversitärer Altersbildung – konsensuale Merkmale für das Studium im Alter als Teil der wissenschaftlichen Weiterbildung benennbar: Wissenschaftlichkeit, Forschungsbezug, offener Zugang und zumeist intergenerationelles Lernen aufgrund der Integration der älteren Studierenden in das reguläre Studienangebot. Die Merkmale leiten sich aus den Zielsetzungen des Studiums im Alter ab, nämlich durch die Teilnahme am Wissenschaftsprozess »einen Beitrag zur Selbstfindung, zur Identitätsbildung und -stärkung des Einzelnen zu leisten. Wissenschaftliche Weiterbildung trägt dazu bei, überkommene Rollenzuweisungen und die gesellschaftliche Isolierung älterer Menschen abzuwehren und die Fähigkeit zur Gestaltung persönlicher und politischer Handlungszusammenhänge zu erhöhen« (Eierdanz 1990, 62).

2.1 Entwicklungen in Bezug auf die Wesensmerkmale

Angesichts der Einbettung des Senior*innenstudiums in den bildungspolitischen und hochschulstrategischen Zusammenhang stellt sich die Frage, wie sich der 1999 eingeleitete Bologna-Prozess[2] auf das Senior*innenstudium auswirkt. Wie weit gelingt es, unter dem Einfluss der Neugestaltung der Studiengänge und eines zunehmenden Kommerzialisierungsdrucks (vgl. Faulstich et al. 2008, 15) die postulierten Ansprüche und Ziele einzulösen? Unter dieser Fragestellung folgt eine kritische Betrachtung:

- Wissenschaftlichkeit: Die Einbettung in den institutionellen Kontext der Hochschulen als den Trägereinrichtungen des Wissenschaftssystems ist konstitutiv für die Definition von Wissenschaftlichkeit (vgl. Eierdanz 1990, 11). Es geht also weniger um eine Unterscheidung zu »unwissenschaftlichen« Bildungsangeboten, sondern um hochschulspezifische Inhalte und Methoden (vgl. Schäffter 2017, 223f.). Universitäre Weiterbildung steht für eine kritisch-reflexive Vermittlung von Inhalten, die einen Bezug zwischen Theorie und Praxis einerseits und zwischen Lerngegenstand, dem Lernenden und der sozialen und gesellschaftlichen Situation andererseits herstellt. Der Bezug auf die Vorerfahrung und das Vorwissen der Lernenden ist ein konstitutives Element der Lehre im Senior*innenstudium (vgl. Böhme 2001, 80f.), Lehrende und Lernende begegnen sich auf »Augenhöhe« (Waxenegger et al. 2016, 17; vgl. AUCEN 2002). Das trifft in erster Linie auf die zielgruppenspezifischen Veranstaltungen zu.

  Aus dem Anspruch der Wissenschaftlichkeit leitet sich in den aktuellen Studienangeboten ein wesentlicher Teil des zielgruppenspezifischen Begleitangebots ab, das darauf zielt, die Teilnehmenden mit aktuellen wissenschaftlichen Methoden und Techniken vertraut zu machen. Eine Erhebung unter den Einrichtungen des Senior*innenstudiums (Sagebiel/Dahmen 2009) ergibt zur Frage nach hochschulinterner oder -externer Herkunft der Lehrenden

---

2 Als »Bologna-Prozess« wird das Vorgehen verstanden, einen homogenen und europäischen Hochschulraum mit hoher Bildungsmobilität zu schaffen. Die Bezeichnung geht zurück auf die am 19. Juni 1999 in Bologna unterzeichnete Erklärung der Bildungsminister aus 29 europäischen Ländern.

folgendes Bild: Etwa ein Drittel (29 %) aller an der Befragung beteiligten Hochschulen gaben an, Lehrende aus den eigenen Fachbereichen zu rekrutieren; 47 % gibt an: »beides, jedoch in höherem Maße aus den Fachbereichen«; 17 %: »beides, jedoch in höherem Maße extern« (ebd., 18). Unter diesen befanden sich Universitäten mit hohen Studierendenzahlen und umfangreichem Begleitprogramm wie Frankfurt a. M., Hamburg, Bremen und Hannover. Es stellt sich deshalb die Frage, inwieweit die Studienprogramme für Ältere den genannten Ansprüchen gerecht werden (können) angesichts von Ökonomisierungstendenzen, befristeter Arbeitsverträge, prekärer Beschäftigungsverhältnisse und insgesamt schlechter Arbeitsbedingungen von (Nachwuchs-)Wissenschaftlerinnen und Wissenschaftlern sowie der Tatsache, dass zielgruppenspezifische Begleitveranstaltungen zu einem guten Teil von unverhältnismäßig schlecht honorierten Freiberuflerinnen und Freiberuflern bestritten werden.

- Forschungsbezug: Das Studium im Alter ermöglicht die Teilhabe an und die Auseinandersetzung mit Forschungsergebnissen in einer Gemeinschaft von Lernenden, Lehrenden und Forschenden. Diese garantieren den »State of the Art« ihres eigenen Faches (AUCEN 2002; Waxenegger et al. 2016, 17). Über Wissensaneignung und Erkenntnisgewinn hinaus besteht die Möglichkeit, selbst forschend tätig zu sein. Seniorstudierende erhalten in regulären Lehrveranstaltungen möglicherweise nicht häufig die Gelegenheit, Forschungsergebnisse zu generieren, aber unter den eigens konzipierten Veranstaltungen gibt es viele Beispiele guter Praxis des forschenden Lernens (vgl. Costard et al. 2012). Dort werden die spezifischen Erfahrungshorizonte und Kompetenzen älterer Menschen einbezogen, individuelles und eigenständiges Lernen gefördert und Erkenntnisse über die individuelle Verwendung hinaus erzeugt.
- Offener Zugang: Für das Studium im Alter bestehen i. d. R. weder Altersgrenzen noch Qualifikationsvoraussetzungen.[3] Die Zielgruppe wird zwar durch den Bezug auf das höhere Lebensalter definiert, aber es ist damit nicht in erster Linie das kalendarische Alter gemeint, sondern die nachberufliche Lebensphase. Wichtiger für die Entwicklung didaktischer Konzepte sind die Dimensionen Lebensphase und Generationenzugehörigkeit.

Welche Älteren nehmen am Senior*innenstudium teil? Der Studie von Sagebiel/Dahmen (2009, 28f.) zufolge verfügten die Befragten mehrheitlich über das Abitur bzw. Fachabitur (Frauen: 50 %; Männer: 54 %); ungefähr ein Drittel beider Geschlechter über die mittlere Reife; 6 % der Frauen bzw. 5 % der Männer über einen Volks- bzw. Hauptschulabschluss. Aufgrund der geringen Grundgesamtheit der Erhebung (N = 1385) im Verhältnis zur tatsächlichen Anzahl Seniorstudierender (vgl. Angaben des Statistischen Bundesamtes 2017)[4] können die Daten nicht als repräsentativ gewertet wer-

---

3 Ausnahme bildet das Senior*innenstudium an der Ludwig-Maximilians-Universität München aufgrund der Rechtslage im Bundesland Bayern.
4 Die Ermittlung der genauen Anzahl ist schwierig. WS 2016/17 waren laut Angaben des Statistischen Bundesamtes 17.900 Gasthörende 60 Jahre und älter. Darin enthalten

den. Vergleichswerte einzelner Universitäten weisen allerdings eine ähnliche Verteilung auf.[5] Positiv zu bewerten sei, so die beiden Autorinnen, dass der Bildungsgrad zwischen weiblichen und männlichen Befragten nur noch marginale Unterschiede zeigt, aber: Stellt das Senior*innenstudium eine Bildungsmöglichkeit wirklich für alle dar oder leistet das Senior*innenstudium der Bildung »eher elitärer Zirkel« Vorschub? Werden mit dem Angebot »vorrangig die Interessen von bildungsgewohnten Älteren« aufgegriffen (Kricheldorff 2010, 105)? Aus der Bildungsforschung ist bekannt, dass Bildungsinteressen Älterer als »Produkt individueller Entwicklungs- und Erlebensprozesse sowie gesellschaftlicher Sozialstrukturen zu interpretieren« sind (Gnahs et al. 2011, 3). Vorausgegangene Bildungserfahrungen beeinflussen das Bildungsverhalten im Alter (ebd., 5). Vor diesem Hintergrund wäre es blauäugig anzunehmen, ein akademisches Angebot könnte vorrangig bildungsfremde Menschen erreichen. Gleichwohl erlauben die niedrigen Zugangsbarrieren einschließlich erschwinglicher Kosten prinzipiell allen die Teilnahme.

Seitens des Senior*innenstudiums wird überwiegend Position gegen die zunehmende Kommerzialisierung in der Weiterbildung bezogen, auch wenn das Bildungsangebot für Ältere immer häufiger über die Studiengebühren voll finanziert werden muss. Der Anteil derjenigen Institutionen, die ihre Studienangebote komplett oder teilweise über Teilnahmebeiträge bzw. Studiengebühren finanzierten, lag 2007 bei 41,5 Prozent. Lediglich 9,8 Prozent der Institutionen gaben eine komplette Finanzierung aus Landesmitteln an (vgl. Sagebiel/Dahmen 2009, 14). Die Organisationseinheiten sind außerdem bestrebt, die »personen- und kontextbezogenen Faktoren« positiv zu beeinflussen mit dem Ziel, die »Bereitschaft zur aktiven institutionellen Bildung« (Werner 2012, 91f.) zu erhöhen: durch entsprechende Öffentlichkeitsarbeit und Beratung, ausdifferenzierte Bildungsangebote für ganzheitliches Lernen (vgl. Klafki 1994, 54), »aufsuchende« Bildungsangebote[6], Vernetzung mit anderen Bildungsanbietern, Förderung von Sozialkontakten[7] und auch durch finanzielle Hilfen. Es werden daher keineswegs nur bildungsprivilegierte Menschen erreicht.

---

sind beispielsweise nicht die Teilnehmerzahlen der Universität des 3. Lebensalters an der Goethe-Universität Frankfurt a. M. (U3L) mit ca. 3000 Seniorstudierenden und die Teilnehmenden des Kontaktstudiums für ältere Erwachsene an der Universität Hamburg (ca. 2200).
5   Beispiel U3L im WS 2014/15: Ein Drittel der Studierenden bringt eine mittlere Schulbildung mit, 45 % verfügen über das Abitur und ca. 40 % über einen akademischen Abschluss.
6   Beispiele sind: ALTERnativ-Tag Münster; MegaphonUni Graz; Begegnungswochen zwischen Senior*innengruppen; Kooperation mit der BAGSO und Veranstaltungen im Rahmen der Deutschen Seniorentage.
7   Beispiel: Im Rahmen des Kontaktstudiums für ältere Erwachsene der Universität Hamburg findet monatlich ein sog. Kontakt-Café, organisiert von der Interessenvertretung der Kontaktstudierenden, statt. Es richtet sich an Teilnehmende und Studieninteressierte.

- Intergenerationelles Lernen: »Bei der Einführung des SeniorInnenstudiums in den deutschen Hochschulen war der potenzielle Gewinn durch den Austausch zwischen den Generationen ein zentrales Argument, das das ›öffentliche Interesse‹ unterstrich« (Sagebiel 2006, 195). Intergenerationelles Lernen als »Zielperspektive akademischer Seniorenbildung« (Keil/Brunner 1998) wird im Kontext des Studiums im Alter sowohl in Bezug auf allgemeine gesellschaftlich-kulturelle Lern- und Entwicklungsaufgaben der gegenseitigen Wahrnehmung und Anerkennung der Generationen begründet und erforscht als auch in Hinsicht auf die spezifischen Potenziale im Kontext hochschulischer Lehr-/Lernsituationen (vgl. z. B. Keil/Brunner 1998; Brauerhoch/Dabo-Cruz 2005; Steinhoff 2008). Die Ermöglichung intergenerationellen Austausches wird nicht nur von den Teilnehmenden am Studium im Alter, sondern auch von den regulär Studierenden als bedeutsam angesehen (vgl. Brauerhoch/Dabo-Cruz 2005, 91f.). In der von Sagebiel/Dahmen durchgeführten Befragung (2009, vgl. 3) gibt etwa ein Fünftel der befragten Frauen (19,4 %) und Männer (20,6 %) als Studienmotiv »Zusammenarbeit mit jüngeren Studierenden« an. Gleichzeitig darf dabei nicht vergessen werden, dass die Unterschiede zwischen einem Fachstudium als Erststudium in beruflicher Absicht und dem auf Selbstverwirklichung und allgemeine Bildung gerichteten Studium älterer Menschen zu einem Spannungsverhältnis führen können (Zahn 1994, 187), das didaktisch nicht einfach aufgelöst werden kann. Diese Unterschiede treten heute aufgrund der nach dem Bologna-Prozess stärker ausbildungsorientierten Studiengänge deutlicher hervor und ziehen die Frage nach sich, auf welche Weise Hochschulen dem integrativen Anspruch gerecht werden können. Eine rückläufige Tendenz bei der Öffnung von Lehrveranstaltungen des Regelangebots und »als Folge die Abnahme der Möglichkeit zu intergenerationellem Lernen« (Sagebiel/Dahmen 2009, 37) stellten Sagebiel/Dahmen bereits 2009 fest. Und: Sofern intergenerationeller Austausch stattfindet, in welcher Form, Qualität und Intensität erfolgt er? Aktuelle Befunde zu diesem Kontext liefert eine Studie von Rathmann (2016). Sie stellt auf der Grundlage einer Internetrecherche aller staatlichen Universitäten (N = 88) zunächst fest, dass die staatlichen Universitäten, sofern sie ein Senior*innenstudium anbieten, mehrheitlich (88 %) integrierte Weiterbildungsangebote vorhalten und insofern »theoretisch ein Miteinander-Lernen zwischen Jüngeren und Älteren« (Rathmann 2016, 10) bestünde. Anhand der Ergebnisse ihrer Befragung von jüngeren und älteren Studierenden[8] bilanziert sie, dass in gemeinsam besuchten geöffneten Lehrveranstaltungen vielfach nur oberflächliche Kontakte entstünden. Für einen intensiveren Austausch empfiehlt sie die gezielte Berücksichtigung der Altersdifferenz in der Ausgestaltung der Lehrveranstaltungen als »generationsübergreifende Projekte« (Rathmann 2016, 12).

---

8 Studierende im Regelstudium (N = 301) und Teilnehmende an dem Bildungsangebot »Studieren ab 50« (N = 247) an der Otto-von-Guericke-Universität Magdeburg im Sommersemester 2014.

2.2 Entwicklungen in Bezug auf die Modelle und Schwerpunktsetzungen

Die oben genannten Grundmodelle bzw. Konzepte haben im Vergleich zu den Anfangsjahren eine Verschiebung zugunsten bestimmter Varianten erfahren. Aus der Institutionenbefragung der »Erforschung der Ist-Situation von Studienangeboten für Ältere an deutschen Hochschulen« (Sagebiel/Dahmen 2009), an der sich 41 von 53 Einrichtungen beteiligten, geht hervor, dass das reine Gasthörer*innenstudium deutlich zurückgegangen ist und mehr als die Hälfte aller Einrichtungen begleitende zielgruppenspezifische Veranstaltungen anbieten (Modell 3). Die Bereitstellung strukturierter Angebote wurde von nahezu einem Drittel der Einrichtungen genannt. Diese strukturierten Angebote haben eine ein- bis fünfsemestrige Studiendauer und schließen zumeist mit einem Zertifikat ab.[9] Der Erhalt des Zertifikates ist an bestimmte Leistungen geknüpft. Leistungsnachweise können in Form von Klausuren, Hausarbeiten, Referaten und/oder Abschlussarbeiten und Praktikumsberichten abgelegt werden. In vier Fällen beinhaltet das strukturierte Studienangebot eine gerontologische Ausrichtung; in drei Fällen zielt das Zertifikatsstudium auf den Erwerb von Kompetenzen für ein (angestrebtes) bürgerschaftliches Engagement. Einen eigenen Weg hat die Universität Hamburg mit ihren viersemestrigen Zertifikatsstudien in Kunstgeschichte und Geschichte beschritten, welche das Regelangebot der Fakultäten ergänzen. Mit der Entwicklung dieses Formates war intendiert, die kapazitären Einschränkungen bei den Fakultätsangeboten infolge der Hochschulstrukturreform zu kompensieren und der Nachfrage von Kontaktstudierenden zu entsprechen, die sich eine langfristige und »gesicherte« Auseinandersetzung mit einem wissenschaftlichen Gegenstand wünschten. Grundsätzlich machen die beiden Autorinnen einen Trend zur »Diversifikation der Produktpalette« u. a. in Form von Exkursionen, Studienreisen, Begegnungswochen sowie zu selbstorganisierten Lern- und Arbeitsformen aus (vgl. Sagebiel/Dahmen 2009, 16f.). Vernetzungs- und Verbundprojekte etablieren sich zunehmend als wichtiges Format innerhalb des Angebotportfolios (vgl. Pauls/Rathmann 2015, 62f.). Digitale Medien erleichtern diesen Prozess, entsprechende Veranstaltungen – von Übungen zum Ausbau medialer Kompetenzen bis hin zur Umsetzung von Online-Lehrangeboten – nehmen mancherorts großen Raum ein. Auch zeigen sich an einigen Hochschulen bestimmte ausgeprägte Orientierungen.[10] Welche Gründe im Einzelnen für die zunehmende Diversifikation des Studiums im Alter vorliegen, ist nicht hinreichend dokumentiert. Es ist anzunehmen, dass die Hochschulen auf eine heterogener werdende Zielgruppe und deren divergierenden Bildungswünsche und -interessen nachfrageorientiert reagieren. Diese Entwicklung – die zu-

---

9 Diese detaillierten Angaben zu den Angeboten und Orientierungen beruhen auf einer eigenen Analyse des Datenmaterials unter Bezugnahme hochschuleigener Beschreibungen.
10 Forschendes Lernen/Forschungswerkstätten (z. B. U3L Frankfurt, Ulm); selbstgesteuerte Arbeitsgruppen (z. B. Bielefeld); internationale Kooperationen (z. B. Leipzig, Oldenburg); strukturierte Angebote mit gerontologischen Bezügen (z. B. TU Dortmund, PH Freiburg).

nehmende Diversität in der Angebotslage – zeigt sich ebenso auch in weiteren Feldern der Altersbildung. Für programmatische Weiterentwicklungen generell müssen einflussnehmende Faktoren wie die fachliche Ausrichtung der Hochschulen, die organisatorische Anbindung wie auch Fragen der Finanzierung in Betracht gezogen werden.

3 Was leistet das Senior*innenstudium angesichts bildungs- und hochschulpolitischer Herausforderungen im Kontext des »Lebenslangen Lernens«?

Das Senior*innenstudium ist 30 Jahre nach seiner Einführung fester Bestandteil der wissenschaftlichen Weiterbildung an deutschen Hochschulen. Diese umfasst berufliche, politische und allgemeine Bildung (vgl. DGWF-Empfehlung 2010). Das Senior*innenstudium leistet einen Beitrag zur allgemeinen Bildung und trägt zur Umsetzung des Konzeptes des »Lebenslangen Lernens« (für ältere Erwachsene in der nachberuflichen Phase) bei. Hierzu haben sich die Universitäten 2008 in der »European Universities‹ Charter on Lifelong Learning« (EUA 2008; vgl. Ludescher/Waxenegger 2016, 2) verpflichtet. Wichtige Maßnahme zur »Integration des Lebenslangen Lernens in Hochschulen ist die Ansprache neuer und heterogener Zielgruppen« (Hanft/Brinkmann 2013, 17). Dazu zählen nach Wolter (2011, 28) u. a. die »learners in later life«. Diese nicht traditionelle Zielgruppe wird in Deutschland durch das Senior*innenstudium explizit angesprochen.

Für bildungsaktive Menschen stellt das Senior*innenstudium eine wichtige Ergänzung im Portfolio erwachsenenpädagogischer Bildungsangebote dar. Das breite fachliche Spektrum der Programme, die Vielfalt der Formate, ganzheitliche Lernangebote, überregionale Vernetzungsangebote, Kooperationsvorhaben mit außeruniversitären Partnern, Einsatz neuer Medien stellen ein großes Bildungsreservoir dar und können je nach Bildungsmotivation und -ziel individuell genutzt werden. Keine Bildungseinrichtung bietet vergleichbare Möglichkeit zum generationenübergreifenden Lernen wie das Senior*innenstudium an Hochschulen.

Den Hochschulen, insbesondere den betreffenden Fachdisziplinen, könnte man empfehlen, die Altersheterogenität in Lerngruppen als Ressource zu sehen und Forschungsaktivitäten hierauf stärker auszurichten (vgl. Steinhoff 2010, 302). Für die Geragogik präsentiert sich das Senior*innenstudium als Forschungsfeld, das dazu geeignet ist, Erkenntnisse über biografisch geprägte Bildungsaffinität und deren Auswirkungen auf die Aktivitätspotenziale im Alter zu gewinnen, denn »Spätstudierende repräsentieren das aktive Alter als Protagonisten der körperlichen und geistigen Fitnessprogramme im Alter. [...] Bildungsaktive der akademischen Seniorenbildung sind zugleich die am stärksten Engagierten unter den Älteren« (Kade 2009, 95).

4 Ausblick

Das Senior*innenstudium trägt dazu bei, eine Brücke zwischen Wissenschaft und Gesellschaft zu schlagen, die Funktion der Wissenschaftsvermittlung zu übernehmen und den Dialog zwischen Hochschule sowie Bürgerinnen und Bürgern, zwischen Theorie und Praxis, zwischen Forschenden und Rezipienten zu fördern und im Austausch neues Wissen entstehen zu lassen. Damit nimmt das Senior*innenstudium einen wichtigen Stellenwert innerhalb der »Öffentlichen Wissenschaft« (Faulstich 2006) ein. Dass es dabei viel mehr um Wissenschaftsentwicklung geht als um eine Funktion im Kontext von Marketingstrategien der Hochschulen, ergibt sich aus den dargelegten theoretischen und praxisbezogenen Aspekten. Ein zentrales Ziel der wissenschaftlichen Weiterbildung Älterer ist es, mit einem Schuss Idealismus formuliert, Bildung durch Wissenschaft im Sinne der Aufklärung zu ermöglichen (vgl. Faulstich 2006, 30). Mit der Ausrichtung auf Allgemeinbildung und dem Ziel einer persönlichen Weiterentwicklung und kritisch-reflexiven Auseinandersetzung mit der Gesellschaft, ohne Zweckorientierung und Leistungsdruck, bietet das Senior*innenstudium zudem ein Gegengewicht zur Verschulung des grundständigen Studiums nach der Bologna-Strukturreform. Mit Bezug auf Dieter Lenzens programmatische Schrift »Bildung statt Bologna!« (2014) lässt sich feststellen: Bildung statt Bologna findet im Senior*innenstudium statt. Es liegt auf der Hand, dass alle diese Funktionen sich nicht umstandslos einlösen lassen, sondern Themen einer diskursiven, forschenden und praxisorientierten Bearbeitung darstellen.

Wo gibt es weiterhin Handlungsbedarf? Die Bundesarbeitsgemeinschaft Wissenschaftliche Weiterbildung für Ältere sieht im Wesentlichen drei Aufgabenfelder (vgl. Bertram et al. 2017, 82f.): 1. Intensivierung von Vernetzung sowie der konzeptionellen und organisatorischen Zusammenarbeit der Einrichtungen für das Senior*innenstudium; 2. bundesweite Erhebungen über das Senior*innenstudium; 3. Sicherung des Senior*innenstudiums als integraler Bestandteil der wissenschaftlichen Weiterbildung an Hochschulen. Der Weg der Angebotsdiversifikation sollte angesichts der zunehmenden Heterogenität der Zielgruppe und der Anforderungen an eine sich (schneller) wandelnde Gesellschaft weiter beschritten werden, ohne dass aus lebenslangem Lernen eine Bildungspflicht für die Älteren erwächst. Die »Freiheit der Bildungssubjekte« (Kumlehn 2012, 175) sollte gewahrt bleiben.

Literatur

AUCEN – Austrian University Continuing Education and Staff Development Network (2002): *Mission Statement Universitäre Weiterbildung* vom 11. März 2002. http://www.aucen.ac.at/fileadmin/user_upload/p_aucen/Mission_Statement_WB_09.pdf. [20.07.17]

Bertram, T./Dabo-Cruz, S./Pauls, K./Vesper, M. (2017): Bundesarbeitsgemeinschaft Wissenschaftliche Weiterbildung für Ältere (BAG WiWA). In: Hörr, B./Jütte, W. (Hg.) *Weiterbildung an Hochschulen. Der Beitrag der DGWF zur Förderung wissenschaftlicher Weiterbildung*. Bielefeld, S. 73–84.

Böhme, G. (2001): *Studium im Alter. Handbuch Bildung im Dritten Lebensalter*. Frankfurt a. M.

Brauerhoch, F./Dabo-Cruz, S. (2005): *Begegnung der Generationen. Alt und Jung im Studium*. Idstein.

Costard, A./Haller, M./Meyer-Wolters, H./ Pietsch-Lindt, U. (Hg.) (2012): *Alter forscht! Forschungsaktivitäten im Seniorenstudium. Forschendes Lernen, Aktionsforschung und Ageing Studies* (DGWF Beiträge 51). Hamburg.

DGWF – Deutsche Gesellschaft für wissenschaftliche Weiterbildung und Fernstudium (2010): *DGWF-Empfehlungen zu Formaten wissenschaftlicher Weiterbildung*. https://dgwf.net/fileadmin/user_upload/DGWF/DGWF-empfehlungen_formate_12_2010.pdf. [11.07.2017]

Eierdanz, J. (1990): *Seniorenstudium in der Bundesrepublik Deutschland. Situation und Probleme wissenschaftlicher Weiterbildung älterer Menschen an den Hochschulen*. Bad Honnef.

EUA – European University Association (2008): *European Universities' Charter on Lifelong Learning*. Brüssel.

Faulstich, P. (2006): Öffentliche Wissenschaft. In: ders. (Hg.) *Öffentliche Wissenschaft. Neue Perspektiven der Vermittlung in der wissenschaftlichen Weiterbildung*. Bielefeld: Transcript, S. 11–32.

Faulstich, P./Graeßner, G./Schäfer, E. (2008): Weiterbildung an Hochschulen – Daten zu Entwicklungen im Kontext des Bologna-Prozesses. In: Nuissl, E. (Hg.) *Wissenschaftliche Weiterbildung*. Bielefeld (Report, Jg. 31,1), S. 9–18. http://www.die-bonn.de/id/4020. [18.07.2017]

Gnahs, D./Schmidt-Hertha, B./ Strobel, C. (2011): Bildungsbiographische und soziale Bedingungen des Lernens in der Nacherwerbsphase. In: *Magazin erwachsenenbildung.at. Das Fachmedium für Forschung, Praxis und Diskurs*, Ausgabe 13. Wien. http://www.erwachsenenbildung.at/magazin/11-13/meb11-13.pdf. [18.07.2017]

Hanft, A./Brinkmann, K. (Hg.) (2013): *Offene Hochschulen. Die Neuausrichtung der Hochschulen auf Lebenslanges Lernen*. Münster: Waxmann.

Hörr, B. (2012): Seniorenstudium und Bildung Älterer. In: *Hessische Blätter für Volksbildung: Wissenschaftliche Weiterbildung*, 2, 2012, S. 152–158.

Höpflinger, F. (2012): *Gerontologie – Definition und Entwicklung im Blick auf den gesellschaftlichen Fortschritt*. http://www.hoepflinger.com/fhtop/Ehalter1O.html. [18.06.2017]

Kade, S. (2009): *Altern und Bildung – Eine Einführung*. 2. Auflage. Bielefeld: Bertelsmann.

Keil, S./Brunner, T. (Hg.) (1998): *Intergenerationelles Lernen. Eine Zielperspektive akademischer Seniorenbildung*. Grafschaft.

Klafki, W. (1994): Grundzüge eines neuen Allgemeinbildungskonzepts. Im Zentrum: Epochaltypische Schlüsselprobleme. In: ders.: *Neue Studien zur Bildungstheorie und Didaktik: zeitgemäße Allgemeinbildung und kritisch-konstruktive Didaktik*, 4. Auflage. Weinheim/Basel, S. 43–81.

Kricheldorff, C. (2010): Bildungsarbeit mit älteren und alten Menschen. In: Aner, Kirsten/Karl, Ute (Hg.) *Handbuch Soziale Arbeit und Alter*. Wiesbaden: VS Verlag für Sozialwissenschaften, S. 99–109. http://dx.doi.org/10.1007/978-3-531-92004-7_9. [30.06.2017]

Kumlehn, M. (2012): Alterskonstrukte bilden. Bildung im Alter – Bildung für das Alter. In: dies. (Hg.): *Konstrukte gelingenden Alterns*. Stuttgart, S.172–188.
Lenzen, D. (2014): *Bildung statt Bologna!* Berlin: Ullstein.
Ludescher, M. /Waxenegger, A. (2016): Wissenschaftliche Allgemeinbildung – ein Konzept und seine Umsetzung. Bildungsansatz und -arbeit des Zentrums für Weiterbildung an der Universität Graz. In: *Magazin erwachsenenbildung.at. Das Fachmedium für Forschung, Praxis und Diskurs*. Ausgabe 27, 2016. Wien, S. 07.1-07.8. http://www.er¬wachsenenbildung.at/magazin/16-27/meb16-27.pdf. [18.07.2017]
Mälzer, M. (2016): *Auf der Suche nach der neuen Universität. Die Entstehung der »Reformuniversitäten« Konstanz und Bielefeld in den 1960er Jahren*. Göttingen/Bristol: CT.
Pauls, K./Rathmann, A. (2015): Das Studium für Ältere: Aufbruch zu neuen Ufern? In: *Hochschule und Weiterbildung (2)*. Bielefeld, S. 62–63.
Rathmann, A. (2016): Bilder des Altern(s) und die Bedeutung von intergenerationellen Erfahrungen im Rahmen der wissenschaftlichen Weiterbildung Älterer. In: *EFOS News Nr. 1*, 2016, S. 8–13. http://www.efos-europa.eu/fileadmin/efos/downloads/efosnews¬20161de.pdf. [05.07.2017]
Sagebiel, F. (2006): SeniorInnenstudium. In: Faulstich, Peter (Hg.) *Öffentliche Wissenschaft. Neue Perspektiven der Vermittlung in der wissenschaftlichen Weiterbildung*. Bielefeld: Transcript.
Sagebiel, F./Dahmen, J. (2009): *Erforschung der Ist-Situation von Studienangeboten für Ältere an deutschen Hochschulen* (DGWF Beiträge 48). Hamburg.
Saup, W. (2001): *Studienführer für Senioren*. Bonn: BMBF.
Schäffter, O. (2017): Wissenschaftliche Weiterbildung im Medium von Praxisforschung – eine relationstheoretische Deutung. In: Hörr, B./Jütte, W. (Hg.) *Weiterbildung an Hochschulen. Der Beitrag der DGWF zur Förderung wissenschaftlicher Weiterbildung*. Bielefeld, S. 221–240.
Statistisches Bundesamt (2017): *Zahl der Gasthörer steigt 2016 um 6 %*. Pressemitteilung Nr. 185 vom 08.06.2017. https://www.destatis.de/DE/PresseService/Presse/Pressemittei¬lungen/2017/06/PD17_185_213pdf.pdf?__blob=publicationFile. [17.07.2017]
Steinhoff, B. (2008): Intergenerationelles Lernen. Zur Entwicklung einer altersintegrativen Lernkultur. In: Buchen, S./Maier, M. S.: *Älterwerden neu denken. Interdisziplinäre Perspektiven auf den demografischen Wandel*. Wiesbaden: VS Verlag für Sozialwissenschaften, S. 131–144.
Steinhoff, B. (2010): Flug der Eule – Zukunftsbild Seniorenstudium. 10 Thesen zur Weiterentwicklung des Studiums im Alter. In: Feininger, B./Steinhoff, B. (Hg.) *Orte – Worte – Wege. Beiträge zu Kultur, Altern und Lernen*. Frankfurt a. M.: Lang, S. 293–313.
Swindell, R./Thompson, J. (1995): *An International Perspective on the University of the Third Age*. http://worldu3a.org/resources/u3a-worldwide.htm. [20.07.2017]
Vellas, P. (o. A.): *Origines et Objectifs des Universités du Troisième Age*. http://www.¬worldu3a.org/worldpapers/vellas-uk.htm. [20.07.2017]
Werner, R. L. (2012): *Bildung im Alter. Überlegungen zur Allgemeinbildung im demographischen Wandel*. Hamburg: Kovac.
Waxenegger, A./Ludescher, M./Brünner, A. (o. J.): *Qualitätskriterien für die wissenschaftsbasierte Reflexion und Darstellung von Praxisobjekten zur Bildung im Alter. Ein Kurzleitfaden*. Graz.
Wolter, A. (2011): Die Entwicklung wissenschaftlicher Weiterbildung in Deutschland: Von der postgradualen Weiterbildung zu lebenslangem Lernen. In: *Beiträge zur Hochschulforschung*, 33. Jg., 4/2011, S. 8–35.
Zahn, L. (1994): Selbstverwirklichung Älterer durch akademische Bildung. In: Graeßner, G./Korflür, E. T./Veelken, L. (Hg.) *Bestandsaufnahme und Perspektiven des Seniorenstudiums*. Bielefeld: AUE, S. 181–193.
Zentrum für wissenschaftliche Weiterbildung der Universität Oldenburg (Hg.) (1980): *Öffnung der Universitäten für ältere Erwachsene*. Internationaler Workshop in der Universität Oldenburg, 5.–7. Dezember 1979. Oldenburg.

Die stationäre Altenhilfe als Bildungsort. Methodische Zugänge und Perspektiven am Beispiel des geragogischen Begleitungsansatzes

Britta Deppe, Susanne Jahn, Hella Kunz und Walter Wittkämper

1   Einleitung

Altenpflegeheime können auch Bildungsorte sein. In der Praxis sind aber Bildungsangebote in solchen Einrichtungen bisher »wenig verankert« (Bubolz-Lutz et al. 2010, 208). Vielmehr scheint noch die Sicht vorzuherrschen, dass ältere und alte Menschen, wenn sie pflegebedürftig werden und in eine stationäre Pflegeeinrichtung umziehen (müssen), vor allem ins »abhängige Alter« geraten (Kade 2009, 136). Den Kompetenzeinbußen stehen allerdings auch Entwicklungspotenziale der pflegebedürftigen Menschen gegenüber, die durch eine entsprechende »geragogische Haltung und Förderung« entfaltet werden können (de Fries 2005, 121). Stationäre Pflegeeinrichtungen lassen sich in diesem Sinne auch als »Lebensort[e]« (Graf 2011, 215) betrachten, die nicht nur den in diesen Häusern wohnenden älteren Menschen Gestaltungs-, Lern- und Bildungsmöglichkeiten bieten, sondern auch den dort tätigen oder (aus dem Gemeinwesen) zu Besuch kommenden Personen. Der geragogische Begleitungsansatz möchte diese Sichtweise unterstützen (Wittkämper 2012). Er basiert auf der Würde des hilfe- und pflegebedürftigen älteren Menschen und seinem Recht auf Bildung (BMFSFJ/BMG 2010, 18) und greift die Theorie der Entwicklungsaufgaben von R. J. Havighurst (Havighurst 1974) und die Theorie der Tertiären Sozialisation von L. Veelken auf (Veelken 2003, 28f.). Nach Veelken (2011, 233) ist die Geragogik die »Wissenschaft der förderlichen Begleitung […] im Alter«. Der geragogische Begleitungsansatz zielt auf die förderliche Begleitung pflegebedürftiger Menschen im hohen Alter und setzt dazu ressourcenorientierte, kreative, biografische und die Identität stärkende Methoden ein (Nebauer/de Groote 2012; Hölzle/Jansen 2011). Die Perspektive dabei ist, dass auch bei zunehmenden gesundheitlichen Einschränkungen weiterhin von einer lebenslangen Persönlichkeitsentwicklung ausgegangen wird und dass auch der ältere und alte pflegebedürftige Mensch mit seinen individuellen Bedürfnissen ernst genommen und nach seinem Einzug in die Pflegeeinrichtung behutsam durch auf ihn abgestimmte Anregungen und niederschwellige Bildungsangebote begleitet wird (Kricheldorff 2010, 102). Dabei erfahren auch Menschen mit Demenz eine höhere Lebensqualität und erzielen sogar unter Umständen noch durch spezielle Arrangements eine Zeitlang kleine Lernfortschritte (Leipold 2012, 104; Kruse 2007, 36).

    Wesentliche Elemente des Begleitungsansatzes sind die 3 Ws: die *Wertschätzung* für den alten Menschen, die *Wissensermittlung* (z. B. das zielgerichtete

Sammeln seiner biografischen und medizinischen Daten) und die daraus resultierende *Wegbegleitung* (also die kontinuierliche Begleitung des alten Menschen in seinem Lebensumfeld mit adäquaten und von ihm selbst möglichst mitzugestaltenden Beratungs- und Bildungsangeboten). Damit soll der ältere Mensch in stationären Pflegeeinrichtungen ganzheitlicher gesehen werden – nicht nur als ›Pflegesubjekt‹, sondern als individuell gebildete Persönlichkeit, die aufgrund ihres Milieus und ihrer Biografie auch eigene Interessen und kulturelle Bedürfnisse hat (Kade 2009, 31f.), die befriedigt werden wollen. Selbst wenn der ältere Mensch nicht ›bildungsgewohnt‹ ist. Aber auch Ablehnung und Rückzug werden respektiert.

Der geragogische Begleitungsansatz ist dem Bereich der Sozialgeragogik zuzuordnen. Er hat daher eine Nähe zu einer Sozialen Arbeit, für die eine *humane Bildung* zentral ist (Nida-Rümelin 2013), die auch pflegebedürftigen Menschen im sogenannten »vierten Alter« (Laslett 1995) offensteht und diese nicht durch einen »exkludierenden Charakter« ihrer Angebote ausschließt (Schramek/Bubolz-Lutz 2016, 176). Die Geragog*innen sehen sich dabei als akzeptierende Förderer einer selbstbestimmten und selbstständigen Lebensführung und erst bei stärkeren gesundheitlichen Einschränkungen als flexible »Ermöglicher« der Aktivitäten der älteren Menschen (Bubolz-Lutz et al. 2010, 132ff.). Sie betreiben also keine ›Beschäftigungstherapie‹, sondern treten höchstens in den verschiedenen *Settings* mit stimulierenden Medien als Impulsgeber auf (Kiefer/Rudert 2007). Einerseits wird dabei der *»situierten Kognition«* mit anschaulichen Praxisbeispielen oder sogar mit originalen (Erinnerungs-)Gegenständen Raum gegeben und andererseits der *»Emotionalität des Lernens«* mit motivierenden Bestärkungen, hilfreichen Wiederholungen, spielerischen Herausforderungen oder kreativen Aha-Erlebnissen (Siebert 2017, 53).

Abhängig von den geäußerten Bedürfnissen können zum Beispiel Ausflüge mit Park-, Museums- oder Kirchenbesuchen auf dem Programm stehen und den älteren Menschen das Gefühl geben, noch am kulturellen Leben zu partizipieren. Manchmal wird ein intergenerationeller Rahmen und Austausch als Gewinn angesehen (Veelken 2016, 143), zum Beispiel ein Zoobesuch mit Kindergartenkindern. Lässt die gesundheitliche Verfassung solche Unternehmungen außer Haus nicht mehr zu, sind unter Umständen trotzdem noch alltagsstrukturierende und ganzheitliche Angebote möglich wie Spiel-, Vorlese-, Vortrags-, Film-, Mal-, Gymnastik-, Tanz-, Back-, Tierbesuchs-, Gesangs- oder Gesprächsgruppen. Dabei wird kein festgelegtes Programm ›durchgezogen‹, sondern auf die (Entwicklungs-)Wünsche der Teilnehmenden eingegangen. Es gibt auch Ältere, die den Einzelkontakt benötigen oder vorziehen. Durch dabei eingesetzte biografische Medien wie Fotoalben, Gemälde, Schlager oder Lieblingsgedichte »lassen sich vielfältige Erinnerungen wecken, die den pflegebedürftigen hochbetagten Menschen zu Bewusstsein bringen, über welche Stärken sie trotz ihrer gesundheitlichen Einschränkungen verfügen« (Wittkämper 2013, 72). So können die Geragog*innen empathisch noch lange auf das individuelle Erleben der älteren Menschen eingehen – auch noch auf nonverbaler Ebene, beispielsweise mit bedeutsamen Düften oder Musikstücken in der Sterbebegleitung.

In der Praxis bietet dieser Ansatz so die Möglichkeit, mit Hilfe (medien-)geragogischer Methoden (a. a. O., 72f.) und durch Orientierung an geragogischen Prinzipien (Bubolz-Lutz et al. 2010, 136) nicht nur auf anregende Weise zu Bildung und Teilhabe pflegebedürftiger Menschen beizutragen. Auch Pflegende, Sozialarbeiter*innen, zusätzliche Betreuungskräfte, freiwillig Mitarbeitende, Schul- und Studienpraktikanten*innen, Angehörige, Vereine und Menschen verschiedener Generationen aus dem Gemeinwesen lernen dadurch eine neue Haltung kennen: den geragogischen Umgang mit Pflegebedürftigen, die Bedeutung von zugehender Bildungsarbeit mit diesen Menschen und die bereichernde Erfahrung des *Voneinander-, Übereinander- und Miteinander-Lernens* (Antz et al. 2009, 17).

2 Methoden

Im Folgenden wird der geragogische Begleitungsansatz anhand von drei grundlegenden Methoden der Sozialen Arbeit praktisch vorgestellt: Es sind diese die Soziale Einzelhilfe, die Soziale Gruppenarbeit und die Gemeinwesenarbeit (Deller/Brake 2014, 160). Die Wirksamkeit der einzelnen Methoden, insbesondere in Bezug auf Lernen und Bildung, wird von den Autorinnen im Rahmen von ausgewählten geragogischen (Studien-)Projekten im CBT-Wohnhaus Margaretenhöhe, einer stationären Pflegeeinrichtung der Altenhilfe in Bergisch Gladbach, qualitativ untersucht.

2.1 »Da bleibe ich in Bewegung mit meinen eigenen Sachen ...« – die Soziale Einzelhilfe

Gestützt auf Leipolds (2012, 104) These, dass trotz kognitiver Einschränkungen von Menschen mit Demenz »grundlegende Lernprozesse im fortgeschrittenen Stadium noch möglich sind«, wird eine geragogische Einzelbetreuung für diese Zielgruppe entwickelt. Ziel ist es, besonders bei Bettlägerigen, im Leibgedächtnis verankerte Bewegungsabläufe über persönliche biografisch geprägte Gegenstände zu reaktivieren. Dadurch soll die Persönlichkeit gestärkt und der von Petzold und Bubolz bereits 1976 erwähnten ›multiplen Deprivation‹ (Petzold 1988, 67) entgegengewirkt werden.

Als Grundlage werden Elemente der Motogeragogik genutzt. Als »Psychomotorik im Alter« (Eisenburger 2015, 225) unterstützt sie über das Medium Bewegung ältere Menschen im Erhalt ihrer Mobilität und begleitet ihre Persönlichkeitsentwicklung (ebd., 226). Über gezielte Bewegungserfahrungen wird der alternde Mensch dabei unterstützt, »mit sich selbst und seinem Körper, eingebunden in seinem sozialen Netzwerk in der Umwelt, zurecht[zu]kommen« (ebd., 228). Die Möglichkeit zu lernen, befähigt den Menschen, sich an verschiedenste Lebensumstände anzupassen und sie mit zu prägen (Bubolz-Lutz et al. 2010, 14). Laut Kruse (2015, 252f.) verfügt auch der Mensch mit Demenz über eine Tendenz zur Selbstaktualisierung mit dem Ziel der Mitteilung.

Besonders eignet sich die Anwendung der Motogeragogik bei Menschen mit Demenz, da bei kognitiven und sprachlichen Einbußen gerade die Bewegung als Brücke fungieren kann, um mit diesen in Beziehung zu treten (Eisenburger 2015, 226). Gefühle werden durch verlässlich wiederkehrende und vertraute Bewegungen geweckt (Drastik-Schäfer 2016, 120). Die beiden Elemente des geragogischen Begleitungsansatzes *Wertschätzung* und *Wegbegleitung*, die in der Haltung und in der einfühlenden Begegnung deutlich werden, sind in der Motogeragogik grundlegend (Eisenburger 2015, 232).

Durch den Einsatz von Medien, die dem Menschen mit Demenz während seines Lebens vertraut geworden sind, kann der Zugang zu Ressourcen seiner Biografie ermöglicht werden (Wickel 2011, 254 und 263). Diese regen als »individuelle psychomotorische Türöffner« (Drastik-Schäfer 2016, 120) das Leibgedächtnis an.

Solche Gegenstände werden ebenso wie lebensbezogene Angaben und deren Bedeutung oft stellvertretend für Menschen mit Demenz von Angehörigen erfragt. Petzold bezeichnet diesen Vorgang als ›vikarielle Biografiearbeit‹ (Miethe 2014, 120). Sie kommt in der *Wissensermittlung* des geragogischen Begleitungsansatzes zur Anwendung.

Diese Form der Aktivierung wird im Rahmen eines Projektes von Deppe unter Beteiligung zusätzlicher Betreuungskräfte Bewohner*innen mit Demenz verschiedener Stadien in ihrem vertrauten Wohnraum angeboten. Sie wird bei jeder Bewohner*in fünfmal durchgeführt und dauert jeweils 30 Minuten. So kann der Zeit Rechnung getragen werden, die Menschen mit Demenz brauchen, um zu reagieren, sich zu bewegen und zu erinnern sowie ggf. die Sprache zu nutzen. Die sinnliche Auseinandersetzung mit den Gegenständen über Berühren, Sehen, Hören und Riechen löst vertraute Bewegungen aus. Sie werden je nach Einschränkungen und Möglichkeiten geführt und/oder selbst motiviert begleitet. Untermalt werden sie mit Erzählungen über den Gegenstand, entweder durch die Bewohner*innen selbst und/oder durch die durchführende Betreuungsperson. Aufgabe der Betreuungsperson ist es, die Selbstbestimmung sowie aufkommende Emotionen zu erspüren, zu respektieren und mit der entsprechenden verbalen Kommunikation sowie mit Gestik und Mimik nonverbal zu beantworten.

Beobachtet werden kann, dass Fähigkeiten reaktiviert werden können. Auf der körperlichen Ebene werden verschüttete Bewegungsabläufe wieder durchgeführt, der Antrieb zu Bewegung gesteigert sowie die Grob- und Feinmotorik gefördert. Im Bereich der Kognition ist eine einfache Form von Beurteilungsfähigkeit zu erkennen, die Fähigkeit des Lesens kann bei mittelschwerer Demenz wieder aufleben. Die Mitteilungsfähigkeit wird in allen drei Stadien der Demenz angeregt, indem Gefühle, wie z. B. Freude, Stolz, aber auch Wehmut und Abneigung, verbalisiert oder durch nonverbale Kommunikation in Mimik und Gestik ausgedrückt werden können. Das Sprechen geschieht je nach Stadium der Demenz über Sätze, einzelne Wörter oder Wortneuschöpfungen. Psychisch gesehen können sich die Bewohner*innen in ihren eigenen Gedanken, Emotionen und Verhaltensweisen wiederfinden, sodass sie »Inseln des Selbst« (Kruse 2015, 251) wiederentdecken und sich als Person erfahren können. Ergänzt wird dies durch das Erleben von Selbstwirksamkeit und Selbstbestimmung. Übliche Verhaltensauffälligkeiten wie lautes Rufen sind während der Bewegungseinheiten nicht vorhanden.

Diese erlebten Entfaltungsmöglichkeiten und Kompetenzerlebnisse können als eine einfache Form von Lernprozessen von Menschen mit Demenz betrachtet werden, da sie zur Anpassung, Aktualisierung und Gestaltung verschiedenster Lebensumstände beitragen.

2.2 »Wie die Wii-Konsole das Wohnhaus bewegt« – die Soziale Gruppenarbeit

Die Gruppenarbeit ist eine oft gewählte Methode im Rahmen von tagesstrukturierenden Angeboten in Pflegeeinrichtungen. Gruppenarbeiten lassen sich vielfältig gestalten, z. B. zu den Themen Bewegung, Musik, kreative oder hauswirtschaftliche Angebote. Die vorrangigen Ziele dieser Methode sind die Vermeidung von sozialer Isolation, die Teilhabe an der Gesellschaft und die Förderung von Kommunikation, Mobilität u. a.

Inwieweit die Förderung oder Bildung von alten Menschen, insbesondere von Menschen mit Demenz, möglich ist, wurde bereits vielfach diskutiert und in Frage gestellt. Aktuelle Forschungen belegen jedoch, dass das menschliche Gehirn bis ins hohe Alter hinein ein plastisches Organ ist. Hirnplastizität bedeutet, dass die schon vorhandenen Synapsen sich in wenigen Sekunden verstärken können, neue Synapsen sich innerhalb von wenigen Stunden neu bilden und es zu einer Neurogenese kommt, also zum Nachwachsen von Nervenzellen (Markelin 2008, 6). Durch körperliche Aktivität werden diese Prozesse verstärkt. In der Zusammensetzung der Neurotransmitter treten vermehrt Wachstumshormone auf, welche dem Gefäßabbau vorbeugen und die Neuronen und Synapsen stabilisieren. Neurotransmitter sind chemische Botenstoffe, die Informationen von einer Synapse zu einer anderen übertragen. Nach der Bewegung werden vorwiegend Botenstoffe wie Endorphine und Serotonin, die sogenannten Glückshormone, ausgeschüttet, was Stressabbau und psychisches Wohlbefinden zur Folge hat (Markelin 2008, 9). Sowohl in Tierversuchen als auch später beim Menschen wurden aber auch konkrete substanzielle Veränderungen im Gehirn beobachtet. Bei regelmäßiger Bewegung nimmt die Hirnmasse zu. Das kann unter anderem von folgenden Vorgängen ausgelöst werden: Durch die körperliche Aktivität steigt nicht nur die Durchblutung des Gehirns, es bilden sich auch neue Gefäße. Dadurch wird das Hirn besser mit Sauerstoff versorgt (Neumann/Frasch 2008, 29; Eichberg 2011, 14).

Diese Prozesse geschehen auch bei Menschen mit Demenz. Mehrere Studien belegen sowohl in der Primär- als auch in der Sekundärprävention positive Zusammenhänge zwischen dem Verlauf einer Demenzerkrankung und körperlicher Aktivität (Scharpf et al. 2013). Daher stellen bewegungsgeragogische Angebote im Rahmen eines Interventionsplans ein wichtiges Element dar.

Vor diesem Hintergrund wird 2014 von Jahn in dem Wohnhaus ein neues Bewegungsangebot etabliert: Bowling an der Nintendo Wii-Konsole. Diese Konsole ist durch in einen Controller eingebaute Bewegungssensoren einfach und intuitiv zu bedienen. Das Spiel Wii-Sports Bowling erfordert wenig Präzision und Reaktionsschnelligkeit und kann sowohl im Stehen als auch im Sitzen gespielt werden. Vor allem jedoch haben viele Bewohner*innen früher selbst gekegelt. Somit nimmt das Spiel Bezug auf die Biografie der Bewohner*innen, ruft Erinnerungen wach und aktiviert bereits vorhandenes Wissen. An dem Angebot nehmen vier Damen teil, jede von ihnen hat eine diagnostizierte Demenzerkrankung. Zu Beginn des Angebots wird die Konsole vorgestellt und die Bedienung der Controller erklärt. Anschließend werden die Damen gebeten, diese Bewegungen selber mit dem Controller mit sprachlicher und gestischer Anleitung auszuführen. Generell wird darauf geachtet, eine fehlerfreundliche Atmosphäre zu gestalten, da die Damen anfangs noch wenig Zutrauen in ihr Können haben. So wird das Selbstvertrauen der Teilnehmerinnen durch Hinweise von Jahn auf die kleinen Erfolge gestärkt. Diese Atmosphäre wird später zum großen Teil von den Teilnehmerinnen gestaltet, indem sie den anderen applaudieren und sich untereinander loben. Die Teilnehmerinnen scheinen viel Freude an dem Angebot zu haben. Schon nach kurzer Zeit ist ein größeres Selbstvertrauen in das eigene Können zu beobachten, was sich durch weitere Erfolgserlebnisse noch steigert. Bezüglich der Motorik ist zu beobachten, dass die Damen nach einiger Zeit sicherer im Aufstehen und Gehen während des Angebots wurden. Außerdem kann festgestellt werden, dass die Teilnehmerinnen, die sich zum Ort und zur Situation schlecht orientieren können, über eine Woche merken können, wie das Spiel funktioniert und wie der Controller zu bedienen ist. Gegen Ende des Projekts spielt Jahn während des Angebots nur noch eine begleitende und unterstützende Rolle, da die Teilnehmerinnen in der Lage sind, größtenteils autonom auf ihre bestehenden und neu gewonnenen Kompetenzen zurückzugreifen.

2.3 »Wie war zu Cölln es doch vordem/ Mit Heinzelmännchen so bequem!« – die Gemeinwesenarbeit

In der stationären Altenhilfe ermöglicht der geragogische Begleitungsansatz insbesondere Menschen mit Demenz eine Bildung im ganzheitlichen Sinne, die »sich auf Leiblichkeit, Erleben, geistige und geistliche Inhalte und Werte, soziale Kontakte sowie Kontakte mit dem ökologischen und gesellschaftlichen Umfeld bezieht [...]« (Bubolz-Lutz et al. 2010, 24).

Die oftmals körperlich noch fitten pflegebedürftigen Menschen, bei denen zumeist kognitive Einschränkungen im Vordergrund stehen, sind in der Lage, außerhalb einer institutionellen Versorgung »Lernorte« (Bubolz-Lutz et al. 2010, 205) aufzusuchen. Solche besonderen Orte zeigen im Kontext von Gemeinwesen- und Netzwerkarbeit nicht nur eine »kategoriale Dimension (Bezugnahme auf Subgruppen mit gemeinsamen Merkmalen [...])« auf, sondern schaffen unter dem Aspekt einer sinn- und identitätsstiftenden Gesundheitsförderung in ihrer »funktionalen Dimension« vor allem die Voraussetzungen für soziale Integration, ein »Gemeinschaftsgefühl und Zusammenwirken« verschiedener generationsübergreifender Akteure (Philipp-Metzen 2015, 162).

Der kulturelle Austausch wird hierbei zur Plattform für unterschiedliche Bedürfnislagen: Im Rahmen der regelmäßig stattfindenden Kölner Demenzwochen initiieren Kunz und Wittkämper seit mehreren Jahren Stadtspaziergänge zu bekannten Lernorten im öffentlichen Raum. Gemeinsam mit freiwillig Engagierten gestalten sie dort niedrigschwellige museumsgeragogische Angebote, die besonders Menschen mit Demenz ansprechen sollen. So werden beispielsweise der Besuch des Kölnischen Stadtmuseums, die Erkundung des historischen Stadtviertels rund um den Kölner Dom mit seinem Heinzelmännchenbrunnen oder ein kleiner Rundgang über den alten Kölner Melatenfriedhof zu den Grabstätten ehemaliger berühmter Persönlichkeiten zu Lernerlebnissen, bei denen Kölner Stadtgeschichte gemeinschaftlich erfahren wird. Kulturelle Partizipation wird auf diese Weise zu einem gesellschaftlichen Gestaltungsprinzip, das Menschen mit Demenz ermöglicht, sich als Teil des Gemeinwesens zu empfinden. Zudem geben diese Lernarrangements »den Älteren auch die Möglichkeit, Generativität einzuüben und sich ihrer Bedeutsamkeit für die nachwachsende Generation zu vergewissern« (Bubolz-Lutz 2010, 39).

Die inhaltliche Ausgestaltung dieser Ausflüge, die auf einer demenzsensiblen, biografie- und lebensphasenorientierten Didaktik basiert, eröffnet den Teilnehmenden die Möglichkeit, sich auf individueller Ebene in Abhängigkeit von ihren jeweiligen Bedürfnissen und Wünschen als »kultivierte Persönlichkeit« (Wittkämper 2012, 50) wahrzunehmen.

So entsteht mitunter ein Augenblick, in dem ein dementer älterer Teilnehmer vor dem bekannten Heinzelmännchenbrunnen das Gedicht von August Kopisch aufzusagen beginnt, in welches andere ältere Damen und Herren der Gruppe mühelos mit einstimmen: »Wie war zu Cölln es doch vordem/ Mit Heinzelmännchen so bequem!/ Denn war man faul, ... man legte sich/ Hin auf die Bank und pflegte sich [...].«

In einer vielfach anregenden Umgebung, in der ein in der Schulzeit auswendig gelerntes Gedicht wieder präsent wird, befähigt das »stimmungsabhängige Gedächtnis« (del Monte 2010, 18) die Teilnehmenden dazu, selbst zu Impulsgebern*innen und Mitgestaltern*innen der kulturellen Veranstaltung zu werden und *beiläufig* auch neue Eindrücke zu behalten. Im Austausch mit anderen können individuelle biografische Erfahrungen und der eigene kulturelle Erfahrungsschatz auch bei kognitiver Einschränkung als wertvoll wahrgenommen werden.

Auf intergenerationeller Ebene schaffen diese Lernorte zudem ein gegenseitiges Bildungsarrangement, von dem nicht nur die betagten und hochbetagten Teilnehmenden profitieren, sondern auch die Begleitpersonen unterschiedlicher Generationen. Diese haben die Gelegenheit, neue Anregungen im Umgang mit Älteren zu erhalten und Stadtgeschichte durch die individuelle emotionale Beteiligung der Älteren zu erfahren. Ein gemeinsam angestimmtes Karnevalslied aus der Vorkriegszeit von G. Jussenhoven und J. Schlösser in einer historischen und kulturell eingebundenen Umgebung zum Abschluss der Veranstaltung wird dann für alle Beteiligten zur erfahrbaren und erlebten Geschichte: »Die Hüs'-cher bunt om Aldermaat/ sin Zeuge kölscher Eigenaat«.

3 Ausblick: Geragogik bildet nicht nur Ältere

Orientiert an geragogischen Qualitätszielen entwickelt Deppe 2017 zu der oben beschriebenen Einzelbetreuung im Rahmen ihrer Bachelor-Thesis ein innovatives Fortbildungsprogramm für zusätzliche Betreuungskräfte (ZBK) und Mitarbeitende des psychosozialen Dienstes dieser Einrichtung und erprobt dieses in der Praxis. Jahn erforscht ihrerseits 2017 das Verhältnis zwischen ZBK und dem psychosozialen Dienst bzw. der Pflege und zieht daraus auch geragogische Schlussfolgerungen für eine optimiertere Einarbeitung neuer ZBK.

In der Gestaltung einer bildungs- und forschungsfreundlichen Atmosphäre, in der Anleitung oder Beratung von Angehörigen, Schul- und Studienpraktikant*-innen, freiwillig Engagierten und neuen Mitarbeitenden und in der Durchführung von Fort- und Weiterbildungen für Haupt- und Ehrenamtliche liegt vermutlich in Zukunft ein bedeutendes Handlungsfeld von Geragog*innen in der stationären Altenhilfe (Bubolz-Lutz et al. 2010, 212). Der geragogische Begleitungsansatz sieht darin jetzt schon eine wichtige Aufgabe und berücksichtigt dabei im Sinne einer offenen, vielseitigen und humanen Altersbildung künstlerische Methoden (Wittkämper/Meiners 2014).

Literatur

Antz, E.-M./Franz, J./Frieters, N./Scheunpflug, A. (2009): *Generationen lernen gemeinsam. Methoden für die intergenerationelle Bildungsarbeit.* Bielefeld: Bertelsmann.
Bubolz-Lutz, E. (2010): Bildung im Alter. Eine gestalttherapeutische Perspektive. *Psychotherapie im Alter,* 7 (1), S. 25–41.
Bubolz-Lutz, E./Gösken, E./Kricheldorff, C./Schramek, R. (2010): *Geragogik. Bildung und Lernen im Prozess des Alterns. Das Lehrbuch.* Stuttgart: Kohlhammer.
Bundesministerium für Familie, Senioren, Frauen und Jugend/Bundesministerium für Gesundheit (2010): *Charta der Rechte hilfe- und pflegebedürftiger Menschen.* 10. Auflage. Berlin: Druck Bonifatius.
De Fries, B. (2005): Geragogik – Ein Beitrag zum Wandel der gesellschaftlichen Beziehungsgeflechte. In: L. Veelken/S. Gregarek/B. de Vries (Hg.) *Altern, Alter, Leben lernen. Geragogik kann man lehren.* Oberhausen: ALTENA, S. 107-129
Del Monte, D. (2010): *Lernen und Gedächtnis.* Zugegriffen am 18. Juni 2017 unter http://www.damirdelmonte.de/files/delmonte_lernen_und_gedaechtnis.pdf.
Deller, U./ Brake, R. (2014): *Soziale Arbeit.* Opladen & Toronto: Budrich.
Deppe, B. (2017): *Geragogische Einzelbetreuung von Menschen mit Demenz durch zusätzliche Betreuungskräfte in der stationären Altenhilfe – Entwicklung einer Fortbil-*

dungsmaßnahme zur Aktivierung des Leibgedächtnisses über biografisch geprägte Medien. Katholische Hochschule Nordrhein-Westfalen, Abteilung Köln, Fachbereich Sozialwesen: Bachelor-Thesis (unveröffentlichtes Manuskript).

Drastik-Schäfer, C. (2016): »Bewegte Begegnung im Alter« – Psychomotorik in der stationären Altenhilfe. Praxis der Psychomotorik. *Zeitschrift für Bewegungs-und Entwicklungsförderung, 41* (2), S. 119–124.

Eichberg, S. (2011): Bewegung und Demenz aus wissenschaftlicher Sicht. *Pro Alter, 43* (2), S. 12–15.

Eisenburger, M. (2015): Motogeragogik: Psychomotorik im Alter. In: A. Krus/C. Jasmund (Hg.) *Psychomotorik in sozialpädagogischen Arbeitsfeldern. Grundwissen Soziale Arbeit. Band 13*. R. Bieker. Stuttgart: Kohlhammer, S. 225–239

Graf, G. (2011): Hochbetagte in der Heimsituation. In: H. G. Petzold/E. Horn/L. Müller (Hg.) *Hochaltrigkeit. Herausforderung für persönliche Lebensführung und biopsychosoziale Arbeit*. Wiesbaden: VS. S. 211-223

Havighurst, R. J. (1974): *Developmental tasks and education*. 3. Auflage. New York: D. Mc Kay.

Hölzle, C./ Jansen, I. (2011): *Ressourcenorientierte Biografiearbeit. Grundlagen – Zielgruppen – Kreative Methoden*. 2. Auflage. Wiesbaden: VS.

Jahn, S. (2017): *Chancen und Grenzen der zusätzlichen Betreuung nach § 87b SGB XI in der stationären Altenhilfe*. Katholische Hochschule Nordrhein-Westfalen, Abteilung Köln, Fachbereich Sozialwesen: Bachelor-Thesis (unveröffentlichtes Manuskript).

Kade, S. (2009): *Altern und Bildung. Eine Einführung*. 2. Auflage. Bielefeld: Bertelsmann.

Kiefer, B./Rudert, B. (2007): *Der therapeutische Tischbesuch. TTB-die wertschätzende Kurzzeitaktivierung*. Hannover: Vincentz Network.

Kopisch, A. (1856): Die Heinzelmännchen. In: A. Kopisch (Hg.) *Gesammelte Werke. Band 1*. Berlin: Weidmannsche Buchhandlung, S. 123–127.

Kricheldorff, C. (2010): Bildungsarbeit mit älteren und alten Menschen. In: K. Aner/U. Karl (Hg.) *Handbuch Soziale Arbeit und Alter*. Wiesbaden: VS, S. 99–120.

Kruse, A. (2007): *Was stimmt? Alter. Die wichtigsten Antworten*. Freiburg: Herder.

Kruse, A. (2015): Was ist eine gute Institution? Das Pflegeheim im Kontext einer Betrachtung des hohen Alters und der Demenz. In: H. Brandenburg, H. Güther/I. Proft (Hg.) *Kosten kontra Menschlichkeit. Herausforderungen an eine gute Pflege im Alter. Ethische Herausforderungen in Medizin und Pflege. Band 6*. Ostfildern: Grünewald, S. 237–261

Laslett, P. (1995): *Das dritte Alter. Historische Soziologie des Alterns*. München: Juventa.

Leipold, B. (2012): *Lebenslanges Lernen und Bildung im Alter. Grundriss Gerontologie. Band 9*. Stuttgart: Kohlhammer.

Markelin, L. (2008): Bewegung: Motor für Körper und Geist. *DeSSorientiert (2)*, S. 6–15.

Miethe, I. (2014): *Biografiearbeit. Lehr- und Handbuch für Studium und Praxis*. 2. Auflage. Weinheim und Basel: Beltz Juventa.

Nebauer, F./de Groote, K. (2012): *Auf Flügeln der Kunst. Ein Handbuch zur künstlerisch-kulturellen Praxis mit Menschen mit Demenz. Kulturelle Bildung vol. 24*. Herausgegeben vom Institut für Bildung und Kultur. München: kopaed.

Nida-Rümelin, J. (2013): *Philosophie einer humanen Bildung*. Hamburg: Edition Körber Stiftung.

Neumann, N. U./Frasch, K. (2008): Neue Aspekte zur Lauftherapie bei Demenz und Depression – klinische und neurowissenschaftliche Grundlagen. *Deutsche Zeitschrift für Sportmedizin, 59* (2), S. 28–33.

Petzold, H. (1988): »Multiple Stimulierung« und »Erlebnisaktivierung« als Ziel und Methode geragogischer Weiterbildung für die Arbeit mit alten und kranken Menschen, Düsseldorf/Amsterdam. In: H. Petzold/ M. Stöcker (Hg.) *Aktivierung und Lebenshilfen für alte Menschen. Aufgaben und Möglichkeiten des Helfers*. Paderborn: Junfermann, S. 65–85.

Philipp-Metzen, H. E. (2015): *Soziale Arbeit mit Menschen mit Demenz. Grundwissen und Handlungsorientierung für die Praxis*. Stuttgart: Kohlhammer.

Scharpf, A./Servay, S./Woll, A. (2013): Auswirkungen von körperlicher Aktivität auf demenzielle Erkrankungen. *Sportwiss, 43* (3), S. 166–180.
Schramek, R./Bubolz-Lutz, E. (2016): Partizipatives Lernen – ein geragogischer Ansatz. In: G. Naegele/E. Olbermann/A. Kuhlmann (Hg.) *Teilhabe im Alter gestalten. Aktuelle Themen der Sozialen Gerontologie. Dortmunder Beiträge zur Sozialforschung.* Wiesbaden: VS, S. 161–179.
Siebert, H. (2017): *Lernen und Bildung Erwachsener.* Unter Mitarbeit von M. Rohs. 3. Auflage. Bielefeld: Bertelsmann.
Veelken, L. (2003): *Reifen und Altern. Geragogik kann man lernen.* Oberhausen: ATHENA.
Veelken, L. (2011): Bildungsarbeit mit Hochaltrigen. In: H. G. Petzold/E. Horn/L. Müller (Hg.), *Hochaltrigkeit. Herausforderung für persönliche Lebensführung und biopsychosoziale Arbeit.* Wiesbaden: VS, S. 233–257.
Veelken, L. (2016): Generationenbeziehungen und Bildung – Aspekte der Geragogik. In: G. Naegele/E. Olbermann/A. Kuhlmann (Hg.) *Teilhabe im Alter gestalten. Aktuelle Themen der Sozialen Gerontologie. Dortmunder Beiträge zur Sozialforschung.* Wiesbaden: VS, S. 143–159.
Wickel, H.-H. (2011): Biografiearbeit mit dementiell erkrankten Menschen. In: C. Hölzle/ I. Jansen (Hg.) *Ressourcenorientierte Biografiearbeit. Grundlagen – Zielgruppen – Kreative Methoden.* 2. Auflage. Wiesbaden: VS, S. 254–269.
Wittkämper, W. (2012): Der geragogische Begleitungsansatz. Oder: Wie lässt sich die Altenpflege geragogischer denken? *Pro Alter, 44* (5), S. 48–51. Zugegriffen am 18. Juni 2017 unter https://www.cbt-gmbh.de/fileadmin/user_upload/allgemein/PDF/ProAlter_¬ Ausgabe05_2012.pdf.
Wittkämper, W. (2013): Zur Bedeutung traditioneller Medien für pflegebedürftige Menschen im hohen Alter: Die mediengeragogische Perspektive. *Medien & Altern. Zeitschrift für Forschung und Praxis, 2* (3), S. 61–76.
Wittkämper, W./Meiners, G. (2014): *Gedächtnislauf. Demenzgedichte. Mit einem geragogischen Nachwort.* Norderstedt: BoD.

Musikgeragogik

Theo Hartogh und Hans Hermann Wickel

1 Einleitung

Ein hohes Alter bedeutet nicht zwangsläufig die Aufgabe musikalischer Aktivitäten, denn die psychische und physische Leistungsfähigkeit birgt in vielen Lebensbereichen Entwicklungs- und Entfaltungspotenziale. So ist die prinzipielle lebenslange musikalische Weiterentwicklung und Lernfähigkeit des Menschen durch zahlreiche empirische Studien aus der Entwicklungspsychologie sowie der Bildungs- und Intelligenzforschung hinreichend belegt (vgl. Altenmüller 2008, 37ff.; Gembris 2016, 225ff.; Hartogh/Wickel 2008, 133f.). Vor dem Hintergrund eines positiven und ressourcenorientierten Altersbildes geraten nicht nur soziale, biologische, medizinische und ökonomische Aspekte des Alters, sondern auch ästhetische Kompetenzen und kulturelle Bedürfnisse in den Blick, die in gerontologischen und geragogischen Diskursen noch längst nicht den ihnen zustehenden Stellenwert erlangt haben.

2 Singen und Musizieren als autoproduktive Tätigkeiten im Alter

Gegenüber dem »lebenslangen Lernen«, das eher auf funktionelles Wissen und die Notwendigkeit beruflicher Weiterqualifizierung in einer sich immer schneller verändernden Welt zielt, birgt die nichtberufliche Bildung gerade im ästhetischen Bereich die Freiheit, sich mit Muße und ohne Leistungsdruck individuell auf Musik und Kunst einzulassen und daraus persönlichen Gewinn zu ziehen. Kreative Aktivitäten und musikalisches Lernen stellen dem beim lebenslangen Lernen häufig propagierten ökonomisch orientierten Bild des produktiven Alterns ein autoproduktives Altersbild entgegen. Der autoproduktive Mensch darf sich Selbstzweck sein, indem er z. B. selbstbestimmt musiziert, ohne dass seine kulturellen Aktivitäten darauf angelegt sind, einen unmittelbar messbaren und nachhaltigen (gesellschaftlichen) Nutzen zu bringen (vgl. Amann/Ehgartner/Felder 2010, 62f.). Und der Erwerb musikalischer Kompetenzen und das aktive musikalische Tun, vor allem zusammen mit anderen Gleichgesinnten, stellen einen wesentlichen Beitrag zum Erhalt und zur Förderung der Lebensqualität im Alter dar. Als Motive, selbst künstlerisch-kulturell tätig zu sein, werden von älteren Menschen soziale Kontakte und das persönlichkeitsbildende Potential künstlerischen Handelns herausgestellt (vgl. Gembris 2008, 23ff.; Karl 2010, 92).

Ältere Menschen schätzen ihre künstlerischen Kompetenzen positiv ein, wie Keuchel und Wiesand in einer repräsentativen Bevölkerungsumfrage zeigen konnten. Die Mehrheit der Befragten zwischen 50 und 70 Jahren ist davon überzeugt, dass künstlerische Fertigkeiten – wie ein Instrument spielen oder ein Bild malen zu können – durchaus auch noch im Alter erlernbar sind. Selbst bei den 80-Jährigen und Älteren gibt die Mehrheit an, dass man auch im Alter noch künstlerische Fertigkeiten erlernen und ausbauen kann (vgl. Keuchel/Wiesand 2008, 96). Altersbedingte sensomotorische Einschränkungen und Grenzen müssen nicht einer nachlassenden Lernfähigkeit entsprechen, da physische Prozesse nicht mit kognitivem Lernen korrelieren (vgl. Owen 2010, 53ff.).

In der nachberuflichen Phase haben viele Ältere das Bedürfnis, an musikalischen Aktivitäten aus der Kindheit und Jugend – sei es Instrumentalspiel oder Gesang – anzuknüpfen bzw. diese Aktivitäten zu intensivieren, wenn diese, bedingt durch Familie und Beruf, lange Zeit brachlagen. So verwundert es nicht, dass Musikschulen eine stetig wachsende Zahl älterer Schüler*innen zu verzeichnen haben; die Schüler*innenzahl der 60-Jährigen und Älteren hat sich seit dem Jahr 2000 fast vervierfacht, Tendenz steigend (vgl. Deutsches Musikinformationszentrum 2016). Die musikalische Biografie ist im Alter nicht abgeschlossen, sondern offen für neue Erfahrungen und Einstellungen; das Fortschreiben und Differenzieren der individuellen musikalischen Biografie ist daher als Leitziel musikgeragogischen Handelns anzusehen.

3 Musikgeragogik im Schnittfeld von Musikpädagogik und Geragogik

Durch die Fokussierung auf die Zielgruppe älterer Menschen begibt sich Musikpädagogik in eine fachliche Allianz mit der Geragogik, zu deren originären Aufgabenfeld Lern- und Bildungsprozesse im Alter zählen (vgl. Bubolz-Lutz et al. 2010, 13). Es ist daher nur folgerichtig, dass sich in den 2000er-Jahren die neue Disziplin Musikgeragogik entwickelte, deren Gegenstand als »Musikalische Bildung im Alter« definiert werden kann (vgl. Fung/Lehmberg 2016, 23f.; Hartogh 2005; Hartogh/Wickel 2014). Sie legitimiert sich aus der Tatsache, dass durch sie ein neuer Blick auf das Thema Musizieren im Alter geworfen wird, der sowohl für die didaktische Begründung als auch für Forschung und Praxis innovative und zukunftsweisende Impulse gibt. Altersgemäße Aneignungs- und Vermittlungsformen von Musik, die biografische Bedeutung der Musik im Alter sowie der Bedarf an musikalischen Infrastrukturen, die für alte

Menschen erreichbar sind, zeichnen sich für die Musikgeragogik als zentrale praxisrelevante Forschungsfragen ab.

Musikalische und kulturelle Bildung sind ein Grundrecht für alle Menschen – ungeachtet ihres Lebensalters und etwaiger Beeinträchtigungen (vgl. Allgemeine Erklärung der Menschenrechte, Artikel 27; UNESCO 2006, 3). Und musikalische Erfahrungen stellen einen eigenen Modus der Welterfahrung dar, der nicht durch andere ersetzt werden kann (vgl. Pfeiffer 2013, 196). Vor dem Hintergrund dieser beiden Prämissen steht in der Musikgeragogik nicht die Funktionalisierung musikalischer Aktivitäten für außermusikalische Zielsetzungen – wie z. B. in der Musiktherapie –, sondern der Eigenwert der Musik als ästhetisches Kulturgut im Vordergrund. Didaktische Reflexion und methodische Überlegungen sind darauf ausgerichtet, älteren Menschen Zugänge zu diesem Kulturgut zu ermöglichen. Neben den zugrundeliegenden Denkprinzipien und Arbeitsweisen (interdisziplinär, praxeologisch, partizipativ, lebenslauf- und wertorientiert) sind es vor allem Ermöglichungsdidaktik und Biografieorientierung, die als zentrale geragogische Leitprinzipien Theorie und Praxis der Musikgeragogik bestimmen (vgl. Bubolz-Lutz et al. 2010, 13, 83f., 132ff.).

Der Deutsche Musikrat (2007) hat die Notwendigkeit und die Potenziale des neuen Arbeitsfeldes Musikgeragogik erkannt und fordert ausdrücklich, in musikalischen Bildungsinstitutionen Unterricht, Kurse, Workshops und Projekte für Ältere zu etablieren, mit Senior*inneneinrichtungen und -vereinigungen zu kooperieren sowie Aus- und Fortbildung in der Musikgeragogik zu fördern (vgl. auch Jones 2006, 11f.). Um dieses Ziel langfristig in der Praxis umzusetzen, sollen »die Hochschulen und Universitäten ... die Studierenden gezielt auch für die fachspezifischen Anforderungen der Arbeit mit älteren Menschen qualifizieren. Die Fachdidaktik bedarf einer verstärkten Forschung« (Deutscher Musikrat 2007, 2). Dieser Forderung werden mittlerweile mehrere Studiengänge an deutschen und österreichischen Hochschulen gerecht, indem musikgeragogische Inhalte im Curriculum verankert und einschlägige Projekte initiiert werden (vgl. Hartogh 2017, 111f.; Hennenberg 2016, 343f.; Spiekermann 2016, 284f.). Die Fachhochschule Münster bietet seit 2004 an verschiedenen Standorten Deutschlands mit unterschiedlichen Kooperationspartnern wie der Landesmusikakademie Berlin, dem Landesmusikrat Thüringen, dem Landesverband der Musikschulen Schleswig-Holstein, dem Verband Bayerischer Sing- und Musikschulen und der Landeszentrale für Gesundheitsförderung in Rheinland-Pfalz die hochschulzertifizierte Weiterbildung Musikgeragogik an, die sich an Interessierte aus verschiedenen Berufsfeldern richtet, z. B. Sozialpädagog*innen, Musikpädagog*innen, Pfleger*innen, Musiktherapeut*innen sowie Musiker*innen.

4 Musikgeragogik als eigenständige Disziplin

Gegenstandsbereiche der Musikgeragogik sind die biografisch geprägte Beziehung des älteren Menschen zur Musik sowie musikbezogene Vermittlungs- und Aneignungsprozesse im Alter. Aufgrund der besonderen psychischen und physischen Disposition des alten Menschen und seines biografischen Erfahrungshorizonts müssen in der Musikgeragogik Ziele und Methoden anders bestimmt werden als in der Arbeit mit Kindern und Jugendlichen. Auch die Breite institutioneller Einsatzfelder musikalischer Altenbildung, die von der stationären und teilstationären Altenhilfe über Musikschulen, Akademien und Volkshochschulen bis zu Senior*innenuniversitäten reicht, verlangt ein differenziertes zielgruppenspezifisches Vorgehen. Ein wesentliches Merkmal der Musikgeragogik ist das Zusammenführen der musikbezogenen Diskurse unterschiedlicher Disziplinen wie Elementares Musizieren, Musiktherapie, Rhythmik und Community Music (vgl. Hartogh 2016). Durch eigene Schwerpunktbildungen und interdisziplinäre Vernetzungen bestimmt Musikgeragogik als Fachdisziplin ihren Gegenstandsbereich »in eigener Regie« (vgl. Stichweh 1994, 22), indem neben musikpädagogischen Grundlagen auch Erkenntnisse und Impulse aus anderen nicht musikbezogenen Bezugsdisziplinen aufgegriffen werden: u.a. Alterspsychologie (z.B. Lernen im Alter), Geragogik (z.B. Ermöglichungsdidaktik), Soziale Arbeit (z.B. Empowerment), Pflegewissenschaft (z.B. Betreuung dementiell veränderter Menschen) und Medizin (Geriatrie). Vor dem Hintergrund dieser interdisziplinären Verflechtungen kann sich Musikgeragogik wissenschaftssoziologisch als neue Disziplin profilieren (vgl. Stichweh 1994, 16), die auch durchaus auf die traditionelle Musikpädagogik zurückwirkt, da musikalische Bildung keine Altersgrenzen kennt und musikpädagogisches Handeln die lebenslange Beschäftigung mit Musik zum Inhalt hat. Musikgeragogik versteht sich somit als disziplinübergreifendes integratives Denk- und Handlungsmodell, mit dessen Hilfe Theorie und Praxis musikalischer Bildung im Alter reflektiert und hinterfragt werden können. Sie kann unter dem Dach der sich parallel etablierenden Kulturgeragogik verortet werden, die in ihrem Kulturverständnis einzelne Sparten wie Musik, Theater, Tanz, Literatur und Bildende Kunst vereint (vgl. de Groote 2013, 69; de Groote/Hartogh 2016, 17f.; vgl. auch den Beitrag zur Kulturgeragogik in diesem Band). Geragogische Leitprinzipien bestimmen das professionelle Handeln in diesen ästhetischen Bereichen; ohne solche Praxisbezüge in konkreten Arbeitsfeldern wäre geragogische Theorie leer; auf der anderen Seite Kultur- und Musikgeragogik ohne geragogischen Theoriebezug blind.

Musikgeragogik etabliert sich als selbstständige Disziplin, indem sie analog zu anderen Fachdisziplinen folgende Bedingungen erfüllt (vgl. Hartogh 2017, 114ff.):

- International und interdisziplinär werden Musikgeragogik bzw. music geragogy durch eine wachsende scientific community und eine in unterschiedlichen Institutionen agierende community of practice weiterentwickelt.

- Entwicklungen in der scientific community, s. Fricke/Hartogh (2016, 205ff.),
- Entwicklungen in der community of practice, s. Wickel/Hartogh (2011).
- Die Disziplin etabliert sich zunehmend in akademischen Studiengängen, Fort- und Weiterbildungen. Auf Fachtagungen werden zukunftsweisende Themen in Vorträgen und Workshops behandelt.
- Als Fachverband bürgt die Deutsche Gesellschaft für Musikgeragogik (Mitglied im Deutschen Musikrat) für die Qualität und professionelle Weiterentwicklung der Disziplin. Sie gewährleistet, dass auf gesellschaftliche und kulturpolitische Entwicklungen reagiert und Musikgeragogik gesellschafts- bzw. kulturpolitisch wahrgenommen und unterstützt wird.
- Akteure der community of practice verorten ihr professionelles Handeln im Feld der Musikgeragogik. Immer stärker etabliert sich Musikgeragogik als eigenes Berufsfeld: Musikschulen richten musikgeragogische Abteilungen ein und Alteneinrichtungen schreiben Stellen für Musikgeragog*innen aus.

5 Didaktische Aspekte des Musiklernens im Alter

Mit Blick auf die Zielgruppe können in der Zusammenschau einschlägiger Studien folgende typische didaktische Aspekte des musikalischen Lernens im Alter ausgemacht werden (vgl. Hartogh 2018):

- Bevorzugung von Praxisgemeinschaften: In Chören und Instrumentalensembles werden soziale Kontakte mit Gleichgesinnten gesucht.
- Musizieren als Lebensbewältigung: Viele Schüler*innen schildern z. B., wie ihnen Unterricht und aktives Musizieren in Krisensituationen und herausfordernden Alltagssituationen geholfen haben bzw. helfen.
- Leistungsdenken und Diskrepanz im künstlerischen Anspruch: Die künstlerische Leistung steht sowohl für Lehrende als auch Lernende im Vordergrund, folgt häufig aber unterschiedlichen Kriterien und Ansprüchen.
- Offenheit der Ziele: Viele Schüler*innen haben keine festgelegten Ziele, sondern sind offen dafür, wohin sie der Unterricht führt.
- Lernfortschritt: Der Lernprozess Erwachsener verläuft nicht linear, kann sich auf Umwegen ereignen, im Abschweifen, aber auch im Innehalten. Hemmende Vergleiche mit Kindern und Jugendlichen sind daher zu vermeiden.
- Die Lebenserfahrung älterer Menschen ist eine fruchtbare Voraussetzung für das Lernen. Das kognitive Verständnis kann in der Regel sehr schnell hergestellt werden; die physischen Prozesse dauern länger, was jedoch oft durch kreative Umwege, bereits vorhandenes Wissen und hohe Motivation kompensiert wird.
- Ältere Menschen übernehmen im Vergleich zu jüngeren Menschen oft mehr Selbstverantwortung im Unterrichtsprozess. Die Anforderung an den Unter-

richt und seine Beteiligten besteht darin, ein Gleichgewicht zwischen Freiheit und Autonomie einerseits und klaren Strukturen und Aufgabenstellungen andererseits auszuhandeln.
- Ältere Menschen lernen im Gegensatz zu Kindern oft zuerst über das rationale Verstehen, erst im Anschluss daran wird das Leibgedächtnis aktiviert.
- Für viele ältere Menschen rechtfertigt die unmittelbare Tätigkeit des Musizierens ihr Tun und schenkt Befriedigung. Ältere Lernende wählen selbst aus, worauf sie sich konzentrieren wollen; sie möchten etwas tun, das mit der eigenen Person in Zusammenhang steht.
- Altersbedingte körperliche und psychische Beeinträchtigungen können meist durch gezielte methodische Hilfestellungen kompensiert werden.
- Traditionelle Hierarchien brechen auf. Ältere Frauen überwinden genderbedingte Stereotypen und greifen zu einem Instrument wie etwa dem Altsaxophon, das als »Männerinstrument« Geschichte geschrieben hat. Klassisch ausgebildete Lehrpersonen bilden sich im Bereich Pop und Jazz weiter, weil diese Musiksparten von den Lernenden gewünscht werden.
- Anders als in der Musikpädagogik kehren sich in musikgeragogischen Angeboten die Altersverhältnisse Lehrer*in und Schüler*in um.

6 Musikalische Bildungsangebote für dementiell veränderte Menschen

Ein völlig neues Feld ist das Unterrichten von dementiell veränderten Menschen. Forschungsergebnisse zeigen, dass auch dementiell erkrankte Menschen durchaus die Möglichkeit haben, trotz kognitiver Einschränkungen in einem Chor zu singen bzw. bis zu einem bestimmten Leistungslevel ein Instrument und neue Stücke zu erlernen – mit nachweisbar positivem Einfluss auf Lebensqualität, motorische Kompetenzen und kognitive Leistungen (vgl. Hoedt-Schmidt 2010; Kehrer 2013; Sacks 2008, 367ff.). Die gesellschaftlich wichtige kulturelle Antwort auf das Phänomen Demenz könnte u. a. von den Musikschulen gegeben werden, indem sie im Sinne der Inklusion Betroffene als mögliche Klientel für musikalische Angebote in den Blick nehmen (vgl. Hartogh 2015).

7 Ausblick

Welche Aufgaben stellen sich der Musikgeragogik in der Zukunft? Im Schnittfeld von Musikpädagogik und Geragogik wird sie sich mit den Beziehungen zwischen altem Mensch und Musik und den didaktisch-methodischen Aspekten musikalischer Bildungsprozesse im Alter zu befassen haben. Dabei liegen die inhaltlichen Schwerpunkte neben den musikalischen Themen auf der geragogischen Beziehungsgestaltung und dem Kompetenzprofil (musik-, adressatenbezogene, organisatorische und institutionsbezogene Kompetenzen) der in der Praxis tätigen Musikgeragog*innen, die für und mit alten Menschen musikbezogene Bildungsmöglichkeiten erschließen und verwirklichen helfen. In diesem Prozess bilden ältere Menschen keine homogene Zielgruppe, vielmehr ist angesichts gesellschaftlicher Diversitäts- und Pluralisierungstendenzen eine zunehmende Divergenz von Nachfragen und Bedarfen in Bezug auf (interkulturelle) Bildungsangebote zu erwarten, die neben der Volks- und klassischen Musik auch andere Genres wie Jazz, Pop- und Rockmusik einschließt. Auch ist keinesfalls davon auszugehen, dass alte Menschen nur biografische Kontinuität wünschen, denn in der nachberuflichen Phase gibt es durchaus den Wunsch nach neuen Tätigkeiten und Lebenserfahrungen, wie z. B. erfolgreiche Experimental- und Popchöre mit älteren Mitgliedern zeigen. Aufgabe der Musikgeragogik ist es, entsprechende Bedarfe zu erkennen und in Theorie und Praxis dazu beizutragen, dass ältere Menschen Freude an der Musik erleben und auf vielfältige Weise ihr Recht auf musikalische Bildung wahrnehmen können.

Literatur

Altenmüller, E. (2008): Es ist nie zu spät: Zur Neurobiologie des Musizierens im Alter. In: Verband deutscher Musikschulen (Hg.) *Musik – ein Leben lang! Grundlagen und Praxisbeispiele*. Bonn: VdM. S. 35–40.
Amann, A./Ehgartner, G./Felder, D. (2010): *Sozialprodukt des Alters. Über Produktivitätswahn, Alter und Lebensqualität*. Wien: Böhlau.
Bubolz-Lutz. E./Gösken, E./Kricheldorff, C./Schramek, R. (2010): *Geragogik. Bildung und Lernen im Prozess des Alterns. Das Lehrbuch*. Stuttgart: Kohlhammer.
Deutscher Musikrat (2007): *Wiesbadener Erklärung. Musizieren 50+ – im Alter mit Musik aktiv. 12 Forderungen an Politik und Gesellschaft*. Internet: www.musikrat.de/musikpolitik/musizieren-50/wiesbadener-erklaerung.html
Deutsches Musikinformationszentrum (2016): *Schülerzahlen und Altersverteilung an Musikschulen des VdM*. Internet: http://miz.org/downloads/statistik/5/05_Schuelerzahl_Alterverteilung_Musikschulen_2016.pdf.
Fricke, A./Hartogh, T. (Hg.) (2016): *Forschungsfeld Kulturgeragogik – Research in Cultural Geragogy*. München: kopaed.
Fung, C. V./Lehmberg, L. J. (2016): *Musik for Life. Music Participation and Quality of Life of Senior Citizens*. Oxford: Oxford University Press.
Gembris, H. (2008): Musik im Erwachsenenalter. Entwicklungspsychologische Befunde und praktische Perspektiven. In: Verband deutscher Musikschulen (Hg.) *Musik – ein Leben lang! Grundlagen und Praxisbeispiele*. Bonn: VdM, S.11-34.
Gembris, H. (2016): Musikalische Begabung und Alter(n). In: A. Fricke/T. Hartogh (Hg.) *Forschungsfeld Kulturgeragogik – Research in Cultural Geragogy*. München: Kopaed, S. 221–260.
Groote, K. de (2013): *»Entfalten statt liften!«. Eine qualitative Untersuchung zu den Bedürfnissen von Senioren in kulturellen Bildungsangeboten*. München: Kopaed.

Groote, K. de/Hartogh, T. (2016): Gegenstand, Typen und Methoden der Forschung in der Kulturgeragogik. In: A. Fricke/T. Hartogh (Hg.) Forschungsfeld Kulturgeragogik – Research in Cultural Geragogy. München: kopaed, S. 17–35.

Hartogh, T. (2005): *Musikgeragogik – ein bildungstheoretischer Entwurf.* Augsburg: Wissner.

Hartogh, T. (2015): Inklusion dementiell veränderter Menschen – aufgezeigt am Beispiel kultureller Teilhabe. In: T. Grosse/L. Niederreiter (Hg.) *Inklusion und Ästhetische Praxis in der Sozialen Arbeit.* Weinheim: Beltz Juventa, S. 61–83.

Hartogh, T. (2016): Music Geragogy, Elemental Music Pedagogy and Community Music – Didactic Approaches for Making Music in Old Age. In: *International Journal of Community Music* 9 (1), pp. 35–48.

Hartogh, T. (2017): Musikgeragogik. Bezugs- und Zuliefererdisziplin für Instrumental- und Gesangspädagogik. In: N. Bailer/G. Enser (Hg.) *Insel-Bilder. Musikdidaktische Konzeptionen im Diskurs.* Innsbruck: Helbling, S. 107–123.

Hartogh, T. (2018): Musikalisches Lernen im dritten und vierten Lebensalter. In: W. Gruhn/P. Röbke (Hg.) *Musik lernen – ein Handbuch.* Rum: Helbling (in Druck)

Hartogh, T./Wickel, H. H. (2008): *Musizieren im Alter. Arbeitsfelder und Methoden.* Mainz: Schott.

Hartogh, T./Wickel, H. H. (2014): Musikgeragogik – Grundlagen, Arbeitsfelder, Aus- und Weiterbildung. In: *Diskussion Musikpädagogik,* 62, S. 4–7.

Hennenberg, B. (2016): Nächstes Mal spielt das Saxofon mehr: Kreatives situatives Musizieren von Musikstudierenden mit hochaltrigen Personen in einem Seniorentageszentrum in Wien Floridsdorf – eine gesellschaftliche Notwendigkeit. In: A. Fricke/T. Hartogh (Hg.) *Forschungsfeld Kulturgeragogik – Research in Cultural Geragogy.* München: Kopaed, S. 343–354.

Hoedt-Schmidt, S. (2010): *Aktives Musizieren mit der Veeh-Harfe. Ein musikgeragogisches Konzept für Menschen mit dementiellen Syndromen.* Münster: Waxmann.

Jones, P. M. (2006): *Preparing Music Teachers for Change: Broadening Instrument Class Offerings to Foster Lifewide and Lifelong Musicing.* Internet: http://www-usr.rider.edu/.

Karl, U. (2010): Kulturelle Bildung und Kulturarbeit mit älteren und alten Menschen. In: K. Aner/U. Karl (Hg.) *Handbuch Soziale Arbeit und Alter.* Wiesbaden: Verlag für Sozialwissenschaften, S. 87–97.

Kehrer, E.-M. (2013): *Klavierunterricht mit dementiell erkrankten Menschen. Ein instrumentalgeragogisches Konzept für Anfänger.* Münster: Waxmann.

Keuchel, S./Wiesand, A. J. (2008): *Das KulturBarometer 50+. »Zwischen Bach und Blues...«. Ergebnisse einer Bevölkerungsumfrage.* Bonn: ARCult Media.

Owen, D. M. (2010): Challenges in teaching adult music students in the instrumental studio. In: *E-Journal of Studies in Music Education VIII/2:* Music Education in the Wider Community, pp. 44–60.

Pfeiffer, W. (2013): Jugend – Musik – Sozialisation: Perspektive der Musikdidaktik. In: R. Heyer, S. Wachs/Ch. Palentien (Hg.) *Handbuch Jugend – Musik – Sozialisation.* Wiesbaden: Springer, S. 187–215.

Sacks, O. (2008): *Der einarmige Pianist. Über Musik und das Gehirn.* Reinbek: Rowohlt.

Spiekermann, R. (2016): Instrumentalunterricht mit Älteren. In: A. Fricke/Th. Hartogh (Hg.) *Forschungsfeld Kulturgeragogik – Research in Cultural Geragogy.* München: Kopaed, S. 281–300.

Stichweh, R. (1994): *Wissenschaft – Universität – Profession. Soziologische Analysen.* Suhrkamp: Frankfurt/Main: Suhrkamp.

UNESCO (2006): *Road Map for Arts Education.* The World Conference on Arts Education: Building Creative Capacities for the 21st Century Lisbon, March 2006, pp. 6-9. Internet: http://www.unesco.org/fileadmin/multimedia/HQ/CLT/CLT/pdf/Arts_Edu_RoadMap_en.pdf.

Wickel, H. H./Hartogh, T. (Hg.) (2011): *Praxishandbuch Musizieren im Alter. Projekte und Initiativen.* Mainz: Schott.

Kunst- und Kulturgeragogik

Sabine Baumann und Kim de Groote

1 Bedeutung Kultureller Bildung und Teilhabe im Alter

Kulturelle Bildung bezeichnet den Lern- und Auseinandersetzungsprozess des Menschen mit sich, seiner Umwelt und der Gesellschaft im Medium der Künste und ihrer Hervorbringungen. Im Ergebnis bedeutet Kulturelle Bildung die Fähigkeit zur erfolgreichen Teilhabe an kulturbezogener Kommunikation mit positiven Folgen für die gesellschaftliche Teilhabe insgesamt. Kulturelle Bildung ist integrales, notwendiges Element von Allgemeinbildung (vgl. Baumann/Ermert 2010, 58).

> »Die unterschiedlichen kulturellen Traditionen in der Welt führen zu unterschiedlichen Auffassungen von der Rolle der Künste und auch der Bedeutung der künstlerisch-kulturellen Bildung in der Gesellschaft. Nach Bamford (2006) kann unterschieden werden zwischen »education in the arts«, Bildung in den Künsten, also dem, was traditioneller Unterricht in Kunst, Literatur, Musik usw. an Wissen und Fertigkeiten zur Ausübung und zum Verständnis künstlerisch-kultureller Arbeit und Kommunikation leistet, und »education through the arts«, Bildung durch die Künste. Damit sind die Wirkungen gemeint, die die Künste in der Vermittlung anderer Inhalte und vermittelter Fähigkeiten in nichtkünstlerischen Arbeits- und Lebenszusammenhängen entfalten. Beides ist sinnvoll und legitim« (Baumann/Ermert 2010, 58).

Alle Altersgruppen in unserer Gesellschaft haben ein Recht auf kulturelle Partizipation. Es besteht Konsens in unserer Gesellschaft, dass dies für Kinder und Jugendliche selbstverständlich ist. Aber auch für Erwachsene egal welchen Alters und welcher physischen und psychischen Konstitution gehören Kulturelle Bildung und die Künste zum legitimen Wunsch und Anspruch.

Kulturelle Bildung ermöglicht Älteren eine erfolgreiche Teilhabe an kulturbezogener Kommunikation und Aktion, soziale Einbindung und Aktivität, fördert die Gesundheit und ist ganz wesentlicher Faktor für Lebensqualität. Künstlerische Prozesse ermöglichen dem Menschen, auf eine differenzierte Art und Weise ganzheitlich mit allen Sinnen Welt wahrzunehmen und sich Welt anzueignen. Gleiches gilt für Ältere und Alte: Durch das Erleben ihrer kreativen Potenziale eröffnen sich ihnen neue Erfahrungsräume, sie können ihre vielfältigen Kompetenzen, ihre Selbstbestimmtheit entwickeln und realisieren und sind gleichzeitig sozial eingebunden. Das alles trägt zu einer besseren Bewältigung des Alltags, insbesondere unter dem Aspekt der Lebensqualität und Lebenszufriedenheit, bei (vgl. Baumann 2010, 2012, 8).

Die Zusammenhänge und Einflüsse von kulturellen, künstlerischen Programmen in unterschiedlichen Kunstsparten auf das Befinden von älteren Menschen untersuchte bereits ab 2001 Dr. Gene D. Cohen (2009, 191ff.), Direktor des Center of Aging, Health & Humanities an der George Washington Universität in einer landesweiten mehrjährigen Vergleichsstudie. Evaluiert wurden die Auswirkungen auf ältere Menschen, wenn sie regelmäßig über einen bestimmten Zeitraum an kulturellen Angeboten teilnahmen. Im Fokus der Untersuchung standen deren allgemeine und mentale Gesundheit, ihr Wohlbefinden, ihr Aktivitätsgrad und ihre soziale Einbindung.

Beteiligt waren an der Studie 300 Personen mit einem Durchschnittsalter von 80 Jahren. Eine Untersuchungsgruppe, die wöchentlich an künstlerischen Angeboten teilnahm, die von professionellen Künstler*innen geleitet wurden, und eine Kontrollgruppe, die darin nicht eingebunden war. Die Studie zeigt statistisch signifikant, dass die Beteiligten gegenüber der Kontrollgruppe über eine bessere Gesundheit verfügten. Sie hatten weniger Arztbesuche zu verzeichnen, nahmen weniger Medikamente ein, sie konstatierten insgesamt ein größeres Wohlbefinden, zudem vergrößerte sich ihr Aktivitätsgrad und ihre sozialen Bindungen.

Das bedeutet, wie auch Cohen bemerkt, dass jedes Angebot der Kulturellen Bildung so interessant und angenehm gestaltet werden sollte, dass sich eine stetige Teilnahme wie selbstverständlich ergibt und Gelegenheit bieten sollte, eigene Kompetenzen zu erweitern sowie soziale Einbindung und neue Kontakte zu fördern. Dementsprechend sollten kunst- und kulturgeragogische Angebote qualitätsvoll entwickelt und angeboten werden, d. h. dass entsprechende Gelingenskriterien in die Planung mit einfließen.

2 Besonderheiten des Lernens Älterer in der Kulturellen Bildung

Ältere Menschen haben eine lange Lebens- und Bildungsgeschichte. Sie verfügen über viele kulturelle Erfahrungen, sei es aus der Schulzeit, aus ihrer Freizeit oder aus dem Berufsleben, die sich nun auf aktuelle Lernprozesse auswirken. Sie hatten viele Gelegenheiten, ihre Vorlieben zu festigen, Abneigungen und Lernstrategien zu entwickeln.

Der Großteil älterer Menschen, die künstlerisch aktiv sind, war dies schon in jüngeren Jahren. Lediglich ein Prozent der künstlerisch Aktiven entdeckt dieses Interesse erst im Alter (Keuchel/Wiesand 2008, 87). An kulturellen Bildungsangeboten nehmen daher vorwiegend ältere Personen teil, die unter Umständen über langjährige Lernerfahrungen in der jeweiligen Kunstsparte verfügen und die hohe Ansprüche an ein kulturelles Bildungsangebot stellen. Allerdings sehen sie sich möglicherweise mit biologischen Alterungsprozessen konfrontiert. Wenn ältere Teilnehmende zum Beispiel an (meist) altersbedingten Krankheitserscheinungen wie Arthrose oder dem Karpaltunnel-Syndrom leiden, kann sich dies auf die Ausübung künstlerischer Tätigkeiten wie die Malerei ausüben. Die Finger sind geschwollen, die Hand verliert Gegenstände, der Pinsel kann nicht ruhig gehalten werden. Die entstandenen Kunstwerke sind dadurch weniger sauber und fein gemalt. Die ältere Person hat den Vergleich zu früheren Kunstwerken und den Abbau ihrer Fähigkeiten direkt vor Augen und ist mit ihrem heutigen Werk nicht mehr so zufrieden, wie sie es früher einmal war (de Groote 2013, 155f.). Um Frustrationserfahrungen zu vermeiden, sind Kompensationsstrategien gefragt, die die Teilnehmenden nicht mit ihren Defiziten konfrontieren, sondern die den künstlerischen Prozess, die Freude an der Malerei in den Vordergrund stellen und alternative Techniken und Möglichkeiten des Umgangs anbieten. Entsprechende Herausforderungen, mit denen Dozent*innen der Kulturellen Bildung umgehen müssen, existieren in anderen Kunstformen, wie Musik, Tanz oder Theater sowie mit anderen Alterserscheinungen oder vor dem Hintergrund verschiedener Sozialisationen Älterer.

Dozent*innen in der Kulturellen Bildung mit Älteren sind hier herausgefordert, sich an der Lebenswelt und den Kompetenzen der Älteren zu orientieren, ein entsprechendes Methodenrepertoire parat zu haben und den Lernprozess älterer Teilnehmender adäquat zu begleiten, um ihnen weiterhin eine erfolgreiche Teilhabe zu ermöglichen. Sie benötigen ein breites Hintergrundwissen über biologische, kognitive und psychische Alternsprozesse und die Sozialisation Älterer. Körperliche oder kognitive Einschränkungen (z. B. bei einer Demenz, vgl. hierzu Nebauer/de Groote 2012) müssen berücksichtigt werden können. Die Auseinandersetzung mit entsprechenden Fragestellungen in den Disziplinen Kunst- und Kulturgeragogik ist nur konsequent.

3 Verortung Kunstgeragogik und Kulturgeragogik

Kunst- und Kulturgeragogik beinhalten Aufgaben der Kulturellen Bildung und Vermittlung im Alter wie das Anleiten zur Auseinandersetzung mit Kunst und Kultur und zu eigenem künstlerischen Schaffen als auch den Einsatz von Kunst und Kultur als Mittel, um Ziele der Allgemeinbildung zu erreichen. Sie führen Erkenntnisse affiner Disziplinen zusammen und generieren dadurch neues handlungsleitendes Wissen. So stehen sie in enger Beziehung zu Geragogik, Gerontologie, Psychologie, Philosophie, Sozialwissenschaften, Medizin, Neurowissenschaften, Kunstwissenschaft, Kulturwissenschaft und -pädagogik, Musikwissenschaft und -pädadogik, Theaterwissenschaft und -pädagogik usw. (de Groote/Hartogh 2013, 18).

Orientierungspunkte von Kunst- und Kulturgeragogik sind die Prinzipien der Kulturellen Bildung, bei denen aktuelle geragogische Erkenntnisse herangezogen werden (vgl. Bubolz-Lutz et al. 2010). Kunst- und Kulturgeragogik stellen das Subjekt in den Mittelpunkt. Es geht nicht um die Vermittlung eines Kunst-Kanons, sondern um die Frage, was der oder die Einzelne an Kompetenzen, Fähigkeiten, Einstellungen und Dispositionen braucht, um handlungsfähig zu sein und ein »Leben in aufrechtem Gang« (E. Bloch) zu führen und so das je individuelle »Projekt des guten Lebens« zu verwirklichen (Fuchs 2001, 6). Kulturelle Bildung wird zunehmend als Entwicklungsaufgabe im Lebenslauf begriffen und setzt sich daher auch mit altersspezifischen Aspekten auseinander, die ein Alter(n) in Würde, Selbstbestimmung und guter Lebensqualität ermöglichen. Hier geht es insbesondere um das Wissen um die generellen Veränderungen und Einbußen, insbesondere aber um Potenziale im Alter und deren Bedeutung für die Kulturarbeit.

4 Kunst- und Kulturgeragogik in der Lehre

Die Ausgestaltung kultureller Bildungsangebote für Ältere ist in der Praxis noch stark durch Kunst- und Kulturpädagogik geprägt, die allerdings schon vom Wortstamm her einen Schwerpunkt auf Kinder- und Jugendliche legen. Besonderheiten einer älteren Zielgruppe werden kaum thematisiert, da die Anleitenden meist keine grundständige geragogische Aus- oder Weiterbildung absolviert haben.

Die Bundesakademie für Kulturelle Bildung Wolfenbüttel sowie die Fachhochschule Münster in Kooperation mit kubia (Kompetenzzentrum für Kulturelle Bildung im Alter und Inklusion) reagieren auf diesen Bedarf und bieten seit 2011 jeweils berufsbegleitende Zertifikatskurse für Künstler*innen, Kunstpädagog*innen, Kunst- und Kulturvermittler*innen, Tätige in der Erwachsenenbildung, Sozialen Arbeit, Altenhilfe und Pflege an. Die beiden Qualifizierungen werden nachfolgend im Detail vorgestellt.

4.1 Zertifikatskurs Kunstgeragogik

Die Bundesakademie für Kulturelle Bildung Wolfenbüttel setzt sich bereits seit 2005 mit Fragen des demografischen Wandels auseinander und welche Bedeutung diese Entwicklung für Kulturelle Bildung und Lebensbegleitendes Lernen aufzeigt. Um mehr älteren und alten Menschen den Zugang und die Teilhabe zur kulturellen Bildung zu fördern, entwickelte die Bundesakademie 2010/2011 in Kooperation mit dem Forschungsinstitut Geragogik FoGera als Konsequenz die Qualifizierung KUNSTgeragogik[1]. Diese richtet sich an Künstler*innen aus

---

[1] Konzept und Lehrgangsleitung: © Dr. Sabine Baumann, Programmleiterin Bildende Kunst, Bundesakademie für Kulturelle Bildung Wolfenbüttel. Der hohe Standard der Qualifizierung wird durch ein Team verschiedener Expert*innen garantiert, vor allem

den Bereichen Bildende Kunst und Tanz, Kunst- und Kulturvermittler*innen, Kulturpädagog*innen, Theater- und Kunstpädagog*innen, Tanzpädagog*innen, Kunsttherapeut*innen, Ergotherapeut*innen, Sozialpädagog*innen und Praktiker*innen angrenzender Berufsfelder.

Das Curriculum beinhaltet Grundlagen- und Vertiefungswissen aus den Bereichen Bildung, Geragogik, Gerontologie, Neurowissenschaften und Psychologie ebenso zu Kommunikation, Management, Organisation und Finanzierung. In sieben Modulen wird ein fundiertes Wissen vermittelt, wie mit Älteren qualitätsvoll künstlerisch, konkret und praxisorientiert in der Bildenden Kunst oder im Tanz gearbeitet werden kann. Die eigenen Potentiale, Fähigkeiten und Materialzugänge der künstlerischen Praxis der Teilnehmenden bilden die Basis für die künstlerische Vermittlungsarbeit mit Älteren. Das ist nicht nur bedeutsam für eine qualitätsvolle Kulturelle Bildung, sondern bildet die Grundlage für diese Qualität. Somit stellt das Konzept der Kunstgeragogik die Künste in den Vordergrund, nicht als Medium sondern als Haltung.

In der Vermittlung der künstlerischen Praxis geht es um den jeweiligen Transfer, wie künstlerische Praxis mit Älteren angeregt und eingebunden werden kann. Zudem wird thematisiert, welche Alternativtechniken möglich sind, wenn Menschen körperliche Einbußen haben und wie sie bei Lernhindernissen reagieren und diese ins Positive wenden können. Ebenso werden die Qualitäts- wie auch die Gelingenskriterien sowie die Rahmenbedingungen für ein gelungenes atmosphärisch positives Setting erarbeitet.

Die Qualifizierung fördert Fähigkeiten und Haltungen, arbeitet am Bild des Alter(n)s in der Gesellschaft und an der allgemeinen wie eigenen Einstellung zum Alter. Sie bietet einen verlässlichen Rahmen für Austausch und Reflexion in der Gruppe als auch für die eigene Reflexion. Ziel des Zertifikatslehrganges ist es, die Absolvent*innen so auszubilden, dass sie in unterschiedlichen Arbeitsfeldern qualitätsvoll mit Älteren, Hochaltrigen oder Menschen mit Demenz und ihren Angehörigen wie auch transkulturell oder mit Gruppen verschiedener Generationen künstlerisch arbeiten und damit einen entscheidenden Beitrag zur Gestaltung des demografischen Wandels mit Kultur leisten.[2]

4.2 Zertifikatskurs Kulturgeragogik

Der Zertifikatskurs Kulturgeragogik ist ein gemeinsames Angebot von kubia und der Fachhochschule Münster. Beide Initiatoren beschäftigen sich schon seit vielen Jahren mit dem Thema der Kulturellen Bildung im Alter. Mit Förderung der Kulturabteilung des Landes Nordrhein-Westfalen ist seit 2008 das Kompetenzzentrum für Kulturelle Bildung im Alter und Inklusion (kubia) als Antwort auf die demografischen Herausforderungen entstanden. Die Fachhochschule

---

aber durch den Kooperationspartner FoGera Forschungsinstitut für Geragogik sowie einen wissenschaftlichen Beirat gewährleistet.
2 Die Qualifizierung unterliegt den Qualitätsstandards der Zertifizierungen der Bundesakademie für Kulturelle Bildung Wolfenbüttel, so erfolgt beispielsweise eine kontinuierliche Anpassung und Weiterentwicklung der Inhalte, Methoden und Materialien.

Münster bietet bereits seit 2004 den stets ausgebuchten Zertifikatskurs Musikgeragogik an, der inzwischen deutschlandweit mehrere Ableger etablieren konnte[3].

Die einjährige, berufsbegleitende Qualifizierung richtet sich sowohl an Fachkräfte der Sozialen Arbeit, Altenhilfe und Pflege als auch an Kulturpädagog*innen sowie an Künstler*innen aller Kunstsparten. Durch die Teilnahme am Zertifikatskurs schärfen die Teilnehmenden ihr Profil im Hinblick auf kulturelle Aktivitäten mit älteren Menschen. Die Teilnehmenden bringen Kenntnisse einer bestimmten Profession ein und reichern diese mit Fähigkeiten und Wissen der Kulturgeragogik an.

Im Zertifikatskurs Kulturgeragogik wird thematisiert, wie mit künstlerischen und kulturpädagogischen Mitteln mit Älteren gearbeitet werden kann. Den Teilnehmenden werden Grundlagen zur Arbeit mit Älteren in unterschiedlichen Lebenslagen, mit Generationen, interkulturellen Gruppen und mit Hochaltrigen vermittelt. Sie lernen Möglichkeiten kennen, wie man mit Beeinträchtigungen im Alter umgehen kann. Darüber hinaus erwerben sie Methoden aus den Bereichen Musikgeragogik (vgl. hierzu den Beitrag von Theo Hartogh und Hans Hermann Wickel in diesem Band), Museumsgeragogik, Tanz- und Theatergeragogik u.a. erprobt und diskutiert. Der Zertifikatskurs hat einen generalistischen und interdisziplinären Ansatz und die Teilnehmenden sind dazu angehalten, darüber zu reflektieren, wie ein Methodentransfer in ihrer Arbeit vollzogen werden kann. Zentral in diesem Zertifikatskurs ist, dass verschiedene Berufsgruppen aufeinander treffen und voneinander lernen.

Als Grundlage für die Weiterentwicklung und Stärkung der wissenschaftlichen Disziplin Kulturgeragogik wird derzeit an der Fachhochschule Münster ein berufsbegleitender Masterstudiengang Kulturgeragogik entwickelt.

5 Kunst- und Kulturgeragogik in der Praxis

Immer mehr feste und freie Kunst- und Kulturschaffende entdecken Ältere als interessierte Zielgruppe und entwickeln neue Angebotsformen. Aufgrund der Heterogenität der Zielgruppe sind die Angebote mindestens genauso vielfältig wie die der kulturellen Kinder- und Jugendbildung. Die Absolvent*innen der Qualifizierungen Kunst- und Kulturgeragogik haben ganz unterschiedliche berufliche Hintergründe, wie z.B. Künstler*innen, Kunstpädagog*innen, Sozialpädagog*innen, Gerontolog*innen, Ergotherapeut*innen, Pflegekräfte, Kunsttherapeut*innen, Grafikdesigner*innen, Tanzpädagog*innen, Theater*pädagoginnen, Kulturwissenschaftler*innen, Architekt*innen. Insofern bringen sie ihr neu erworbenes Wissen und ihre Kenntnisse dann auch an unterschiedlichen Orten und in verschiedenen Zusammenhängen ein, erreichen unterschiedliche Ziel-

---

3 www.musikgeragogik.de

gruppen, arbeiten mit einer Vielzahl von Konzepten und unter Verwendung unterschiedlicher Medien.

Kulturgeragogische Angebote werden von den verschiedensten Trägern an unterschiedlichsten Lernorten durchgeführt, sie erreichen unterschiedliche Zielgruppen, arbeiten mit einer Vielzahl von Konzepten unter Verwendung unterschiedlicher Medien. Kunst- und kulturgeragogische Angebote finden somit in Kulturinstitutionen, kulturpädagogischen sowie soziokulturellen Einrichtungen statt, aber auch in vielen (kirchlichen) Einrichtungen der Altenarbeit und der Erwachsenenbildung sowie in Alten- und Pflegeheimen (vgl. de Groote/Nebauer 2008). Neben Angeboten in öffentlichen Einrichtungen entstehen Workshops in offenen Ateliers, der eigenen Praxis oder der eigenen Tanzschule sowie aufsuchende Angebote für Ältere in ihrem Lebensumfeld (zum Beispiel Kino auf Rädern, Museum im Koffer, Kunst im Koffer, Oper im Altenheim). Die Bildungsformate sind sowohl rezeptiver als auch aktivierender Natur. Ältere engagieren sich zudem in steigendem Maße ehrenamtlich und in selbstorganisierter Form und tragen in vielfältiger Weise selbst zu einer lebendigen Bildungs- und Kulturlandschaft bei.

Dementsprechend ist der Wirkungskreis der Kunst- und Kulturgeragog*innen recht groß und ihre Vielfalt zeigt sich inhaltlich in den unterschiedlichen Projekten als auch in der Bandbreite der Gruppe älterer und alter Menschen, mit denen sie arbeiten: z. B. im Übergang vom Beruf in die Nachberufsphase, mit Menschen mit Demenz und/oder deren Angehörigen und mit Hochaltrigen und immer häufiger auch mit dem Anspruch transkultureller und intergenerationeller Kulturarbeit. Das kann in zeitlich begrenzten Projekten und Kursen geschehen oder auch in dauerhaften Angeboten.

An einer Vielzahl von Museen sind Führungskonzepte für Menschen mit Demenz entstanden. Hier ist als Vorreiter sicher das Lehmbruck Museum in Duisburg zu nennen. Die Museumspädagog*innen haben bereits in einer Vielzahl von Museen Fortbildungen angeboten, damit diese Häuser sich ebenso öffnen. dementia+art aus Köln bietet u. a. Fortbildungen zur Kulturbegleitung an, in denen sich Pflegekräfte darauf vorbereiten, mit Seniorenheimbewohner*innen ein Museum zu besuchen.

Im Bereich der Bildenden Kunst engagieren sich viele der ausgebildeten Kunst- und Kulturgeragog*innen in Alten- und Pflegeheimen, bieten dort kontinuierlich stattfindende Kreativgruppen oder Projektwochen mit offenen Ateliers an. Zudem bringen sie Angebote künstlerischer Praxis in geriatrische Stationen. Ein weiterer Bereich sind Workshops für Menschen mit Demenz und deren Angehörige beispielsweise in Wohngruppen oder auch in Tageseinrichtungen. Im Tanzbereich etablieren sich immer mehr Gruppen, die sich dem zeitgenössischem Tanz und der Bewegung mit viel Spaß diesem Genre widmen, aber höchst professionelle Ergebnisse der Öffentlichkeit präsentieren.

Zunehmend entdecken auch Konzerthäuser diese Bevölkerungsgruppe und bieten spezielle Aufführungs- und Vermittlungsformate für Menschen mit Demenz und ihre Begleiter*innen an, bei denen sie Programm, Länge und Ort den Bedürfnissen dieser Zielgruppe anpassen. Als Vorreiter ist hier das BKM-prämierte Projekt »Auf Flügeln der Musik – Konzertprogramme für Menschen mit

Demenz« von kubia zu nennen, das mittels Fortbildungen die Erfahrungen in die Breite tragen konnte.

In der Medienarbeit werden Ansätze zur generationenübergreifenden Arbeit entwickelt. Seit 2012 setzt die SK Stiftung Kultur in Köln innerhalb ihrer Medienkunstvermittlung einen Schwerpunkt auf generationenübergreifende Projekte. Dabei stehen die Enkel- und Großelterngenerationen im Fokus. Neue Medien werden kreativ genutzt, um voneinander zu lernen und dabei Einblick in die digitale Kultur zu erhalten, Medienkunst zu erkunden und dabei die Sichtweise der anderen Generation zu entdecken.

Die Senior*innentheaterszene erfährt seit der Jahrtausendwende einen Boom. Eine Bestandsaufnahme des Senior*innentheaters in NRW hat gezeigt, dass Seniorentheater im Vergleich zum Kinder- und Jugendtheater längst kein Randphänomen mehr ist (Skorupa 2014, 36f.). Die Szene ist sehr diversifiziert aufgestellt. Neben intergenerationell oder interkulturell arbeitenden Ensembles existieren ebenso Gruppen mit Menschen mit Demenz. Die Vielfalt der Senior*innentheatergruppen bildet die Heterogenität der alternden Bevölkerung ab. Senior*innentheater ist kein Beschäftigungsangebot der sozialen Altenarbeit, sondern höchst professionell aufgestellt (ebd., 38f.).

6 Ausblick

Im Jahr 2011 wurden parallel die beiden Qualifizierungen Kunst- und Kulturgeragogik konzipiert. Mittlerweile fanden jeweils sechs Lehrgänge statt, die siebten sind ausgeschrieben. 72 Kunstgeragog*innen bzw. 84 Kulturgeragog*innen haben die Weiterbildungen erfolgreich absolviert. Durch diese Entwicklung ist ein ganz neues Berufsfeld entstanden, das vor allem in den Begrifflichkeiten nicht oder nur wenig bekannt ist. Insbesondere bei den entsprechenden Institutionen ist der Begriff Geragogik so gut wie nicht bekannt und die Absolvent*innen stoßen immer wieder auf fragende Blicke oder Unverständnis. Um sowohl Lobbyarbeit für das Thema zu betreiben als auch die Arbeit der Absolvent*innen in der Gesellschaft zu unterstützen und zu stärken, wurde im Herbst 2014 gemeinsam der Fachverband Kunst- und Kulturgeragogik e. V. gegründet.

Der Verband ist ein Zusammenschluss von Absolvent*innen, Dozierenden und Leitenden beider Qualifizierungen sowie von aktiven natürlichen und juristischen Personen, die sich für die Ziele des Vereins in Forschung, Lehre und Praxis einsetzen. Er vertritt die Interessen der ausgebildeten und im Verband organisierten Kunst- und Kulturgeragog*innen und gestaltet den Diskurs Kunst/Kultur und Alter(n) mit. Ziel ist die Vernetzung von Kunst- und Kulturgeragog*innen, die fachliche Weiterentwicklung des Themenfeldes, die Verbesserung der Ausbildungs- und Forschungssituation, um ein qualitätsvolles kulturelles Bildungsangebot für ältere Menschen sowie die Qualifikation von Berufstätigen im Bildungswesen, in der Kulturpädagogik, in Kunst und Kultur, im Sozialwesen, im Gesundheitswesen und in der Pflege zu gewährleisten.

Der Verband sorgt für den Erfahrungsaustausch und die Weiterqualifizierung in Form von Fachtreffen sowie für Know-how- und Wissenstransfer unter den ausgebildeten Kunst- und Kulturgeragog*innen. Er arbeitet zudem mit (wissenschaftlichen) Institutionen des Kultur-, Bildungs- und Gesundheitswesens zusammen und nimmt Einfluss auf gesellschaftliche Diskurse und Debatten über Alter(n) und Alter(n)sbilder, z. B. indem er wissenschaftliche Erkenntnisse und praktische Erfahrungen mit kunst- und kulturgeragogischen Prozessen sammelt, publiziert und die (Fach-)Öffentlichkeit darüber informiert.

Angesichts der demografischen Prognosen und des großen Interesses Älterer am Thema ist es nur folgerichtig, dass Kulturelle Bildung diese attraktive Zielgruppe in den Blick nimmt und sich methodisch und didaktisch differenziert darauf einstellt. Im Vergleich zu den Disziplinen Kunst- und Kulturpädagogik sind die Kunst- und Kulturgeragogik noch relativ jung. Hier besteht noch viel Nachholbedarf, auch in der grundständigen Ausbildung. So viel steht jedoch heute schon fest: Kunst- und Kulturgeragog*innen wird es künftig nicht an Arbeit mangeln.

Links

www.kunstgeragogik.net
www.kulturgeragogik.de
www.fachverband-kkg.de

Literatur

Bubolz-Lutz, E./Gösken, E./Kricheldorff, C./Schramek, R. (2010): *Geragogik. Bildung und Lernen im Prozess des Alterns. Das Lehrbuch.* Stuttgart.
Bamford, A. (2006): *The Wow-Factor. Global research compendium on the impact of the arts in education.* Münster usw.
Baumann, S. (2010,2011): Vorwort. In: Baumann, S. (Hg.) *Gallery and Community Education of Visual Arts for Older People – Kunstvermittlung für Ältere,* Wolfenbüttel.
Baumann, S./Ermert, K. (2010): Kultur und kulturelle Bildung in der alternden Gesellschaft. Überblick und Aussichten. In: *Psychotherapie im Alter.* S. 55–66.
Cohen, G. D. (2009): *Geistige Fitness im Alter,* München.
Fuchs, M. (2001): *Kulturelle Bildung. Zur theoretischen und praktischen Relevanz einer interdisziplinären pädagogischen Leitformel.* URL: www.fk16.tu-dortmund.de/kulturwissenschaft/symposion/fuchs.pdf
de Groote, K. (2013): *»Entfalten statt liften!« Eine qualitative Untersuchung zu den Bedürfnissen von Senioren in kulturellen Bildungsangeboten.* München.

de Groote, K./Hartogh, T. (2016): Gegenstand, Typen und Methoden der Forschung in der Kulturgeragogik. In: Fricke, A./Hartogh, T. (Hg.) *Forschungsfeld Kulturgeragogik – Research in Cultural Geragogy*. München: kopaed, S. 17–35.

de Groote, K./Nebauer, F. (2008): *Kulturelle Bildung im Alter. Eine Bestandsaufnahme kultureller Bildungsangebote für Ältere in Deutschland*. München: kopaed

Keuchel, S./Wiesand, A. J. (2008): *Das KulturBarometer 50+. »Zwischen Bach und Blues...« Ergebnisse einer Bevölkerungsumfrage*. Bonn

Nebauer, F./de Groote, K. (2012): *Auf Flügeln der Kunst. Ein Handbuch zur künstlerisch-kulturellen Praxis mit Menschen mit Demenz*. München: kopaed.

Demografische Entwicklungen als Herausforderung für die betriebliche Bildung und berufliche Kompetenzentwicklung älterer Arbeitnehmer*innen

Renate Schramek und Uwe Elsholz

1 Einleitung

Der demografische Wandel in Deutschland stellt alle gesellschaftlichen Bereiche vor große Herausforderungen. Auf dem Arbeitsmarkt wird das Arbeitskräfteangebot absehbar sinken. Dies stellt sowohl die Betriebe als auch die Beschäftigten vor eine veränderte Situation. Ein zunehmend höheres Renteneintrittsalter, regional oder branchenspezifisch drohende Fachkräfteengpässe und ein steigender Altersquotient[1] in den Betrieben stellen volkswirtschaftliche Rahmenbedingungen dar, welche die Unternehmen und die betriebliche Bildung wesentlich beeinflussen. Nachfolgend werden die aus den betrieblichen Herausforderungen resultierenden berufspädagogischen und bildungswissenschaftlichen Aspekte mit Blick auf ältere Arbeitnehmer*innen fokussiert.

Die Gestaltungsaufgaben für die betriebliche Bildung – auch für die berufliche Kompetenzentwicklung des Einzelnen – ergeben sich aus den Veränderungen der erwerbsfähigen Bevölkerung. Auch der veränderte Umgang mit Wissen und die generelle Aufwertung von Lernen und Bildung im Arbeitsleben wirken sich auf die Gestaltung von Bildung im Kontext der Erwerbsarbeit aus. Die betriebliche Perspektive fokussiert vor allem wirtschaftliche Aspekte (Kapitel 2), die eng mit der betrieblichen Bildung verwoben sind. So werden betriebliche Maßnahmen einer demografiesensiblen Personalpolitik angesprochen, bevor sich der Fokus auf die betriebliche Bildung älterer Arbeitnehmer*innen und deren berufliche Kompetenzentwicklung richtet.

Ausgewählte empirische Ergebnisse zum Lernen, zur Leistungsfähigkeit und zur Teilnahme an beruflicher Weiterbildung älterer Beschäftigter verdeutlichen, dass Leistungsgrenzen nicht auf das kalendarische Alter zurückgeführt werden können, sondern vielmehr durch bestimmte Bedingungen und Strukturen (u. a. andauernde, einseitige, anspruchsvolle körperliche Arbeit etc.) hervorgerufen werden (Kapitel 3). Abschließend werden in diesem Kontext die Motive für berufliches Lernen in der zweiten Lebenshälfte und didaktische Aspekte (Kapitel 4) betrachtet.

---

1 Der Altersquotient bezeichnet die Anzahl der nicht mehr erwerbstätigen Bevölkerung gegenüber der Anzahl der Menschen im erwerbsfähigen Alter. Die zur Berechnung herangezogen Altersgrenzen variieren. Der Altersquotient lässt Rückschlüsse zum Verhältnis von Rentner*innen gegenüber Erwerbstätigen zu.

2 Demografische Entwicklungen als Herausforderung für Betriebe

Aus Sicht der Unternehmen sind im Kontext betrieblicher Qualifizierungs- und Rekrutierungsstrategien externe und interne Aspekte bedeutsam: der gesamtgesellschaftliche Rahmen, die Verfügbarkeit von Arbeitskräften und branchenspezifische Aspekte einerseits sowie innerbetriebliche Qualifikations- und Altersstrukturen und damit einhergehend die erwartbaren Veränderungen der Arbeits- und Organisationsstrukturen und die Qualifikationsanforderungen andererseits.

2.1 Externe Entwicklungen des Arbeitsmarkts: zur Entwicklung des Erwerbspersonenpotenzials

Die Prognosen zur Entwicklung des Erwerbspersonenpotenzials zeigen – bei diversen regional- und branchenspezifischen Abweichungen – einstimmig, dass die Anzahl der Menschen im erwerbsfähigen Alter trotz hoher Zuwanderungsraten sinken wird. Auch unter der Annahme einer jährlichen Zuwanderung von 200.000 Personen wird das Erwerbspersonenpotenzial von 45,8 Mio. im Jahr 2015 auf 44,5 Mio. bis 2030 und sogar 38,9 Mio. im Jahr 2060 sinken (vgl. Fuchs et al. 2017).

Ein differenzierter Blick offenbart, dass im Hinblick auf prognostizierte Fachkräfteengpässe erhebliche Unterschiede zwischen den Berufsgruppen und Regionen bestehen. Statt von einem grundsätzlichen Fachkräftemangel ist daher eher von temporären bzw. regionalen Engpässen auszugehen (vgl. Vollmer 2015). Anhand der prognostizierten Berechnungen können aktuelle und zukünftig zu erwartende Herausforderungen, Trends und erforderliche Veränderungen abgeschätzt werden. Doch erst eine gestufte Betrachtung (z. B. Fuchs et al. 2017) stellt eine passende Basis für strategische Überlegungen und Konzeptionen dar. Dabei ist, neben der volkswirtschaftlich gewünschten Zuwanderung von Fachkräften und den aktuellen Veränderungen im Zuge der Migrations- und Flüchtlingsbewegungen, insbesondere die Erwerbstätigkeit älterer Beschäftigter in den Blick zu nehmen. Als relevant sind hier der Zeitpunkt und die Regelungen rund um den Eintritt in den Ruhestand zu sehen. Z. B. werden vergleichsweise großzügige Vorruhestandsregelungen früherer Dekaden heute nicht mehr in dem Umfang praktiziert; sie gelten aus volkswirtschaftlicher Sicht nicht länger als vertretbar und stellen aus individueller Perspektive für viele Arbeitnehmer*innen keine erstrebenswerte Lösung dar. Damit verbunden ist die Erwerbstätigkeit jenseits der 55 gestiegen und steigt weiter (Eurostat Pressestelle 2016).[2]

---

[2] Waren im Jahr 2000 nur 37,4 Prozent der 55–64Jährigen in Deutschland erwerbstätig, stieg der Anteil bis zum Jahr 2015 auf 66,2 % an (Eurostat Pressestelle 2016). Die Erwerbstätigenquote dieser Altersgruppe ist damit gegenüber dem Vorjahr weiter ge-

Der Altersquotient der Erwerbstätigen steigt damit zunehmend. Gesundheitsfördernde Maßnahmen, betriebliche Bildung, eine lernförderliche Unternehmenskultur etc. sind damit bereits heute bedeutsame Aspekte. Die Strukturen der Berufsbildung in Deutschland wirken hier allerdings wenig förderlich: Zwar gilt das deutsche Berufsbildungssystem mit der fundierten Ausbildung im dualen System als wesentlicher Faktor für eine geringe Jugendarbeitslosigkeit, zugleich ist die Kehrseite des guten Ausbildungssystems eine bislang vergleichsbar gering ausgeprägte Weiterbildungskultur. Diese Disproportionalität kann besonders in Zeiten der demografischen Alterung und des schnellen, technischen Wandels Probleme aufwerfen. Auch steht dieses System einer Kultur des lebenslangen Lernens und der Weiterbildung in den Betrieben konträr entgegen. Gleichwohl sind in einer technisierten Gesellschaft eine stetige Lernbereitschaft und die Teilnahme an fortwährender Weiterbildung erforderlich. So sind adäquate Strukturen für eine Kultur des stetigen Weiterlernens in der betrieblichen Weiterbildung notwendig, die alle Beschäftigten einbeziehen.

2.2 Innerbetriebliche Herausforderungen: veränderte Arbeitsprozesse, betriebliche Bildung und berufliche Kompetenzentwicklung

Neben äußeren Bedingungen (demografische Veränderungen) sind innerbetriebliche Entwicklungen maßgebend. Unternehmen stehen vor der Aufgabe, eine Kultur des Weiterlernens zu fördern. Dazu gehört es, neue Rollenbilder von jungen und alten leistungs- und lernfähigen Mitarbeiter*innen und adäquate Konzepte für eine demografiesensible Unternehmenspolitik zu stärken. Die Arbeitnehmer*innen stehen hingegen vor der Herausforderung, stetig neues Wissen aufzunehmen, vorhandenes Wissen zu vertiefen und ihre Lern- und Bildungsprozesse selbstbestimmt zu gestalten. Als Konsequenz daraus verändert sich die betriebliche Bildung: das arbeitsplatznahe und arbeitsintegrierte Lernen – das speziell auch für ältere Beschäftigte geeignet ist – hat an Bedeutung gewonnen (Elsholz 2008).

Im Zuge des technologischen Wandels und der Digitalisierung vollziehen sich in den Betrieben Veränderungen in den Arbeitsprozessen, Arbeitsstrukturen und Arbeitsbeziehungen. Neue Produktionstechniken und kürzere Entwicklungs- und Produktionszyklen sowie der Konkurrenzdruck verstärken diese Veränderungen (Stamov-Roßnagel 2008, 4). Sie beziehen sich vor allem auf den Ausbau und Einsatz der Kommunikations- und Informationstechnologien.

---

stiegen (ebd.). Auch die Zahl der erwerbstätigen 65–69Jährigen ist in den vergangenen zehn Jahren deutlich gestiegen von 5 % in 2006 auf 11 % in 2016 – wenn auch die Zahl der erwerbstätigen Männer deutlich über der Zahl der erwerbstätigen Frauen dieser Altersgruppe liegt (Statistisches Bundesamt 2017; Esselmann/Geis 2015). Für eine Erwerbstätigkeit jenseits des 65. Lebensjahres entscheiden sich die meisten aus finanziellen Motiven. Für 7 % von 14 % der in diesem Alter Berufstätigen ist eine knappe Rente das Hauptmotiv. Für weitere 5 % spielt »Geld eine Rolle« (Esselmann/Geis 2015).

Dabei muss die längere Beschäftigung der Arbeitnehmer*innen stärker als bisher zu einem Thema der betrieblichen Bildung und Beschäftigungspolitik werden. Aus Sicht der Bildungswissenschaft – speziell auch der Altersbildung – spielen Fragen einer lernförderlichen Arbeitsgestaltung zur Gestaltung von Lernprozessen, Kompetenzentwicklung und zum Kompetenzerhalt eine bedeutende Rolle. Aus Sicht der Arbeitnehmer*innen spielt die Betrachtung individueller Erträge von beruflicher Weiterbildung eine Rolle, wohingegen Unternehmen eine mikroökonomische Perspektive einnehmen und den Ertrag einer Weiterbildungsmaßnahme als Investitionskalkül einbeziehen (siehe weiterführend die Ergebnisse von Büchel/Pannenberg 2004).

2.3 Betriebliche Ansätze zur Gestaltung der Herausforderungen: Altersgerechte Gestaltung der Erwerbsphase und Konsequenzen für die betriebliche Bildung

Die Betriebe reagieren mit verschiedenen Strategien und Maßnahmen auf alternde Belegschaften. Die Ansätze und Optionen sind im Grundsatz bekannt – so etwa die Altersstrukturanalyse als möglicher Einstieg zur Entwicklung betrieblicher Strategien. Doch scheint es, als würden diese insbesondere in Form einer integrierten Gesamtstrategie von Unternehmen eher vereinzelt umgesetzt. So gaben in der letzten CVTS4-Zusatzerhebung[3] 64 % der befragten Unternehmen an, die Altersstruktur der Belegschaft bei der eigenen Personal- und Organisationsentwicklung zu berücksichtigen, doch nur 35 % davon setzten konkrete Maßnahmen um (u. a. zur Arbeitsgestaltung, Arbeitszeitregelung) (vgl. BIBB 2013, Übersicht 23).

Alternsgerechte Gestaltung: betriebliche Strategien und Maßnahmen

Eine demografiesensible bzw. altersgerechte Personalpolitik in den Betrieben zielt auf eine ausgewogene Altersstruktur der Belegschaft und eine lange Erwerbstätigkeit der älteren Mitarbeiter*innen. Sie beruht auf der Überzeugung, dass Mitarbeiter*innen über die gesamte Erwerbsphase hinweg über ein speziell ausgeprägtes Kompetenzprofil verfügen. Zugleich setzt sie darauf, die Potenziale, Kompetenzen und Erfahrungen der Mitarbeiter*innen unabhängig vom Lebensalter zu erweitern bzw. zu erhalten. Bildungsprozesse stellen neben zahlreichen Maßnahmen zur Verbesserung der Arbeitsqualität eine zentrale Einflussgröße dar. Auf betrieblicher Seite umfasst eine integrierte Gesamtstra-

---

3 Die CVTS4-Zusatzerhebung, durchgeführt in 2011, ist die vierte europäische Erhebung zur betrieblichen Weiterbildung. Sie erhob für 28 europäische Staaten Daten zu den betrieblichen Weiterbildungsaktivitäten im Jahr 2010. Die CVTS4 geht von den gleichen grundlegenden Definitionen und Variablen aus wie die Vorgängererhebungen, sodass eine Vergleichbarkeit mit früheren Erhebungen möglich ist. Die zentralen Ergebnisse der CVTS4 wurden im BIBB-Datenreport 2013 (BIBB 2013) dargestellt.

tegie[4] die Bereiche: »Qualifizierung und Kompetenzentwicklung«, »Gesundheit und Arbeitsschutz«, »Arbeitsgestaltung und Arbeitsorganisation«, »Unternehmenskultur, Personalführung und -rekrutierung« (vgl. u. a. Richter/Niehaus 2015). Die Gestaltung der Arbeitszeit stellt z. B. eine relevante Option dar, um die Arbeits- und Leistungsfähigkeit bis ins hohe Erwerbsalter sicher zu stellen (vgl. Hielscher/Matthäi 2015). Eine alternsgerechte Gestaltung von Arbeit, die gesamte Erwerbsphase umfassend, zielt darauf, die Kompetenzen und die Leistungsfähigkeit aller Mitarbeiter über den gesamten Prozess des Erwerbslebens zu erhalten und zu erweitern. Maßnahmen die Arbeitsorganisation ebenso wie die betriebliche Bildung betreffend, stehen also nicht im Zusammenhang mit dem Erreichen einer kalendarischen Altersgrenze. Maßgeblich sind die Anforderungen auf die vorhandenen Ressourcen der Belegschaft gerichtet (vgl. Müller/Weigel 2014).

Die Produktivität ist in den Betrieben mit Wissen verknüpft, das über die verschiedenen Unternehmensbereiche und zwischen den Beschäftigten verteilt ist. Aus betrieblicher Sicht geht es darum, das (ureigene) Wissen – vor allem das an Erfahrungen gebundene Wissen – zu erhalten und neues Wissen zu verarbeiten und zu integrieren. Explizites wie auch implizites Wissen ist als persönliche Ressource bei allen arbeitsbezogenen Handlungen und beruflichen Anforderungen beteiligt. Die individuelle Handlungskompetenz der Mitarbeiter*innen ist mit ihrem Wissen verbunden; aus betrieblicher Sicht ist dieses Wissen ein Potenzial.

Im Kontext betrieblicher Herausforderungen stellt ein strukturiertes Wissensmanagement, zum Transfer von Wissen zwischen Mitarbeitenden, speziell zwischen den Generationen, eine nennenswerte Strategie dar, um Wissen außerhalb des persönlichen Erfahrungs- und Wissenshorizontes einer Person brauchbar zu machen (Klein/Flad 2008, 42). Das Wissen älterer Beschäftigter ist aufgrund der gesetzlichen Altersgrenze für die Erwerbsarbeit als sensible Ressource anzusehen. Meist bezieht sich ihr Wissen auf viele Produktionszyklen und ist mit vielfältigen Erfahrungen und Expertenschaft verknüpft. Ohne strategische Maßnahmen geht dieses mit dem Renteneintritt für den Betrieb verloren.

Konsequenzen für die betriebliche Bildung

Eine kontinuierliche betriebliche Bildung beginnt konsequenterweise im Anschluss an die betriebliche respektive akademische Ausbildung mit dem Eintritt in das Erwerbsleben. Die betriebliche Bildung und das berufliche Lernen haben im Zuge des technischen Wandels einen Bedeutungszuwachs erlangt. Denn Wissensstände und Technik und damit verbunden Verfahrensweisen in den Betrieben und der Produktion verändern sich heute stetig und schnell. Eine vorausschauende Personalarbeit schließt daher die betriebliche Bildung ein. Denn durch betriebliche Bildung und betriebliches Lernen – im Sinne einer lernförder-

---

4 Im Prozess können sich die Maßnahmen gleichermaßen auf Präventions- und Fördermaßnahmen für einzelne Beschäftigte oder die Belegschaft richten (vgl. z. B. das Arbeitsbewältigungs-Coaching®, INQA 2009).

lichen Arbeitsgestaltung – können sich verändernde Wissensstände und ungleich verteilte Wissensstände und Geringqualifizierung vorgebeugt und bewältigt werden.

Die Betriebe stehen damit vor der Herausforderung, die betriebliche Bildung zu stärken und eine Kultur des Lernens und der Bildung nah an den Anforderungen zu etablieren. Doch nehmen Verantwortliche in Betrieben dabei oftmals auch die Investitionshöhe für Weiterbildung in den Blick und stellen die Frage, ob sich betriebliche bzw. berufliche Weiterbildung jeweils auszahlt.[5]

3 Bildung und Lernen älterer Arbeitnehmer*innen: empirische Erkenntnisse

Die Möglichkeiten, Effekte und Einflüsse der betrieblichen und beruflichen Bildung werden durch zahlreiche empirische Erkenntnisse zu Lernen und Bildung in der zweiten Lebenshälfte, zur Leistungsfähigkeit, Motivation und Teilnahme an Bildung gestützt. Dennoch halten sich in zahlreichen Betrieben negativ gefärbte, einseitig ausgerichtete und verengte Bilder von älteren Beschäftigten. Optionen und (Erfahrungs)Zugewinne, die sich in der zweiten Lebenshälfte einstellen, werden übersehen.

3.1 Lernen und Leistungsfähigkeit

Die pauschale Überzeugung, dass sich aufgrund des kalendarischen Alters, ab der Lebensmitte, Einschränkungen zeigen (u. a. in der Gesundheit, der Motivation, der Lernfähigkeit etc.), ist durch gerontologische Längsschnittstudien (vgl. Baltes 1990) und aktuelle neurophysiologische und neurobiologische Erkenntnisse (Freude et al. 2008; Falkenstein/Sommer 2008) und erziehungswissenschaftliche Erhebungen zum Bildungsverhalten (u. a. Tippelt et al. 2009) widerlegt. Vielmehr hat sich die Erkenntnis durchgesetzt, dass die Lern- und Leistungsfähigkeit bis ins hohe Alter erhalten bleibt (vgl. Lehr 1996; Hüther 2016) und eine differenzierte Betrachtung notwendig ist.[6]

---

5 Die Wirksamkeit von Weiterbildung ist hinreichend belegt (z. B. Bellmann/Büchel 2001) und einen ersten Einblick in individuelle Weiterbildungsrenditen u. a. differenziert nach Alter erforschen Büchel und Pannenberg (2004), wenn auch die von den Autoren gewählten Indikatoren (Einkommen, berufliche Stellung und das Risiko von Arbeitslosigkeit) nur einen ersten Ansatzpunkt für die Erforschung dieser Frage darstellen können.

6 Z. B. zeigen sich in den körperlichen Dimensionen früher Leistungseinbußen als in seelisch-geistigen Bereichen. Auch wurde eine hohe Variabilität zwischen den einzelnen Dimensionen nachgewiesen.

Der Alternsprozess, als intra- und interindividueller Veränderungsprozess, ist begleitet von der Gewissheit, dass vorhandene Kompetenzen – u. a. durch anregungsreiche Arbeitsumgebungen und Training – erhalten bleiben und neue Kompetenzen hinzugewonnen werden können (Freude et al. 2008). Der Alterungsprozesse ist somit in Abhängigkeit zu den Anforderungen und dem Arbeitsfeld zu sehen, die jeweils unterschiedliche Relevanz haben. Sie gestalten sich in Abhängigkeit von dem Ausgangspunkt der Fähigkeiten und dem Grad der Anforderungen mit zunehmendem Lebensalter unterschiedlich (vgl. Bubolz-Lutz et al. 2010, 32f.).

In der zweiten Lebenshälfte entwickeln sich insbesondere Kompetenzen, die auf Erfahrungswissen basieren – selbstständiges Handeln, Treffen von Entscheidungen, Lösen von Problemen, Überblick haben, längere Zeiträume/Produktionszyklen in Betracht ziehen etc. Im Zusammenhang zu dem berufsbezogenen Lernen ist zu konstatieren, dass das berufliche Lernen an sich weniger durch die zügige Aufnahme großer Mengen isolierter Fakten geprägt ist. Vielmehr ist ein selbstbestimmter und selbstgesteuerter Erwerb handlungsrelevanter Fakten und Wissens gefordert.

Tab. 1: Abnehmende und zunehmende Leistungsbereiche im Lebensverlauf

Abnehmende Variablen	Zunehmende Variablen
Muskelkraft	Erfahrungs- und Berufswissen
körperliche Leistungsfähigkeit	Urteilsvermögen
Beweglichkeit, Koordination	Verantwortungsbewusstsein
Seh- und Hörvermögen	Zuverlässigkeit
Reaktionstempo	Kommunikationsfähigkeiten
Daueraufmerksamkeit	Identifikation mit Organisation
Multitasking-Fähigkeiten	Selbststeuerung
Merkfähigkeit	Bedeutung von Wertschätzung
Längere Regenerationszeiten	Respekt

3.2 Motive für Berufliche Bildung und Kompetenzentwicklung

Betriebliche Bildung – speziell Lernen im Prozess der Arbeit – kann durch bestimmte Prämissen unterstützt werden: Wertschätzung, Aufgeschlossenheit,

Vertrauen zwischen den Mitarbeiter*innenn und eine bestehende Lernkultur sind als förderliche, motivierende Faktoren zu nennen, während sich mangelnde Motivation aus Misstrauen, Vorurteilen und Unsicherheit (z. B. bezogen auf die eigene Zukunft im Betrieb) entwickelt. Die Möglichkeit zur Selbstbestimmung, zu selbstgesteuerten Entscheidungen und ein klarer Sinnbezug (z. B. bei den Themen) wirken sich motivierend und förderlich auf die Lernprozesse und die Kompetenzentwicklung aus, während sich eine fehlende Perspektive und fehlende Bezüge hinsichtlich der beruflichen Verwendbarkeit von Lerninhalten hemmend auswirken (vgl. Tippelt et al. 2009; Schiersmann 2006).

Unter Berücksichtigung der zukünftigen, stärker autonomieorientierten Generationen älterer Mitarbeiter*innen, die es zunehmend gewohnt sind, Lebens- und Lernwelten selbstbestimmt zu organisieren (vgl. Schramek/Bubolz-Lutz 2016, 167), scheinen daher vor allem Lernformen passend, die in ihrer Didaktik einen hohen Anteil an Selbststeuerung berücksichtigen.

3.3 Weiterbildungsteilnahme Älterer

Repräsentative Studien zum (Weiter)Bildungsverhalten und zu den Weiterbildungsinteressen, die u. a. die Anforderungen von Menschen in der zweiten Lebenshälfte an Bildungsangebote erfassen, führen verwandte Ergebnisse aus.[7] Zwar sind Ältere in geringerem Maße in Bildungsangeboten vertreten als jüngere Altersgruppen (Tippelt et al. 2009; Bilger/Strauß 2015), doch ist die Teilnahme älterer Beschäftigter an Weiterbildung in den letzten Jahren deutlich gestiegen (vgl. für die Gruppe der 65–80Jährigen Tippelt et al. 2009; und für die Gruppe der bis 64Jährigen Bilger/Strauß 2015). Trotz der steigenden Teilnahmezahlen ist die berufliche (Weiter)Bildung im höheren Erwerbsalter jedoch längst nicht selbstverständlich (Bilger/Strauß 2015).

Des Weiteren weisen die Studien den Einfluss beschäftigungsbezogener und unternehmensbezogener Merkmale auf die Teilnahme an beruflicher Bildung aus. In der zweiten Lebenshälfte wirken diese verstärkt (vgl. weiterführend Gallistl/Wanka/Kolland in diesem Buch), insbesondere wenn der Sinn einer Teilnahme nicht einsehbar ist oder sich die Investition in eine Weiterbildung aufgrund des Alters nicht auszuzahlen scheint (vgl. Büchel/Pannenberg 2004).

Auch erleben Menschen bzw. Gruppen, die nur geringe Bezüge zu Bildung und Lernen haben, diese u. U. nicht nur als ungewohnte Situation, sie spüren u. U. auch Unsicherheit und reagieren gehemmt oder mit Verweigerung. Andererseits lässt sich mit Blick auf die zukünftigen Alterskohorten konstatieren, dass die Beteiligung an Weiterbildung und betrieblicher Bildung aufgrund höherer Bildungsabschlüsse, höherer Beteiligung in früheren Lebensphasen und ver-

---

7 Die Vergleichbarkeit der repräsentativen Erhebungen ist aufgrund unterschiedlicher Ansätze schwierig. Im Gegensatz zum AES (Adult Education Survey), der turnusmäßig alle zwei bis drei Jahre im Auftrag des BMBF erhoben wird, umfasst die Stichprobe der Ed-Age Studie (Tippelt et al. 2009) auch die Altersgruppe der 64–80Jährigen, während der AES sich auf die erwerbsfähige Wohnbevölkerung Deutschlands zwischen 18 und 64 Jahren bezieht.

änderter Bildungserfahrungen zukünftig weiter steigt (Bilger et al. 2013; Tippelt et al. 2009).

4 Betriebliche Weiterbildung, Kompetenzentwicklung und Kompetenzerhalt älterer Arbeitnehmer*innen

Eine frühe, kontinuierliche Förderung von Kompetenzen durch Lernprozesse und Bildung wirkt sich auf die Kompetenzprofile und die Leistungsfähigkeit in der späteren Phase der Erwerbstätigkeit aus (vgl. Kruse 2008). Auch ist sie eine Ursache dafür, dass ältere Beschäftigte überzeugende Kompetenzprofile haben und über bessere Kompensationsfähigkeiten verfügen (ebd., 28). So stellt sich die Frage, wie betriebliche Lernprozesse und Weiterbildung zu gestalten sind, damit diese die Anliegen der älteren Erwerbstätigen treffen.

Lernen, verstanden als ein Prozess der Aneignung, Differenzierung und Erweiterung von Fähigkeiten und Fertigkeiten des Einzelnen, schließt die aktive Auseinandersetzung mit einem Lerngegenstand ein und impliziert einen handlungsleitenden Verständniszugang. Es bezieht sich auf eine Reflexion des Handelns. Betriebliches Lernen und betriebliche Bildung implizieren das Schaffen von Lernmöglichkeiten, um Ressourcen aufzubauen und zu erhalten sowie auch Stressoren zu beseitigen, um so Ressourcenverluste zu vermeiden bzw. aufrechtzuhalten. Ein gutes Lernergebnis bedarf dabei einer Passung äußerer Merkmale (betriebliche Einstellungen, Rahmenbedingungen etc.) und der Fähigkeiten einer Person, wobei ungünstigen Einflussfaktoren und Störungen mit zunehmendem Alter – abhängig von dem Ausgangspunkt der Lernfähigkeit und -strategien – eine größere Bedeutung im Lernprozess zukommt (vgl. Freude et al. 2008; Wegge et al. 2011).

Formen betrieblicher Weiterbildung, die in ihrer Gestaltung an bekannte Arbeitsstrukturen, Arbeitsprozesse, Arbeitshandlungen, Aufgaben und Handlungskompetenzen anknüpfen – als arbeitsbasiertes Lernen bezeichnet – stärken ältere Arbeitnehmer*innen in ihren Lernprozessen. Sie stellen sowohl die Lernerfahrungen, Lerngewohnheiten als auch die Anliegen der Lernenden in den Vordergrund. Erfahrungsorientierte Vorgehensweisen, an den Vorlieben der Lernenden ausgerichtete methodische Vielfalt und individualisierte, selbstbestimmte Lernprozesse wirken sich unterstützend aus.

Intergenerationelle Lernformen sind in der betrieblichen Weiterbildung im Kontext von Wissenstransfer und Wissensmanagement zu sehen. Der Transfer von Wissen von einer zur anderen Generation kann hier in einem natürlichen Kontext erfolgen, u. a. im Lerntandem in alltäglichen Abstimmungen und Arbeitshandlungen, im Arbeitsprozess, während eine gemeinsame Aufgabe bearbeitet wird. Lernprozesse vollziehen sich hier je beidseitig bei jüngeren wie auch bei älteren Mitarbeiter*innen, resultierend aus gemeinsamen Handlungen und Reflexionen. Obgleich dem auch empirische Befunde gegenüberstehen, die belegen, dass der technologische Wandel und die technischen Entwicklungen zu einer steigenden Separierung der Generationen in den Betrieben führen (Schmidt/Tippelt 2009, 78) und gemeinsame (Lern-)Erfahrungen mit Widerständen einhergehen können (ebd., 86). Eine bewusste Gestaltung z. B. altersgemischter Lernprozesse in Lerngruppen, Lerntandems und Teams – als gemeinsames Lernen – kann jedoch auch dazu führen, Gruppierungen und Separierungsprozesse aufzuheben.

Die Bedeutung des selbstbestimmten Lernens im Kontext betrieblicher Bildung nimmt mit zunehmendem Alter zu (vgl. Tippelt et al. 2009). Die Entscheidungen über den Lernweg und die Art und Weise des Lernens werden von den Lernenden getroffen. Einer lernorientierten Perspektive folgend, werden dem Einzelnen mit seinen Erfahrungen Entscheidungsfreiräume für den Lernprozess eingeräumt. Die Analogie zur Arbeitswelt besteht darin, dass das selbstbestimmte Lernen Entscheidungen fordert wie auch ein bestimmtes Maß an Selbstorganisation. Endsprechend betont das Konzept der Selbstbestimmung das Bedürfnis des Lernenden, den Lernprozess wie auch den Arbeitsprozess selbst zu steuern und mitzugestalten. Selbstbestimmung – bezogen auf die Ziele, Inhalte und das Vorgehen – sind jedoch nicht mit Beliebigkeit zu verwechseln. Vielmehr gilt es, eine interaktive Verabredung der Lernenden bzw. der Mitarbeitenden zu bestimmten Aspekten einzuhalten (vgl. Schramek/Bubolz-Lutz 2016, 171). Neuere Ansätze des betrieblichen Kompetenzmanagements werden der hier dargestellten Perspektive zunehmend gerecht (vgl. Karipidis 2013; Pittich/Weber/Stojanovic 2016).

5 Ausblick

Die Weiterbildung älterer Beschäftigter gewinnt vor dem Hintergrund der beschriebenen Veränderungen und Herausforderungen an Bedeutung. Erfahrungsorientierte Lernansätze und das Lernen im Prozess der Arbeit haben hier besondere Relevanz. Auf der einen Seite stellen sich die Unternehmen langsam auf diese veränderte Situation auf dem Arbeitsmarkt ein und die auf den gesamten Prozess des Erwerbslebens bezogene betriebliche Bildung ist noch längst keine Selbstverständlichkeit in den Betrieben, werden hierzu auch verschiedene Gründe aufgeführt. Auf der anderen Seite werden bereits heute Überlegungen angestellt, die sich auf die weitere Verlängerung des Erwerbsarbeitslebens beziehen und die mögliche Konzeptionen im Kontext zu einer Produktivität und Leistungsmotivation bis in das hohe Alter diskutieren. Ausgehend von den Erkenntnissen zu den Potenzialen und Ressourcen älterer Beschäftigter und der Tatsache, dass die berufliche Leistungsfähigkeit in zahlreichen Branchen und bei gesundem Alterungsprozess über die Regelaltersgrenze hinaus erhalten bleibt, beziehen sich nun erste Diskurse auf die Frage nach einem zukünftigen Umgang mit der heute geltenden gesetzlich festgelegten Altersgrenze (vgl. Börsch-Supan et al. 2015; Czepek/Weber 2015a, 2015b). Damit verbunden wird sich der Fokus zukünftig auf die Frage nach passenden Modellen und Konzeptionen richten, sowohl bezogen auf den Bereich der Erwerbsarbeit als auch im Kontext von Engagement.

Literatur

Baltes, P. B. (1990): Entwicklungspsychologie der Lebensspanne: Theoretische Leitsätze. *Psychologische Rundschau, 41,* S. 1–24.
Bellmann, L./Büchel, F. (2001): Betrieblich finanzierte Weiterbildung und Unternehmenserfolg. Eine Analyse für West- und Ostdeutschland unter besonderer Berücksichtigung von Selektionseffekten. In: Backes-Gellner, U./Moog, P. (Hg.) *Bildungssystem und betriebliche Beschäftigungsstrategien.* Berlin: Duncker & Humblot, S. 75–92.
BiBB (Bundesinstitut für Berufsbildung) (Hg.) (2013): *Datenreport zum Berufsbildungsbericht 2013.* Bonn, https://datenreport.bibb.de/media2013/BIBB_Datenreport_2013.pdf, zuletzt am 13.09.2017
Bilger, F./Strauß, A. (2015): *Weiterbildungsverhalten in Deutschland 2014 – Ergebnisse des Adult Education Survey – AES Trendbericht.* Bonn.
Bilger, F./Gnahs, D./Hartmann, J./Kuper, H. (Hg.) (2013): *Weiterbildungsverhalten in Deutschland. Resultate des Adult Education Survey 2012.* Bielefeld: Bertelsmann.
Börsch-Supan, A./Bucher-Koenen, T./Kluth, S./Kutlu-Koc, V./Goll, N. (2015): *Internationale Evidenz zu flexiblen Übergängen in den Ruhestand.* Max-Planck-Institut für Sozialrecht und Sozialpolitik, Munich Center for the Economics of Aging, MEA Discussion Papers, München.
Bubolz-Lutz, E./Gösken, E./Kricheldorff, C./Schramek, R. (2010): *Geragogik. Bildung und Lernen im Prozess des Alterns.* Stuttgart: Kohlhammer.
Büchel, F./Pannenberg, M. (2004): Berufliche Weiterbildung in West- und Ostdeutschland. Teilnehmer, Struktur und individueller Ertrag. In: *Zeitschrift für Arbeitsmarkt-Forschung,* Jg. 37/ 2, S. 73–126.
Czepek, J./Weber, E. (2015a): *Die FlexiRente als Instrument zur Erhöhung der Erwerbsbeteiligung.* IAB Stellungnahme 6/2015. Abzurufen unter: http://doku.iab.de/stellungnahme/2015/sn0615.pdf, zuletzt am 13.10.2017
Czepek, J./Weber, E. (2015b): *Flexibilität beim Übergang in die Rente.* Aktueller Bericht 2/2015, http://doku.iab.de/aktuell/2015/aktueller_bericht_1502.pdf, zuletzt am 13.10.2017
Elsholz, U. (2008): Demografie und Qualifikation. In: Henning, K./Richert, A./Hees, F. (Hg.) *Präventiver Arbeits- und Gesundheitsschutz 2020.* Aachen 2008, S. 50–56.
Esselmann, I./Geis, W. (2015): *Fachkräfte 65 plus – Erwerbstätigkeit im Rentenalter.* In: Institut der deutschen Wirtschaft (Hg.) IW-Trends Heft 2015/2, Köln.
Eurostat Pressestelle (Hg.) (2016): *Beschäftigungsstatistik. Europa 2020 – Beschäftigungsindikatoren. Erwerbstätigenquote der 20-bis 64Jährigen in der EU im Jahr 2015 bei über 70%.* Pressemitteilung 80/2016 – 26. April 2016.
Falkenstein, M./Sommer, S. (2008): *Stärken und Potenziale Älterer aus Sicht von (Neuro-) Psychologie und Neurophysiologie.* Institut für Arbeitsphysiologie an der Universität, Dortmund, Projektgruppe 3: Altern und ZNS-Veränderungen.

Fuchs, J./Söhnlein, D./Weber, B. (2017): *Arbeitskräfteangebot sinkt auch bei hoher Zuwanderung. Projektion des Erwerbspersonenpotenzials bis 2060.* IAB-Kurzbericht 6/2017.

Freude, G./Falkenstein, M./Wild-Wall, N. (2008): *Geistig fit im Beruf! Wege für ältere Arbeitnehmer zur Stärkung der grauen Zellen.* INQA, Initiative Neue Qualität der Arbeit. Dortmund: BAuA.

Hielscher, V./Matthäi, I. (2015): Nicht nur für die Älteren: Arbeitszeit zukunftsfähig gestalten! In: Richter, G./Niehaus, M. (Hg.): *Personalarbeit im demografischen Wandel. Beratungsinstrumente zur Verbesserung der Arbeitsqualität.* Bielefeld, S. 163–177.

Hüther, G. (2016): *Mit Freude lernen ein Leben lang.* Göttingen: Vandenhoeck & Ruprecht.

INQA (Initiative Neue Qualität der Arbeit) (Hg.) (2009): *Arbeitsbewältigungs-Coaching®.* Dortmund.

Karipidis, P. (2013): Betriebliches Kompetenzmanagement und demografischer Wandel. In: *Zeitschrift für Berufs- und Wirtschaftspädagogik,* 109 (4), S. 610–620.

Klein, S./Flad, S. (2008): *Lernen 2.0 – Wie Social Software das Lernen und Wissensmanagement in Gesellschaft und Organisationen verändert.* Norderstedt.

Kruse, A. (Hg.) (2008): Alter und Altern – konzeptionelle Überlegungen und empirische Befunde der Gerontologie. In: (Ders.): *Weiterbildung in der zweiten Lebenshälfte. Multidisziplinäre Antworten auf Herausforderungen des demografischen Wandels.* Bielefeld: Bertelsmann, S. 21–48.

Lehr, U. (1996): *Psychologie des Alters* (8. Auflage). Heidelberg.

Müller, A./Weigl, M. (2014): Ressourcenorientierte Ansätze alternsgerechter Arbeitsgestaltung. In: *Informationsdienst Altersfragen* 41 (2), 2014, S. 3–9.

Pittich, D./Weber, C./Stojanovic, R. (2016): Betriebliches Kompetenzmanagement im Kontext des demografischen Wandels – Konzept und erste Befunde: In: *Journal of Technical Education (JOTED),* Jg. 4, Heft 1, S. 45–63.

Richter, G./Niehaus, M. (Hg.) (2015): *Personalarbeit im Demografischen Wandel. Beratungsinstrumente zur Verbesserung der Arbeitsqualität.* Bielefeld.

Schiersmann, C. (2006): *Profile lebenslangen Lernens. Weiterbildungserfahrungen und Lernbereitschaft der Erwerbsbevölkerung.* Bielefeld: Bertelsmann.

Schmidt, B./Tippelt, R. (2009): Bildung Älterer und intergeneratives Lernen. In: *Zeitschrift für Pädagogik* 55 (2009)1, S. 73–90.

Schramek, R./Bubolz-Lutz, E. (2016): Partizipatives Lernen – ein geragogischer Ansatz. In: Naegele, G./Olbermann, E./Kuhlmann, A. (Hg.): *Teilhabe im Alter gestalten. Aktuelle Themen der Sozialen Gerontologie,* Wiesbaden. Springer VS, S. 161–179.

Stamov-Roßnagel, C. (2008): *Mythos: »alter« Mitarbeiter, Lernkompetenz jenseits der 40?* Weinheim/Basel: Beltz.

Statistisches Bundesamt (2017): *11 % der 65- bis 74-Jährigen sind erwerbstätig.* Pressemitteilung Nr. 240, 12.07.2017. Online: https://www.destatis.de/DE/PresseService/Presse/Pressemitteilungen/2017/07/PD17_240_122.html;jsessionid=6145D925E3¬6AE819D6995526BAD26963.cae3, zuletzt am 26.09.2017

Tippelt, R./Schmidt, B./Schnurr, S./Sinner, S./Theisen, C. (2009): *Bildung Älterer. Chancen im demografischen Wandel.* Bielefeld: Bertelsmann.

Vollmer, M. (2015): *Bestimmung von Fachkräfteengpässen und Fachkräftebedarfen in Deutschland, Studie der deutschen nationalen Kontaktstelle für das Europäische Migrationsnetzwerk (EMN), Working Paper 64 des Forschungszentrums des Bundesamtes.* Nürnberg: BAMF.

Wegge, J./Jungmann, F./Liebermann, S./Schmidt, K.-H./Ries, B. C. (2011): Teamarbeit kann erfolgreich sein. Empfehlungen für eine ausgewogene betriebliche Altersstruktur. In: *Sozialrecht und Praxis* 7/11, S. 433–442.

Wild-Wall, N./Falkenstein, M./Gajewski, P. D. (2012): Neural Correlates of Changes in a Visual Search Task due to Cognitive Training in Seniors. In: *Neural Plasticity,* Volume 2012 – Article ID 529057.

Freiwilliges Engagement als Lernfeld im Alter – ein geragogisches Handlungsfeld

Elisabeth Bubolz-Lutz und Julia Steinfort-Diedenhofen

Sich freiwillig zu engagieren erscheint nach der Zeit der Berufstätigkeit und/oder Familienverantwortung besonders attraktiv – vor allem für diejenigen, die gesund, mobil und höher gebildet sind. Freiwilliges Engagement bietet die Möglichkeit zu Teilhabe, Sinnhaftigkeit und dem Erleben von Selbstwirksamkeit. Allerdings sind auch diese Chancen ungleich verteilt: So ist die Übernahme eines freiwilligen Engagements mit dem erreichten formalen Bildungsstatus einer Person verknüpft. Auch andere Einflussfaktoren erleichtern oder erschweren die Teilhabe an Engagement: die materiellen und immateriellen Ressourcen, der Zugang zu Informationen, wo und wie man sich engagieren kann oder auch milieuspezifische Wertvorstellungen und Prägungen (Simonson/Hameister 2017; Gensicke 2015; Schmidt 2014). Zunehmend ist nicht das Alter als zentrales Unterscheidungskriterium zwischen Engagierten und Nicht-Engagierten relevant, sondern das Gefälle zwischen arm und wohlhabend, gesund und (chronisch) krank, resilient und vulnerabel.

Das freiwillige Engagement mit seinen vielen Gestaltungsoptionen bietet jedoch gleichzeitig in besonderer Weise die Chance, die o.g. Gräben zu überwinden und auch Menschen mit wenig Selbstvertrauen und mangelnder Selbstwirksamkeitsüberzeugung die Erfahrung des »Gebrauchtwerdens« und der Bedeutsamkeit für andere und das Gemeinwohl zu ermöglichen. Daher, so die zentrale Ausgangsthese dieses Beitrages, wird das freiwillige Engagement zu einem wichtigen geragogischen Handlungsfeld und zum Gegenstand der Reflexion der Zusammenhänge von Alter, Lernen und Bildung. Dabei ist zum einen zu fragen, welche Methoden geeignet sind, um das Lernen im Engagement zu befördern, und zum anderen, wie die Hürden zur Teilhabe überwunden werden können. Ein zentrales (sozial-)geragogisches Ziel (siehe Steinfort-Diedenhofen in diesem Band) ist es demnach, auch die bisher weniger aktiven älteren Menschen einzubeziehen – nicht nur als Nutzer, sondern als Akteure. Dass und wie dieses möglich ist, wird hier beispielhaft am Freiwilligenprofil »Technikbegleitung« erläutert: Über das Engagement von technikaffinen Personen aller Altersklassen sollen Hürden zur Techniknutzung bei den weniger mit Technik vertrauten Älteren überwunden werden.

Das Freiwilligenprofil »Technikbegleitung« wurde im Rahmen des BMBF-Projektes QuartiersNETZ in Gelsenkirchen (weiter-)entwickelt. Innerhalb dieses Modellprojektes (2014–2018) wurden für vier Quartiere in einem partizipativ angelegten Prozess mit Informatikern/Technikern, Quartiersmanagern und Bürgern gemeinsam vier digitale Quartiersplattformen entwickelt und ans Netz gebracht. Damit alle Älteren, auch diejenigen, die bisher wenig Technikerfahrung haben oder der Digitalisierung kritisch gegenüberstehen, die Möglichkeit haben, am öffentlichen Leben im Quartier teilzunehmen und Technik zur persönlichen Lebensgestaltung zu nutzen, wollen ihnen sogenannte »Technikbotschafter« den Zugang erleichtern. Zum Auf- und Ausbau von Quartiersinitiativen wurden hierzu spezielle Lernformate zur »Technikbegleitung« entwickelt und erprobt. Die Erfahrungen in diesem noch nicht abgeschlossenen Projekt zeigen bereits, dass diese Art des Engagements auf Resonanz stößt. Sie lassen vor allem keinen Zweifel daran, dass es die verbindliche Verantwortungsübernahme von Trägern, passgenaue Strukturen und Lernformate braucht, um ein solches freiwilliges Engagement auf Dauer zu implementieren.

1 Geragogische Zugänge zum freiwilligen Engagement

Ältere Menschen sind sowohl Empfänger*innen von freiwilliger Hilfe als auch selbst Engagierte für Andere. Durch die gestiegene Lebenserwartung erleben viele ältere Menschen eine Lebensphase des »aktiven Alters«, in der sie ihr Können und Wollen, ihren Erfahrungsschatz, in einer Lebensphase mit durchschnittlich relativ hoher wirtschaftlicher Sicherheit und vergleichsweise guter Gesundheit im Kontext freiwilliger Tätigkeiten einbringen. Bevor hier eine explizit geragogische Perspektive für das Engagement im Alter und für das Alter(n) formuliert wird, werden vorab (1) die grundlegenden Begriffe und Diskurse eingeordnet und (2) die grundlegenden Dimensionen des Themas skizziert.

(1) Für viele Ältere, die sich freiwillig engagieren, ist nach wie vor der Terminus des »Ehrenamtes« geläufig. Ebenfalls finden sich, je nach Bundesland, Umschreibungen der freiwilligen und nicht auf materiellen Gewinn gerichteten solidarischen Tätigkeiten als »Bürgerschaftliches Engagement« oder auch »Freiwilligenarbeit«. Alle Begriffe umfassen ein breites Spektrum unterschiedlicher gemeinwohlorientierter Aktivitäten (vgl. Bäcker et al. 2010, 578). Historisch unterliegen die Begriffe einem Bedeutungswandel: Während früher die Bezeichnung Ehrenamt auf eine zugrundeliegende »Pflichtethik« hinwies, nämlich die Verpflichtung der Bürger*innen, öffentliche Stadtämter wahrzunehmen (Schulz-Nieswandt/Köstler 2011, 82), werden heute darunter eher individuelle, unentgeltliche Hilfeleistungen, die nicht kollektiv organisiert sind, gefasst. Eine weitere Diskurslinie verweist auf Gemeinsamkeiten mit dem Dienstleistungssektor: Der unentgeltliche Einsatz für andere Menschen wird hier – in einem weiten Begriffsverständnis – als »soziale Dienstleistung« verstanden. Auf diesem Hintergrund scheint die Leitidee der Ko-Produktion im Kontext einer Dienstleistungsgesellschaft auf, in der berufliche und ehrenamtliche Tätigkeiten sich ergänzen, ohne die unterschiedlichen Handlungslogiken außer Acht zu lassen. Da aktuell unter den Engagierten selbst in der Praxis

verschiedene Begriffe parallel genutzt werden, wird im Folgenden die Bezeichnung des freiwilligen Engagements als Sammelbegriff verwendet, der jedoch gleichzeitig alle anderen Formulierungen impliziert.

(2) Seitdem im Jahr 1999 erstmals die Engagementquote verschiedener Altersgruppen im Rahmen des Freiwilligensurveys repräsentativ erhoben wurde, steigt das Engagement der Älteren kontinuierlich an. Da sich der Anteil – nicht nur, aber auch – von älteren Menschen mit höherer Bildung in den letzten Jahrzehnten stetig erhöht hat (vgl. Statistisches Bundesamt 2015), kann davon ausgegangen werden, dass sich die Bildungsexpansion steigernd auf die Engagementquote ausgewirkt hat. Die letzten Daten des Surveys (2014) zum freiwilligen Engagement in Deutschland zeigen, dass sich aktuell 34 % der Personen, die 65 Jahre und älter sind, freiwillig engagieren. Dabei engagieren sich die Befragten unter 80 Jahren häufiger als die Befragten über 80 Jahren. Außerdem engagieren sich Frauen häufiger als Männer und Menschen, die die deutsche Staatsbürgerschaft von Geburt an haben, häufiger als Befragte, die die deutsche Staatsangehörigkeit durch Einbürgerung bekommen haben oder eine andere als die deutsche Staatsangehörigkeit besitzen. Zudem ist der Anteil der Engagierten bei den Befragten am größten, die ihre Gesundheit als gut einschätzen. Bezüglich des formalen Bildungsabschlusses lässt sich feststellen, dass die Befragten mit einem Hochschulabschluss am häufigsten ehrenamtlich engagiert sind. Es zeigt sich also, dass längst nicht alle Menschen in der zweiten Lebenshälfte die Möglichkeit zur Beteiligung in Form freiwilliger Tätigkeiten für sich nutzen können oder wollen. Andererseits fällt auf, dass gerade hier noch ein erhebliches ungenutztes Potenzial liegt. Im Ergebnis des Freiwilligensurveys 2014 haben deutschlandweit 25,5 % der befragten Nicht-Engagierten ab 65 Jahre Interesse an der Aufnahme eines freiwilligen Engagements geäußert. Weitere 20,7 % gaben an, vielleicht Interesse zu haben (vgl. GeroStat – Deutsches Zentrum für Altersfragen. Deutscher Freiwilligensurvey (FWS) – 1999, 2004, 2009, 2014). Eine Erhebung in der Stadt Kaarst aus dem Jahr 2015 ergab allerdings einen sehr viel höheren Anteil an engagementbereiten Älteren: Hier wären fast die Hälfte der Befragten (48,8 %) bereit, sich bei passenden Bedingungen neu oder zusätzlich zu engagieren, wobei der Anteil bei den männlichen Befragten (55,7 %) höher war als bei den weiblichen Befragten (44,1 %) (Gieseking et al. 2016, 86ff.). Da inzwischen vier Erhebungswellen des deutschen Freiwilligensurveys (FWS) durchgeführt wurden und für 2019 die fünfte Erhebung angekündigt ist, liegen inzwischen umfangreiche Daten zum Freiwilligen Engagement vor: Deutlich wird, dass dem sozioökonomischen Status im Rahmen des Engagements eine nicht zu unterschätzende Rolle zukommt. Auch deshalb erscheint es aus geragogischer Perspektive notwendig, Bildungsformate zu entwickeln und zu erproben, die allen älteren und alten Menschen in ihren jeweils speziellen Lebenslagen Engagement ermöglichen.

Bildung wird im Folgenden definiert als lebensgeschichtlicher Vorgang, in »... dessen Verlauf und Ergebnis die Individuen sich bemühen, Identität herzustellen. Sie eignen sich im Lernen Kultur an und entfalten dabei ihre Persönlichkeit. Sie lernen« (Faulstich 2013, 214). Dazu gehört der Erwerb spezifischer Kompetenzen, »... um konkrete gesellschaftliche Probleme zu verstehen, die eigene Position dazu zu finden, entsprechende Entscheidungen zu treffen und handelnd einwirken zu können« (ebd.).

Für ein bürgerschaftliches Lernen sind alle hier genannten Aspekte von Bedeutung. Für diejenigen, die sich zum Wohl Anderer engagieren möchten, ist der Blick auf die Möglichkeiten zur Verbesserung von Verhältnissen wichtig. Aber auch die persönliche Entwicklung des Einzelnen und die Erweiterung des eigenen Wissenshorizontes erscheinen bedeutsam, ebenso wie das Knüpfen von Kontakten im Umfeld (vgl. Steinfort-Diedenhofen 2016). So wird Lernen zum Entdecken, was möglich ist, sowohl für sich selbst als auch für das solidarische Miteinander. Lernoptionen sind sowohl innerhalb des Engagements – also der Praxis – als auch zur Vorbereitung auf das Engagement gegeben. Auch wenn Ältere oftmals umfangreicher als Jüngere auf ihr Erfahrungs- und Expertenwissen aus unterschiedlichen Berufen und Lebensphasen zurückgreifen können, sind Lernprozesse zur Vorbereitung auf das freiwillige Engagement durchaus sinnvoll: Ein Ehrenamt folgt nicht der beruflichen Logik – insofern müssen diejenigen, die sich am Übergang von der beruflichen in die nachberufliche Lebensphase befinden, manche Verhaltensweisen »verlernen« und neue hinzulernen. Ziele solcher meist partizipativ angelegten Qualifizierungen sind die aktive Auseinandersetzung mit einer neuen Rolle sowie das Bewusstwerden schon vorhandener aber auch noch erweiterbarer Kompetenzen. In der Geragogik hat sich der Lernansatz des »Selbstbestimmten Lernens« bewährt. Hierbei werden Sequenzen zur Informationsvermittlung von den Lernenden selbst gewählt und mit geplant. Damit werden gewohnte Hierarchien vermieden, die Freiwilligen erleben den Lernprozess als gestaltbar und können bereits in dieser Phase der Vorbereitung Selbstwirksamkeit erleben und Vertrauen in die eigene Lernfähigkeit entwickeln.

2 Konkretisierung didaktischer Ansatzpunkte

Für die Gestaltung des Lernens im Engagement und für das Engagement sind mit dem »Lernkompass« konkrete didaktische Orientierungen entwickelt worden (vgl. Bubolz-Lutz/Kricheldorff 2011). Diese basieren auf zentralen (Lern-) Motivationen wie dem Bedürfnis nach Selbstbestimmung des eigenen Lernens, nach Kompetenzentwicklung (im Sinne von Wissen, Haltungen und Fertigkeiten), und auf den Erkenntnissen der Lernpsychologie in Bezug auf die Wirksamkeit eines »Lernens mit allen Sinnen«. Sie fordern, die besonderen Herausforderungen im Feld des bürgerschaftlichen Engagements, die Perspektiven Anderer (sowohl einzelner Individuen als auch Organisationen und Institutionen) zu erfassen und zu respektieren als auch auf die Entdeckung von Handlungserfordernissen im Umfeld und die Umsetzung von Ideen und Visionen in einem gemeinsamen Tun/Engagement.

Lernen im Engagement dient damit nicht allein dem Wissenserwerb, sondern spricht ebenso die kommunikative Ebene an, diese wird sogar als Grundlage für die Erarbeitung der Sachinhalte angesehen. Insbesondere durch das gemeinsame Lernen in einer – zuweilen auch intergenerationell zusammengesetzten – Gruppe eröffnet sich für die Freiwilligen ein »Möglichkeitsraum«: Entwickelt werden können ein Gefühl der Zugehörigkeit als auch das Vertrauen in die eigene Lern- und Handlungsfähigkeit. Im gemeinsamen Reflektieren und Zurückschauen auf die eigene Biografie und in der Rekonstruktion gemeinsam erlebter Zeitgeschichte kann sich sowohl ein Empfinden für die eigene Identität entfalten – als auch ein Verständnis für die größeren gesellschaftlichen Zusammenhänge.

Auch wenn sich aktuell das Freiwillige Engagement noch hauptsächlich in Verbänden und Vereinen abspielt, ist der Trend deutlich: Vor allem in Großstädten verlieren die herkömmlichen Verbände und Vereine ihre Bindekraft und Attraktivität. Zu beobachten ist hingegen die Entwicklung neuer Freiwilligenprofile, die eher selbstorganisiert sind und angeregt durch erlebte Notsituationen entstehen. Sie sind oftmals nicht oder nur locker an eine Trägerstruktur (z. B. einen Wohlfahrtsverband) gebunden und sind vielfach nicht auf Dauer hin angelegt. Damit verortet sich auch die Bildung im und für das Engagement stärker in alltagsnahen Zusammenhängen. Im »intermediären Feld« zwischen Bildungsanbietern und Alltagskontexten entstehen so ganz neue Bildungskulturen (siehe dazu auch Bubolz-Lutz 2017).

3 Schritte zur Entwicklung eines Engagementprofils – ein gemeinsamer Lernprozess

Um beispielhaft zu konkretisieren, wie sich ein neues Freiwilligenprofil, welches aus konkreten Alltagsbedarfen heraus entsteht, entwickelt, werden im Folgenden am Beispiel des o.g. Projektes QuartiersNETZ vier Schritte zur Entwicklung vorgestellt:

1. *Formulierung der Idee:* Am Beginn einer neuen Profilentwicklung steht die Formulierung der Idee. Anlass dazu bildet meist das Erleben von persönlicher Betroffenheit oder das Empfinden, etwas zu können, was anderen fehlt und das man gerne weitergeben möchte. Im Kontext des Projektes QuartiersNETZ sind es technisch versierte Freiwillige, die bereits Erfahrungen in der Nutzung digitaler Medien gesammelt haben und sich zu einer Initiative zusammenschließen. Ziel dieser Initiative ist es, unsichere Mitbürger*innen an Technik heranzuführen und zu zeigen, wie sich technische Geräte und digitale Medien handhaben lassen. Die Nutzung von Technik kann gerade im Alter hilfreich sein, beispielsweise wenn Einschränkungen das Leben im Alter schwer machen. Ziel ist es, in den einzelnen Stadtteilen Initiativen aufzu-

bauen, die bei Bedarf um Hilfe angefragt werden können. Technikbotschafter*innen sind telefonisch erreichbar und kommen auf Wunsch auch in das private Wohnumfeld.

Neben den Gewinnen für die bislang technisch eher weniger versierten Menschen zielt das neue Freiwilligenprofil aber auch auf positive Effekte bei den freiwilligen Technikbotschafter*innen selbst, so etwa den Erwerb neuen Wissens rund um Technik, die Erweiterung der eigene Fähigkeiten, Anderen Technik nahezubringen, sich wohlzufühlen in einer Gruppe Gleichgesinnter im eigenen Quartier, in Kontakt zu kommen mit Nutzern und Dienstleistern sowie auf das Gefühl des »Gebrauchtwerdens« und die Gewissheit eines sinnhaften Tuns.

2. *Klärung der Ausgangs- und Bedarfslage:* Die Ermittlung der Bedarfslage (z. B. durch eine schriftliche Befragung oder Interviews) ist die notwendige Voraussetzung für die differenzierte Entwicklung eines passgenauen Freiwilligenprofils. In Betracht zu ziehen sind zudem die zur Verfügung stehenden Ressourcen. Aus der erhobenen Ausgangslage und den Ressourcen lassen sich bereits erste Aufgabenstellungen und besondere Herausforderungen für das freiwillige Engagement benennen. Im Rahmen des Beispielprofils Technikbegleitung wird deutlich, dass sich die Freiwilligen intensiv mit der Technikskepsis der älteren Bevölkerung auseinandersetzen müssen oder dass Orte zur Erprobung von Technik benötigt werden, da ein Drittel der Befragten zu Hause nicht über eine Internetverbindung verfügt.

3. *Aufbau von Strukturen und Kooperationen:* Damit ein Freiwilligenprofil auf Nachhaltigkeit hin angelegt ist, gilt es, Strukturen zu schaffen, die auch dann fortbestehen, wenn einzelne Freiwillige sich zurückziehen oder aufgrund von Krankheit ausscheiden. Unterstützungsstrukturen in Bezug auf Bürger*innenengagement sind darauf angelegt, Lern- und Reflexionsgelegenheiten zu bieten, in denen die Freiwilligen in ihrer Engagement-Praxis fachlich begleitet werden, und die Verknüpfung von Engagement-Angebot und Nachfrage zu regulieren. Unabdingbar sind hierzu wiederkehrende Treffen und Lernformate sowie klare personelle Zuständigkeiten im kommunalen Rahmen. Für die Technikbotschafter*innen bietet eine fachliche Begleitung durch das Generationennetz – einem gemeinnützigen, überwiegend aus kommunalen Mitteln finanzierten Verein – den notwendigen Rückhalt. Zusätzlich wichtig sind Kooperationen mit Dienstleistern, die u. a. Türen zu den Nutzer*innen öffnen können: So können Pflegekräfte oder niedrigschwellige Betreuungsdienste Kontakte gerade zu denjenigen Nutzer*innen herstellen, die sonst schwer zu erreichen sind. Gerade in Pflegehaushalten besteht ein hohes Exklusions-Risiko. Somit bilden sich Partnerschaften zwischen professionellen Dienstleistern und Freiwilligen im Sinne einer Win-Win-Situation.

4. *Orte und Treffpunkte als Anlauf- und Ausgangspunkte für Engagement:* Engagement braucht Orte, an denen es sich entfalten kann. Treffpunkte fördern den Zusammenhalt von Initiativen, indem sie zugleich »Anlaufpunkte« für Bürger*innen im Quartier sind und »Ausgangspunkte« für ein zugehendes Engagement. Nicht immer sind solche Orte in den Quartieren bereits vorhanden. Dann ist es notwendig, dass sich die Initiativen einen Ort suchen.

Die Aufgabenstellungen, die sich hier ergeben, sind komplex und nicht zu unterschätzen – zu ihrer Bewältigung ist eine Unterstützung und fachliche Begleitung durch die Kommune oder ein von ihr beauftragtes Gremium notwendig, da es hierbei um langfristig wirksame Planungen und um verbindliche rechtliche Regelungen geht. Die Zuständigkeit von speziell definierten professionellen Begleiter*innen (z. B. Sozialarbeiter*innen sowie Rechtsberater*innen) ist für den Aufbauprozess und die Weiterführung des Engagements förderlich.

Deutlich wird, dass sich in jedem dieser genannten Schritte Lernprozesse vollziehen, und zwar auf allen Ebenen: der der Nutzer*innen, der Engagierten und der professionell Begleitenden in den Institutionen und Organisationen ebenso wie der Lernprozess der professionellen Dienstleister. Durch die hohen Anteile an Partizipation und Selbstbestimmung werden auf allen Ebenen im Zusammenspiel neue Rollen entwickelt. Der gesamte Prozess wird (im besten Fall) von allen Akteur*innen als gestaltbar erlebt – mit dem gemeinsamen Ziel, sich lernend auf den Weg zu machen um etwas Neues zu gestalten.

3 Lern- und Engagementformate zur Entwicklung neuer Freiwilligenprofile

Am Beispiel der Technikbegleiter*innen ist deutlich geworden, welche Innovationskraft in der Entwicklung neuer Profile liegt. Die Geragogik, und speziell das Forschungsinstitut Geragogik, hat es sich daher in den letzten beiden Jahrzehnten zur Aufgabe gemacht, die Entwicklung von neuen Freiwilligen-Profilen mit entsprechenden Lernformaten zu unterstützen.

Ein solches Format ist die *Entwicklungswerkstatt* – zugleich ein Planungs- als auch ein Reflexionsformat. So heißt es in einem Projektflyer:

> »In einer Entwicklungswerkstatt treffen sich alle 2 Monate Personen, die Lust am Planen haben: Sie entwickeln die Angebote (…) und sorgen dafür, dass die Interessen der älteren Generation Berücksichtigung finden. Mit ihrem Blick (…) begleiten sie auch den Aufbau der Initiativen für Technikbegleitung in den Quartieren. Diese Gruppe ist offen für alle, die mitdenken wollen. Hier ist keine Expertise in Techniknutzung gefragt: Besonders willkommen sind kritische Geister und Personen, die sich für Ältere einsetzen, die bisher noch nicht genügend vernetzt und eingebunden sind.«

Als ein weiteres, interessantes Konzept für neu hinzukommende Freiwillige erweist sich ein vier Aspekte umfassendes Lernkonzept: in zwei ganztätigen Workshops wird in das Freiwilligenprofil eingeführt, im Rahmen selbstorganisierten Lernens am eigenen PC wird das Hineinwachsen in das neue Engagement erleichtert. Hierzu ist eigens eine Lernplattform (ILIAS) erstellt worden. Das Praxis-Lernen geschieht an der Seite einer/s erfahrenen Technikbotschafterin/Technikbotschafters, der Erwerb von Technikkompetenz wird als zentral erachtet, bleibt jedoch den Freiwilligen selbst überlassen. Durch die mit diesem Lernformat verbundene Flexibilität wird »Quereinsteigern« der Zugang zum Engagement erleichtert.

Insgesamt zeichnet sich die *Notwendigkeit einer flexiblen Erprobung lebensweltlich passender Lern- und Engagementformate* ab. Grundsätzlich unterscheiden lassen sich dabei klassische Komm-Strukturen (z. B. Schulungen für Handy-Nutzung in den Stadtteilen) und neuere, zugehende Bring-Strukturen (Freiwillige gehen – meist zu zweit – in die Haushalte).

4 Professionelle Begleitung von Engagement – Kompetenzprofil

Freiwilliges Engagement gibt es nicht »umsonst«. Mindestens, so zeigt sich immer wieder, braucht es Investitionen in professionelle Begleitungsstrukturen und somit auch eine Qualifizierung der Lernbegleiter. Neben den Aufgaben von Freiwilligenmanagement, Koordination der Engagement-Praxis mit Vermittlung der Einsätze und der Vernetzung mit anderen Dienstleistern im Quartier (vgl. dazu ausführlich Handbuch 5: Technikbegleitung Bubolz-Lutz/Stiel, 2018) umfasst dies insbesondere die Aufgabe der Lernbegleitung. Für die professionelle Begleitung von Freiwilligen sind in besonderer Weise eine Verortung in der eigenen Fachlichkeit, die Fähigkeit der Beziehungsgestaltung, ein Verständnis für Prozesse und eine entsprechende Gestaltungskompetenz sowie eine integrierte Persönlichkeit günstige Voraussetzungen. Der/m Lernbegleiter*in, der/die die Rahmenbedingungen für das Entwickeln und gemeinsame Lernen sichert, kommt die Funktion eines »Gastgebers« zu: Er »belebt« die Orte und sorgt für eine Willkommenskultur und Sicherheit, die beim Lernen benötigt werden. Da sich das Kompetenzprofil »Lernbegleitung« hoch komplex darstellt, erscheint es notwendig, dass die Lernbegleiter*innen für freiwilliges Engagement selbst eine entsprechende zusätzliche Qualifizierung und fachliche Begleitung erhalten. Aus diesem Grund sind übergreifende Supportstrukturen auf Bundes- und Landesebene vorzuhalten, wie sie in Bezug auf die Digitalisierung im Alter derzeit von der BAGSO vorgehalten werden.

5 Ausblick

Das freiwillige Engagement als wichtiger Lernort befindet sich – nicht zuletzt wegen der vielen »Neuen Alten« – im Um- und Aufbruch. Da jedoch der Zugang zur Übernahme eines Ehrenamtes nicht für alle Menschen gleich gut möglich ist, wird es zur wichtigen Zukunftsaufgabe, dass sich gerade ältere Menschen mit höherer Bildung für andere Menschen einsetzen. Dies bekräftigt das Positionspapier zu Engagement und Bildung der BAGSO (2017) und fordert den Zugang für *alle* älteren Menschen – sowohl zu Engagement als auch zur Bildung für das Engagement. Daraus wird gefolgert, dass auch die Formate zum freiwilligen Engagement selbst niedrigschwellig angelegt sein müssen, nämlich »einladend, individuell gestaltet und aufgrund der Vielfältigkeit des Alters zielgruppenorientiert und -spezifisch« (ebd., 2). Den in diesem Beitrag skizzierten didaktischen Fragen der konkreten Ausgestaltungen der Lernformate im Freiwilligen Engagement kommt dabei eine besondere Rolle zu, da nur durch passende Arrangements die Gewinne für alle Älteren zum Tragen kommen. Aus bildungspolitischer Perspektive sollte daher das Ziel verfolgt werden, »… kommunale Bildungslandschaften zu schaffen, die unterschiedliche Bildungsorte und -institutionen im Sozialraum systematisch vernetzen und Menschen aller Lebensalter bessere Bildungsbedingungen und -möglichkeiten bieten« (2. Engagementbericht 2016, 25).

Das freiwillige Engagement als Lernfeld bietet potenzielle Gewinne auf allen Seiten: als Erfahrungs- und Reflexionsraum für das Alter, als Identitätsprojekt, wenn bisherige Rollen wegfallen (vgl. Steinfort 2010), als Raum, in dem Beziehungen neu erlebt werden, als Ort, an dem Gemeinschaftserlebnisse mit Gleichgesinnten möglich werden und als Kontaktstelle für intergenerationelle und interkulturelle Begegnungen, die über das gemeinsame Lernen im Tun entstehen. Ganz besonders entfaltet das freiwillige Engagement im Alter seine Wirkung im Zusammenspiel aller Akteure im Quartier: Durch das gemeinsame Lernen sind die Freiwilligen miteinander vertraut und können sich neu vernetzen. Sie fungieren als »Botschafter*innen« für Quartiersentwicklung im besten Sinne, sie werden zu Impulsgebern und Motoren für die Entwicklung von Nachbarschaftlichkeit und Solidarität.

Literatur

BAGSO (2017): *BAGSO-Positionspapier zu Engagement und Bildung im Alter.* http://www.bagso.de/fileadmin/Aktuell/Publikationen/2017/BAGSO_Positionspapier_Bildung_Engagement_5.2017.pdf

Bäcker, G./Naegele, G./Bispinck, R./Hofemann, K./Neubauer, J. (2010): *Sozialpolitik und soziale Lage in Deutschland, Band 2: Gesundheit, Familie, Alter und Soziale Dienste.* 5. Durchgesehener Auflage, VS Verlag für Sozialwissenschaften, Wiesbaden.

BMFSFJ (2016): *Zweiter Engagementbericht 2016. Demografischer Wandel und bürgerschaftliches Engagement: Der Beitrag des Engagements zur lokalen Entwicklung. Zentrale Ergebnisse.* Freiburg.

Bubolz-Lutz, E./Kricheldorff, C. (2011): *Pflegebegleiter. Schriftenreihe Modellprogramm zur Weiterentwicklung der Pflegeversicherung.* Band 6, GKV (Hg.), Berlin.

Bubolz-Lutz, E./Mester, B./Schranek, R./Streyl, H./Wenzel, S. (2015): *Pflegebegleitung – Handbuch.* Pabst-Verlag, Lengerich.

Bubolz-Lutz, E./Stöckl, C. (2017): Sozialgeragogische Perspektiven: Folgerungen aus einem lebensweltlichen & relationalen Bildungsverständnis. In: Stöckl, Claudia (Hg.) *Ältere Menschen in der Wissensgesellschaft. Die Bedeutung von Nicht-Wissen*. Graz: Leykam, S. 113–122.

Bubolz-Lutz, E. (2017): Non-formal selbstbestimmt. Selbstbestimmtes Lernen im Alter am Beispiel des »Denk Raum 50 plus«. In: *DIE Zeitschrift für Erwachsenenbildung IV*, S. 30–33.

Bubolz-Lutz, E./Stiel, J. (2018): *Handbuch Technikbegleitung* (in Vorbereitung).

Deutsches Zentrum für Altersfragen – GeroStat. Deutscher Freiwilligensurvey (FWS) – *1999, 2004, 2009, 2014*. Berlin. DOI 10.5156/GEROSTAT. Online verfügbar unter: https://www.gerostat.de/de/index.html (Stand: 22.09.2017).

Faulstich, P. (2013): *Menschliches Lernen. Eine kritisch-pragmatische Lerntheorie*. Bielefeld, S. 215.

Gieseking, A./Schmidt, W./Olbermann, E./Bubolz-Lutz, E. (2016): *Sozialplan Alter für die Stadt Kaarst*. Teilbericht I zum Projekt »Erstellung eines Sozialplans Alter für die Stadt Kaarst sowie Entwicklung und Erprobung von Maßnahmen und Pilotprojekten«, Forschungsgesellschaft für Gerontologie e. V./Institut für Gerontologie an der TU Dortmund, Dortmund.

Schulz-Nieswandt, F./Köstler, U. (2011): *Bürgerschaftliches Engagement im Alter. Hintergründe, Formen, Umfang und Funktionen*. 1. Auflage, Kohlhammer, Stuttgart.

Steinfort, J. (2010): Individuelle Identitätsentwicklung im Dritten Alter im Kontext Freiwilligen Engagements. In: *Psychotherapie im Alter* 7(1), S. 67–78.

Steinfort-Diedenhofen, J. (2016): Herausforderung Großelternschaft – Gestaltung intergenerationeller & multilokaler Familienbeziehungen. In: Schirra-Weirich, L./Wiegelman, H. (Hg.) *Alter(n) und Teilhabe. Herausforderung für Individuum und Gesellschaft*, S. 135–150.

Zentrum für Zivilgesellschaftliche Entwicklung (2011): *Freiwilligensurvey 2009, Sonderauswertung Baden-Württemberg*. Stuttgart.

Vogel, C./Hagen, C./Simonson, J./Tesch-Römer, C. (2016): Freiwilliges Engagement und öffentliche gemeinschaftliche Aktivität. In Bundesministerium für Familie, Senioren, Frauen und Jugend (Hg.) *Freiwilliges Engagement in Deutschland. Der Deutsche Freiwilligensurvey 2014*. Berlin, S. 85–147.

Partizipative Seniorenpolitik: zur Bedeutung von Lernen und Bildung am Beispiel kommunaler Altenberichterstattung und -planung

Elke Olbermann, Britta Bertermann und Barbara Eifert

1 Einleitung

Die Kommunen sind die Orte, in denen die Folgen der demografischen Entwicklung und der sozialstrukturellen Veränderungen unmittelbar zu spüren sind und in denen die Lebensbedingungen der aktuell wie künftig alternden Bevölkerung konkret gestaltet werden. Im Fokus des folgenden Beitrages steht die Erörterung der Bedeutung von Lernen und Bildung für seniorenpolitische Gestaltungsprozesse auf kommunaler Ebene.

Hierzu werden zunächst wesentliche Anforderungen an eine moderne kommunale Altenberichterstattung und -planung als Teilbereich einer zukunftsorientierten Seniorenpolitik skizziert. Dem Grundprinzip der Partizipation kommt dabei eine Schlüsselfunktion zu. Dieses Prinzip setzt die Bereitschaft und Befähigung der örtlichen Akteure zum gemeinsamen Dialog, zur Aushandlung, Verständigung und schließlich zur Kooperation voraus. In dem Beitrag wird aufgezeigt, welche Lern- und Entwicklungsaufgaben damit verbunden sind und wie sich diese für die haupt- und ehrenamtlichen Akteure in ihren jeweiligen Handlungszusammenhängen darstellen. Es wird verdeutlicht, wie Partizipation in seniorenpolitischen Kontexten als handlungsleitende Haltung und als Gestaltungsprinzip mit kontinuierlicher Praxisreflexion vermittelt, gefördert und ermöglicht werden kann. Am Beispiel kommunaler Altenberichterstattung und -planung in Nordrhein-Westfalen werden praktische Erfahrungen, Erfolge sowie mögliche Grenzen von Partizipation aufgezeigt, kritisch reflektiert und diskutiert.

2 Grundlagen einer zukunftsorientierten Seniorenpolitik

Kommunale Seniorenpolitik beruht auf dem verfassungsrechtlichen Auftrag der Kommunen[1] zur Daseinsvorsorge. Gemäß dem Sozialstaatsprinzip des Grundge-

---

1 Der Begriff »Kommune« wird in der vorliegenden Arbeit als Sammelbegriff für die verschiedenen Kommunentypen, d.h. kreisfreie Städte, kreisangehörige Städte und Gemeinden sowie Kreise, verwendet.

setzes sind die Kommunen hauptzuständig für die Daseinsvorsorge der Bürger*innen und die darauf bezogene soziale Infrastrukturversorgung der Bevölkerung (Naegele 2006). Das Recht der Selbstverwaltung gewährt den Kommunen, »alle Angelegenheiten der örtlichen Gemeinschaft« und damit auch die Gestaltung der Lebensverhältnisse für ältere Menschen »im Rahmen der Gesetze in eigener Verantwortung zu regeln« (Art. 28 Abs. 2 GG).

Demografische, soziale, rechtliche und wirtschaftliche Entwicklungen ändern die Rahmenbedingungen kommunaler Seniorenpolitik und erfordern deren kontinuierliche Weiterentwicklung (Backes/Amrhein 2011; Bogumil et al. 2013; Naegele 2010; Rehling et al. 2011). Die Alterung der Bevölkerung insgesamt, die zeitliche Ausdehnung der Lebensphase Alter und die zunehmende Differenzierung von Lebenslagen im Alter erfordern wesentliche Anpassungen und Neuausrichtungen der kommunalen Seniorenpolitik und des traditionellen Altenhilfesystems. Dabei gilt es insbesondere, die zunehmende Vielfalt von Lebenslagen im Alter zu berücksichtigen und ältere Menschen nicht einseitig als zu versorgendes Klientel zu betrachten, sondern auch die Ressourcen und Potenziale älterer Menschen wahrzunehmen und zu fördern. Dies erfordert einen Paradigmenwechsel hinsichtlich des Verständnisses von Altenpolitik dahingehend, dass Altenpolitik nicht mehr ausschließlich als Altenhilfepolitik verstanden wird, sondern zunehmend eine »alle Lebenslagen im Alter einbeziehende kommunalpolitische Gesamtverantwortung« im Sinne eines »über die klassischen Risikoabsicherungs- und Schutzfunktionen hinausgehenden gesellschaftspolitischen Gestaltungsauftrag[s]« übernimmt (Naegele 2010, 99). Dies bedeutet, die in der Kommune und in den Gemeindeverbänden vorhandenen Strukturen und Angebote so zu gestalten, dass auf auftretende Hilfe-, Pflege- und Unterstützungsbedarfe adäquat reagiert werden kann, wie auch Möglichkeiten zu entwickeln, dass ältere Bürger*innen sich engagieren und beteiligen und so ihre Ressourcen und Potenziale einbringen können. Damit verbunden ist unter anderem eine Verschiebung der Schwerpunktsetzung auf der Handlungsebene von eher »betreuenden«, »kurativ-versorgenden« Angeboten hin zu einer stärkeren Gewichtung von »fördernden« und »partizipativen« Strukturen und Angeboten (Zeman/Schmidt 2001).

Auch wenn das Thema Pflegebedürftigkeit infolge der weiter steigenden Zahl hochaltriger Menschen für die Kommunen zu einer bedeutsamen Herausforderung wird, ist kommunale Seniorenpolitik weit mehr als Pflege- und Versorgungspolitik. Neben der ambulanten und stationären Altenhilfe gewinnen weitere Themenfelder wie Prävention und Gesundheitsförderung, Freizeit, Bildung und Kultur, Partizipation und Engagement, Generationenbeziehungen und soziale Netze an Bedeutung, die vor allem von der (traditionell auch als »offene Altenhilfe« bezeichneten) gemeinwesenorientierten Seniorenarbeit adressiert werden (Naegele 2008). Zugleich rücken« quartiersbezogene, sozialraum- und netzwerkorientierte Ansätze zunehmend in den Fokus einer modernen Kommunalpolitik für ältere Menschen. Ziel ist es, durch eine intensive Zusammenarbeit aller Akteure vor Ort eine Unterstützung Hilfsbedürftiger sowie eine aktive soziale, kulturelle und politische Teilhabe älterer Menschen zu ermöglichen (Bischof & Weigl 2010).

In der Praxis kommunaler Seniorenpolitik kommen unterschiedliche Planungsmodelle zum Tragen. Der Entwicklungsprozess der Sozialplanung in deutschen Kommunen (und damit auch der Altenplanung als Teil der Sozialplanung) ist dadurch gekennzeichnet, dass sich »die Formen des Planens und Steuerns sozialer Belange im Laufe der vergangenen Jahrzehnte vom vorherrschenden Typ der hierarchischen öffentlichen Verwaltung nach dem Zweiten Weltkrieg (Public Administration) über die ökonomische Modernisierung nach dem Neuen Steuerungsmodell in den 1990er Jahren (New Public Management) zum gegenwärtigen Ansatz des New Public Governance (Osborne 2006)« (Schubert 2017, 6) verschoben haben.

> »Nach Arthur Benz (2014) fasst der Begriff der Governance das kollektive Handeln neu: Unabhängige, aber interdependente Akteure aus unterschiedlichen organisationalen Feldern mit unterschiedlichen Handlungsrationalitäten (die sogenannten Stakeholder) verknüpfen ihre Aktivitäten in einer gemeinsamen Arena des Lokalen und koordinieren sich nach verabredeter Regeln selbst (Schneider 2005)« (Schubert 2017, 12).
> »Das heißt: Die Sozialplanung erfolgt pluralistisch im Zusammenspiel der lokalen Akteure und Interessengruppen. (...). Die governancebasierte Sozialplanung kann als Reaktion auf die Situation verstanden werden, dass weder die öffentliche Verwaltung als singulärer Akteur noch die Sozialwirtschaft quasi-ökonomisch die komplexen Entwicklungsaufgaben in der Kommune und in den Sozialräumen lösen können. Die Lösungen gelingen eher auf der dritten Ebene der Interaktion unter den beteiligten Akteuren aus unterschiedlichen Sektoren und Teilbereichen. Das in den Kommunikations- und Kooperationsbeziehungen generierte Vertrauen ermöglicht Verhandlungen und eröffnet vielfältige Pfade der Kompromissbildung« (Schubert 2017, 17).

Durch die stärkere Einbeziehung von lokalen Stakeholdern in den Planungsprozess entstehen lokale Arenen der Partizipation und des dialogischen Austausches (ebd.).

Das Thema Alter(n) ist eine Querschnittsaufgabe und bedingt fachübergreifende, interdisziplinäre Zusammenarbeit bei der Planung und Umsetzung. Dies bedeutet, dass nicht nur innerhalb der Verwaltung Vernetzung stattfinden sollte, sondern Kooperationen mit allen relevanten Akteuren vor Ort anzustreben sind. Die Kommunen haben dabei die Aufgabe, zu organisieren, zu moderieren und die gesamte Sozialplanung auf integrierte und wirkungsorientierte Weise zu steuern (DV 2011). Eine nachhaltige Ausrichtung kommunaler Seniorenpolitik beinhaltet demnach die partizipative und diskursive Moderation der Interessen und Bedarfe der Bürger*innen und wesentlicher Akteure vor Ort.

Dabei ist zu berücksichtigen: Die gesellschaftlichen Entwicklungen (z. B. Prozesse der Schrumpfung, Alterung und Heterogenisierung) verlaufen auf der kommunalen Ebene nicht einheitlich und die Lebensbedingungen sind innerhalb eines Stadtgebietes oder einer Region sehr heterogen. Festzustellen sind insbesondere zunehmende Segregationstendenzen (räumliche Konzentration von Armut und sozialen Problemen) und infrastrukturelle Disparitäten (z. B. zwischen städtischen Zentren und peripheren Stadtrandlagen oder ländlichen Gebieten). Kommunale Seniorenpolitik muss den jeweils spezifischen Bedingungen Rechnung tragen. Die Kommunen benötigen hierfür differenzierte Informationen, um passgenaue Lösungen und Handlungsstrategien zur Gestaltung des Alter(n)s vor Ort entwickeln zu können.

Der kommunalen Altenberichterstattung kommt dabei eine zentrale Bedeutung zu. Sie hat die Aufgabe, die Ausgangslage und absehbare Entwicklungen der Bevölkerungsstruktur, der Lebenslagen, Wünsche und Bedarfe älterer Bürger*innen sowie darauf bezogener Infrastruktureinrichtungen und Angebote zu erfassen, zu beschreiben und zu analysieren. Ziel ist es, entscheidungsrelevante Informationen für die kommunale Seniorenpolitik und altengerechte Quartiersentwicklung bereitzustellen und den Verantwortlichen Orientierungsgrößen für die zukünftige Arbeit an die Hand zu geben. Ziel ist aber auch eine darüberhinausgehende umfassende Aufklärung und Sensibilisierung der gesamten Öffentlichkeit in der Kommune. Insgesamt geht es darum, Anstöße für Praxisveränderungen, für Reformen und Innovationen sowie für neue Konzepte zu liefern.

Diese Herausforderung kann besser bewältigt werden, wenn soziale und politische Partizipationsprozesse älterer Menschen zum Zwecke des Empowerments und der Übernahme von Eigenverantwortung wie auch die Legitimation der Planungen durch die Beteiligung der Bürger*innen entwickelt und umgesetzt werden. Partizipation ist somit ein wesentliches Qualitätskriterium kommunaler Altenberichterstattung und kommunaler Seniorenpolitik insgesamt. Verständnis, Rahmenbedingungen und Umsetzung von Partizipation sind in der gegenwärtigen seniorenpolitischen Praxis der Kommunen allerdings sehr unterschiedlich.

3 Partizipation als handlungsleitende Haltung und als Gestaltungsprinzip

Im Allgemeinen meint Partizipation eine gesellschaftliche, ökonomische, kulturelle und politische Teilhabe von Menschen. Aus emanzipatorischen, legitimatorischen oder auch aus Gründen gesteigerter Effektivität gilt Partizipation häufig als wünschenswert. Partizipation ist zudem gesellschaftlich relevant, weil sie zum Aufbau von sozialem Kapital führen kann und in Folge dessen soziales Vertrauen und damit den gesellschaftlichen Zusammenhalt stärkt. Unabhängig von einem allgemeinen Verständnis und dem grundsätzlichen Wert, der Partizipation zugeschrieben wird, wird unter dem Begriff Unterschiedliches verstanden. In den deutschen Übersetzungen wie etwa Beteiligung, Teilhabe, Teilnahme, Mitwirkung, Mitbestimmung, Mitsprache, Einbeziehung usw. zeigen sich aber nicht allein Variationen, sondern es spiegeln sich darin bereits unterschiedliche Qualitäten, die die Partizipation annehmen kann bzw. die ihr zugeschrieben werden (Wurzbacher 2017). So kann ein Prozess der Mitwirkung als partizipativ bezeichnet werden, ohne dass dieser Prozess beispielsweise Mitbestimmungsqualitäten in Form von Stimmrechten der Beteiligten aufweist.

Partizipation gilt es aufgrund seiner potenziellen, vielfältigen Bedeutungen zum Verständnis und für die Anwendung in der Praxis der Altenberichterstattung und -planung näher zu beschreiben. Dies dient der Gewinnung von Transparenz im Hinblick auf die jeweilige Qualität der Partizipation. Fünf Stufen der Qualität lassen sich grundlegend unterscheiden (Rüßler/Köster/Stiel/Heite 2015):

- Erstens das Informieren,
- zweitens das Mitwirken,
- drittens das Mitentscheiden
- viertens das Selbstverwalten und schließlich
- fünftens, die Selbstorganisation.

Aus diesen fünf Stufen wird deutlich, welche Qualitäten unter dem Begriff Partizipation verstanden werden können. Wenn diese unterschiedlichen Partizipationsqualitäten nicht, wie beispielsweise bei normierten Beteiligungsverfahren (wie etwa Verfahren bei der Städtebauplanung), klar ab- und damit begrenzt sind, besteht die Notwendigkeit, sich in den jeweiligen Handlungszusammenhängen über die gemeinte Qualität zu verständigen. Dies dient innerhalb offener Partizipationsprozesse auch dazu, irreführenden Erwartungen bis hin zu Frustrationen auf Seiten aller Beteiligten vorzubeugen. Zudem wird in diesen Stufen bereits deutlich, wie sich Qualitäten von Partizipation unterscheiden und im Prinzip steigern können. Damit ist erkennbar, wie folgenreich sich offene, nicht klar definierte Partizipationsprozesse in der Praxis entwickeln können, denn sie können bis zur Selbstorganisation führen. Auch hieraus wird deutlich, wie wichtig es ist, sich möglichst frühzeitig über das Verständnis und den Grad von Partizipation zu verständigen. Auch bei der Altenberichterstattung und -planung sollten sich die Beteiligten über ihr jeweiliges Verständnis von Partizipation austauschen sowie die Möglichkeiten und Begrenzungen der Partizipation in diesem Bereich klären.

Über diesen Aspekt hinaus ist ein weiterer Gesichtspunkt bei der Betrachtung der möglichen fünf Stufen der Partizipation bedeutsam. Wenn Partizipation prinzipiell in einer Selbstorganisation münden kann, sind damit Veränderungen struktureller Natur verbunden. Dies kann chancenreich bewertet werden, aber ebenso können diese Möglichkeiten und die damit verbundenen strukturellen Veränderungen auch Ängste auslösen. Strukturen bieten Verbindlichkeit sowie – in der Regel – auch Nachvollziehbarkeit, beispielsweise von Entscheidungsprozessen. Zudem wirken Strukturen im Sinne der Stabilität zugleich auch machterhaltend. Werden diese Strukturen durch Partizipationsprozesse in Frage gestellt, stehen sie damit auch in der Gefahr ihres Bestandes. Festzuhalten ist, Partizipation hat das Potenzial für Veränderungen und stellt damit einen Unsicherheitsfaktor für die Strukturen, in denen sich die Beteiligten bewegen, dar. Partizipation mit dem Potenzial der Veränderung kann daher sowohl als entlastend im Sinne der Teilung von Verantwortung als auch als bedrohlich im Sinne des Machtverlustes empfunden werden. Am Beispiel der Altenberichterstattung und -planung könnten sich diese beiden Möglichkeiten folgendermaßen zeigen. So könnten kommunal Verantwortliche über die Beteiligung – zum Beispiel von Seniorenvertretungen – Kenntnisse über die Bedürfnisse Älterer und damit mehr Sicherheit in der Altenplanung erlangen. Möglich wäre aber auch, dass insbesondere eine noch ungewohnte Beteiligung Älterer als Infragestellung der fachlichen Kompetenz und damit der Legitimation kommunal Verantwortlicher wahrgenommen wird.

Zu berücksichtigen ist außerdem, dass der Perspektivwechsel auf die Potenziale des Alters und eine daraus abgeleitete Partizipation Risiken im Sinne eines ressourcenökonomischen Nutzendiskurses birgt. Dieser verweist auf die Gefahr, dass die Kompetenzen älterer Menschen im Zuge der Unterfinanzierung des Sozialstaates instrumentalisiert werden (Aner/Köster 2015).

Bei der Definition von Partizipation geht es zudem darum, sich über Voraussetzungen und Wirkungen von Partizipation im Hinblick auf deren potenziellen Stärkungsgehalt bezüglich der Zivilgesellschaft zu verständigen. Partizipation erhöht die Handlungskompetenz der Bürger*innen, ist inklusiv und wirkt (vertrauens-)stärkend gegenüber der Demokratie (Eifert 2016, 2017; Bertermann/Olbermann 2011). Partizipation ist aber nicht voraussetzungslos; sie braucht insbesondere materielle Absicherung, Räume, Zeit und häufig auch fachliche Begleitung (Eifert 2016, 2017).

Darüber hinaus ist bei der Frage nach der Qualität von Partizipation auch das Spannungsfeld zwischen Strukturen, die Möglichkeiten zur Partizipation bieten (gesellschaftliche und politische Bedingungen, Bildungsangebote, ökonomische Lage, Partizipationskultur, Kommunikation, allgemeine Betroffenheit), sowie den individuellen Voraussetzungen (Demokratieverständnis, Bildungspotenzial, Interesse, persönliche Betroffenheit, räumliche Identität und Informationsverhalten) zu beachten. Denn Partizipation braucht sowohl Voraussetzungen individueller als auch gesellschaftlicher Art. Diese Voraussetzungen stehen in einem Spannungsfeld und haben direkten Einfluss auf die Qualitäten von Partizipation (Forum Seniorenarbeit NRW 2011).

Um die Bedeutung der Partizipation Älterer bei der Altenberichterstattung und -planung zu verdeutlichen, seien dazu sechs, besonders im Alter relevante Bedürfnisse genannt (Bubolz-Lutz 2013): ›Verstehen‹, ›Autonomie‹, ›Selbstwirksamkeit‹, ›Sicherheit‹, ›Sinn‹, ›Eingebundenheit‹. Zu allen diesen sechs Bedürfnissen bietet die Partizipation bei der Altenberichterstattung und -planung Erfahrungs- und Verwirklichungsmöglichkeiten. Am Beispiel der in die Altenberichterstattung und -planung eingebundenen Seniorenvertretungen werden diese Erfahrungs- und Verwirklichungsmöglichkeiten im Folgenden skizziert. So lädt diese Teilhabemöglichkeit dabei dazu ein, das Thema ›Alter‹ in seiner Vielfalt und Umfänglichkeit (besser) kennenzulernen und potenziell besser zu verstehen. Seniorenvertretungen als Beteiligte verhilft diese Teilhabe zu einem besseren Verständnis der Strukturen, Verfahren und Abläufe innerhalb der kommunalen Verwaltungen und Politik. Autonomie wird darüber hinaus erfahren, in dem Seniorenvertreter*innen in einer selbständigen Rolle Teilhabe praktizieren und sich als Ältere mit ihren Kompetenzen, Erfahrungen und Anliegen einbringen können. Die Chance der Erfahrung von Selbstwirksamkeit ist bei dieser Teilhabe groß, denn wenn Seniorenvertretungen in den Prozess der Altenberichterstattung und -planung faktisch einbezogen werden, erleben sie, dass ihr Handeln Einfluss und damit eine Wirkung hat. Das Bedürfnis nach Sicherheit kann durch die Teilhabe im Hinblick auf das Funktionieren demokratischer Prozesse erfahren werden, dies vermittelt neben Vertrauen auch Sicherheit. Sinn erfahren teilhabende Seniorenvertreter*innen vor allem dann, wenn die Ergebnisse der Altenberichterstattung und -planungen in der Kommune anerkannt werden und Umsetzungen erfahren. Diese hier nur kurz gefassten Zusammenhänge verdeutlichen, wie verantwortungsvoll und chancenreich eine partizipative Altenberichterstattung und -planung sein kann.

Neben den Bedeutungszusammenhängen von Partizipation und Bedürfnissen – insbesondere im Alter – gilt es den Blick auf einen weiteren grundlegenden Aspekt zu richten. Es geht um Haltungen von Individuen, die sich sowohl in Organisationen als auch gesellschaftlich spiegeln. Die Wirkungsmacht von Haltungen zur Partizipation wurde beispielsweise in Nordrhein-Westfalen in einem Projekt mit dem Titel »Qualitätsinitiative in der offenen Altenarbeit« aufgezeigt. So wurde in der Evaluation der Qualitätsinitiative gezeigt, wie Haltungen der Beteiligten aus hauptamtlichen Zusammenhängen der Kommunen und der freien Wohlfahrtspflege den Umgang und die Offenheit gegenüber den ehrenamtlich Beteiligten aus den Seniorenvertretungen und der freien Wohlfahrtspflege beeinflussten (Köster et al. 2014).

Grundsätzlich geht es im hier interessierenden Zusammenhang bei ›Haltung‹ um eine Positionierung zur Partizipation. Diese grundsätzliche Positionierung ist folgenreich, weil sie sich letztlich in ermöglichenden bzw. verhindernden/hemmenden Rahmenbedingungen für oder gegen Partizipation zeigt.

Eine Haltung gründet sich auf einer individuellen Mischung aus Einstellungen, Überzeugungen, Geisteshaltungen, Gesinnungen, Glaubenssätzen, Standpunkten, Denk- und Gefühlsmustern, Gedankenformen, dem Unterbewusstsein, Prägungen, Sozialisationen, Konditionierungen und Werten. In Anlehnung an Illich (1999, nach Gronemeyer & Jurk 2017) geht es dabei aber noch um mehr, nämlich um eine Grunddisposition. Damit ist gemeint, dass es tatsächlich um einen Grund geht, auf dem man steht, auf dem man besteht sowie auf den man sich an jedem Punkt besinnt. Daher ist eine Haltung – verstanden im skizzierten Sinne – nicht nur rhetorisch, sondern stets in Handlungen sichtbar. Bezogen auf Partizipation bedeutet dies, dass eine Haltung zur Partizipation keine rhetorische, ausschnitthafte oder punktuelle Erscheinung sein kann. Denn ist Partizipation tatsächlich eine Haltung von Personen und Organisationen, so geht sie immer über ein rhetorisches Bekenntnis zu ihr hinaus. Eine Haltung zur Partizipation ist umfassend im Sinne von Inklusion und sie wirkt stets ermöglichend, ist also damit prinzipiell auch offen im Hinblick auf ihre Folgen.

In Bezug auf Partizipation im Alter müssen im Kontext der Haltung auch die wirkungsmächtigen Altersbilder reflektiert werden. Denn immer wieder ist in der Praxis zu beobachten, wie Altersbilder auf die Bewertung des partizipativen Handelns Älterer Einfluss nehmen (Achenbach/Eifert 2010; Pelizäus-Hoffmeister 2014). So ist das Zutrauen in die Fähigkeit zur Partizipation insbesondere gegenüber hochaltrigen Menschen oftmals sichtbar geringer ausgeprägt als gegenüber jüngeren Menschen. Solche beispielsweise in der Arbeit der wissenschaftlichen Beratung der Landesseniorenvertretung über Jahre hin beobachtbaren Phänomene haben Auswirkungen auf die Ermöglichungsstrukturen von

Partizipation im Alter, daher gilt es sie in Prozessen wie der Altenberichterstattung und -planung zu thematisieren und zu reflektieren.

4 Partizipative Seniorenpolitik als »Lern- und Entwicklungsaufgabe« für haupt- und ehrenamtliche Akteure

Die Partizipation von älteren Menschen in der kommunalen Seniorenpolitik und den diesbezüglichen Planungs-, Entscheidungs- und Gestaltungsprozessen stellt eine grundsätzliche Herausforderung dar, die mit Lernprozessen auf unterschiedlichen Ebenen verbunden ist. Zum einen betreffen diese die hauptamtlichen Akteure der Seniorenpolitik und -arbeit vor Ort – insbesondere die Mitarbeitenden in den Kommunalverwaltungen –, zum anderen ergeben sich für die Zielgruppe selbst – also die älteren und älter werdenden Bürger*innen – spezifische Lernanforderungen. Dabei kommt letzteren häufig eine Doppelrolle zu, da sie einerseits Betroffene, andererseits aber auch – wie die hier betrachteten kommunalen Seniorenvertreter*innen – Beteiligte bzw. zu Beteiligende sind. Eine zentrale Aufgabe von Bildung ist es in diesem Kontext, Lern- und Erfahrungsräume zu schaffen, in denen die Haupt- und Ehrenamtlichen ihre Haltung gegenüber den Partizipationsprozessen reflektieren, sich über ihre eigene(n) Rolle(n) darin verständigen und diese gemeinschaftlich klären können. Aus geragogischer Sicht stellt Partizipation bereits für diesen Lern- und Entwicklungsvorgang eine wesentliche Zieldimension und Leitmaxime dar (Schramek/Bubolz-Lutz 2016). Die Lernenden werden dazu angeregt, ihre Partizipationsansprüche zu formulieren, erkennen zugleich ihre Bedeutsamkeit für den Prozess als Ganzes und werden dazu motiviert, selbst Gestaltungsverantwortung zu übernehmen.

Ein grundlegendes Prinzip entsprechender Bildungsarrangements ist der geragogische Ansatz des partizipativen Lernens (siehe ausführlich z. B. Köster 2010; Schramek/Bubolz-Lutz 2016), der durch eine starke Handlungs- und Anwendungsorientierung gekennzeichnet ist. Den Ausgangspunkt und Bezugsrahmen für Lern- und Entwicklungsprozesse bilden hier die konkreten Handlungsproblematiken und/oder Gestaltungsaufgaben der Lernenden, aus denen sich jeweils spezifische Lernfragen ableiten lassen. Im Zusammenhang mit der in diesem Beitrag erörterten Thematik kann eine Lernfrage der Altenplaner*innen beispielsweise lauten: »Wie können die (älteren) Mitbürger*innen an den Planungs- und Entscheidungsprozessen aktiv beteiligt werden?«. Die Handlungsprobleme werden vorübergehend zu »Lernproblematiken«, d. h., es werden sog. »Lernschleifen« eingelegt (Holzkamp 1995). Damit ist das Ziel verbunden, einen kollektiv akzeptierten Veränderungsprozess zu initiieren und die Handlungsrahmenbedingungen und -praktiken kooperativ zu verbessern (Zinth

2010). Eine entscheidende Erfolgsvoraussetzung ist hierbei, dass die definierten Lernerfordernisse den individuellen Bedürfnissen und Interessen der Lernenden entsprechen. Partizipation bedeutet für die Hauptamtlichen, etwas von der eigenen Entscheidungs- und Gestaltungsmacht abzugeben und zu teilen. Fraglich ist jedoch, ob dies tatsächlich immer gewollt wird.

Weitere Bedingungen für den partizipativen Lernprozess sind, dass sich alle Beteiligten gleichermaßen als Lernende verstehen und sich auf Augenhöhe begegnen. Auch in seniorenpolitischen Kontexten sollte sich die Zusammenarbeit von Haupt- und Ehrenamtlichen durch gegenseitigen Respekt und wechselseitige Wertschätzung auszeichnen sowie eine beiderseitige Anerkennung der jeweiligen Kompetenzen und Erfahrungen beinhalten. Die Lernbeteiligten müssen prinzipiell dazu bereit sein, sich auf die – zunächst noch ergebnisoffene – gemeinsame Suchbewegung einzulassen. Ihr Lernen ist dabei als ein biografiegebundener, an ihre individuellen Erfahrungen anschließender Vorgang zu verstehen, der sich im sozialen Kontext vollzieht (Bubolz-Lutz et al. 2010). Der gleichberechtigte Austausch und nichthierarchische Dialog zwischen den Lernenden ist daher höchst bedeutsam, wenn sie ihre persönlichen Haltungen und die gegenwärtige Handlungspraxis auf kommunaler Ebene im Sinne einer partizipativen Seniorenpolitik verändern und fördern möchten. So haben die Haupt- und Ehrenamtlichen jeweils eigene Handlungsorientierungen und -logiken, Sichtweisen und subjektive Relevanzen. Beispielsweise werden die Handlungsmöglichkeiten der hauptamtlich Tätigen zunehmend durch ökonomische Zwänge und den Mangel an Ressourcen eingeschränkt. Dagegen stehen die teilweise hohen Ambitionen, Ansprüche und Erwartungen der Ehrenamtlichen (siehe hierzu Kap. 5). Diese »Differenzerfahrungen« (Bubolz-Lutz et al. 2010) gilt es sichtbar zu machen und zu reflektieren, damit auf dieser Basis Lernhandlungen in Form einer gemeinsamen Perspektive und Planung entstehen können.

Im Kontext der kommunalen Altenberichterstattung und -planung ergeben sich für die haupt- und ehrenamtlichen Akteure noch weitere Lern- und Entwicklungsaufgaben. So ist es beispielsweise förderlich, wenn sich die hauptamtlich Tätigen mit ihren eigenen Altersbildern auseinandersetzen, diese überprüfen und vielleicht auch hinterfragen. Werden z. B. die Potenziale der Älteren zur Mitgestaltung und die möglichen Gewinne ihrer Partizipation erkannt und ausreichend wertgeschätzt? Die (älteren) Bürger*innen sind Expert*innen ihrer eigenen Lebenslagen und möchten als solche ernst genommen werden (Blaumeiser/Wappelshammer 2004). Ihr Wissen und ihr Erfahrungsschatz sind wichtige Ressourcen, die sie in die Gestaltung des Gemeinwesens aktiv einbringen können und wollen. Dazu müssen Hauptamtliche lernen, die Beteiligung der (älteren) Bürger*innen zuzulassen, sie nicht als lästig oder bedrohlich zu empfinden, sondern als unterstützend und bereichernd. Ihre Lernaufgabe ist es also auch, Bürgerbeteiligung anzuregen und zu fördern, bis hin zu selbstorganisierten Aktivitäten. Dies führt zu einem neuen Rollenverständnis der Hauptamtlichen. Sie übernehmen zunehmend Koordinierungs- und Vernetzungsaufgaben und werden zu Arrangeuren, Moderator*innen und Prozessbegleiter*innen (Rohden/Villard 2010). Die ehrenamtlichen Kräfte benötigen neben ihren Kompetenzen und Erfahrungen zudem Kooperationsbereitschaft, Lernbereitschaft und die Bereitschaft, professionellen Spielregeln zu folgen (Eifert 2016). Dies schließt ein Verständnis für die Handlungslogiken und -zwänge, die die Arbeit der Hauptamtlichen bestimmen, mit ein. Die Seniorenvertretungen sind außerdem Sprachrohr für diejenigen, deren Interessen sie vertreten und die ihre Bedürfnisse und Bedarfe – aus welchen Gründen auch immer – nicht selbst artikulieren können und/oder wollen. Nicht nur für die Seniorenvertreter*innen, auch für alle anderen am Partizipationsprozess Beteiligten bedeutet dies, eine offene Haltung einzunehmen, zuhören und nachfragen zu können, andere Perspektiven zuzulassen, aber auch den eigenen Standpunkt argumentativ zu vertreten und bereit zum Kompromiss zu sein. Nicht zuletzt sind Selbstvertrauen und Geduld hilfreich (kifas 2011).

Die Etablierung einer partizipativen Seniorenpolitik ist auch deshalb komplex und häufig kompliziert, weil ihr Gelingen niemals nur von der Bereitschaft und dem Engagement ihrer Befürworter abhängt, sondern stets im Zusammenhang mit einer Vielzahl, oftmals kaum oder nur schwer zu beeinflussenden weiteren Faktoren (siehe dazu Kap. 5) sowie allgemeinen Entwicklungen und gesellschaftlichen Bezügen (z. B. gesetzliche Grundlagen und Vorgaben, Problematik der Kommunen in der Haushaltssicherung) zu sehen sind. Dies macht deutlich, dass es sich auch bei der Umsetzung der Altenberichterstattung und -planung um einen dauerhaften, stets neu zu reflektierenden und sich an die verändernden Begebenheiten anzupassenden Lern- und Entwicklungsprozess handelt, der zudem lokal sehr unterschiedlich ausfallen kann. Hieraus lassen sich Anknüpfungspunkte für eine gezielte wissenschaftliche Beratung und Qualifizierung der unterschiedlichen Akteure ableiten, deren Format und didaktischen Grundsätze konzeptionell darauf auszurichten sind, Partizipation als handlungsleitende Haltung und als Gestaltungsprinzip mit kontinuierlicher Praxisreflexion zu vermitteln, zu fördern und zu ermöglichen.

5 Initiierung und Gestaltung von Lern- und Teilhabeprozessen am Beispiel kommunaler Altenberichterstattung und -planung in Nordrhein-Westfalen

Bisheriger Unterstützungsprozess in NRW

Gefördert durch das Ministerium für Gesundheit, Emanzipation, Pflege und Alter des Landes Nordrhein-Westfalen hat die Forschungsgesellschaft für Gerontologie e. V./Institut für Gerontologie an der TU Dortmund (FfG) von 2011 bis 2017 die Aufgabe übernommen, die Aktivitäten einer systematischen Altenberichterstattung auf kommunaler Ebene zu untersuchen und bekanntzumachen sowie Kommunen bei der Umsetzung zu unterstützen. Im Verlauf der drei Förderphasen wurden eine Bestandsaufnahme zur Praxis kommunaler Altenberichterstattung in NRW durchgeführt, eine Arbeitshilfe für Kommunen entwickelt (Olbermann et al. 2015) und weitere Unterstützungsangebote (u. a. Online-Werkzeugkasten[2], Workshops, persönliche Beratungen) konzipiert und umgesetzt (▶ Abb. 1). Dies erfolgte in einem dialogbasierten partizipativen Arbeitsprozess, an dem die Kommunalen Spitzenverbände NRW, die Landesseniorenvertretung NRW und die Landesarbeitsgemeinschaft Seniorenbüros NRW sowie Vertreter*innen aus zahlreichen Kommunen beteiligt waren.

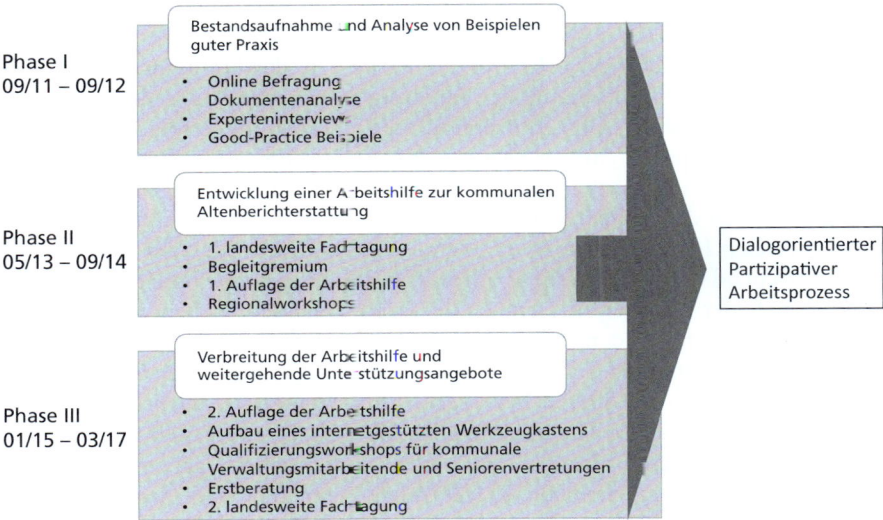

Abb. 1: Unterstützung kommunaler Altenberichterstattung in NRW

Mit den bisherigen Arbeitsschritten und Maßnahmen ist es gelungen, eine große Anzahl von Städten, Kreisen und Gemeinden zu erreichen und für eine verstärkte Auseinandersetzung mit der kommunalen Altenberichterstattung zu gewinnen. Der Mehrwert einer systematischen Altenberichterstattung wird zunehmend erkannt und immer mehr Kommunen machen sich auf den Weg der Umsetzung. Gleichzeitig artikulieren die Beteiligten in den Kommunen diesbezügliche Unterstützungsbedarfe. Diese beziehen sich insbesondere auch auf die Einlösung des Anspruchs auf Partizipation. Daher wurde das Thema Partizipation in den verschiedenen wissenschaftlichen Beratungs- und Qualifizierungsangeboten im Rahmen des landesweiten Unterstützungsprozesses zur kommunalen Altenberichterstattung kontinuierlich aufgegriffen und erörtert. Auf zwei Fachtagungen, in acht leitfadengestützten Telefoninterviews mit Mitarbeiter*innen aus Good-Practice-Kommunen und vor allem in sechs Qualifi-

---

2 http://www.ffg.tu-dortmund.de/cms/de/Kommunale-Altenberichterstattung/index.html

zierungsworkshops, an denen insgesamt 93 Vertreter*innen aus nordrhein-westfälischen Kommunen teilgenommen haben, wurden konkrete Erfahrungen, Erfolge und Schwierigkeiten der Beteiligung kommuniziert. Wesentliche Aspekte dieses Diskurses werden im Folgenden vorgestellt und im Hinblick auf Lernherausforderungen erörtert.

Konzept, Methodik und Inhalte der Qualifizierungsworkshops

Nachdem mit der Arbeitshilfe ein grundlegender Orientierungsrahmen für eine qualifizierte kommunale Altenberichterstattung zur Verfügung gestellt wurde, fanden ergänzend dazu zwischen November 2015 und September 2016 sechs zweitägige Qualifizierungsworkshops für Fachkräfte der kommunalen Verwaltungen und Mitglieder kommunaler Seniorenvertretungen sowie der Landesseniorenvertretung statt. Die Konzeption der Workshops erfolgte nach den Grundsätzen des partizipativen Lernens (Köster 2010; s. auch Kapitel 4 in diesem Beitrag), d. h. die Inhalte wurden weitgehend nicht vorgegeben, sondern maßgeblich von den Teilnehmenden selbst bestimmt. Um zu gewährleisten, dass ihre konkreten Handlungsproblematiken, individuellen Bedürfnisse und Interessen hinreichend in den Workshops adressiert wurden, erfolgte bereits im Vorfeld eine Abfrage der Anliegen und Fragen der Teilnehmenden. Neben weiteren Themen, wie die intra- und interkommunale Vernetzung oder die Schaffung von notwendigen Ressourcen für die Realisierung einer Altenberichterstattung, wurde die Partizipation der älteren Bevölkerung durchgängig als wichtiges Lernthema genannt, sodass diese Thematik in allen Workshops einen breiten Raum einnahm. In methodischer Hinsicht umfassten die Workshops neben inhaltlichen Inputs in Form von Vorträgen zu zentralen Elementen und Arbeitsschritten kommunaler Altenberichterstattung vor allem dialogische Arbeitseinheiten, die maßgeblich von den Teilnehmenden selbst gestaltet wurden. Hierzu gehörte u. a. zu Beginn der Workshops ein kollegialer Austausch in Kleingruppen zur Reflexion der Fragen »Wo stehen wir?/Wo wollen wir hin?« und im weiteren Workshopverlauf die gemeinsame Erörterung von handlungsorientierten Lernfragen zu selbst gewählten Schwerpunktthemen sowie der Erfahrungsaustausch zu konkreten Handlungsproblematiken einzelner Teilnehmer*innen im Rahmen kollegialer Beratungen.

Die Workshopkonzeption und -umsetzung orientierte sich damit an zentralen didaktischen Prinzipien der Geragogik und implizierte insbesondere die »Verknüpfung von Reflexion und Handeln«, die »Anregung zum Erfahrungsaustausch«, die »Förderung der Selbst- und Mitbestimmung« und die »Auseinandersetzung mit Wertvorstellungen« (Bubolz-Lutz et al. 2010, 136ff). Die für die Konzeption und Durchführung verantwortlichen Mitarbeiter*innen des Instituts für Gerontologie verstanden sich als Lernbegleiter*innen, die ihre Aufgaben vor allem darin sahen, die zum Lernen notwendigen Rahmenbedingungen zu schaffen, den Lernprozess moderierend und durch inhaltliche Impulse zu unterstützen sowie ein vertrauensvolles Lernklima zu schaffen, das eine offene Kommunikation auf Augenhöhe ermöglichte (ebd., 156f.).

Ausgewählte Ergebnisse und Erfahrungen

Gelingensfaktoren und Wirkungen

Im Rahmen der Workshops wurden u. a. Beispiele gelungener Partizipation im Bereich kommunaler Altenberichterstattung vorgestellt und erörtert. Dabei zeigte sich, dass unterschiedliche Partizipationsstufen bzw. -qualitäten realisiert werden konnten, die alle mit Lernherausforderungen verbunden sind.

Die erste Stufe der »Information« konnte durch eine möglichst frühzeitige, kontinuierliche, breit gefächerte und niedrigschwellige, d. h. unterschiedliche Informationsmedien und -wege nutzende, Kommunikation über den Prozess und die Ergebnisse der Altenberichterstattung erreicht werden. Der Aneignungsprozess von Informationen einschließlich ihrer Verarbeitung und Nutzung dient bereits auf dieser Ebene dazu, einer Lösung von Handlungsproblemen näher zu kommen. So hat z. B. die im Rahmen der Altenberichterstattung durchgeführte Bestandsaufnahme zu örtlichen Einrichtungen, Angeboten und Diensten sowie eine diesbezügliche niedrigschwellige Information einschließlich konkreter Nutzungsmöglichkeiten dazu geführt, dass u. a. bestimmte Beratungsangebote häufiger von älteren Bürger*innen bzw. deren Angehörigen in Anspruch genommen wurden. Die Informiertheit und die ggf. dadurch initiierte weitergehende Auseinandersetzung mit persönlich und gesellschaftlich relevanten Gestaltungsaufgaben kann somit die Handlungskompetenz stärken und erweitern und in der Folge zu einer höheren Lebensqualität im Alter führen. Diese geragogische Dimension findet sich in allen Partizipationsstufen wieder. Die zweite Partizipationsstufe der »Mitwirkung« wurde im Kontext kommunaler Altenberichterstattung u. a. dadurch realisiert, dass ältere Bürger*innen an Befragungen teilnahmen und damit planungsrelevante Informationen zu verschiedenen Merkmalen ihrer Lebenssituation zur Verfügung stellten. Mitwirkung erfolgte außerdem durch die Beteiligung an öffentlichen Veranstaltungen wie Stadtteilgesprächen, Bürgerforen etc. Ältere leisten damit einen wesentlichen Beitrag zu einer fundierten Bedarfsanalyse, bringen Ideen ein und wirken an der Entwicklung von konkreten Lösungen mit. Mitwirkung kann sich aber auch auf die Unterstützung des Partizipationsprozesses selbst beziehen, indem ältere Engagierte zum Beispiel bei Befragungen als Interviewer*innen tätig werden oder andere ältere Mitbürger*innen motivieren und unterstützen, konkrete Partizipationsangebote wahrzunehmen (durch Hausbesuche, persönliche Ansprache, Hol- und Bringdienste etc.). »Mitentscheiden« als dritte Stufe der Partizipation fand statt, indem Seniorenvertreter*innen als gleichberechtigte Mitglieder im Begleitgremium zur kommunalen Altenberichterstattung über Ziele, Vorgehensweise und Maßnahmen mitentscheiden konnten. Die Partizipationsform des Mitentscheidens kann aber auch niedrigschwelliger und punktuell in anderen Beteiligungskontexten zur Altenberichterstattung realisiert werden. Dies ist beispielsweise der Fall, wenn die Teilnehmenden an einem Bürgerforum darüber entscheiden, welche Themenfelder vertiefend im Dialog von Bürgerschaft und Verwaltung bearbeitet werden. Die vierte und fünfte Stufe, also Partizipation i. S. von Selbstverwaltung und Selbstorganisation, erwiesen sich im

Hinblick auf die Altenberichterstattung als weniger relevant. Die teilnehmenden kommunalen Verwaltungsmitarbeiter*innen und die Seniorenvertreter*innen stimmten überein, dass die Gesamtverantwortung für die Altenberichterstattung bei der kommunalen Verwaltung liegen sollte und Partizipation nicht bedeuten kann, dass Bürger*innen diesen Aufgabenbereich selbständig verwalten bzw. selbstorganisiert gestalten und umsetzen. Dies schließt nicht aus, dass Teile des Prozesses der Altenberichterstattung, wie zum Beispiel eine Stadtteilbegehung, selbstorganisiert durchgeführt werden können. Selbstorganisation ist zudem bei dem anschließenden Umsetzungsprozess bedeutsam: In den Good-Practice-Beispielen wird vielfach deutlich, dass die kommunale Altenberichterstattung Aktivitäten und Initiativen angestoßen hat, die von engagierten Älteren selbstorganisiert und ggf. von der Verwaltung beratend begleitet werden (wie z. B. die Organisation eines Freizeittreffs oder einer Tauschbörse).

In der gemeinsamen Erörterung der Beispiele gelungener Partizipation wurde deutlich, dass hierfür eine Reihe von förderlichen Rahmenbedingungen wichtig sind. Eine weitreichende partizipative Altenberichterstattung gelingt insbesondere dann, wenn in den Kommunen eine in der Regel über Jahre entwickelte, weitreichende und anerkannte Partizipationskultur besteht und hierfür entsprechend partizipationserfahrenes und gut vernetztes Personal sowie partizipationsunterstützende Strukturen zur Verfügung stehen (z. B. engagementfördernde Einrichtungen und Organisationen wie Senior*innenbüros und ZWAR-Gruppen). Es zeigte sich, dass insbesondere kommunale Seniorenvertretungen Partizipation im Bereich der kommunalen Altenberichterstattung in mehrfacher Hinsicht fördern, indem sie sowohl als Interessenvertreter*innen Älterer, als zugehende Ansprechpartner*innen für partizipationsungewohnte Ältere oder als Multiplikator*innen etc. tätig werden.

Für diejenigen Workshopteilnehmenden mit wenig Partizipationserfahrung und wenig günstigen kommunalen Rahmenbedingungen wurde deutlich, dass für die Realisierung von Partizipation im Bereich der Altenberichterstattung Ausdauer, Zeit, Lernbereitschaft, die Aneignung von spezifischen Beteiligungskompetenzen und nicht zuletzt in erheblichem Maße Überzeugungsarbeit gegenüber Politik, Verwaltung, lokalen Stakeholdern und auch der Bevölkerung selbst erforderlich sind. Die Workshops ermöglichten diesbezügliche Lernprozesse. Der interkommunale kollegiale Austausch, z. B. zu erfahren, wie es andere machen, wie Fallstricke umgangen und Mitstreiter*innen gewonnen werden können, d. h. das miteinander und voneinander Lernen spielte dabei eine große Rolle. Im gemeinsamen Austausch auf Augenhöhe hatten die Teilnehmenden die Gelegenheit, konkrete Lösungsansätze und Strategien für die Entwicklung einer partizipativen Praxis vor Ort zu entwickeln. Hierzu gehörten Erkenntnisse und Handlungsansätze wie z. B. a) sich nicht zu viel bzw. zu große Vorhaben vorzunehmen, sondern in Abhängigkeit der Ausgangslage zu überlegen, was realistische Partizipationsmöglichkeiten sind (oft sind die »kleinen Dinge« besonders effektiv, vor allem angesichts der Tatsache, dass Ehrenamtliche oft schnell Erfolge sehen wollen) oder b) bei Bedarf fachliche externe Unterstützung und Begleitung hinzuzuziehen, um mögliche Methoden kennenzulernen und gemeinsam zu beraten, welche sich im konkreten Fall besonders eignen, denn Verwaltungsmitarbeitende ebenso wie Seniorenvertretungen verfügen nicht per se über das Knowhow zur Umsetzung von Partizipationsverfahren. Zudem lieferte die Auseinandersetzung mit positiven Effekten und Wirkungen einer partizipativen Altenberichterstattung auch Argumentationshilfen für die mitunter notwendige Überzeugungsarbeit vor allem gegenüber den Verantwortlichen vor Ort. Erfahrungen verschiedener Kommunen zeigen, dass mit einer Altenberichterstattung, die von Anfang an und in hohem Maße partizipativ durchgeführt wird, auch im anschließenden Umsetzungsprozess konkreter Maßnahmen oft dauerhafte und erweiterte Strukturen für Beteiligung und Engagement von, mit und für Ältere entstehen. Hierbei fallen vier Aspekte auf: Erstens wurden sowohl dauerhafte, institutionalisierte Angebote und/oder Einrichtungen geschaffen (z. B. Einrichtung eines »Generationenbüros«, stadtteilbezogene Bürger*innentreffs) als auch kleinere, weniger Ressourcen beanspruchende Aktivitäten (z. B. Stadtteilspaziergänge) durchgeführt. Zweitens haben sich oftmals neue Zusammenschlüsse von kommunalen Akteuren ergeben, die es sich zur Aufgabe gemacht haben, gemeinsam spezifische Themenfelder zu bearbeiten und weiterzuentwickeln, um damit einen Beitrag zur kommunalen Daseinsvorsorge und zum Erhalt und zur Förderung der Lebensqualität vor Ort zu leisten (z. B. Arbeitskreis Vernetzte Pflege, Dialogoffensive Pflege, Forum für Senioren). Drittens haben sich in etlichen Kommunen ehrenamtliche Strukturen entwickelt, deren Träger in einem hohen Maße die älteren Bürger*innen sind (z. B. Initiative 55+, Arbeitskreis »Seniorenbegleitdienst«, stadtteilbezogene Arbeitsgruppen). Diese Gruppen initiieren beständig neue Maßnahmen und halten ein breites Spektrum an verschiedensten Angeboten und Diensten vor. Viertens richtet sich bei vielen Angeboten und Maßnahmen der Blick nicht mehr explizit auf die älteren Menschen, sondern es wird eine Generationenperspektive eingenommen in dem Sinne, dass die Angebote mehr als einer Generation zugutekommen sollen. Dies ist z. B. bei der Gestaltung bestimmter Infrastrukturangebote der Fall (z. B. Ruhebänke an frequentierten Wegen, Generationenparkplätze, Verkehrsübungsplatz für alle Generationen).

Hemmnisse und Herausforderungen

Die von den Workshopteilnehmenden kommunizierten Erfahrungen zeigen eindrücklich, dass Partizipation in der kommunalen Seniorenpolitik und damit auch bei der Umsetzung kommunaler Altenberichterstattung keine Selbstverständlichkeit ist. Entsprechend wurde von vielfältigen Schwierigkeiten, Hindernissen und Widerständen berichtet, die einer Partizipation entgegenstehen oder diese wesentlich beschränken können.

Ein grundsätzliches Problem besteht in den stark hierarchisch geprägten Strukturen kommunaler Verwaltungen. Die kommunalen Mitarbeiter*innen verwiesen in diesem Zusammenhang auf Zwänge und Abhängigkeiten sowie auf mitunter langwierige Verwaltungsabläufe und schwer aufzubrechende Routinen und Gewohnheiten, die die Handlungsspielräume zur Gestaltung von Partizipationsprozessen begrenzen. Infolge mangelnder Veränderungsbereitschaft und des Festhaltens an alten Machtgefügen fehlt zudem häufig der notwendige Rückhalt durch die Politik, die Verwaltungsspitze sowie durch benachbarte Ressorts und andere Verwaltungsmitarbeitende. Dies steht dem Aufbau von verlässlichen und verbindlichen partizipativen Strukturen entgegen und kann bewirken, dass die Motivation in Bezug auf Veränderung und Verbesserung durch Partizipation verblasst.

Ein weiteres Problem grundsätzlicher Art, das von den Workshopteilnehmer*innen thematisiert wurde, ist der häufig geringe Stellenwert der Seniorenpolitik in der Kommunalpolitik. Auch wenn es diesbezüglich große Unterschiede zwischen einzelnen Kommunen gibt, erfährt das Politikfeld »Alter« oft wenig Aufmerksamkeit und Anerkennung, was sich in einer entsprechend geringen finanziellen und personellen Ausstattung niederschlägt. Erschwerend kommt hinzu, dass weite Teile der kommunalen Altenhilfe und Seniorenarbeit, u. a. auch die kommunale Altenberichterstattung, nicht gesetzlich verbindlich vorgeschrieben bzw. geregelt und somit in besonderem Maße von Sparmaßnahmen betroffen sind. Für die in der Altenhilfe und Seniorenarbeit beschäftigten Mitarbeiter*innen führt dies nicht selten zu Arbeits- und Aufgabenverdichtungen und damit einhergehenden Belastungssituationen. Einige Workshopteilnehmer*innen berichteten, dass ihnen die Aufgabe der Altenberichterstattung zusätzlich zu ihren bisherigen Aufgabengebieten übertragen wurde, obwohl sie weder über die dafür notwendigen zeitlichen noch fachlichen Ressourcen verfügten. Dies führte bei den Betroffenen zu Überforderungen und entsprechenden Abwehrhaltungen. Mit Hilfe der im Workshop realisierten kollegialen Beratungen entwickelten sie Strategien, mit der Situation umzugehen, z. B. indem sie wesentliche Erkenntnisse aus dem Workshop zu den Anforderungen einer qualifizierten Altenberichterstattung an ihre Vorgesetzten rückkoppelten und diese damit in die Pflicht genommen wurden, die dafür erforderlichen Voraussetzungen zu schaffen.

Insgesamt gab es zahlreiche Hinweise dafür, dass bei den Verantwortlichen in den Kommunen offenbar wenig Sensibilität und Bewusstsein dafür vorhanden ist, dass Altenberichterstattung und die diesbezügliche Partizipation der älteren Bevölkerung sowie zentraler kommunaler Akteure eine komplexe und anspruchsvolle Aufgabe ist, für die hinreichend personelle, fachliche, zeitliche und finanzielle Ressourcen benötigt werden. Außerdem scheinen viele Verwaltungsmitarbeiter*innen – möglicherweise auch als Folge des zunehmenden Rückzugs der Kommunen aus der praktischen Seniorenarbeit – teilweise über wenig Erfahrung in der Gestaltung von Partizipationsprozessen mit älteren Menschen bzw. über entsprechend eher gering ausgeprägte Beteiligungskompetenzen zu verfügen. Dies verweist auf einen hohen Fortbildungs- bzw. externen Unterstützungsbedarf.

Die haupt- und ehrenamtlichen Workshopteilnehmer*innen reflektierten zudem auch Ambivalenzen von Partizipation und erörterten damit einhergehende Herausforderungen. Dabei wurde darauf aufmerksam gemacht, dass Partizipation zum einen die Berücksichtigung von Bedürfnissen verschiedener Bevölkerungsgruppen fördern, zum anderen aber auch soziale Ungleichheiten verstärken kann, wenn in den Beteiligungsprozessen privilegierte Teilgruppen dominieren.

Übereinstimmend wurde eine zentrale und oft noch nicht zufriedenstellend gelöste Aufgabe und Herausforderung darin gesehen, Beteiligungsformate zu entwickeln und umzusetzen, mit denen partizipationsungewohnte ältere Menschen bzw. Ältere, deren Partizipationsmöglichkeiten aus unterschiedlichsten Gründen (z. B. gesundheitliche Gründe, Sprachbarrieren, geringe Einkommen, biografische Diskriminierungserfahrungen) eingeschränkt sind, erreicht werden. Kommunale Seniorenvertretungen können hierzu wichtige Beiträge leisten und inklusiv wirken, indem sie z. B. zugehende Arbeit leisten und sich in besonderer Weise mit Risiken sozialer Exklusion im Alter sowie Maßnahmen zu deren Vermeidung bzw. Abbau befassen. Dies wird z. B. in NRW durch regelmäßige Informations- und Qualifizierungsangebote seitens der Landesseniorenvertretung unterstützt.

Im Hinblick auf das Zusammenspiel von Haupt- und Ehrenamtlichen im Rahmen einer partizipativen Altenberichterstattung wurden neben positiven Effekten auch mögliche Konflikte thematisiert. Dabei zeigte sich, dass Schwierigkeiten vor allem dann auftreten, wenn ältere ehrenamtlich Beteiligte schnell zu sichtbaren Ergebnissen kommen wollen und wenig Geduld für Verwaltungsstrukturen mit zeitaufwendigen Prozessabläufen aufweisen und wenn Hauptamtliche wenig Offenheit und Wertschätzung gegenüber den Kompetenzen und Beiträgen der Ehrenamtlichen zeigen. Als ein weiteres Hindernis verwiesen die Workshopteilnehmer*innen auf nach wie vor verbreitete negative Altersbilder in der Führungsebene von Politik und Verwaltung, was sich neben einem Desinteresse an dem Politikfeld Alter auch in Skepsis oder offener Abwehr gegenüber einer maßgeblichen Partizipation älterer Bürger*innen an kommunalen Gestaltungs- und Entscheidungsprozessen und dem Aufbau entsprechender institutionalisierter Ermöglichungsstrukturen niederschlagen kann.

Erfahrungen zum Lernformat

Die Äußerungen in den Feedbackrunden und die Ergebnisse der am Ende der Workshops angewendeten Evaluationsinstrumente zeigen, dass das Qualifizierungsangebot zur kommunalen Altenberichterstattung basierend auf dem Ansatz des partizipativen Lernens und grundlegenden Prinzipien geragogischer Didaktik von den Teilnehmenden sehr gut angenommen und positiv bewertet wurde.

Die Workshops und insbesondere die Lernphasen in Kleingruppen (z. B. in Form kollegialer Beratung, Zukunftswerkstätten) boten einen vertrauensvollen, »geschützten« Raum, in dem die Beteiligten ihre Erfahrungen, Handlungsprobleme, Fragen, Frustrationen und Unsicherheiten offen artikulieren konnten. Letztlich hat sich bewährt, dass viel Raum zum Dialog, zum Austausch und zur Diskussion sowie zum kontinuierlichem Reflektieren der eigenen Ausgangslage, der persönlichen Zielsetzung und Lernerfahrungen vorhanden war, auch wenn einige ihr unmittelbares Lernergebnis als eher gering bewerteten und sich mehr konkrete Wissensvermittlung gewünscht hätten. Dies hängt auch damit zusammen, dass offene, partizipative Lernformen für die Teilnehmenden teilweise neu und ungewohnt waren. Die Erfahrung, dass die Realisierung einer partizipativen Altenberichterstattung voraussetzungsreich ist und andere dieselben Handlungsprobleme haben, wirkte für viele Teilnehmende entlastend und machte Mut, es noch einmal neu »anzupacken«. Die positive Erfahrung des Lernens im persönlichen Austausch verstärkte bei vielen Teilnehmenden den Wunsch, sich untereinander zu vernetzen und im Dialog zu bleiben. Bemerkenswert ist zudem, dass selbst langjährig erfahrene Fachkräfte berichteten, neue Impulse erhalten zu haben und das Fortbildungsangebot auch unter dem Gesichtspunkt der Reflexion und Selbstvergewisserung als Gewinn betrachteten.

Schließlich profitierten auch die Lernbegleiter*innen, indem sie Einsicht in die konkreten Handlungsprobleme bekamen und Hinweise für die Gestaltung weiterer Unterstützungsangebote und Lernformate erhielten.

6 Fazit und Schlussfolgerungen

Partizipative Seniorenpolitik erfordert Teilhabe von Anfang an, also bereits bei der Analyse der Ausgangslage der älteren Bevölkerung und der für sie relevanten Infrastruktur. Partizipation ist daher auch für den Bereich der kommunalen Altenberichterstattung ein zentrales Qualitätskriterium. In der gegenwärtigen Praxis der Kommunen wird dies bislang jedoch eher punktuell bzw. wenig systematisch eingelöst. In NRW konnte hier durch eine langjährige Tradition der Förderung partizipativer Strukturen (insbesondere der Landesseniorenvertretung) und partizipationsfördernder Projekte auf Landesebene bereits einiges erreicht werden. Die Rahmenbedingungen für eine partizipative Seniorenpolitik sind in der kommunalen Praxis jedoch häufig wenig förderlich, wenn nicht sogar durch offene oder verdeckte Widerstände geprägt. Die Umsetzung und Gestaltung einer partizipativen Seniorenpolitik ist insofern als voraussetzungsreich und anspruchsvoll zu bezeichnen.

Oftmals bedarf es zunächst des Aufbaus einer lokalen Partizipationskultur und der Entwicklung einer dafür notwendigen partizipativen Haltung. Darüber hinaus sind vielfältige Kompetenzen erforderlich, die bei den zuständigen bzw. beteiligten Mitarbeiter*innen in den Kommunen häufig nicht hinreichend vorhanden sind. Entsprechend sind Lernprozesse auf verschiedenen Ebenen notwendig, die es gezielt zu unterstützen gilt. Bewährt haben sich geragogisch fundierte, gemeinsame Qualifizierungsangebote für die zuständigen Mitarbeiter*innen der kommunalen Verwaltung und für Mitglieder kommunaler Seniorenvertretungen. Punktuelle Lernformate für einzelne Personen aus einer Kommune sind hilfreich, aber begrenzt wirksam. Um eine partizipative Seniorenpolitik nachhaltig auf kommunaler Ebene zu verankern, bräuchte es Lernformate in Form einer längerfristigen Partizipationsbegleitung im Setting Kommune, also vor Ort und mit Beteiligung vieler relevanter Akteure.

Die bisherigen Erfahrungen zur Förderung einer partizipativen Altenberichterstattung verdeutlichen, dass Maßnahmen erforderlich sind, die gezielt die Leitungsebene der kommunalen Politik und Verwaltung adressieren und dort zu einer partizipationsfreundlichen Haltung und zu einer partizipativen Gestaltung von Seniorenpolitik beitragen.

Grundsätzlich ist zu berücksichtigen, dass Bildungsmaßnahmen notwendig und hilfreich, aber allein nicht ausreichend sind. Partizipation braucht neben entsprechenden Haltungen und Kompetenzen materielle, finanzielle und personelle Ressourcen. Dies erfordert strukturelle und rechtliche Änderungen, die zu einer Aufwertung der Seniorenpolitik führen und gewährleisten, dass notwendige Voraussetzungen für eine umfassende Partizipation geschaffen werden. Die Erfahrungen der Best-Practice-Beispiele zur kommunalen Altenberichterstattung und -planung zeigen, dass dort, wo Partizipation realisiert wird, Impulse und konkrete Aktivitäten im Sinne einer lebendigen Bürgerkommune entstehen, die auch Generationen vernetzt und in der sich die Menschen für ihr Gemeinwesen einsetzen und vieles selbständig bewirken und anstoßen. Eine partizipative Seniorenpolitik ist somit ein Gewinn für alle in der Kommune.

Literatur

Achenbach, V. von/Eifert, B. (Hg.) (2010): *Junge Bilder vom Alter*. Verlag: Klartext.
Aner, K./Köster, D. (2015): Partizipation älterer Menschen – Kritisch gerontologische Anmerkungen. In: Naegele, G./Olbermann, E./Kuhlmann, A. (Hg.) *Teilhabe im Alter gestalten – Aktuelle Themen der Sozialen Gerontologie*. Wiesbaden: VS Verlag für Sozialwissenschaften, S. 465–485.
Backes, G. M./Amrhein, L. (2011): Kommunale Alten- und Seniorenpolitik. In: Dahme, H.-J./ Wohlfahrt, N. (Hg.): *Handbuch Kommunale Sozialpolitik*. Wiesbaden: VS Verlag für Sozialwissenschaften, S. 243–253.
Bertermann, B./Olbermann, E. (2011): Arbeitspapier: Partizipation im Alter, Forschungsgesellschaft für Gerontologie, Online: www.ffg.tu-dortmund.de/.../110330_Arbeitspapier_Partizipation, (letzter Zugriff 01.08.2017)
Bischof, C./Weigl, B. (Hg.) (2010): Handbuch innovative Kommunalpolitik für ältere Menschen. Berlin: Eigenverlag des Deutschen Vereins für öffentliche und private Fürsorge e. V.
Blaumeiser, H./Wappelshammer, E. (2004): Partizipation und Vertretung von Senioren. *SWS-Rundschau* 44, 4, S. 437–463. Online: http://nbn-resolving.de/urn:nbn:de:0168-ssoar-164781 (Letzter Zugriff: 28.07.2017)
Bogumil, J./Gerber, S./Schickentanz, M. (2013): Handlungsmöglichkeiten kommunaler Demografiepolitik. In: Hüther, M./Naegele, G. (Hg.) *Demografiepolitik. Herausforderungen und Handlungsfelder*. Wiesbaden: Springer, S. 259–280.
Bubolz-Lutz, E./Gösken, E./Kricheldorff, C./Schramek, R. (2010): *Geragogik. Bildung und Lernen im Prozess des Alterns. Das Lehrbuch*. Stuttgart: Kohlhammer.
Bubolz-Lutz, E. (2013): »Im Alter anders lernen«, Vortrag im Rahmen der Fachtagung »Lebensqualität Älterer im Wohnquartier« vom 27.06.2013, In: Dokumentation der Fachtagung vom 27. Juni 2013, Online: https://www.fh-dortmund.de/de/fb/8/forschung/liw/index.php (letzter Zugriff, 01.08.2017)

DV-Deutscher Verein für öffentliche und private Fürsorge (2011): *Eckpunkte für eine integrierte Sozial- und Finanzplanung in Kommunen.* Online verfügbar unter (02/2012) http://www.deutscher-verein.de/05-empfehlungen/empfehlungen_archiv/2010/pdf/DV¬%2008-11.pdf

Eifert, B. (2016): Politische Partizipation Älterer – Die Landesseniorenvertretung Nordrhein-Westfalen e. V. mit wissenschaftlicher Beratung. In: Naegele, G./Olbermann, E./ Kuhlmann, A. (Hg.): *Teilhabe im Alter gestalten – Aktuelle Themen der Sozialen Gerontologie.* Wiesbaden: VS Verlag für Sozialwissenschaften, S. 355–372.

Eifert, B. (2017):»*Fünf Thesen zur Partizipation*«, Statement im Rahmen der Fachtagung »Internationale Altenpolitik« am 27. Juni 2017 in Bonn, Online: http://www.bagso.de¬/aktuelle-projekte/internationale-altenpolitik/veranstaltungen.html

Forum Seniorenarbeit NRW (2011) (Hg.): *Leitgedanke Partizipation in einer solidarischen Gesellschaft. Chancen und Herausforderungen im Zeichen der demografischen Entwicklung,* Online: https://forum-seniorenarbeit.de/projekt-veroeffentlichungen/

Holzkamp, K. (1995): *Lernen. Subjektwissenschaftliche Grundlegung.* Frankfurt a. M./ New York: Campus-Verlag.

Illich, Ivan (2017): Vorlesungsnotizen. In: Gronemeyer, R./Jurk, C. (Hg.): *Entprofessionalisieren wir uns! Ein kritisches Wörterbuch über die Sprache in Pflege und sozialer Arbeit,* 12. Bielefeld.

kifas gemeinnützige GmbH (2011) (Hg.): *Mehr Partizipation von Seniorenvertretungen wagen! Anregungen zur Optimierung der strukturellen Partizipationsmöglichkeiten in der Kommunalpolitik.* Waldmünchen.

Köster, D. (2010): Bildung im Alter als kommunale Aufgabe: Chancen einer alternden Gesellschaft. In: Bischof, C./Weigl, B. (Hg.): *Handbuch innovative Kommunalpolitik für ältere Menschen.* Berlin: Eigenverlag des Deutschen Vereins für öffentliche und private Fürsorge, S. 319–343.

Köster, D./Miesen, V. unter Mitwirkung von Schott, K. (2014): *Abschlussbericht zur »Qualitätsinitiative in der Gemeinwesenorientierten SeniorInnenarbeit«* (Projektlaufzeit: 01.10.2010–31.12.2013), Online: http://www.fogera.de/wp-content/uploads/20¬14/10/Abschlussbericht-Qualitaetsinitiative.pdf (letzter Zugriff 01.08.2017)

Naegele, G. (2006): Aktuelle Herausforderungen vor Ort – ein Überblick. In: Bertelsmann Stiftung (Hg.): *Demographie konkret – Seniorenpolitik in den Kommunen.* Gütersloh: Bertelsmann, S. 8–23.

Naegele, G. (2008): Politische und soziale Partizipation im Alter – 13 Thesen zu einer »dialogfähigen Reformdebatte«. *Theorie und Praxis der sozialen Arbeit,* 2, S. 93–100.

Naegele, G. (2010): Kommunen im demografischen Wandel. Thesen zu neuen An- und Herausforderungen für die lokale Alten- und Seniorenpolitik. *Zeitschrift für Gerontologie und Geriatrie,* 43, 2, S. 98–102.

Olbermann, E./Kuhlmann, A./Linnenschmidt, K./Kühnel, M. (2015): *Kommunale Altenberichterstattung in Nordrhein-Westfalen – eine Arbeitshilfe für Kommunen.* 2. Auflage, Dortmund: Forschungsgesellschaft für Gerontologie e. V.

Pelizäus-Hoffmeister, H. (Hg.) (2014): *Der ungewisse Lebensabend? Alter(n) und Altersbilder aus der Perspektive von (Un-)Sicherheit im historischen und kulturellen Vergleich.* Wiesbaden: VS Verlag für Sozialwissenschaften.

Rehling, B./Klein, L./Stallmann, L. (2011): Kommunale Planung und Entwicklung in der alternden Gesellschaft. Der demographische Wandel als Herausforderung und Chance. *Theorie und Praxis der Sozialen Arbeit,* 4, S. 268–277.

Rohden, K. S./Villard H. J. (2010). Kommunale Alten(hilfe-)planung – Rahmung und Standards. In: Aner, K./Karl, U. (Hg.), *Handbuch soziale Arbeit und Alter.* Wiesbaden: VS Verlag für Sozialwissenschaften, S. 51–57.

Rüßler, H./Köster, D./Stiel, J./Heite, E. (2015): *Lebensqualität im Wohnquartier. Ein Beitrag zur Gestaltung alternder Stadtgesellschaften.* Stuttgart: Kohlhammer.

Schramek, R./Bubolz-Lutz, E. (2016): Partizipatives Lernen – ein geragogischer Ansatz. In: Naegele, G./Olbermann, E./Kuhlmann, A. (Hg.) *Teilhabe im Alter gestalten. Aktuelle Themen der Sozialen Gerontologie.* Wiesbaden: VS Verlag für Sozialwissenschaften, S. 161–179.

Schubert, H. (2017): Entwicklung einer modernen Sozialplanung – Ansätze, Methoden und Instrumente. *Archiv für Wissenschaft und Praxis sozialer Arbeit, 48*, 1, S. 4–19.

Wurzbacher, J. (2017): Stichwort »Partizipation«. In: Deutscher Verein für öffentliche und private Fürsorge (Hg.) *Fachlexikon der sozialen Arbeit*, 8. Auflage, Baden-Baden: Nomos, S. 623–624.

Zeman, P./Schmidt, R. (2001): Soziale Altenarbeit – Strukturen und Entwicklungen. In: DZA (Hg.): *Expertisen zum Dritten Altenbericht der Bundesregierung*, Bd. 3. Opladen: Leske u. Budrich, S. 235–282.

Zinth, C.-P. (2010): Organisationales Lernen als Lernweg des Subjekts. *REPORT*, 2, S. 65–74. Online: http://www.die-bonn.de/doks/report/2010-lerntheorie-01.pdf (Letzter Zugriff: 28.07.2017)

Teil 4: Informelles Lernen und Bildungskonzepte

Spotlights der Bildung im Alter: Angebotskonzepte und informelle Lernkontexte

Bernhard Schmidt-Hertha

Als Spotlights verstehen wir hier Themenfelder, Gegenstände und Methoden von Bildung und Lernen im Alter. Ausgehend von der Überzeugung, dass Aneignungsstrategien und didaktische Überlegungen nicht unabhängig vom Lerngegenstand gedacht werden können, erscheint es sinnvoll, die Vielfalt von Bildung und Lernen im Alter anhand thematischer Felder und damit verbundener Vermittlungskonzepte zu betrachten. Die fünf Beiträge in diesem Teil des Buches verfolgen dieses Ziel auf unterschiedlichen Ebenen. Während Veronika Thalhammer und Anika Klein mit ihren Beiträgen die Lernpotenziale und Anlässe im Alter anhand zweier zentraler Lernfelder eruieren und damit wesentliche Beiträge zum besseren Verständnis von (informellem) Lernen im Alter generell liefern, rücken die Beiträge von Ann-Katrin Adams et al., Gertrud Völkening und Günther Holzapfel konkrete didaktische Konzepte in den Fokus und zeigen so, wie sich Bildungsarbeit mit älteren Erwachsenen innovativ und produktiv ausgestalten kann. Gemeinsam dürfte dabei allen Aufsätzen sein, dass sie Anregungen und Impulse für Lehrende wie Lernende bieten und ein tieferes Verständnis für die Dynamik von Lern- und Bildungsmotiven unterstützen.

Den überwiegenden Teil unseres Wissens und Könnens haben wir nicht in organisierten Lehr-Lern-Arrangements, sondern informell erworben. Durch Erfahrungen im privaten oder beruflichen Alltag, durch den Austausch mit Personen im sozialen Umfeld oder durch die Auseinandersetzung mit Literatur, Internet und anderen Medien werden nicht nur Handlungskompetenzen und Wissensbestände erweitert, sondern auch Einstellungen und Weltsichten verankert. Ob informelles Lernen im höheren Erwachsenenalter gegenüber vorangegangenen Lebensphasen noch weiter an Relevanz gewinnt ist unklar, die Beteiligung an organisierten Bildungskontexten jedenfalls geht tendenziell ab dem sechsten Lebensjahrzehnt zurück. Über die konkreten Anlässe, Kontexte und Rahmungen informellen Lernens im Alter ist bislang vergleichsweise wenig bekannt. In internationalen Studien wird v. a. der soziale Nahraum als Quelle für Lernimpulse und Lerngelegenheiten im Alter beschrieben (vgl. Schmidt-Hertha/Thalhammer 2016), während in den einschlägigen deutschsprachigen Arbeiten vor allem auf die Bedeutung der Familie (z. B. Thalhammer/Schmidt-Hertha 2015) und des ehrenamtlichen Engagements (z. B. Findsen/Formosa 2012; Jelenc-Krašovec/Kump 2009) verwiesen wird. Darüber hinaus wird informelles Lernen am Arbeitsplatz für ältere Erwerbstätige häufiger zum Gegenstand wissenschaftlicher Betrachtungen (z. B. Billet 2004; Garrick 2005).

Veronika Thalhammer rückt in ihrem Beitrag die lernende Auseinandersetzung Älterer mit digitalen Medien in den Mittelpunkt und arbeitet anhand intergenerationeller Austauschprozesse innerhalb der Familie deren Relevanz für informelles Lernen heraus. Ausgehend von intergenerationellen Kontakten im unmittelbaren sozialen Nahraum – insbesondere innerhalb der Familie – geht sie der Frage nach, welche Rolle dieses Umfeld für die informelle Auseinandersetzung mit digitalen Medien im Alter spielt. Dabei zeigen sich in der qualitativen Studie insbesondere auch die motivationalen Grundlagen für solche Aneignungsprozesse. Über die innerfamiliären Lernanreize und Lerngelegenheiten gelangt sie zu Befunden, die auch über den Bereich der Auseinandersetzung mit digitalen Medien hinaus wesentliche Impulse für die Forschung zum informellen Lernen im (höheren) Erwachsenenalter bietet.

Die Frage der Lernanlässe und -gelegenheiten steht im Beitrag von Anika Klein unmittelbar im Zentrum. Anhand der im Alter sich verändernden Lebensumstände, -gewohnheiten und Bedürfnisse wird die Relevanz des Themas Ernährung für das höhere Erwachsenenalter deutlich. Mit bildungstheoretischen Überlegungen hinterlegt wird gezeigt, wie lebensphasenbedingte Veränderungen biografisch verankerte Ernährungsmuster aufbrechen und dadurch Lernprozesse erforderlich bzw. als implizites Lernen unhintergehbar machen. Veränderungen im Lebensstil, in der Wohn- und Lebenssituation, aber auch physiologische Veränderungen im Alter, die teilweise plötzliche Zäsuren im Lebensverlauf (z. B. Tod des Partners), teilweise aber auch langsame, eher kontinuierliche Prozesse darstellen (z. B. Veränderungen gustatorischer Sinneswahrnehmung) haben Auswirkungen auf Ernährungsbedürfnisse und damit auch auf Ernährungsverhalten, dessen Umstellung mit impliziten oder expliziten Lernprozessen einhergehen kann – wenn auch nicht muss.

Lerninteressen, wie sie aus innerfamiliären Interaktionen oder veränderten Lebenslagen resultieren, werden häufig informell realisiert, können aber auch in eine Teilnahme an organisierten Bildungsangeboten münden. Letztere sind vor allem dann attraktiv, wenn es um die vertiefte Auseinandersetzung mit einem Thema im Austausch mit Gleichgesinnten geht. Wenn es um die Reflektion oder Bewältigung lebenslagenbezogener Herausforderungen geht, sind diese Gleichgesinnten zunächst unter Personen in ähnlichen Lebenslagen zu suchen, so dass sich Angebotsstrukturen anbieten, die klar eine spezifische Zielgruppe adressieren. Dabei können – wie die Beispiele in diesem Band zeigen – Alter, generative Zugehörigkeit oder Geschlecht eine zentrale Rolle spielen. Stehen weniger konkrete Handlungsanforderungen, sondern ein nicht durch utilitaristische Motive überfrachtetes inhaltliches Interesse im Zentrum, scheint diese Form der Adressatenorientierung nachrangig und der Lerngegenstand selbst stiftet das verbindende Element.

Die drei in diesem Abschnitt vorgestellten Bildungsangebote sind jeweils exemplarisch für eine ganze Gattung von Angeboten der Altenbildung zu verstehen.

Angebote, die die Reflektion der eigenen Lebenssituation in den Mittelpunkt rücken mit dem Ziel die individuelle Handlungsfähigkeit zu stärken, sind häufig lebenslagenbezogen konzipiert. Innerhalb dieser Veranstaltungen kommt der Erfahrung von geteilten Problemlagen innerhalb der Gruppe oft eine zentrale Bedeutung zu.

Angebote, die die retrospektive Auseinandersetzung mit dem eigenen Leben und der eigenen Entwicklung in den Blick nehmen, knüpfen unmittelbar an das von Erikson (1959) aus psychoanalytischer Perspektive beschriebene Bedürfnis nach Herstellung von Integrität im eigenen Lebensverlauf an. Dies kann auch aus generationsbezogener Perspektive erfolgen, wie in dem von Getrud Völkening dokumentierten Beispiel.

Während bei den ersten beiden Kategorien das Selbstverstehen im Zentrum steht, richten sich Angebote mit lebenslagenunspezifischen Themen eher an ein Weltverstehen der Lernenden. Für diese steht die Auseinandersetzung mit einem Interessensgegenstand im Zentrum, wobei die soziodemografische Komposition der Lerngruppe nebensächlich erscheint. Dennoch ist davon auszugehen, dass Interessen nicht unabhängig von der sozialen Lage sind (vgl. Grotlüschen 2010) und daher die Themensetzung eine gewisse Homogenität der Teilnehmerschaft gewährleistet. Allerdings bietet sich auch die gezielte Herstellung von Heterogenität (z. B. intergenerationelle Lernarrangements) in diesem Bereich der Altenbildung in besonderer Weise an (vgl. Schmidt-Hertha 2014).

Für alle drei Bildungskontexte sind didaktische Prinzipien fruchtbar, wie sie Franz et al. (2009) für intergenerationelle Lernsettings beschrieben haben. Neben einer grundlegenden Aktions-, Interaktions- und Partizipationsorientierung gehört hierzu auch Sozialraumorientierung, Reflexion und Biografiearbeit. Mit unterschiedlichen Schwerpunktsetzungen greifen die drei in diesem Abschnitt vorgestellten Beiträge diese Prinzipien auf und konkretisieren sie.

Ann-Katrin Adams, Arthur Schall, Valentina A. Tesky, Frank Oswald und Johannes Pantel verbinden in ihrem Beitrag einige grundlegende Überlegungen zur kulturellen Bildung im Alter, dem Lernort Kunstmuseum und den Möglichkeiten von Bildungsangeboten für Menschen mit demenziellen Erkrankungen. In dem kunstgeragogischen Projekt ARTEMIS laufen die drei genannten geragogischen Aspekte zusammen und es wird ein theoretisch wie empirisch klar fundiertes sowie sehr innovatives Projekt vorgestellt, das über das Medium der Kunst einen interaktiven Zugang zur Bildungsarbeit mit Menschen mit Demenz sowie deren Angehörigen sucht. So anspruchsvoll und vielschichtig dieses Unterfangen scheint, umso mehr beeindrucken die vorgestellten Evaluationsergebnisse. Gleichzeitig wird auch deutlich, dass Projekte dieser Art auch wichtige wissenschaftliche Impulse bieten, indem sie bislang unabhängig voneinander laufende Forschungsstränge und -themen konstruktiv aufeinander beziehen.

Getrud Völkening präsentiert in ihrem Beitrag ein Konzept zur reflexiven Bildungsarbeit mit Vertretern einer bestimmten Generation – die zur Zeit des dritten Reichs geborenen Kriegskinder. Dabei knüpft sie an ein soziohistorisches Generationenverständnis im Sinne Mannheims (1928) an, demzufolge von einer auf einer gemeinsamen Generationenlagerung beruhenden kollektiven Identität als Generation ausgegangen werden kann. Auf Basis eines solchen verbindenden Elements scheint eine besonders vertrauensvolle Lernatmosphäre möglich, die getragen ist von einem hohen Maß an Empathie, aber auch geteilten Erfahrungswelten und gemeinsamen Deutungsmustern innerhalb der Gruppe. Dabei spielt die reflexive Auseinandersetzung mit der eigenen Biografie im

Mittelpunkt eine zentrale Rolle, aber auch die Aufarbeitung traumatischer Erfahrungen, die gerade im hohen Alter erneut in das Bewusstsein geraten.

Günther Holzapfel stellt in seinem Beitrag ein Bildungsprogramm für ältere Männer vor, dass einerseits an deren Bedürfnis nach Auseinandersetzung mit dem eigenen Lebensweg (vgl. Erikson 1959) anknüpft und andererseits eine durch veränderte Geschlechterrollen auftretende Verunsicherung der Männer dieser Generation aufgreift und bearbeitet. Gestützt durch verschiedene Studien zur Identitätsdiffusion vieler älteren Männer wird ein auf fünf Säulen beruhendes Programm entworfen, dass ein großes Spektrum von alters- oder geschlechtsbezogenen Themen abdeckt aber auch den Teilnehmenden viel Spielraum lässt, eigene Themen einzubringen und sich auf neue Methoden einzulassen. Bemerkenswert ist schon die Tatsache, dass hier ein Angebot erfolgreich realisiert wurde, das spezifisch eine in der Erwachsenenbildung deutlich unterrepräsentierte Gruppe anspricht. Ältere Männer werden auch in internationalen Diskursen immer wieder als schwer zu erreichende bzw. von Bildungsträgern zu wenig beachtete Gruppe beschrieben (Golding 2011; Radovan/Jelenc Krašovec 2014). Gleichzeitig zeigt der Beitrag von Günther Holzapfel deutlich, dass diese Zielgruppe in hohem Maße empfänglich für Austausch- und Reflexionsangebote sein kann.

Literatur

Billet, S. (2004): Learning through work: workplace participatory practices. In: Rainbird, H./Fuller, A./Munro, A. (Hg.): *Workplace Learning in Context*. London: Routledge, S. 109–125.
Erikson, E. H. (1959): *Identity and the Life Cycle*. New York: International Universities Press.
Findsen, B./Formosa, M. (2011): *Lifelong Learning in Later Life: A handbook on older adult learning*. Amsterdam: Sense.
Franz, J./Frieters, N./Scheunpflug, A./Tolksdorf, M./Antz, E.-M. (2009): *Generationen lernen gemeinsam. Theorie und Praxis intergenerationeller Bildung*. Bielefeld: wbv.
Garrick, J. (2005): In Pursuit of the Intangible: The inherent difficulties of codifying ›informal learning‹. In: Künzel, K. (Hg.): *International Yearbook of Adult Education 31/32*. Köln: Böhlau. S. 245–262.
Golding, B. (2011): Social, local and situated: Recent findings about the effectiveness of older men's informal learning in community contexts. In: *Adult Education Quarterly* 61/2, S. 103–120.
Grotlüschen, A. (2010): *Erneuerung der Interessetheorie. Die Genese von Interesse an Erwachsenen- und Weiterbildung*. Wiesbaden: VS Verlag.
Jelenc Krašovec, S./Kump, S. (2009): Adult learning activities, social networks and different neighbourhoods. In: *European Societies* 11/2, S. 257–282.
Mannheim, K. (1928): Das Problem der Generationen. In: *Kölner Vierteljahreshefte für Soziologie*, 3/2, S. 157–185, S. 309–330.
Radovan, M./Jelenc Krašovec, S. (2014): *Older men learning in the community: European snapshots*. Ljubljana: University Press.

Schmidt-Hertha, B. (2014): Different concepts of generation and their impact on intergenerational learning. In: Schmidt-Hertha, B./Jelenc Krašovec, S./Formosa, M. (Hg.): *Learning Across Generations. Contemporary Issues in Older Adult Education.* Rotterdam: Sense, S. 145–154.

Schmidt-Hertha, B./Thalhammer, V. (2016): Informelles Lernen älterer Erwachsener. In: Rohs, M. (Hg.): *Handbuch Informelles Lernen.* Wiesbaden: VS Verlag, S. 303-322.

Thalhammer, V./Schmidt-Hertha, B. (2015): Intergenerationelle innerfamiliäre Unterstützungsprozesse bei der Mediennutzung von älteren Erwachsenen. In: *Zeitschrift für Erziehungswissenschaft 18/4,* S. 827–844.

Medienaneignung von älteren Erwachsenen in informellen Kontexten

Veronika Thalhammer

1 Einleitung

Die Mediatisierung hat nicht nur einschneidende Auswirkungen auf traditionelle Lernorte und verändert diese potentiellen Aneignungssituationen kontinuierlich (vgl. Deinet/Reutlinger 2014), sondern prägt auch informelle Lernkontexte maßgeblich. In der aktuellen Forschung gibt es aber nur wenige empirische Arbeiten, welche ausgehend vom lernenden Subjekt speziell die Aneignung von (Ebene der Handlung) und Auseinandersetzung mit digitalen Medien (als Lerngegenstand) in informellen Lernkontexten in den Blick nehmen. Aufgrund der steigenden Anzahl älterer Mediennutzer (vgl. Koch/Frees 2016) und der Zunahme der Bedeutung informeller Lernkontexte im höheren Erwachsenenalter (vgl. Tippelt et al. 2009) erscheint es besonders ertragreich, sich der medienbezogenen Aneignung älterer Erwachsener in informellen Lernkontexten zu widmen.

Diesem Desiderat widmet sich die, auf 32 problemzentrierten Interviews mit älteren Erwachsenen basierende, empirische Studie, die in diesem Beitrag vorgestellt wird. Vor dem Hintergrund der jeweils individuellen sozialen Lebensbezüge wurde in dieser Studie von einer aktiven Rolle des Lernenden im medienbezogenen Aneignungsprozess ausgegangen. Die im Interview artikulierten medienbezogenen Lern- und Handlungsbegründungen der befragten Studienteilnehmer wurden unter Bezugnahme auf die von Holzkamp (1993) in der subjektwissenschaftlichen Lerntheorie etablierten Unterscheidung zwischen expansiven und defensiven Lernbegründungen systematisiert. Die Ergebnisse dieser Systematisierung werden im Folgenden nach einer kurzen Einführung in den theoretischen Hintergrund sowie der Skizzierung der Anlage der Studie vorgestellt und diskutiert.

2 Theoretischer Hintergrund

Das Internet ist die beliebteste Informations- und Kommunikationstechnologie (IKT). Nur wenige Technologien haben vergleichbare Auswirkungen auf die Gesellschaft ausgeübt (vgl. Eimeran/Frees 2014, 378). Der ständig steigende Anteil der Internetnutzer der Bevölkerung wird deshalb als Indikator für die

»Digitalisierung der Gesellschaft« herangezogen (vgl. Initiative D21 e.V. 2013). Für Deutschland repräsentative Mediennutzungsstudien belegen, dass im Jahr 2016 insg. 83,8 % der Bevölkerung (58 Millionen) Internetnutzer-*innen waren: Tendenz steigend (vgl. Koch/Frees 2016, 420f.).

Der D21-Digital-Index bildet den Digitalisierungsgrad in Deutschland mittels vier unterschiedlich gewichteten Dimensionen (Skala von 1 bis 100 Punkte) ab: (1) Zugang zur Infrastruktur, (2) Nutzungsvielfalt, -intensität und -dauer, (3) Kompetenz (v.a. Kenntnisse digitaler Themen) und (4) Offenheit gegenüber digitalen Themen und Innovationen (vgl. Initiative D21 e.V. 2016, 23). Der Gesamtindex für 2016 liegt bei 51 Punkten und ist damit auf einem konstanten, mittleren Niveau (vgl. ebd., 24). Im Mediennutzungsmuster unterscheidet sich die Altersgruppen aber deutlich: So liegen die Indexwerte der unter 50-Jährigen über dem Gesamtindex (51 Punkte) und die der über 50-Jährigen darunter. Der Indexwert der über 70-Jährigen erreicht mit 24 Punkten weniger als die Hälfte des durchschnittlichen Gesamtindexes. Neben der Differenzierungsvariabel Alter lassen sich auch bedeutsame Unterschiede im Index bzgl. Geschlecht und Bildungshintergrund nachweisen (vgl. ebd.). Über alle Altersgruppen hinweg kann aber festgehalten werden, dass das Internet am häufigsten für die Informationssuche mittels Suchmaschinen genutzt wird (vgl. Initiative D21 e.V. 2015, 13). Aber auch die Kommunikationsmöglichkeiten des Internets werden intensiv in Anspruch genommen. So wird laut ARD-ZDF-Onlinestudie über alle Altersgruppen hinweg der größte Anteil der Nutzungszeit für Kommunikationsanwendungen verwendet (vgl. Frees/Koch 2015, 376).

Laut der Untersuchungen der Initiative D21 (2016) überwinden Berufstätige technische Schwierigkeiten und Kenntnisgrenzen bevorzugt autodidaktisch (ausprobieren, kostenlose Internetangebote) (82 %) oder durch Befragen von Personen aus dem näheren sozialen Umfeld (Freunde, Familie, Kollegen) (80 %). Weiterbildungsangebote, finanziert durch Arbeitgeber oder privat, werden hierbei eher weniger genutzt (50 %) (vgl. ebd. S. 9). Bedauerlicherweise sind zu den nicht mehr Berufstätigen in dieser Studie keine Werte publiziert. Festgehalten werden kann aber, dass Impulse von Personen aus dem sozialen Umfeld beim medienbezogenen Problemlösen und bei der Aneignung neuer Handlungsmöglichkeiten von Relevanz sind.

Es besteht Einigkeit, dass Medienkompetenz in formalen wie non-formalen Bildungssettings gefördert wird, aber auch informell angeeignet werden kann (vgl. Hugger 2008, 93). Die dreigeteilte Differenzierung der Lernformen in informelles, nicht-formales und formales Lernen ist zumindest im erziehungswissenschaftlichen Diskurs üblich (vgl. Europäische Kommission 2001). Trotzdem ist der Terminus »informelles Lernen« umstritten. So ist bspw. die Definition der Europäischen Kommission (2001) nur auf den ersten Blick eindeutig. Demnach ist »Informelles Lernen«,

> »Lernen, das im Alltag, am Arbeitsplatz, im Familienkreis oder in der Freizeit stattfindet. Es ist (in Bezug auf Lernziele, Lernzeit oder Lernförderung) nicht strukturiert und führt üblicherweise nicht zur Zertifizierung. Informelles Lernen kann zielgerichtet sein, ist jedoch in den meisten Fällen nichtintentional (oder ›inzidentell‹/beiläufig)« (ebd., 57).

Basierend auf dieser Definition kann im Hinblick auf die Lernkontexte Folgendes festgehalten werden: Beim Lernen in nicht pädagogischen Settings bzw. informellen Kontexten erfolgen die Lernanregungen von Personen aus dem sozialen Umfeld weniger explizit als in pädagogisch arrangierten Umwelten (z. B. Unterrichtssituationen). Unscharf ist diese Ausführung aber bzgl. der Zielgerichtetheit (»kann zielgerichtet sein«) bzw. der Intentionalität des Lernens (»in den meisten Fällen nichtintentional«). Intentionale Lernprozesse sind bekanntlich von den persönlichen Zielen und Interessen der Lernenden stimuliert. Solche Ziele können als Lernimpulse bzw. als Lernvorgaben zwar auch durch das soziale Umfeld der Lernenden gesetzt werden. So werden z. B. neue Aufgaben und Herausforderungen retrospektiv häufig als Lernanlass deklariert (vgl. Dohmen 2001). Bei der näheren Betrachtung der Kategorie der Intentionalität wird aber deutlich, dass letztendlich nur durch das Individuum als Intentionalitätszentrum begründet werden kann, ob eine Lernhandlung intentional erfolgt. So spreche man von seinen eigenen Handlungen und somit auch bei Lernhandlungen nicht »in Termini von Bedingungs-Ereignis-Zusammenhängen, sondern in Termini von subjektiv begründeten Handlungen und den Prämissen, unter denen sie im eigenen Lebensinteresse ›vernünftig‹ sind« (Holzkamp 1996, 118). Voraussetzung hierfür ist, dass die Lernhandlungen als solche bewusst wahrgenommen werden.

Diese Bezugnahme auf den Begründungsdiskurs ist nach Peter Faulstich (2004) die hervorzuhebende Leistung der subjektorientierten Lerntheorie nach Holzkamp (1993). Gemäß diesem Ansatz vollzieht sich Lernen nicht wie in der Reiz-Reaktions-Konstruktion durch Anpassung, sondern durch individuelle Gestaltung. Lernen geht aus der Erfahrung einer Störung des gewohnten Ablaufes hervor und kann so als Wunsch der Erweiterung der Zugriffsmöglichkeiten auf die Welt verstanden werden (vgl. Faulstich 2004, 537). Lernen ist somit verbunden mit einer Handlungsproblematik, die intentional eine Lernhandlung auslöst (vgl. Faulstich 2004, 538).

> »Mit intentionalem Lernen verbinden die Lernenden die Absicht, angesichts einer Irritation von Routinen im primären Handlungsverlauf nicht überwindbaren Schwierigkeiten und Fragen beizukommen und diese zu lösen. Lernen wird angestoßen von Fragen, nicht von fertigen Antworten, von Problemen, nicht von Resultaten. Es ist grundsätzlich ergebnisoffen und wahlfrei. Lernen stellt so betrachtet eine besondere Form der Handlung dar, die darauf ausgerichtet ist, Weltverfügung zu erweitern« (Faulstich 2005, 538).

Nach Holzkamp erfolgen Bewertungen von gegebenen oder vorgestellten Lebensbedingungen und Handlungsmöglichkeiten immer am Maßstab der individuellen Bedeutungen: »Von der emotionalen Befindlichkeit des Subjekts hängt es letztlich ab, ob Erfahrungen als Diskrepanz wahrgenommen oder unter Bekanntes subsumiert werden« (ebd. 2005, 539). Aufgrund des Spannungsverhältnisses von Lebensinteressen wird in der subjektorientierten Lerntheorie zwischen defensiven und expansiven Lernbegründungen unterschieden (vgl. Holzkamp 1996, 125). Während defensive Lernbegründungen lediglich auf »Abwehr der Bedrohung« der Handlungsfähigkeit beruhen, so beziehen sich expansive Lernbegründungen auf den Versuch der Überwindung einer Handlungsproblematik (vgl. ebd., 124f.).

Rückt man somit die aktive Rolle des Subjektes während des Lernprozesses in den Fokus, dann stellt sich bezüglich der Aneignung von medienbezogenen Inhalten die Frage, inwiefern defensive sowie expansive Lernbegründungen im Zusammenhang mit der medienbezogenen Aneignung für einzelne Subjekte von Relevanz sind. Aufgrund der steigenden Anzahl älterer Mediennutzer*innen und der bisher fehlenden Befundlage hinsichtlich der bevorzugten medienbezogenen Aneignungswege älterer Erwachsener werden diese im Mittelpunkt der weiteren Ausführungen stehen.

3 Empirische Basis

Die folgenden Studienergebnisse wurden ihm Rahmen des Forschungsprojektes IGEL-Media[1] erzeugt. Erforscht wurde u. a., welche Bedeutung informelle und speziell intergenerationelle Interaktionsprozesse beim Medienkompetenzerwerb für ältere Erwachsene haben. Aufgrund des explorativen Erkenntnisinteresses wurde ein qualitatives Forschungsdesign gewählt, welches die subjektive Wahrnehmung von älteren Erwachsenen in den Mittelpunkt des Erkenntnisinteresses stellt (vgl. Mayring 2010). Insgesamt wurden 32, im Durchschnitt zweistündige, qualitative problemzentrierte Interviews (vgl. Witzel 1985, 2000) mit nicht mehr Erwerbstätigen durchgeführt, die sich in der Nacherwerbsphase befanden und mindestens 60 Jahre alt waren. Hinsichtlich der Erhöhung der Vergleichbarkeit und aufgrund der regional unterschiedlichen Zugangsbedingungen zur medialen Infrastruktur (vgl. Emeren van/Frees 2009) wurden die Interviewteilnehmer alle in einer deutschen Großstadt rekrutiert.

Um sicherzustellen, dass nur relevante Fälle in die Studie einbezogen werden, wurde eine kriteriengesteuerte Fallauswahl vorgenommen (vgl. Kelle/Kluge 2010). Angesichts der Heterogenität der Gruppe der »älteren Computernutzer« wurden neben dem Alter (60- bis 69-Jährige und über 70-Jährige) die Merkmale Geschlecht und Bildungshintergrund bei der Stichprobenzusammensetzung berücksichtigt. So ergab sich ein Design mit 2x2x2 Gruppen (vgl. Schmidt-Hertha/Thalhammer 2012). Die Befragungsteilnehmer wurden aufgefordert zu erzählen, wie es biografisch dazu kam, dass sie sich mit dem Computer auseinandergesetzt haben. Erfasst wurden auf diese Art und Weise retrospektiv erzählte und subjektiv wahrgenommene medienbezogene Aneignungsgeschichten. In An-

---

[1] Das Projekt IGEL-Media (Bedeutung informellen intergenerativen Lernens für die Internetnutzung und Medienkompetenz Älterer) wurde von der Deutschen Forschungsgemeinschaft (DFG) im Zeitraum von Dezember 2010 bis November 2012 finanziert und unter dem Aktenzeichen SCHM 2391/3-1 geführt. Beantragt und geleitet wurde das Projekt von Herrn Prof. Dr. Bernhard Schmidt-Hertha, durchgeführt wurde es von der Autorin des Beitrags.

lehnung an die Argumentationsanalyse von Schütze (1978) wurde das Material im kontrastiven Vergleich bzgl. der Argumentations- und Begründungsmuster analysiert.

Der Erkenntnisgegenstand ist die subjektive Wahrnehmung der Lernprozesse bzgl. der medienbezogenen Aneignung. Damit werden sowohl den Lernprozess förderliche als auch hinderliche Aspekte thematisiert. Gleichzeitig steht in den Analysen die Perspektive der handelnden Akteure im Mittelpunkt. Zu bedenken gilt, dass Lernimpulse den Lernenden nicht immer explizit bewusst sind und somit nur bedingt als solche von den Lernenden benannt werden. Begründungsanalytisch lassen sich somit aus diesem Material nur die jeweils bewussten persönlichen und handlungsleitenden Bedeutungen der Lernhandlungen herausarbeiten (vgl. Holzkamp 1996, 118).

> »Bedeutungshaftigkeit ist derjenige Aspekt von Welt, durch den diese für das Individuum für seine Lebensinteressen relevant und damit als Lernthematik zugänglich wird. In Bedeutungskontexten werden Wissensstrukturen und Kompetenzen aufgebaut« (Faulstich 2005, 539).

Das Lernen der Erwachsenen wird vor diesem Hintergrund mit einem verstehenden Zugang aufgeschlüsselt.

4 Exemplarische Ergebnisse

Betrachtet man Lernen somit als aktiven Aneignungsprozess, lässt sich mittels der Analyse der Begründungen dieser Handlungen anhand der Daten der in dieser Studie interviewten älteren Erwachsenen für die Medienaneignung zeigen, dass es defensive und expansive Lernbegründungen gibt. Auch wenn andere Begründungsdimensionen bzgl. der Entstehung der Lernhandlungen zusammen mit dem persönlichen Medienkompetenzerwerb (wie bspw. persönliches Interesse an technischen Entwicklungen oder berufliche Anforderungen) von den Untersuchungsteilnehmern genannt werden, soll im Folgenden die Relevanz des sozialen Umfeldes im Zusammenhang mit der medienspezifischen Lernhandlung hervorgehoben werden. Im Fokus steht damit folgende Frage:

Inwiefern verweisen die befragten Akteure im vorliegenden Interviewmaterial in ihren Handlungsbegründungen im Zusammenhang mit ihrer Medienaneignung auf Interaktionen mit Personen aus ihrem sozialen Umfeld?

4.1 Expansive Handlungsbegründungen

Expansive Handlungsbegründungen zielen darauf ab, die eigene Handlungsmöglichkeit bzw. -fähigkeit zu erweitern und so die Lebensqualität zu erhöhen (vgl. Holzkamp 1993, 1996). Im Folgenden werden Beispiele herangezogen, die aufzeigen, welche Relevanz dem sozialen Umfeld hinsichtlich der Erweiterung von Handlungsmöglichkeiten zugeschrieben werden.

Stellvertretende erste gegenständliche Aneignung von IKT

Retrospektive Beschreibungen der ersten gegenständlichen Aneignung der IKT erfolgen nicht nur anhand der ersten eigenen Erwerbung dieser Medien. Die Beschreibung des Transformationsprozesses von Nichtnutzenden zu Nutzenden setzt bereits früher an. So werden bspw. durch Beobachtung indirekt erste Erfahrungen mit dem Computer gemacht, die ihrerseits Handlungsmöglichkeiten eröffnen. Bezogen auf die Frage nach der ersten eigenen Computernutzung verweist eine befragte Ärztin im Ruhestand auf zwei Berührungspunkte mit dem Computer, bevor sie selbst aktiv einen Computer genutzt habe:

> »Ja das war einer der ersten PCs, die es glaub ich gab. Wie hieß der? Irgendetwas mit 64. Den hat mein Neffe, der ist also technisch sehr interessiert ist und ist etwas betucht und begütet, und der hat den gekauft. Und der war aber noch tragbar [lächeln]« (07_wh_71, Abs. 142).

Hier wird deutlich, dass nicht die eigenen ersten Nutzungserfahrungen berichtet werden, sondern die Beobachtung im nahen sozialen Umfeld. Erst im zweiten Schritt erhält der Computer Einzug in den Haushalt der befragten Person.

> »Ich habe es nur gesehen. Wir haben aber dann wirklich relativ bald dem älteren Sohn, auch so einen gekauft« (07_wh_71, Abs. 151).

Die aktive Nutzung des Computers bleibt dennoch weiter der jüngeren Generation vorbehalten. Betont wird, dass die Nutzung technischer Innovationen zunächst den technisch versierten, wohlhabenden Personen vorbehalten zu sein scheint. Das Besitzen eines Computers wird somit auch als Indikator für gesellschaftlichen Wohlstand und als Statussymbol dargestellt. Interessant ist aber, dass die eigene Aneignungsgeschichte und die damit verbundene wahrgenommene Erweiterung der eigenen Handlungsmöglichkeiten bereits bei der gegenständlichen Mediennutzung von Familienangehörigen zu beginnen scheint.

Generationsübergreifende Assimilation der Handlungsmöglichkeiten

Eine Vielzahl an quantifizierenden Studien bestätigt, dass die jüngeren Generationen technische Innovationen insgesamt schneller aufgreifen. Dies zeige sich z. B. in ihrem Kaufverhalten, aber auch im Nutzerverhalten (vgl. Sackmann/Weymann 1994). Ebenso nutzen Jüngere bspw. innovative Anwendungsmöglichkeiten des Internets häufiger als ältere Internetnutzer (vgl. Mende/Oehmichen/Schröter 2013; Initiative D21 e. V. 2015). Im folgenden Beispiel berichtet ein, zum Zeitpunkt der Befragung 67 Jahre alter Wirtschaftsgeograph, wie sein Wunsch entstand, einen MP3-Player zu nutzen:

> »Ein MP3-Player. [...] Meine Tochter hatte einen und ich wollte das einmal ausprobieren. // Okay. // Also, sie hatte ihn sehr häufig auf Bahnreisen im Ohr und da dachte ich mir, das, das muss doch einen Genuss geben, nicht« (15_mh_67, Abs. 96–98).

Deutlich wird, dass der im sozialen Umfeld beobachtete, dadurch erkennbare und erwartete Nutzen aus der Anwendung des Gerätes zum Anreiz wird. Durch das Miterleben der Nutzung der Geräte im sozialen Umfeld eröffneten sich für die Befragten die Nutzungsmöglichkeiten und Vorteile der technischen Innovationen. Indirekt werden dadurch erste Erfahrungen hinsichtlich der Nutzungsmöglichkeiten der neuen Medien gesammelt.

Die soziale Teilhabe erweitert die individuelle Wahrnehmung der medienbezogenen Handlungsmöglichkeiten. Darüber hinaus schlägt sie sich in der Begründung der Medienaneignung der Interviewten nieder.

4.2 Defensive Handlungsbegründungen

Folgende medienbezogene Handlungsbegründungen erfolgen ohne Verweise auf ein persönliches Interesse am Lerngegenstand bzw. ohne eine direkt auf den Gegenstand bezogene artikulierte Lernmotivation. Im Gegensatz dazu verweisen die Begründungen auf Zielsetzungen, die darauf hinwirken einer drohenden Beeinträchtigung der Lebensqualität entgegenzuwirken und können damit nach Holzkamp (1993, 1996) als defensiv bezeichnet werden.

Teilhabe am Alltag der Familienmitglieder

So begründet ein 66-jähriger Vater seine Mediennutzung mit dem Wunsch, am Alltag seines erwachsenen Sohnes teilhaben zu können. Sein Sohn schreibe einen Weblog und teile auf diesem Weg seine Gedanken über das Internet mit seinen Lesern. Zur Verwunderung des Vaters wende der Sohn für den Blog viel Zeit auf, während er seine Eltern wenig in seinen Alltag einbinde. Diese Beobachtung sei seiner medienbezogenen Verhaltensänderung vorausgegangen und habe dazu geführt, dass er nun täglich die Blogaktivitäten seines Sohnes lese:

> »Ja, da schaue ich schon jeden Tag mal rein. Und dann hat er mit uns gar nicht so viel Kontakt wie darüber. Ärgert uns manchmal, aber dann weiß ich zum Beispiel, aha, es geht ihm noch gut« (10_mh_66, Abs. 273).

So erfolgt durch die Anpassung der Mediennutzung die Aneignung neuer medialer Räume, diese ermöglichen einen Einblick in das Leben des Sohnes und somit eine gewisse Teilhabe an dessen Alltag. Dennoch ist festzuhalten, dass der Vater die Erweiterung seines Mediennutzungsspektrums defensiv begründet, indem er damit einen Kontaktverlust mit dem erwachsenen Kind vermeiden will. Zu beachten ist hierbei auch, dass es sich um eine besondere Interaktionsform zwischen den Familienmitgliedern handelt, da dieser Informationsfluss nur eine einseitige und keine wechselseitige Anteilnahme am Alltag ermöglicht.

Erreichbarkeit bei Unterstützungsbedarf von Familienmitgliedern

Der Computer wird aber auch als Medium genutzt, um direkt in kommunikativen Kontakt mit dem sozialen Umfeld zu treten. Ein Interviewteilnehmer (17_mh_60) begründet seine Nutzung digitaler Kommunikationsmedien damit, dass er dadurch innerhalb und außerhalb der Familie sozial verbunden bleibt:

> »Ja, ich benutze meinen Computer täglich. Der ist auch meistens, die meiste Zeit eingeschaltet. Und weil ich (...) immer aktuell meine Emails lese. Ich habe da viel Kontakte, auch mit Freunden oder manchmal mit meinem Freund zum Golf spielen verabrede oder (...). Da möchte ich auch gleich praktisch [Lachen] online sein oder wenn meine Kinder was brauchen. Die haben alle eine eigene Wohnung jetzt mittlerweile schon oder wohnen mit ihrem Freund zusammen, aber irgendwann (...) hier, hilft man da oder (...), ‚Kannst du mir da was besorgen?' und so weiter. (...) da bin ich halt immer up to date, immer aktuell im Geschehen drin« (17_mh_60, Abs. 245).

Die Nutzung der IKT erleichtert nicht nur die Organisation der Freizeitaktivitäten im Freundeskreis, sondern ermöglicht auch die Realisierung einer ständigen Erreichbarkeit für Familienangehörige. Der Befragte betont zwar die Unabhängigkeit seiner bereits erwachsenen Kinder, macht aber sein Interesse am Alltag der Kinder und seine Bereitschaft zur väterlichen Unterstützung im Bedarfsfall deutlich.

Auffällig ist, dass die Nutzung der IKT in beiden bisher angeführten Beispielen mit dem handlungsleitenden Interesse der elterlichen Fürsorge begründet wird. Somit werden diese defensiven Aneignungsbegründungen hier als vordergründig familienbezogen bezeichnet.

Teilhabe am medienbezogenen Diskurs in der Familie

Digitalen Medien sind im Alltag häufig Kommunikationsinhalt. Die wahrgenommene digitale Durchdringung des Alltags der jüngeren Generation(en) wird dabei als differenzerzeugende Problematik im generationsübergreifenden Diskurs wahrgenommen. So begründet eine 64-jährige Befragte, dass es ihr wichtig sei, sich mit den neuen Medien auseinander zu setzen, um mit ihren Kindern und Enkeln »reden« bzw. »mithalten« zu können:

> »Also ich denk vor allen Dingen auch wenn man Kinder hat, hat man irgendwo auch die Pflicht das zu tun. Und Enkel, sonst kann man gar nicht mehr mit ihnen reden nachher und mithalten und das nicht verstehen was sie machen« (12_wh_64, Abs. 32).

Hinsichtlich der Medienaneignung ist nicht das eigene Interesse an den IKT handlungsleitend, sondern der Wunsch, die Kinder und Enkel zu verstehen. Die Auseinandersetzung mit deren Interessensgebieten scheint vor diesem Hintergrund unvermeidbar:

> »Aber wir unterhalten uns nicht mit den Kindern über IT, weil uns IT interessiert, sondern wir reden über IT mit den Kindern, weil uns interessiert, was unsere Kinder tun« (11_wh_64, Abs. 994).

Hierin zeigt sich das nicht explizit genannte Begründungsmuster des Wunsches an familialer Teilhabe in der Rolle als (Groß-)Eltern. In diesem Beispiel wird die wahrgenommene Bedrohung der Einschränkung dieser Teilhabe am familialen Diskurs indirekt der Medienaneignung zugrunde gelegt. Hierbei geht es darum, »biografische Zukunft zu gestalten, indem zukunftsrelevantes Wissen erworben wird, das jedoch neben einem mitgedachten instrumentellen Einsatz (es wird ja konkret etwas am Computer gemacht) insbesondere auf soziale Effekte abzielt, auf Gemeinschaft mit anderen (oft konkret benannten Personen) durch Aneignung gemeinsamer Themen« (Vollbrecht 2015, 14).

Schenkungen mit expliziter Nutzungsaufforderung

Expliziter wird der defensive Charakter einer Lernhandlung, wenn das soziale Umfeld des Subjektes explizit zur aktiven Mediennutzung anregt. Vom Subjekt wird damit die Medienaneignung unabhängig von dessen Eigeninteressen eingefordert. Dies zeigt sich im Fallbeispiel eines 62-Jährigen, der sich selbst gegenüber IKT als eher zurückhaltend und zögerlich beschreibt. Erst parallel zum Renteneintritt habe er angefangen einen Computer zu nutzen. Auslöser hierfür sei ein Überraschungsgeschenk seiner Tochter gewesen:

> »Dann habe ich dann Geburtstag gehabt. Da habe ich zum Geburtstag von meiner Tochter, einen Laptop gekriegt. [...] Sagt sie, Papa, du musst lernen [...] dir hilft alles nichts, musst du unbedingt lernen! [...] wir müssen über Skype telefonieren! Bild direkt SEHEN! Und, und, ja geht alles SCHNELLER und und und viel schöner und so weiter« (22_mm_62, Abs. 245–251).

Seine Tochter habe die Schenkung mit einer expliziten Nutzungsaufforderung verknüpft: Nachdrücklich habe sie von ihm gefordert, den Umgang mit dem Internet zu lernen, um gemeinsam einen von ihr genutzten Dienst zur Videotelefonie nutzen können. Durch diese Anforderung des familialen Umfelds an das Subjekt wird eine Handlungsproblematik erzeugt. Sie stellt ihn aufgrund seiner fehlenden Erfahrung und seiner als gering beschriebenen Medienkompetenz vor eine Herausforderung, die er aber als Lerngelegenheit wahrnimmt:

> »Ich habe mich schon gefreut. Habe gesagt, Ja, eigentlich, eigentlich ist es ZEIT [...] Ja, ist Zeit, das ich (.) umgehen kann und lernen kann. Aber dann habe ich gesagt, mhm [bejahend] dann muss ich aber so viel lernen wieder, ja. Und da habe ich keinen Bock und, und ›Ja‹, habe ich gesagt, man kann, man muss ja nicht ganze Tag sitzen, man kann auch kurz was suchen, kurz was finden« (22_mm_62, Abs. 441).

Den Umstand, dass es sich bei solchen Schenkungen um Ausnahmefälle handelt, betonen die Befragten hierbei besonders. Solche Schenkungen erfolgen innerhalb der Familie eher von älteren an jüngere Familienmitglieder. Mit der Schenkung eines Computers wird der Aneignungsprozess angeregt, indem die internalisierten Rollenmuster durchbrochen werden. Dies führt zu einer Irritation, die aber durch die damit eng verknüpfe Wunschäußerung, sich mit dem Gegenstand aktiv auseinander zu setzen, gerechtfertigt wird (vgl. Thalhammer/Schmidt-Hertha 2015). Zu beachten ist hierbei, dass eine Schenkung von Geräten nicht automatisch auch zu einer Nutzung der Geräte bzw. zu einer Lernhandlung führt.

Gemeinsam ist diesen Begründungsmustern, dass die durch die Mediatisierung bedingten Veränderungsprozesse die älteren Erwachsenen vor neue Herausforderungen stellt. Dabei scheint aber der Wunsch nach familialer Teilhabe vordergründig gegenüber der medialen Teilhabe zu sein. In den Argumentationen wird die Aufrechterhaltung der Lebensqualität in Abhängigkeit zu den familialen Bezugssystemen gesetzt.

5 Diskussion und Ausblick

In diesem Beitrag wurden im Zusammenhang mit der Medienaneignung älterer Erwachsener exemplarisch expansive und defensive Handlungsbegründungen mit Bezug auf das soziale Umfeld vorgestellt. Unter Bezugnahme auf empirische Interviewdaten wurden Möglichkeiten aufgezeigt, in welcher Form familiale Interaktionen von Älteren mit jüngeren Familienmitgliedern das Potential haben, medienbezogene Handlungsmöglichkeiten zu eröffnen. Obwohl in diesem Beitrag zahlenmäßig mehr defensive Begründungsmuster vorgestellt werden, so soll dies nicht quantitativ das Auftreten repräsentieren. Eher weist es daraufhin, dass die Konfrontation mit neuen Aufgaben oder Herausforderungen von Individuen als Lernanlässe retrospektiv leichter (vgl. Dohmen 2001) erinnerbar zu sein scheint. Zu beachten ist in diesem Zusammenhang auch, dass Holzkamp selbst betont, dass prinzipiell jedes Lernen der Intention nach expansiv sei (vgl. Holzkamp 1996, 125).

Dennoch zeigen die vorgestellten defensiven Aneignungsbegründungen, dass die Zielsetzungen der Lernhandlungen nicht durchweg auf die Verbesserung der Lebensqualität bezogen sind, sondern teilweise eher darauf hinwirken drohenden Beeinträchtigung der Lebensqualität entgegenzuwirken (vgl. Holzkamp 1993, 1996). Hervorzuheben ist dabei der besondere Stellenwert der Familie: Familienmitglieder tragen nicht nur aktiv, sondern auch indirekt zur Aneignung von technischen Innovationen bei, indem die medienbezogenen Handlungen den Familienmitgliedern neue Interaktionsmöglichkeiten in der Familie eröffnen oder bestehende Interaktionsmöglichkeiten aufrechterhalten (vgl. weiterführend Thalhammer 2017). Die Konfrontation mit den neuen medienbezogenen Handlungsmöglichkeiten kann aber auch eine Differenzerfahrung erzeugen, die ohne konkret erlebte Handlungsproblematik zu einer Irritation des Alltagshandelns führt und neue Perspektiven aufzeigt (vgl. Ludwig 1999).

Nicht zu vernachlässigen ist aber, dass teilweise auch vorhandene medienbezogene Lerninteressen durch Familienmitglieder behindert oder sogar unterbunden werden. So beschreibt bspw. eine 77-Jährige befragte Buchhalterin, dass sie erst nach dem Tod ihres Ehemannes anfangen konnte sich mit dem Computer auseinander zu setzen, weil ihr Ehemann ihre Lernhandlungen verhindert habe:

»Und da wollte ich dann noch einmal-, wollte ich wieder in meinen Beruf rein. Das ging nicht, weil ich nicht am Computer arbeiten konnte. [...] Und da wollte ich dann nochmal in die Schule gehen. [...] Mein Mann ›Nein, mir kommt kein Computer ins Haus, ich brauche sowas nicht‹« (26_wn_77, Abs. 17–21).

Zu bedenken, dass normative Lernanforderungen der »lehrenden« Familienmitglieder auch das Lernen behindern können, wenn »sie die Identität der Lernenden, deren subjektive Orientierungen und Bedeutungshorizonte nicht verstehend aufgreifen und damit auch nicht anerkennen« (Ludwig 1999, 678).

Der Mediengebrauch der Familienmitglieder kann somit ebenso wie für Kinder auch für ältere Erwachsene zur Leitinstanz werden und Vorbilder, Ideen und Anregungen liefern. Diese Erweiterung des Sinnhorizontes kann dann eine Begeisterung für die modernen technischen Entwicklungen wecken und Aneignungs- sowie Lerninteressen erzeugen (vgl. Ludwig 1999, 678). Dabei werden nicht nur explizit, sondern auch implizit Wertmaßstäbe für »gute« und »schlechte« Angebote vermittelt (vgl. Theunert/Lange 2012, 10).

Literatur

Deinet, U./Reutlinger, C. (2014): *Tätigkeit – Aneignung – Bildung. Positionierungen zwischen Virtualität und Gegenständlichkeit*. Wiesbaden: Springer Fachmedien.
Dohmen, G. (2001): *Das informelle Lernen. Die internationale Erschließung einer bisher vernachlässigten Grundform menschlichen Lernens für das lebenslange Lernen aller.* Bonn: BMBF.
Eimeren van, B./Frees, B. (2014): 79 Prozent der Deutschen online – Zuwachs bei mobiler Internetnutzung und Bewegtbild. Ergebnisse der ARD/ZDF-Onlinestudie 2014. *Media Perspektiven* 7/8, S. 378–396.
Europäische Kommission (2001): *Ein europäischer Raum des lebenslangen Lernens*. Luxemburg: Amt für Amtliche Veröffentlichungen der Europäischen Gemeinschaften
Faulstich, P. (2005): Lernen Erwachsener in kritisch-pragmatischer Perspektive. In: *Zeitschrift für Pädagogik* 51/4, S. 528–542.
Frees, B./Koch, W. (2015): Ergebnisse der ARD/ZDF-Onlinestudie 2015: Internetnutzung: Frequenz und Vielfalt nehmen in allen Altersgruppen zu. In: *Media Perspektiven 9*, S. 366–377.
Holzkamp, K. (1993): *Lernen. Subjektwissenschaftliche Grundlegung*. Frankfurt/Main: Campus.
Holzkamp, K. (1996): Lernen. Subjektwissenschaftliche Grundlegung – Einführung in die Hauptanliegen des Buches. In: *Forum Kritische Psychologie 36*, S. 113–131.
Hugger, K.-U. (2008): Medienkompetenz. In: Sander, U./von Gross, F./Hugger, K.-U. (Hg.): *Handbuch Medienpädagogik*. Wiesbaden: VS Verlag für Sozialwissenschaften, S. 19–100.
Initiative D21 e. V. (2015): *D21-Digital-Index 2015. Die Gesellschaft in der digitalen Transformation*. Schmeckles, Medien & Druck. Verfügbar unter http://www.initiatived21.de/wpcontent/uploads/2015/11/D21_Digital-Index2015_WEB2.pdf [20.05.2016]
Initiative D21 e. V. (2016): *D21-Digital-Index 2016. Jährliches Lagebild zur Digitalen Gesellschaft*. Laserline Druckzentrum Berlin KG. Verfügbar unter: http://initiatived21.de/app/uploads/2017/01/studie-d21-digital-index-2016.pdf [20.06.2017]

Kelle, U./Kluge, S. (2010): *Vom Einzelfall zum Typus. Fallvergleich und Fallkontrastierung in der qualitativen Sozialforschung.* Wiesbaden: VS Verlag für Sozialwissenschaften.
Koch, W./Frees, B. (2016): Dynamische Entwicklung bei mobiler Internetnutzung sowie Audio und Videos. Ergebnisse der ARD/ZDF-Onlinestudie 2016. In: *Media Perspektiven* 9, S. 418–437.
Ludwig, J. (1999): Subjektperspektiven in neueren Lernbegriffen. In: *Zeitschrift für Pädagogik* 45/5, S. 667–682.
Mayring, P. (2010a): *Qualitative Inhaltsanalyse. Grundlagen und Techniken.* Weinheim und Basel: Beltz Verlag.
Mende, A./Oehmichen, E./Schröter, C. (2013): Gestaltwandel und Aneignungsdynamik des Internets. Befunde aus den ARD/ZDF-Onlinestudien 1997 bis 2012. In: *Media Perspektiven* 1, S. 33–49.
Sackmann, R./Weymann, A. (1994): *Die Technisierung des Alltags. Generationen und technische Innovationen.* Frankfurt & New York: Campus Verlag.
Schmidt-Hertha, B./Thalhammer, V. (2016): Informelles Lernen älterer Erwachsener. In: Rohs, M. (Hg.): *Handbuch informelles Lernen.* Wiesbaden: Springer Fachmedien, S. 303–322.
Schütze, F. (1978): Strategische Interaktion im Verwaltungsgericht – eine soziolinguistische Analyse zum Kommunikationsverlauf im Verfahren zur Anerkennung als Wehrdienstverweigerer. In: Hoffmann-Riem, W./Rottleuthner, H./Schütze, F./Zielcke, A. (Hg.): *Interaktion vor Gericht.* Baden-Baden: Nomos, S. 19–100.
Tippelt, R./Schmidt, B./Schnurr, S./Sinner, S./Theisen, C. (2009): *Bildung Älterer. Chancen im demografischen Wandel.* Bielefeld: Bertelsmann.
Thalhammer, V. (2017): *Medienkompetenzerwerb intergenerationell. Vermittlungs- und Aneignungstätigkeiten in informellen Unterstützungsnetzwerken.* Schriftenreihe Gesellschaft – Altern – Medien, Bd. 10. München: kopaed-Verlag.
Thalhammer, V./Schmidt-Hertha, B. (2015): Intergenerationelle innerfamiliäre Unterstützungsprozesse bei der Mediennutzung von älteren Erwachsenen. In: *Zeitschrift für Erziehungswissenschaft* 18/4, S. 827–844.
Vollbrecht, R. (2015): Der medienbiografische Ansatz in der Altersmedienforschung. In: *Medien & Altern. Zeitschrift für Forschung und Praxis* 6, S. 6–18.

Ernährungs- und essbezogenes Lernen im Alter

Anika Klein

Essen als alltägliche Handlung und Ernährung, im Sinne der Zufuhr von Nährstoffen samt deren Wirkung auf das physische und psychische Wohlbefinden, sind ein lebensnotwendiger Bestandteil des Lebensalltags[1]. Jeder muss essen, sein gesamtes Leben lang. Aufgrund mangelnder handlungsleitender Instinkte muss jeder auch erst lernen, wie dies (nicht) zu tun ist (Barlösius 2016; Methfessel et al. 2016). Dieses lebenswichtige Erlernen von Kenntnissen und Fertigkeiten der Nährstoffzufuhr sowie die Ausbildung von (Geschmacks)Vorlieben und Abneigungen erfolgt in hohem Maße informell über die Primärsozialisation und die darin erfahrene Lebensumwelt, beispielsweise über die von Familienmitgliedern oder in Betreuungs- und Bildungseinrichtungen im Alltag vorgelebten Praktiken und Haltungen sowie die hier ermöglichten ›Geschmackserlebnisse‹ (Bartsch et al. 2013; Birch/Fisher 1998; Ellrott 2007; Schmidt 2011). Auch wenn diese Lernprozesse grundsätzlich auf die biologisch gegebene Notwendigkeit der Nährstoffzufuhr zurückgeführt werden können, sind sie ebenfalls mit dem Erlernen sozialer Strukturen und Normen verbunden. Steht das Essen doch in einem derart engen Verhältnis zu dominanten sozialen Prozessen und Verhältnissen, dass sich diese in der Art des Essens widerspiegeln (Barlösius 2016, 29). So ist die Art und Weise des Essens Ausdruck von sozialen Merkmalen der Person – etwa des Genders oder der sozialen Position – und zugleich durch diese beeinflusst (Barlösius 2016, 117ff.; Prahl/Setzwein 1999, 67ff.). Insofern bezieht sich ernährungs- und essbezogenes Lernen ebenso auf physiologische Möglichkeiten der Nährstoffzufuhr wie auf kulturell begründete Wissensbestände, Werte, Normen und Praktiken.

Auch wenn der Primärsozialisation hier eine zentrale Bedeutung zugeschrieben werden kann, ist ernährungs- und essbezogenes Lernen als ein sich über die gesamte Lebensspanne erstreckender Lernprozess zu verstehen, der sich meist außerhalb organisierter Lernarrangements – also in Form von informellem Lernen (vgl. Schmidt-Hertha/Thalhammer 2016, 304f.) – vollzieht. Indem die Handlung des Essens alltäglich realisiert wird und sich über die verschiedenen

---

1 Um der Vielfältigkeit ernährungs- und essbezogener Lernprozesse gerecht zu werden, wird in diesem Beitrag eine Trennung zwischen Ernährung und Essen und der darauf bezogenen Lernprozesse aufrechterhalten: Als *essbezogen* werden solche Lernprozesse erachtet, die sich auf die alltägliche Realisierung des Nahrungsbedürfnisses beziehen. *Ernährungsbezogene* Lernprozesse stehen im Zusammenhang mit individuellen und gesellschaftlich geteilten Wissensbeständen, Überzeugungen und Normen zu den gesellschaftlichen und biologischen Aspekten der Ernährung des Menschen (Methfessel et al. 2016, S. 55).

Lebensphasen hinweg hierfür relevante Bedingungen, wie die eigene Lebenssituation oder verfügbare Wissensbestände und dominierende Normen und Haltungen, verändern, ergeben sich immer wieder Lerngelegenheiten im Sinne von Anlässen oder Erfordernissen die eigenen Kenntnisse, Fähigkeiten und Einstellungen zu erweitern oder zu verändern (vgl. ebd.).

Dabei zeigt sich anhand biographischer Studien, dass umfassende Veränderungen, wie beispielsweise bei Umbrüchen im Lebensverlauf und in Statuspassagen, sensible Phasen für ernährungs- oder essbezogene Reflexionen sowie für Veränderungen der Ernährungsweise darstellen (Brombach 2000; Brunner 2007; Kropp 2008). Wie im Weiteren aufgezeigt wird, ist die Lebensphase Alter mit Prozessen assoziiert, die sich unter anderem auf Bedingungen des Essens auswirken und ernährungs- oder essbezogenes Lernen ermöglichen oder auch erfordern. Schmidt-Hertha und Thalhammer (2016) zeigen im Hinblick auf informelles Lernen im Alter auf, dass dieses dabei als »ein Produkt aus Motiven, Lerngewohnheiten und Selbstwahrnehmung auf der einen Seite und Stimuli und Lernressourcen [...] auf der anderen Seite« (ebd., 313) zu verstehen ist. Neben dem Vorhandensein äußerer, in der Lebenswelt angesiedelter Anreize spielen demnach auch durch die individuelle Biographie bedingte Dispositionen der Person eine Rolle. Wie genau dieses Wechselverhältnis von personen- und umweltbezogenen Bedingungen für ernährungs- und essbezogenes Lernen verstanden werden kann, wird im Folgenden anhand lerntheoretischer Überlegungen zum Erfahrungslernen und den sich daraus ergebenden Annahmen zu Lernanlässen dargelegt. Daran anschließend wird exemplarisch aufgezeigt, inwiefern mit dem Alter assoziierte Veränderungen ein Dazu- oder Umlernen im Bereich des Essens und der Ernährung ermöglichen, erfordern oder auch erschweren können. All dies mündet in einer knappen Darlegung der erwachsenenpädagogischen Bedeutung der hier im Zentrum stehenden Lernprozesse und sich daraus ergebenden Überlegungen zur erwachsenenbildnerischen Unterstützung dieser.

1 Ernährungs- und essbezogenes Lernen als Erfahrungslernen

Betrachtet man den vorliegenden Erkenntnisstand zum ernährungs- und essbezogenen Lernen und Handeln, dann scheinen es vor allem in der Primärsozialisation sowie im späteren Lebensverlauf gemachte (Ess-)*Erfahrungen* zu sein, über die sich Aneignungs- und Reflexionsprozesse zu Essen und Ernährung vollziehen (u. a. Brunner 2007; Ellrott 2007; Schmidt 2011). So findet auf das Essen und die Ernährung bezogenes Lernen überwiegend informell statt. Zwar existieren Bestrebungen, Ernährungsbildung sowohl im Bereich der Kinderbetreuung als auch in der Allgemeinbildung zu integrieren. Die Ernährungs- und Verbraucherbildung nimmt jedoch insbesondere im gymnasialen Bereich eine sehr randständige Position ein, so dass sich ernährungs- und essbezogenes Lernen auch innerhalb der Betreuungs- und Bildungsinstitutionen überwiegend ›nebenher‹, beispielsweise im Rahmen der Pausengestaltung, vollzieht (vgl. Bartsch et al. 2013). Angesichts dieses vorrangig ›nebenher‹ im Rahmen gemachter (Ess-)Erfahrungen erfolgenden Lernens liegt eine Betrachtung ernährungs- und essbezogener Lernprozesse unter der Perspektive des Erfahrungslernens nahe. Diese wird im Folgenden anhand von Günther Bucks (1989) »Lernen und Erfahrung – Epagogik« sowie unter Rückgriff auf Konzepte zum biographischen bzw. lebensgeschichtlichen Lernen (u. a. Delory-Momberger 2014; von Felden 2014) und zu Lernanlässen (u. a. Benner 2004; Jarvis 2012; Schäffter 1997) kurz skizziert.

Eine Gemeinsamkeit dieser Ansätze ist die Annahme, dass Lernprozesse erstens in einen Erfahrungshintergrund eingebettet sind und sich zweitens durch ein Wechselspiel aus dem Erleben eines irritierenden Widerfahrnisses und einem anschließenden ›lernenden‹ Umgang mit diesem ereignen (vgl. Göhlich 2014).

Demnach ist Lernen insofern an den bestehenden Erfahrungshintergrund gebunden, als dass das bestehende Erfahrungswissens den Ausgangspunkt darstellt, durch den erst ein sinnhafter Zugang zur Welt möglich ist: Es bedarf eines bereits bestehenden Vorwissens, um zu erkennen mit was für einem Gegenstand man es zu tun hat und dass man etwas daran noch nicht oder nicht richtig erkennt. Damit bietet dieses Vorwissen die Basis für ein weiteres Erschließen des jeweils betrachteten Gegenstands (Benner 2004, 8f.; Buck 1989, 89f.). Dieser Zugang über den Erfahrungshintergrund ist damit verbunden, dass kontinuierlich Erwartungen an das im Weiteren Erlebte gestellt werden. Tritt eine Diskrepanz zwischen den meist unbewussten Erwartungen und dem tatsächlich Erlebten auf oder führt eine Handlung nicht zu dem erwarteten Ergebnis, kann dies irritieren. Diese Diskrepanz zwischen Erwartetem und tatsächlich Widerfahrenem kann als Hinweis auf Fehler- oder Leerstellen im eigenen Erfahrungswissen gedeutet werden: Man hat etwas falsch oder noch nicht gänzlich verstanden, etwas hat mehr Facetten, als man bisher kannte oder man verfügt nicht über die erforderlichen Fertigkeiten (Benner 2004; Buck 1989; Jarvis 2009). Das Erleben einer solchen ›negativen Erfahrung‹ einerseits und ein dem Menschen eigenes Bedürfnis nach letzten Gewissheiten (Buck 1989, 79) bzw. einem harmonischen Zustand (Jarvis 2009) andererseits können Lernprozesse im Sinne eines Hinzu- oder eines Umlernens auslösen. Indem Lernen als eine Antwort auf derartige negative Erfahrungen gesehen wird, wird ebenfalls ein bestimmtes Verständnis von Lernen mitgeliefert: Lernen kann in diesem Zusammenhang als eine Korrektur oder Ergänzung des aus der Lebenswelt gewonnen Erfahrungswissens verstanden werden. Buck versteht Lernen in diesem Zusammenhang auch als eine Annäherung an ein Wissen über grundlegende Prinzipien (Buck 1989, 42; Göhlich 2014, 197f.). Dieses über den Lernprozess erlangte bessere oder andere Verständnis wirkt sich Buck zufolge auf die gesamte Person aus, da sich damit ebenfalls die Sicht auf die Welt und sich selbst verändert. Alle weiteren Erfahrungen und damit verbundenen Lernprozesse sind durch das im Lernprozess veränderte Verständnis geprägt:

»Eine [negative, A.K.] Erfahrung, durch die man persönlich betroffen wird, richtet sich nicht nur auf einen Gegenstand, mit dem es sich anders verhält, als man geglaubt hat. Sie ist eine Erfahrung die man vorzüglich über sich selbst macht, auch wenn es Dinge oder Menschen sind, die anders sind, als man erwartet hat. Deshalb verhält man sich auf Grund einer solchen Erfahrung nicht nur zu den Dingen und Menschen, sondern vor allem zu sich selbst in neuer Weise. [...] Nicht nur der vermeinte Gegenstand, sondern unser Erfahrenkönnen selbst wandelt sich« (Buck 1989, 77).

In diesem Zusammenhang wird zugleich deutlich, warum nicht auf jede erlebte negative Erfahrung mit einem Lernprozess reagiert wird. Ist doch die Einsicht, dass das bisherige Verständnis unvollständig oder fehlerhaft ist, mit einem Hinterfragen zuvor geltender Gewissheiten bis hin zur Infragestellung des eigenen Verständnisses der Welt und der eigenen Person verbunden. Eine zu geringe Bereitschaft sich dieser Infragestellung bisheriger Gewissheiten zu stellen oder eine fehlende Offenheit gegenüber Unbekanntem, können folglich als Beweggründe dafür gesehen werden, negativen Erfahrungen mit anderen Strategien als mit Lernen zu begegnen. So können unter anderem erlebte Diskrepanzen in ihrer Bedeutung als nicht weiter beachtenswert herabgespielt oder negative Erfahrungen mit Hilfe von Uminterpretationen mit früheren Erwartungen wieder in Einklang gebracht werden (Jarvis 2012; Schäffter 1997, 697f.).

Hinsichtlich des Zustandekommens und der Konsequenzen ernährungs- und essbezogener Lernprozesse bedeutet dies, dass diese sich erstens bevorzugt in Situationen ereignen dürften, in denen Gewohnheiten, Haltungen oder Wissensbestände irritiert werden. Das dürfte insbesondere dann der Fall sein, wenn sich die Handlungsumwelt oder die Person (z. B. bzgl. ihrer Einstellungen oder ihres verfügbaren Wissens) verändert. Zweitens ergibt sich daraus, dass die Anlässe und die Resultate ernährungs- und essbezogenen Lernens mit dem vorangegangenen Erfahrungshintergrund, also der eigenen Biographie verbunden sind: Ob ein Erlebnis als Irritation erlebt und etwas gelernt wird, hängt davon ab, mit welchem Erfahrungshintergrund man diesem Erlebnis begegnet und inwieweit man bereit ist, das bisherige eigene Verständnis aufgrund der Irritation in Frage zu stellen. Schließlich weist die oben von Buck zitierte Wirkung von Lernprozessen auf die Erfahrungsweise daraufhin, dass sich ernährungs- und essbezogenes Lernen auf das eigene Verhältnis zur Welt und zur eigenen Person auswirken kann. Umgekehrt bedeutet dies auch, dass ein aufgrund anderer Lernprozesse verändertes ›Verständnis der Dinge‹ wiederum für ernährungs- und essbezogene Lernprozesse bedeutsam ist, beispielsweise wenn durch eine Auseinandersetzung mit ökologischen Ressourcen ein ökologisches Bewusstsein entwickelt wird, zu dem bisherige Esspraktiken in einem Widerspruch stehen (vgl. Klein 2018).

2 Anlässe ernährungs- und essbezogenen Lernens in der Lebensphase Alter

Die folgende exemplarische Betrachtung einzelner, unmittelbar mit dem Essen in Verbindung stehender körperlicher Alternsprozesse, des Übergangs in die Nacherwerbsphase sowie der Auseinandersetzung mit dem eigenen Alternsprozess zeigt auf, inwiefern Veränderungen in der Lebensphase des Alters zu Anlässen ernährungs- und essebezogenen Lernens werden können.

Körperliche Veränderungen im Alter

Folgt man Strube (2006), so ist das Alter mit verschiedenen biologischen Alternsprozessen verbunden, die in einem unmittelbaren Zusammenhang mit dem Essen stehen, da sie sich entweder auf das Erleben des Essens oder auf die Konsequenzen der Nahrungsaufnahme auswirken können.

Der Verlust von Zähnen oder eine mit dem Altern auftretende Mundtrockenheit können das Erleben der Nahrungsaufnahme verändern und unter Umständen die Wahl der Lebensmittel beeinflussen. Ebenso machen altersbedingte Veränderungen des Stoffwechsels, wie eine verringerte Leistung von Magen, Darm und Leber, das Altern des Körpers spürbar (vgl. Strube 2006). Unter Umständen fordern sie mit dem Auftreten von Beschwerden eine stärkere Aufmerksamkeit für den Körper ein. Will man die Beschwerden vermeiden, gilt es sie zu ›verstehen‹ und sich Kenntnisse und Fertigkeiten zu deren Bewältigung anzueignen, indem man beispielsweise vom eigenen Körper, aus Fachliteratur oder den Erfahrungen anderer *lernt*. Der eigene Körper ›irritiert‹ und veranlasst somit zu lernen, welche Ernährung der eigene alternde Körper braucht und wie das Essen entsprechend gestaltet werden kann (vgl. Gugutzer 2008; Meitzler 2017).

Des Weiteren findet im Alter eine Abnahme des Grundumsatzes und eine Umverteilung des Körperfettes statt, was in Form eines veränderten Erscheinungsbildes zum Ausdruck kommen kann (vgl. Strube 2006). Eine damit verbundene Diskrepanzerfahrung, dass sich das gewohnte Essen in veränderter Weise auf das Erscheinungsbild auswirkt, kann insbesondere bei Frauen in Verbindung mit bestehenden Schlankheitsidealen[2] als Anlass für Lernprozesse gesehen werden. Die Folge kann eine Auseinandersetzung mit den veränderten Bedürfnissen des eigenen alternden Körpers, den Eigenschaften von Lebensmitteln oder mit bestimmten Diäten sein.

---

2 Für weitere Ausführungen zur Bedeutung weiblicher Schlankheitsideale für die Ernährungsweise s. a. Jelenko 2007a sowie Prahl/Setzwein 1999.

Übergang in die Nacherwerbsphase

Da der Übergang in die Nacherwerbsphase mit umfassenden Veränderungen der Alltagsgestaltung, des Selbstverständnisses sowie des sozialen Umfelds verbunden sein kann, bestehen hier vielfältige potenzielle Anlässe zu ess- und ernährungsbezogenem Lernen, von der an dieser Stelle nur eine kleine Auswahl vorgestellt werden kann.

Erstens entfallen insbesondere bei einer zuvor gegebenen Vollzeit-Erwerbstätigkeit in umfassendem Maße zeitliche Restriktionen, so dass die Strukturierung des Alltags und damit auch des Essalltags in wesentlich geringerem Maß von äußeren Vorgaben mitbestimmt wird. Aus zeitlichen Gründen vorgenommene Kompromisse bei der Essenszubereitung müssen nicht mehr eingegangen werden und Prioritäten in der Alltagsgestaltung können oder müssen neu gesetzt werden (Brunner 2007, 126; Faltermaier et al. 2014, 267f.; Geyer 2007). *Zweitens* kann es (in Abhängigkeit von Umfang und Art der vorangegangenen Erwerbstätigkeit) zu einem Wandel im Essenskontext kommen. Die Mahlzeiten werden (vermehrt) im häuslichen Kontext eingenommen. Dies kann unter Umständen bedeuten, dass zuvor an Einrichtungen der außerhäuslichen Ernährungsversorgung delegierte Tätigkeiten, wie die Beschaffung und Zubereitung von Lebensmitteln, selbst übernommen werden müssen. Schließlich kann sich *drittens* im Zusammenhang mit veränderten räumlichen und sozialen Kontexten der Mahlzeiteneinnahme sowie veränderten zeitlichen und finanziellen Ressourcen die Bedeutung des Essens verändern. Beispielsweise kann der Ausstieg aus der Erwerbstätigkeit bei einer bestehenden Partnerschaft dazu führen, dass die Essenskontexte stärker durch den Partner geprägt werden und in höherem Maße Abstimmungen bzgl. der Essensinhalte und -zeiten erforderlich sind. Auch können die ernährungsbezogenen Überzeugungen und Gewohnheiten des Partners bzw. der Partnerin stärker erfahren werden. Bei Alleinstehenden kann der Ausstieg aus dem Berufskontext, ähnlich dem Fall einer Verwitwung, damit verbunden sein, dass die Mahlzeiteneinnahme von einer gemeinschaftlichen Handlung zu einer isolierten, in ihrer Bedeutung auf das Grundbedürfnis der Nährstoffzufuhr reduzierten Handlung wird (vgl. Strube 2006, 551).

Dieser kurze Überblick über einige wesentliche, im Hinblick auf das Essen bedeutsame Veränderungen zeigt auf, dass der Übergang in die Nacherwerbsphase mit verschiedenen Anlässen zur Auseinandersetzung mit dem eigenen Essen und der Erweiterung des eigenen Handlungsrepertoires verbunden ist. Angesichts der frei werdenden zeitlichen Ressourcen sind diese zugleich von förderlichen Bedingungen für das Zustandekommen von Lernprozessen gerahmt.

Des Weiteren legen weiterhin bestehende geschlechtsspezifische Unterschiede im Erwerbsumfang nahe, dass die beschriebenen Veränderungen häufig geschlechtsspezifisch unterschiedlich ausfallen und bei häufiger in Vollzeit tätigen Männern umfassender sind, als bei den häufiger als ›Zuverdienerin‹ erwerbstätigen Frauen (Clemens 2006; Engstler/Klaus 2017). Folgt man den oben dargelegten Überlegungen, wäre der Übergang in die Nacherwerbsphase insbesondere bei Männern mit einem hohen Maß an ernährungs- und essbezogenen Lernanlässen verbunden. Dabei dürfte insbesondere bei einer zuvor traditionellen Übernahme der Ernährungsversorgungstätigkeiten durch die Partnerin ein hohes Lernpotenzial bestehen: Mit dem Übergang in die Nacherwerbsphase würde der zuvor zeitlich eingebundene Partner demnach über die Möglichkeit verfügen, sich in die bislang von der Partnerin übernommenen Handlungsbereiche einzubringen und sich verstärkt mit Wissensbeständen und Fertigkeiten im Bereich der Ernährung und des Essens auseinanderzusetzen (vgl. Jelenko 2007b). Allerdings zeigen Engstler und Klaus (2017) anhand der Daten des Deutschen Alterssurveys (DEAS) auf, dass insbesondere bei zuvor traditionellen Arbeitsteilungsmustern der Bereich der Ernährungsversorgung auch in der Nacherwerbsphase vorrangig Aufgabe der Frau bleibt und Männer das Prinzip der Delegation essensbezogener Tätigkeiten in der Nacherwerbsphase beibehalten. Folglich scheint der Übergang in der Nacherwerbsphase zwar mit unterschiedlichen Anlässen und Gelegenheiten zu ess- und ernährungsbezogenen Lernprozessen einher zu gehen. Jedoch scheint die Persistenz traditioneller Arbeitsteilungsmuster eine bedeutsame (geschlechtsspezifische) Barriere für eine Auseinandersetzung mit Essen und Ernährung darzustellen (vgl. Jelenko 2007a).

Gestaltung des Alters

Auch wenn der Verlauf des Alternsprozesses in den verschiedenen Bereichen (z. B. biologisch, sozial und psychisch[3]) intra- und interindividuell unterschiedlich verläuft und die Lebensphase des Alters neben Abbauprozessen ebenfalls Veränderungen im Sinne von Kompetenzerweiterung und Persönlichkeitswachstum enthalten kann (Backes/Clemens 2013; Faltermaier et al. 2014), ist diese Lebensphase häufig von irreversiblen Einschränkungen und Verlusten begleitet. Hierzu zählen beispielsweise im körperlichen Bereich die oben dargestellten Veränderungen des Stoffwechsels, eine Abnahme der körperlichen Leistungsfähigkeit und der Gesundheit sowie im sozialen Bereich der Verlust von nahen Angehörigen (Faltermaier et al. 2014).

Indem der Körper nicht mehr funktioniert, wie er es zu früheren Zeitpunkten der Biographie tat, zieht er die Aufmerksamkeit auf sich und macht, ebenso wie das Erleben von Erkrankungen und Todesfällen im sozialen Umfeld, die zeitliche Begrenztheit der körperlichen Existenz bewusst (vgl. Faltermaier et al. 2014; Meitzler 2017, 54). Neben körperlichen dürften ebenfalls soziale Veränderungen, wie der Übergang in die Nacherwerbsphase oder die Übernahme der Großelternschaft, dazu führen, dass man sich mit dem Umstand konfrontiert sieht, nun zu ›den Älteren‹ zu gehören und sich in der letzten, mit dem Tod endenden Lebensphase zu befinden. Diesem Wissen um die eigene, unvermeidbare körperliche Vergänglichkeit steht eine gesellschaftliche Sicht vom Körper »als ein reflexives Identitätsprojekt […], an dem ein Leben lang gearbeitet wer-

---

3 Für weitere Ausführungen zur Differenzierung verschiedener Formen des Alters s. a. Schmidt-Hertha, 2014.

den kann (soll oder muss)« (Gugutzer 2008, 184) gegenüber. Eine Perspektive, die sich in der Vorstellung vom aktiven Altern widerspiegelt und welche Schroeter (2014) zufolge dem Einzelnen die Verantwortung überträgt, »den Körper im Sinne von Gesundheit und Fitness zu regulieren und zu bearbeiten« (ebd., 302).

Vor diesem Hintergrund kann die Ernährung als ein Mittel wahrgenommen werden, welches entsprechend dieser Forderung körperliche Alternsprozesse im Sinne eines Anti-Ageings beeinflusst und Abbauprozessen entgegen wirkt (vgl. Pfaller/Adloff 2007), da ihr sowohl im Fachdiskurs als auch im Alltagsdiskurs eine zentrale Bedeutung für das (langfristige) physische Wohlbefinden und das Auftreten bestimmter altersbezogener Krankheiten, wie Diabetes, Herz-Kreislauf-Krankheiten und Osteoporose zugesprochen wird (Strube 2006; Windler et al. 2004). Die Wahrnehmung der Ernährungsweise als Möglichkeit zur Gestaltung des alternden Körpers könnte demnach eine Auseinandersetzung mit Ernährungsformen und möglicherweise zuvor unbekannten Lebensmitteln und Zubereitungsarten sowie deren Erproben im Essalltag fördern (vgl. Kropp 2008; Pfaller/Adloff 2017; Schroeter 2014). Die Frage nach einer gesunden Ernährung dürfte spätestens dann zum Thema werden, wenn bei der eigenen Person oder im nahen sozialen Umfeld altersbezogene Erkrankungen auftreten, die einer Veränderung der gewohnten Ernährungsweise erfordern (vgl. Brunner 2007).

Schließlich kann die Auseinandersetzung mit der eigenen Endlichkeit zu einer Bilanzierung der eigenen Biographie und des eigenen Verhältnisses zur Umwelt führen und in diesem Zusammenhang eine nachhaltige Ernährung bedeutsam werden (Kropp 2008, 134).

3   Fazit

Die exemplarischen Betrachtungen zusammenführend lässt sich festhalten, dass die Lebensphase des Alters verschiedene Anlässe ernährungs- und essbezogenen Lernens bereitstellt. Das Erleben und das Antizipieren körperlicher Alternsprozesse können mit einem zunehmenden Aufmerksamkeitsfokus für den Handlungsbereich des Essens und Themen der Ernährung in Verbindung gebracht werden. In diesem Zusammenhang kann ernährungs- und essbezogenes Lernen auch als ein Lernen mit und über den alternden Körper gesehen werden: Die Frage danach, wie das körperliche Wohlbefinden durch die Ernährung aufrechterhalten bzw. gesteigert werden kann, ist unmittelbar mit der Fragestellung verbunden, welche (ernährungsspezifischen) Bedürfnisse der alternde Körper hat und wie sich das eigene Essverhalten auf diesen auswirkt. Eine Betrachtung ernährungs- und essbezogener Lernprozesse könnte demnach u. a. Einblicke in den Umgang mit dem körperlichen Altern ermöglichen.

Ebenso kann der Übergang in die Nacherwerbsphase mit Gelegenheiten und je nach Lebenssituation auch mit der Notwendigkeit zu essbezogenem Lernen verbunden sein. Dabei scheinen eine weiterhin dominierende geschlechtsspezifische Rollenverteilung und das Bestehen einer Partnerschaft für das Auftreten von ernährungs- und essbezogenen Lernanlässen sowie das anschließende Zustandekommen von Lernprozessen von zentraler Bedeutung zu sein. Auch wenn an dieser Stelle nicht weiter darauf eingegangen werden kann, ist angesichts des zu Beginn dargelegten Verhältnisses des Essens zu dominanten sozialen Prozessen und Verhältnissen davon auszugehen, dass das Geschlecht sowie weitere Merkmale, wie die soziale Position oder der kulturelle Hintergrund, grundsätzlich für das Auftreten von Lernanlässen bedeutsam sind (vgl. Barlösius 2016).

Abschließend bleibt darauf hinzuweisen, dass den hier aufgezeigten *Möglichkeiten* ernährungs- und essbezogenen Lernens im Alter eine ebenso bestehende *Notwendigkeit* hierzu gegenübergestehen kann. So beinhaltet der biologische Alternsprozess körperliche Veränderungen, die eine Anpassung der Ernährungsweise erfordern, beispielsweise in Form einer verstärkten Aufnahme von Vitamin D oder eines Verzehrs kleinerer Portionen mit einer größeren Dichte an Vitaminen und Mineralien (Strube 2006). Des Weiteren ist die Ernährungsweise neben der Bewegung eine wichtige Bedingung für das Auftreten von verschiedenen altersbezogenen Erkrankungen (Strube 2006; Windler et al. 2004). So kann im Falle von bestehender Adipositas ein ›Umlernen‹ hin zu einer gesünderen Ernährungsweise eine wichtige Prävention darstellen.

Für die Erwachsenenbildung ergibt sich hieraus die Frage, wie Ältere darin unterstützt werden können, sich mit dem für das physische und psychische Wohlbefinden relevanten Bereich der Ernährung und des Essens auseinanderzusetzen, so die Lebensphase des Alters in dieser Hinsicht aktiv zu gestalten und mit dem Altern verbundenen Herausforderungen zu begegnen. Da aus einer erfahrungslerntheoretischen Perspektive davon auszugehen ist, dass Anlässe und Prozesse ernährungs- und essbezogenes Lernens in einer engen Beziehung zu biographisch vorgelagerten, meist informellen Lernprozessen stehen, dürfte hier eine wesentliche Herausforderung darin bestehen, im Lebensalltag bestehende Anreize und bereits vollzogene informelle Lernprozesse zu identifizieren und an diese anzuknüpfen (vgl. Schmidt-Hertha/Thalhammer 2016, 318).

Literatur

Backes, G. M./Clemens, W. (2013): *Lebensphase Alter. Eine Einführung in die sozialwissenschaftliche Alternsforschung*. Weinheim: Beltz Juventa.
Barlösius, E. (2016): *Soziologie des Essens. Eine sozial- und kulturwissenschaftliche Einführung in die Ernährungsforschung*. Weinheim: Beltz Juventa.
Bartsch, S./Büning-Fesel, M./Cremer, M./Heindl, I./Lambeck, A./Lührmann, P./Oepping, A./Rademacher, C./Schulz-Greve, S. (2013): Ernährungsbildung – Standort und Perspektiven. In: *Ernährungs-Umschau*, 2, S. 84–95.

Benner, D. (2005): Einleitung. Über pädagogisch relevante und erziehungswissenschaftlich fruchtbare Aspekte der Negativität menschlicher Erfahrung. In: Benner, D. (Hg.): *Erziehung – Bildung – Negativität*. Weinheim: Beltz, S. 7–21.

Birch, L. L./Fisher, J. O. (1998): Development of eating behaviors among children and adolescents. In: *Pediatrics*, 101 (Supplement 2), S. 539–549.

Brombach, C. (2000): *Ernährungsverhalten im Lebensverlauf von Frauen über 65 Jahren. Eine qualitativ biographische Untersuchung*. Gießen: Fachverlag Köhler.

Brunner, K.-M. (2007): Alimentäre Biographien – Kontinuitäten, Umbrüche, Veränderungen. In: Brunner, K.-M./Geyer, S./Jelenko, M./Weiss, W./Astleithner, F. (Hg.): *Ernährungsalltag im Wandel. Chancen für Nachhaltigkeit*. Wien: Springer Vienna, S. 119–129.

Buck, G. (1989): *Lernen und Erfahrung – Epagogik. Zum Begriff der didaktischen Induktion*. Darmstadt: Wissenschaftliche Buchgesellschaft.

Clemens, W. (2006): Ältere Arbeitnehmerinnen in Deutschland. Erwerbsstrukturen und Zukunftsperspektiven. In: *Zeitschrift für Gerontologie und Geriatrie* 39/1, S. 41–47.

Delory-Momberger, C. (2014): Biographisches Lernen. In: Göhlich, M./Wulf, C./Zirfas, J. (Hg.): *Pädagogische Theorien des Lernens*. Weinheim: Beltz, S. 142–152.

Ellrott, T. (2007): Wie Kinder essen lernen. In: *Ernährung* 1/4, S. 167–173.

Engstler, H./Klaus, D. (2017): Auslaufmodell ›traditionelle Ehe‹? Wandel der Lebensformen und der Arbeitsteilung von Paaren in der zweiten Lebenshälfte. In: Mahne, K./Wolff, J. K./Simonson, J./Tesch-Römer, C. (Hg.): *Altern im Wandel. Zwei Jahre Deutscher Alterssurvey (DEAS)*. Springer Fachmedien: Wiesbaden, S. 201–213.

Faltermaier, T./Mayring, P./Saup, W./Strehmel, P. (2014): *Entwicklungspsychologie des Erwachsenenalters*. Stuttgart: W. Kohlhammer.

Felden, H. v. (2014): Transformationen in Lern- und Bildungsprozessen und Transitionen in Übergängen. In: Felden, H. v./Schäffter, O./Schicke, H. (Hg.): *Denken in Übergängen. Weiterbildung in transitorischen Lebenslagen*. Wiesbaden: Springer Fachmedien, S. 61–84.

Geyer, S. (2007): Essen und Kochen im Alltag. In: Brunner, K.-M./Geyer, S./Jelenko, M./Weiss, W./Astleithner, F. (Hg.): *Ernährungsalltag im Wandel. Chancen für Nachhaltigkeit*. Wien: Springer Vienna, S. 61–81.

Göhlich, M. (2014): Aus Erfahrung lernen. In: Göhlich, M./Wulf, C./Zirfas, J. (Hg.): *Pädagogische Theorien des Lernens*. Weinheim: Beltz, S. 191–202.

Gugutzer, R. (2008): Alter(n) und die Identitätsrelevanz von Leib und Körper. In: *Zeitschrift für Gerontologie und Geriatrie* 41, S. 182–187.

Jarvis, P. (2009): Learning from everyday life. In: Jarvis, P. (Hg.): *The Routledge International Handbook of Lifelong Learning*. London/New York: Routledge, S. 19–30.

Jarvis, P. (2012): Non-learning. In: Jarvis, P./Watts, M. (Hg.): *The Routledge International Handbook of Learning*. London/New York, S. 94–99.

Jelenko, M. (2007a): Geschlechtsspezifische Ernährungspraktiken In: Brunner, K.-M./Geyer, S./Jelenko, M./Weiss, W./Astleithner, F. (Hg.): *Ernährungsalltag im Wandel. Chancen für Nachhaltigkeit*. Wien: Springer Vienna, S. 83–96.

Jelenko, M. (2007b): Ernährungskompetenz und -verantwortung. In: Brunner, K.-M./Geyer, S./Jelenko, M./Weiss, W./Astleithner, F. (Hg.): *Ernährungsalltag im Wandel. Chancen für Nachhaltigkeit*. Wien: Springer Vienna, S. 199–203.

Klein, A. (2018): Ernährungslerngeschichten: Eine lern- und bildungstheoretische Betrachtung von Ernährungsbiografien. In: Dr. Rainer Wild-Stiftung (Hg.): *Essbiografie. Annäherungen an die individuellen Ernährungsgewohnheiten*. Heidelberg: Verlag Dr. Rainer Wild-Stiftung, S. 129–145

Kropp, C. (2008): Ernährungsarrangements im Alter – Spielräume und Grenzen der Gestaltung von Ernährungsmustern im dritten Lebensabschnitt. In: Künemund, H./Schroeter, K. R. (Hg.): *Soziale Ungleichheiten und kulturelle Unterschiede in Lebenslauf und Alter. Fakten, Prognosen und Visionen*. Wiesbaden: VS Verlag, S. 127–139.

Meitzler, M. (2017): Der alte Körper als Problemgenerator. Zur Normativität von Altersbildern. In: Keller, R./Meuser, M. (Hg.): *Alter(n) und vergängliche Körper*. Wiesbaden: Springer Fachmedien, S. 45–66.

Methfessel, B./Höhn, K./Miltner-Jürgensen, B. (2016): *Essen und Ernährungsbildung in der KiTa. Entwicklung – Versorgung – Bildung*. Stuttgart: W. Kohlhammer.

Pfaller, L./Adloff, F. (2017): »Mein Leben ist ein Fortfahren von Eigenreparatur«. Der Körper im Zeichen des Anti-Aging. In: Keller, R./Meuser, M. (Hg.): *Alter(n) und vergängliche Körper*. Wiesbaden: Springer Fachmedien, S. 91–107.

Prahl, H.-W./Setzwein, M. (1999): *Soziologie der Ernährung*. Wiesbaden: VS Verlag

Schäffter, O. (1997): Irritation als Lernanlaß. Bildung zwischen Helfen, Heilen und Lehren. In: Krüger, H.-H./Olbertz, J. H. (Hg.): *Bildung zwischen Markt und Staat*. Opladen: Leske + Budrich, S. 691–708.

Schmidt, S. (2011): Wie Kinder beim Essen lernen. In: Schönberger, G./Methfessel, B. (Hg.): *Mahlzeiten. Alte Last oder neue Lust?* Wiesbaden: VS Verlag, S. 55–70.

Schmidt-Hertha, B. (2014): *Kompetenzerwerb und Lernen im Alter*. Bielefeld: Bertelsmann.

Schmidt-Hertha, B./Thalhammer, V. (2016): Informelles Lernen älterer Erwachsener. In: Rohs, M. (Hg.): *Handbuch Informelles Lernen*. Wiesbaden: Springer Fachmedien, S. 303–322.

Schroeter, K. R. (2014): Verwirklichung des Alterns. In: Amann, A./Kolland, F. (Hg.): *Das erzwungene Paradies des Alters? Fragen an eine Kritische Gerontologie*. Wiesbaden: Springer Fachmedien, S. 283–318.

Strube, H. (2006): Es ist nie zu spät – Ernährung im Alter. In: *Bundesgesundheitsblatt – Gesundheitsforschung – Gesundheitsschutz* 49/6, S. 547–557.

Windler, E./Zyrias/B.-Chr./Beil, F. U./Greten, H. (2004): Primärprävention von Herz-Kreislauf-Erkrankungen. Ein Stiefkind der Inneren Medizin. In: *Internist* 45/2, S. 173–181.

Kulturelle Bildung und Teilhabe im Kunstmuseum – Überlegungen zur Konzeptualisierung von kunstbasierten Angeboten für Menschen mit Demenz

Ann-Katrin Adams, Arthur Schall, Valentina A. Tesky, Frank Oswald und Johannes Pantel

Die Ermöglichung kultureller Bildung ist – neben dem Sammeln, Bewahren, Erforschen und Ausstellen kultureller Erzeugnisse – der zentrale gesellschaftliche Auftrag von Museen. Vor dem Hintergrund des demographischen Wandels (aber auch vor dem Hintergrund eines generellen Kulturwandels des Alters) wird bereits seit mehr als 30 Jahren gezielte Kulturarbeit mit älteren Menschen und für ältere Menschen betrieben. Dabei ist der Anspruch an diese Museumsangebote gestiegen, hin zu einer Programmgestaltung, die, mehr noch als Zerstreuung und Beschäftigung, zielgruppengerechte Bildungsarbeit in pädagogischen wie künstlerischen Handlungsformen beinhaltet. Bildungsprozesse entstehen hier in der Suche nach Formen der Auseinandersetzung mit Erlebnissen sowie der Erfahrung von Differenzen – zu Dingen, zu Anderen, zu sich selbst (vgl. Karl 2008, 2010). Neben individuellen Lern- und Bildungserfahrungen implizieren diese Museumsangebote gesellschaftliche und kulturelle Teilhabe als eine bedeutsame Aufgabe unserer Zeit (vgl. z. B. Naegele/Olbermann/Kuhlmann 2016) und werden somit zu einem relevanten Faktor für Integration und für die Aufrechterhaltung von Lebensqualität im Alter (vgl. Groote/Nebauer 2008).

Betrachtet man die impliziten Annahmen über das Altern, die diesen Bildungsangeboten zugrunde liegen, so findet man eine stark an Ressourcen und Aktivierung orientierte Betrachtungsweise, die die Konzeption der Angebote bestimmt und einer defizitären, auf Verluste fokussierten Alterswahrnehmung entgegengesetzt ist. Zur Folge hat diese Orientierung allerdings, dass vor allem ressourcenreiche ältere Menschen adressiert werden. Dies betrifft sowohl die materielle als auch die kognitive Dimension. Neben der Förderung einer positiv konnotierten Alterswahrnehmung auf der einen Seite muss also auf der anderen Seite von der Gefahr einer Vernachlässigung vulnerabler Gruppen (wie Menschen mit Demenz) bei kulturellen Bildungsangeboten ausgegangen werden (vgl. z. B. Himmelsbach 2009). Demgegenüber fokussieren Kunst- und Kulturangebote aus Bereichen sozialer Arbeit und inklusiver Pädagogik zumeist nur kleine Ausschnitte anstatt alltäglicher Realität und lassen »[...] über den Tag hinausweisende Konzepte der Selbstverwirklichung [...]« außer Acht (Kolland 2008, 176f.).

1 Museumsangebote für Menschen mit Demenz

Die Wahrscheinlichkeit, an einer Demenz zu erkranken, steigt mit zunehmendem Lebensalter. Durch den demographischen Wandel wächst die Gruppe der Menschen mit Demenz somit stetig an. Wenn auch der Verlauf dieser degenerativen Erkrankung individuell sehr unterschiedlich ist, so gehen Demenzen immer mit einem Abbau kognitiver Fähigkeiten einher.

In Deutschland werden seit nunmehr über zehn Jahren kunstbasierte Programme für Menschen mit Demenz angeboten, sowohl im Museumsraum als auch in Pflegeheimen. Gleichzeitig dauert die Suche nach passenden Strategien für den Umgang mit Kunst in diesem Kontext noch an, die theoretische Auseinandersetzung damit, wie Angebote konzipiert sein müssen und welche Erwartungen an ein Angebot für Menschen mit Demenz gestellt werden, findet erst seit relativ kurzer Zeit statt[1].

Vorläufige Ergebnisse einer Bestandsaufnahme im Rahmen einer laufenden Dissertation[2] zeigen auf, dass bereits eine Vielzahl an Museumsangeboten für Menschen mit Demenz in Deutschland existiert – zum weit überwiegenden Teil in Kunstmuseen, aber auch Industrie-, Naturkunde- und Heimatmuseen bieten spezielle Programme an. In den meisten Museen werden Menschen mit Demenz und ihre Angehörigen adressiert, die zweitgrößte Gruppe bilden Angebote, die offen für Menschen mit und ohne demenzielle Erkrankung sind. Die meisten Angebote sind buchbare Führungen, teils für feste Gruppen aus Pflegeeinrichtungen. Die wenigsten Museen bieten offene Führungen an, aufgrund der schlecht kalkulierbaren Gruppengrößen. Die buchbaren Führungen sind zu ähnlichen Teilen mit und ohne praktische kreative Arbeit angelegt. Bezüglich der genauen Zielgruppe nach Stadium der Demenz findet nur in wenigen Museen eine Spezifizierung statt. Menschen mit schwerer Demenz sind allerdings in der Praxis oft ausgeschlossen, unter anderem aufgrund fehlender Mobilität. Es ist außerdem zu berücksichtigen, dass die Ansprache von Menschen mit Demenz weit überwiegend indirekt, über Pflegende, Angehörige, soziale Einrichtungen etc. stattfindet. Es obliegt also der Einschätzung des Umfeldes zu entscheiden, ob der Mensch mit Demenz in der Lage ist, an dem Angebot teilzunehmen. Besondere Relevanz wird bei den Führungen sowohl der räumlichen Ausstattung als auch der Organisation von Betreuungs- und Begleitungspersonal beigemessen. Auch die Einbettung in den Museumsalltag wird als wichtig erachtet (beispielsweise werden Zeiträume mit wenig Besucherverkehr von den Organisator*innen bevorzugt).

---

1 Dabei gibt es bereits verschiedene Ansätze und Methoden. Beispielsweise hat das Lehmbruck Museum in Duisburg in Zusammenarbeit mit Demenz Support Stuttgart gGmbH und der MSH Medical School Hamburg ein Modell zur Kunstvermittlung für Menschen mit Demenz entwickelt (vgl. Ganß/Kastner/Sinapius 2016).
2 Die Ergebnisse stammen aus einer unveröffentlichten, noch nicht abgeschlossenen Dissertation.

Betrachtet man die Konzeption kultureller Angebote für Menschen mit Demenz im Museum, so wird die Frage nach den Möglichkeiten und Bedingungen (kultureller) Bildung für diese Personengruppe in der Praxis zumeist ausgeklammert. Museumspädagogische Angebote für andere Zielgruppen, wie Führungen, Workshops, Diskussionsrunden etc., beinhalten mehr oder weniger klassische Zielsetzungen der Vermittlungs- und Bildungspraxis. Angebote für kognitiv beeinträchtigte Menschen betreffend, hat bislang keine deutliche Abgrenzung in der Zielsetzung stattgefunden. Geht es hierbei um die bloße Beschäftigung, um einen therapeutischen Gedanken oder kann bei diesen Angeboten von kultureller Bildungsarbeit gesprochen werden? Eine Definition eines solchen Zieles würde die Konzeption der Angebote maßgeblich beeinflussen. Eine Anpassung der Angebote an die kognitiven Ressourcen sowie an die evtl. vorhandenen (Lern)Interessen der Zielgruppe ist folglich nötig. Auch dem Umgang mit Verlusten, sowohl äußeren (z. B. Verlust des Partners bzw. der Partnerin) als auch dem Verlust der eigenen Fähigkeiten oder des Erinnerungsvermögens, kann mit Hilfe kreativer Aktivitäten begegnet werden (vgl. Groote/Fricke 2010).

Eine Auseinandersetzung mit den Möglichkeiten des Lernens und Erinnerns bei Menschen mit Demenz, um darüber hinaus eine fundierte Aussage über sinnvolle didaktische Gestaltungsweisen von Museumsangeboten für Menschen mit Demenz treffen zu können, erscheint daher notwendig.

2 Teilhabe und/oder Bildung?

In Bezug auf Museumsangebote für Menschen mit Demenz ist der Begriff der kulturellen Teilhabe verbreitet. Teilhabe, ein Begriff, der in den 1990er Jahren den Begriff der Fürsorge ersetzte, bezeichnet hier die Eingebundenheit in alle elementaren Lebensbereiche. Soziale und kulturelle Teilhabe gehen über gesellschaftliche Teilhabe, die die Zugehörigkeit zu Strukturen und Systemen umfasst, hinaus. Die Ermöglichung von Teilhabe für Menschen mit Demenz ist zentral und gewinnt zunehmend an Bedeutung – dabei sollte eine gleichberechtigte und selbstbestimmte Teilhabe ermöglicht werden, die sich in Bezug auf Kunst und Kultur in der Gestaltung von Strukturen ausdrückt, die keine exkludierenden Angebote, sondern die Teilhabe an bestehenden Angeboten fördert (vgl. Ganß/Kastner/Sinapius 2016).

Bildung wird im vorliegenden Kapitel als Veränderung des Selbst- und Weltverhältnisses, in Anlehnung an Humboldt als Auseinandersetzung von Ich und Welt, unter anderem durch die Aneignung neuen Wissens, neuer Fähig- und Fertigkeiten verstanden (vgl. Hof 2011; Himmelsbach 2015). Mit Bildung wird demzufolge die Verschränkung von Individualität und Kultur, von Eigenheit und Humanität, von Selbst und Welt – auch angesichts von Krisen- und Fremdheitserfahrungen – bezeichnet. Ein differenzierter, intensivierter und reflektierter Umgang mit sich und der Welt, der zur Ausformung eines selbstbestimmten kultivierten Lebensstils führt, wird hierdurch ermöglicht (vgl. Zirfas 2011). Lernen, als Bestandteil von Bildung, geschieht dabei auch außerhalb von Institutionen und ist von Lernanlässen (wie den beschriebenen Verlusten) und -gegebenheiten (wie institutionellen Rahmenbedingungen) sowie den je individuellen Motiven und Erfahrungen, durch die Auseinandersetzung mit sozialen Erfahrungen und die Reflexion auf das eigene Leben bestimmt (vgl. Hof 2011). Besondere Bedeutung wird dabei informellen, z. B. kommunalen Lernorten beigemessen, die aus ökogerontologischer Sicht nicht nur als Rahmenbedingungen des Lernens, sondern – zukünftig noch mehr als heute schon – alternskonstituierend wirken können (vgl. z. B. Klie 2012; Kricheldorff/Oswald 2015; Oswald/Wahl 2016).

Kulturarbeit schließlich umfasst beide Aspekte; auf subjektiver Ebene fokussiert sie auf Lebensbewältigung und -gestaltung sowie Bildungsprozesse, auf der sozialen Ebene auf Teilhabe und Gestaltung von Gesellschaft. Dabei ermöglichen künstlerisch-ästhetische Medien zweckfreies Gestalten und Erleben und sind dadurch potenziell bildend. Sie ermöglichen Differenzerfahrungen zu sich und Anderen, allgemein zu Bedingungen von Welt, die mit einer reflexiven Bildungsbewegung verbunden sein können (vgl. Karl 2010).

3 Lernen bei Demenz

Ob Lernen für Menschen mit Demenz möglich ist, lässt sich aufgrund des heterogenen Krankheitsbildes und des individuellen Verlaufes nicht pauschal beantworten. Das Erlernen vorgegebener Wissensziele durch z. B. kognitives Training ist bei Menschen mit Demenz, im Vergleich zu Menschen ohne kognitive Beeinträchtigungen, allerdings wenig effektiv (vgl. Baltes/Kühl/Sowarka 1992). Im Rahmen demenzieller Erkrankungen sind insbesondere die Gehirnstrukturen beeinträchtigt, in denen neues Wissen abgespeichert und abgerufen wird (z. B. Hippocampus). Lernfähigkeit in diesem, engeren Sinn ist demnach bei Demenz deutlich eingeschränkt beziehungsweise nicht vorhanden (vgl. z. B. Leipold 2012). Die Beeinträchtigung kognitiver Prozesse im Verlauf der Demenz impliziert jedoch nicht, dass Menschen mit Demenz sich kein Wissen mehr aneignen können. Gerade im Stadium einer beginnenden beziehungsweise leichten Demenz haben Menschen ein Interesse an kognitiver Forderung und der Ermöglichung von Lernen (vgl. Ganß/Kastner/Sinapius 2016).

Demnach können bestimmte Fertigkeiten je nach Schweregrad der demenziellen Erkrankung durchaus noch erlernt werden – in Bezug auf kulturelle Angebote wäre dies beispielsweise das Führen eines Pinsels oder die Gestaltung eines Bildes. Diese Aspekte wurden bei der Konzeption der kreativen Atelierarbeit im nachfolgend vorgestellten Praxisprojekt ARTEMIS besonders berücksichtigt. Die Vermittlung von komplexem Wissen hingegen – wie kunsthistorische Informationen zu Kunstwerken – kann unter Umständen überfordern.

Einen Lernerfolg über abrufbare Lerninhalte zu definieren ist eine verkürzte Sicht, die vor allem der Diskrepanz zwischen Erleben und verbaler Ausdrucksfähigkeit von Menschen mit Demenz nicht gerecht wird. Es muss immer mitbedacht werden, dass bei ihnen Erfahrungen und Wissen vorhanden sind, die nicht mehr geäußert werden können. Dies inkludiert, dass ein Bedürfnis nach Wissenserwerb auf Seiten des Menschen mit Demenz vorhanden sein kann, auch wenn dieses Wissen später nicht abrufbar erscheint. Zu klären ist, ob das Erlernen, wenn auch *nur für den Moment*, Wohlbefinden und eine Steigerung der Lebensqualität erzeugen kann. Diese sollte zur orientierenden Frage für die Konzeption von Museumsangeboten für Menschen mit Demenz werden.

Abb. 1: Museumsführung im Rahmen des ARTEMIS-Projekts

4 ARTEMIS-Projekt: Beispiel einer erfolgreichen kunstbasierten Museumsintervention für Menschen mit Demenz

Das Forschungsprojekt *ARTEMIS: Art Encounters – Museum Intervention Study* diente zum einen der Entwicklung eines niedrigschwelligen und auf die Bedürfnisse demenziell erkrankter Menschen ausgerichteten kunstbasierten Museumsangebots, zum anderen der Untersuchung von Effekten regelmäßiger Museumsbesuche mit anschließender kreativer Arbeit auf das kommunikative

Verhalten und das emotionale Wohlbefinden von Betroffenen und ihren begleitenden Angehörigen. Diese Effekte wurden im Rahmen eines Mixed-Methods-Ansatzes mit einem randomisierten Wartekontrollgruppendesign untersucht. Das Projekt fand in Kooperation des Arbeitsbereichs Altersmedizin (Institut für Allgemeinmedizin) und des Frankfurter Forums für interdisziplinäre Alternsforschung (FFIA) an der Goethe-Universität Frankfurt mit dem Städel Museum statt und wurde von 2014 bis 2016 durch die Familie Schambach-Stiftung gefördert. Inzwischen ist ARTEMIS fest in das Kunstvermittlungsangebot des Städel Museums integriert.

Angelehnt an Vorbilder wie das Projekt *Meet me at MoMa* am New Yorker Museum of Modern Art (vgl. Rosenberg 2009), war der Grundgedanke von ARTEMIS die Verbindung von interaktiven Kunstführungen mit künstlerisch-kreativer Arbeit in den Werkateliers. Obwohl einige Studien der letzten Jahre, vor allem aus dem anglo-amerikanischen Raum, positive Ergebnisse bezüglich der Wirkungen kunstbasierter Museumsinterventionen auf die emotionale Befindlichkeit und das sozial-kommunikative Verhalten von Menschen mit Demenz vorweisen (u. a. Musella et al. 2009; Roberts/Camic/Springham 2011; Camic/Tischler/Pearman 2013), bietet dieser Forschungszweig Potenzial für weitere, umfassendere Studien.

In enger Zusammenarbeit mit dem Bereich Bildung & Vermittlung des Städel Museums fand zunächst die Schulung ausgewählter Kunstvermittler*innen mit kunstpädagogischer, teils auch kunsttherapeutischer Ausbildung in interaktiven Workshops zur Demenz-Thematik und dem Umgang mit demenziell erkrankten Menschen und ihren Angehörigen statt (TANDEM-Trainingsmanual; vgl. Haberstroh/Pantel 2011). Gemeinsam wurden im zweiten Schritt sechs Kunstführungen konzipiert, deren Thematik in der sich anschließenden Atelierarbeit mit unterschiedlichen künstlerischen Techniken und Materialien jeweils aufgegriffen wurde (▶ Tab. 1). Hier sollten sich die Teilnehmer*innen mit möglichst unterschiedlichen künstlerischen Materialien (z. B. Acrylfarben, Ölkreiden oder Ton) und einfachen Techniken wie Collage oder Drucken mit Styroporplatten auseinandersetzen, wobei die jeweiligen Aufgaben im Wesentlichen als Paararbeit konzipiert wurden.

Bei der Bildauswahl wurde darauf geachtet, dass die Gemälde eine ausreichende Größe und eine geeignete Hängung aufweisen. Wichtig waren unter anderem auch kontrastreiche Darstellungen. Thematisch wurde bewusst auf potenziell verstörende Inhalte wie Kriegs- oder ausgesprochene Gewaltdarstellungen verzichtet, ebenso wie auf Werke, deren Verständnis ein umfassendes ikonografisches Wissen voraussetzt. Im Gegensatz zu Museumsführungen, in denen der Fokus vor allem auf Wissensvermittlung liegt, sollte sich der Zugang zu Kunstwerken im Rahmen der bei ARTEMIS konzipierten Führungen vor allem auf biografische und emotionale Elemente stützen und durch entsprechende Assoziationen Erinnerungen beziehungsweise Reflektion anregen (vgl. Schall/Tesky 2016).

Das Projektangebot richtete sich an Menschen mit leichter bis mittelgradiger Demenz sowie deren betreuende Angehörige. Anhand von etablierten Testverfahren und Fragebogen-Interviews wurden im Rahmen eines Mixed-Methods-

Designs zu drei Messzeitpunkten psychometrische Daten von Menschen mit Demenz und ihren begleitenden Angehörigen erhoben. Des Weiteren fanden vor und nach jedem Museumstermin kurze Erhebungen zum situativen Wohlbefinden statt. Zusätzlich wurden alle Museumsbesuche anschließend von den Begleitpersonen anhand festgelegter Kriterien evaluiert. Dabei ging es beispielsweise um Aspekte wie Abweichungen gewohnten Verhaltens von Menschen mit Demenz, den Austausch über das Erlebte oder den Grad der Beteiligung am künstlerischen Prozess.

Tab. 1: Auflistung der Kunstführungen mit Atelierarbeit

Nr.	Themen der interaktiven Kunstführungen	Inhalte der kreativen Atelierarbeit
1	Frankfurt am Main	Collage aus Reproduktionen besprochener Bilder sowie historischen und aktuellen Fotos von Frankfurt
2	Familie und Kinder	Darstellung der mit der eigenen Familie verbundenen Emotionen mit Acryl-Farben
3	Vielfalt der Stillleben	Styrenedruck eines Stilllebens mit persönlich wichtigen Gegenständen
4	Das menschliche Gesicht und seine Emotionen	Modellierung eines Gesichts aus Ton mit mimisch erkennbaren Emotionen
5	Die Farbe BLAU	Experimentalbild mit verschiedenen Blautönen und Materialien wie Schwämmen, Dekosteinen, Kordeln etc.
6	Abstraktion und Musik	Abstraktes Bild mit Wachsmalstiften und Pastellkreiden zur Musik (»Die vier Jahreszeiten« von Antonio Vivaldi)

Vorläufige Ergebnisse belegen eine statistisch bedeutsame Verbesserung des emotionalen Wohlbefindens unmittelbar nach den Museumsbesuchen. Es zeigte sich weiterhin, dass Menschen mit Demenz andere thematische Präferenzen hatten als ihre Angehörigen. Dies waren in erster Linie biografisch angelegte Themen wie *Frankfurt am Main* oder *Familie und Kinder* sowie kreative Betätigung, bei der mehrere Sinnesebenen angesprochen wurden, wie das Malen zur Musik. Beim Vergleich der Daten vor Beginn der sechswöchigen Intervention und danach ließ sich darüber hinaus eine statistisch bedeutsame Reduktion der Apathie- und Depressionswerte bei Menschen mit Demenz auf der einen und auf der anderen Seite eine ebenfalls bedeutsame Verbesserung in der Selbsteinschätzung der eigenen Lebensqualität feststellen.

Die nachträglichen Einzelevaluationen der Museumssitzungen durch die Angehörigen unterstreichen die oben vorgestellten Ergebnisse: Sie bestätigten, dass Menschen mit Demenz bei der Kreativarbeit an biografisch relevanten und unterschiedliche Sinnesebenen ansprechenden Themen besonders häufig freudige Emotionen äußerten. Bei Themen, in denen es vor allem auf kooperative Zusammenarbeit bei gleichzeitiger Eigeninitiative ankam, wie beim Styrenedruck oder blauen Experimentalbildern, zeigten sie besonderen Einsatz, wählten zum Beispiel eigenständig Farben oder Materialien aus und reagierten adäquat auf Ansprache. Nahezu einstimmig (96,4 %) haben die Teilnehmer das Projekt mit *sehr gut* bewertet und würden ARTEMIS uneingeschränkt (100 %) weiterempfehlen:

> »Es war eine wunderbare Erfahrung, ab dem Moment als meine Frau das Neue akzeptierte, wurde es richtig nett. [...] Außerdem haben wir uns gut verstanden, was leider selten ist. Wir haben ganz viel gelacht und immer diskutiert auf dem Heimweg.«
> »Mein Mann hat angefangen Bilder zu Hause zu malen! Wir hatten es früher probiert, aber er wollte nicht. Jetzt hat er sich durch die Studie inspirieren lassen und ein Gemälde mit Acrylfarben fertiggemalt.«

Abb. 2: Atelierarbeit im Rahmen des ARTEMIS-Projekts

5 Potenzial von Bildungs- und Teilhabearbeit im Museum für Menschen mit Demenz

Beobachtungen aus der Kunsttherapie verweisen darauf, dass das Erstellen von praktisch-künstlerischen Arbeiten den Teilnehmenden visuell, sozusagen *vor Augen führt*, dass sie noch immer Neues lernen und sich ästhetisch ausdrücken können (vgl. z. B. Beard 2011). Auch im Rahmen von ARTEMIS wurde demnach deutlich, dass das kreative Arbeiten und die Auseinandersetzung mit spezifischen Themen und Materialien das Wohlbefinden förderten. Die in ARTEMIS erarbeiteten Themen ließen einen biographischen und emotionalen Einbezug der Teilnehmer zu, ebenso eine Auseinandersetzung mit der eigenen Lebenssituation und dem Verhältnis zu den betreuenden Angehörigen. Bewusst wurde hier auf

Themen wie *Familie und Kinder* oder die *Stadt Frankfurt* Bezug genommen. Die Möglichkeit der kreativen, abstrahierenden Äußerung von Emotionen und Erinnerungen inkludierte auch Momente der Reflektion – über Erlebtes, Erlerntes oder auch über den gegenwärtigen Moment.

Neben der Anbindung an die Lebenswelt wurde somit dem ästhetischen Wahrnehmen als »aktive[m] Wahrnehmen, das Situationen und Ereignisse in ihrem gegenwärtigen, unmittelbaren, sinnlichen Erscheinen erfasst [...]«, Raum gegeben (Ganß/Kastner/Sinapius 2016, 23). Mehr noch wurde diese Unmittelbarkeit in der Möglichkeit des künstlerischen Ausdrucks im Rahmen der Atelierarbeit evoziert. In Bezug auf die kreative Arbeit mit Menschen mit Demenz sind einige Faktoren zu beachten: So können Hilfestellungen und Anregungen im Verlauf der Demenz oft nicht mehr umgesetzt werden, da die Materialien bei den Betroffenen keine Handlungsmuster und Assoziationen mehr auslösen. Darüber hinaus kann nicht auf Erkenntnisse aus vorhergehenden Führungen oder Angeboten rekurriert werden. Eine auf Kontinuität ausgelegte Arbeitsweise ist hier also nicht möglich. Die kreativen Arbeiten von Menschen mit Demenz zeichnen sich allerdings durch eine große Offenheit und Unmittelbarkeit im Ausdruck aus (vgl. Ganß 2009).

In Bezug auf die Kunstvermittlung in der Museumspraxis ist derzeit eine positive Entwicklung, hin zu einer Besucherorientierung festzustellen. Vermittlung wird damit zunehmend heterogenen Besuchergruppen gerecht und kann auch für Menschen mit Demenz ansprechend sein. Kulturelle Bildung im Museumsraum findet heute (idealerweise) ergebnisoffen und besucherorientiert statt. Durch partizipative Strategien wird eine gemeinsame Erarbeitung von Inhalten und Kenntnissen gefördert. Heutige Kunst- und Kulturvermittlung orientiert sich damit verstärkt an Charakteristika und Eigenarten der gezeigten Objekte, anstatt sie als Verweis auf Bildungsinhalte zu nutzen. Dadurch ist eine direkte ästhetische Erfahrung möglich (vgl. Noschka-Roos 2016). Für Menschen mit Demenz kann diese Form der Vermittlung fruchtbar sein, da sie sich nicht an vorgegebenen Lernzielen orientiert und darüber hinaus die unmittelbar sinnliche Erfahrung in das Zentrum der Auseinandersetzung mit Ausstellungsobjekten setzt.

In der Erwartung, die an Menschen mit Demenz und ihre Angehörigen angelegt wird, – sei es ein erwartetes Verhalten oder die Erwartung einer (Un)Fähigkeit – werden die Rahmenbedingungen für ihr Verhalten und ihre Selbstwahrnehmung konstituiert. Es ist also notwendig, diese Erwartungen kritisch zu prüfen und die Möglichkeiten von Bildung, Lernen, Reflektion und Erinnerung von Beginn an mitzudenken, wenn Angebote für Menschen mit Demenz gestaltet werden, aber auch allgemein im Umgang mit Menschen mit Demenz. So können individuelle Handlungs- und Erlebensspielräume, aber auch kommunale Spielräume zukünftigen Alterns maßgeblich mitgestaltet und erweitert werden.

Literatur

Baltes, M. M. /Kühl, K. P./Sowarka, D. (1992): Testing for limits of cognitive reserve capacity: a promising strategy for early diagnosis of dementia? In: *Journal of Gerontology* 47/3, S. 165–167.
Beard, R. L. (2011): Art therapies and dementia care: A systematic review. In: *Dementia* 11/5, S. 633–656.
Camic, P. M./Tischler, V./Pearman, C. H. (2013): Viewing and making art together: a multi-session art-gallery-based intervention for people with dementia and their carers. In: *Aging & Mental Health* 18/2, S. 161–168.
Ermert, K. (2008): *Was ist und wozu dient kulturelle Bildung? Ein Überblick.* Bundesakademie für kulturelle Bildung Wolfenbüttel. 2008. Verfügbar unter: http://www.bundes¬akademie.de/pdf/kulturelle_bildung.pdf [03.12.2017]
Ganß, M. (2009): *Demenz-Kunst und Kunsttherapie. Künstlerisches Gestalten zwischen Genius und Defizit.* Frankfurt a. M.: Mabuse.
Ganß, M./Kastner, S./Sinapius, P. (2016): *Kunstvermittlung für Menschen mit Demenz – Kernpunkte einer Didaktik.* Hamburg, Potsdam, Berlin: HPB University Press.
Groote, K. de/Fricke, A. (Hg.) (2010): *Kulturkompetenz 50+. Praxiswissen für die Kulturarbeit mit Älteren.* München: kopaed.
Groote, K. de/Nebauer, F. (Hg.) (2008): *Kulturelle Bildung im Alter. Eine Bestandsaufnahme kultureller Bildungsangebote für Ältere in Deutschland.* München: kopaed.
Haberstroh, J./Pantel, J. (Hg.) (2011): *Kommunikation bei Demenz: TANDEM Trainingsmanual.* Heidelberg: Springer Medizin Verlag.
Himmelsbach, I. (2015): Bildung im Alter im Kontext des dritten und vierten Lebensalters – Narrationen und Narrative. In: *Zeitschrift für Weiterbildungsforschung* 38/1, S. 83–97.
Himmelsbach, I. (2009): Bildung im Alter in sozialen Welten – diesseits und jenseits von Dichotomien. In: *Zeitschrift für Erziehungswissenschaft* 12/3, S. 457–473.
Hof, C. (2011): Lebenslanges Lernen. In: J. Kade (Hg.): *Pädagogisches Wissen. Erziehungswissenschaft in Grundbegriffen.* Stuttgart: Kohlhammer, S. 116–122.
Karl, U. (2008): Bildsamkeit und Bildungsprozesse im Alter. In: Aner, K./Karl, U. (Hg.): *Lebensalter und Soziale Arbeit. Ältere und alte Menschen.* Baltmannsweiler: Schneider-Verlag Hohengehren, S. 161–173.
Karl, U. (2010): Kulturelle Bildung und Kulturarbeit mit älteren und alten Menschen. In: Aner, K./Karl, U. (Hg.): *Handbuch soziale Arbeit und Alter.* Wiesbaden: Verlag für Sozialwissenschaften, S. 87–98.
Klie, T. (2012): Auf dem Weg zur Caring Community. In: Kruse, A./Rentsch, T./Zimmermann, H.-P. (Hg.): *Gutes Leben im hohen Alter.* Heidelberg: Akademische Verlagsgesellschaft AKA, S. 231–238.
Kolland, F. (2008): Lernbedürfnisse, Lernarrangements und Effekte des Lernens im Alter. In: Aner, K./Karl, U. (Hg.): *Lebensalter und Soziale Arbeit. Ältere und alte Menschen.* Baltmannsweiler: Schneider-Verlag Hohengehren, S. 174–187.
Kricheldorff, C./Oswald, F. (2015): Gelingendes Altern in Sozialraum und Quartier. Editorial. In: *Zeitschrift für Gerontologie und Geriatrie* 48/5, S. 399–400.
Leipold, B. (2012): *Lebenslanges Lernen und Bildung im Alter.* Stuttgart: Kohlhammer.
Musella, O./Carloni, A./Marino, L. de/Bartolo, E. di/Gaeta, G./Maggio, P. di/Fasanaro, A. M. (2009): Visual art improves communication and behaviour of AD patients. In: Fisher, A./Hanin, I. (Hg.) *New trends in Alzheimer and Parkinson related disorders: ADPD 2009.* Bologna: Medimond, S. 15–20.
Naegele, G./Olbermann, E./Kuhlmann, A. (Hg.): (2016): *Teilhabe im Alter gestalten.* Heidelberg: Springer.
Noschka-Roos, A. (2016): Theorien zur Bildung im Museum. In: Commandeur, B./Kunz-Ott, H./Schad, K. (Hg.): *Handbuch Museumspädagogik. Kulturelle Bildung in Museen.* München: kopaed, S. 43–55.

Oswald, F./Wahl, H.-W. (2016): Alte und neue Umwelten des Alterns – Zur Bedeutung von Wohnen und Technologie für Teilhabe in der späten Lebensphase. In: Naegele, G./Olbermann, E./Kuhlmann, A. (Hg.): *Teilhabe im Alter gestalten*. Heidelberg: Springer, S. 113–130.

Roberts, S./Camic, P. M./Springham, N. (2011): New roles for art galleries: Art-viewing as a community intervention for family carers of people with mental health problems. In: *Arts & Health* 3/2, S. 146–159.

Rosenberg, F. (2009): The MoMA Alzheimer's Project: Programming and resources for making art accessible to people with Alzheimer's disease and their caregivers. In: *Arts & Health* 1/1, S. 93–97.

Schall, A./Tesky, V. A. (2016): Sich in der Kunst auf Augenhöhe begegnen… Menschen mit Demenz und ihre Angehörigen im Museum. In: Kollak, I. (Hg.): *Menschen mit Demenz durch Kunst und Kreativität aktivieren. Eine Anleitung für Pflege- und Betreuungspersonen*. Berlin: Springer, S. 57–66.

Zirfas, J. (2011): Bildung. In: Kade, J. (Hg.): *Pädagogisches Wissen. Erziehungswissenschaft in Grundbegriffen*. Stuttgart: Kohlhammer, S. 13–19.

Kriegskinder – reden und erinnern statt vergessen oder schweigen: Erwachsenenbildung greift das Thema auf

Gertrud Völkening

Vorwort

»Erkenntnis des Gegenstands in seiner Konstellation ist die des Prozesses, den er in sich aufspeichert. Als Konstellation umkreist der theoretische Gedanke den Begriff, den er öffnen möchte, hoffend, dass er aufspringe, etwa wie die Schlösser wohlverwahrter Kassenschränke: nicht nur durch einen Einzelschlüssel oder eine Einzelnummer sondern eine Nummernkombination« (Adorno 1980, 165f).

1 Der Stellenwert von Bildung nach der Erwerbstätigkeit

Lebensbegleitendes Lernen wird von Politikern gefordert. Faktisch liegt der Fokus auf der Gruppe bis 65 Jahren. Im Mittelpunkt steht die Optimierung der Qualität der Arbeitskraft. Wenig berücksichtigt werden Menschen, die nicht im Erwerbsleben stehen.

Fast ein Viertel der Bevölkerung ist über 65 Jahre alt. Vernachlässigt werden deren Bildungswünsche und -möglichkeiten.

1.1 Konstruktives Altern mit Bildung unterstützen

Rudolf Tippelt et al. (2009) haben mit ihrer empirischen Studie »Bildung im Alter« Bildungsverhalten, -motivation und -verständnis Älterer untersucht. Die Studie zeigt Interessen und Lernfelder auf und trägt dazu bei, die Unterschiede der Zielgruppe zu identifizieren. Sie zeigt, wie vielschichtig die Voraussetzungen sind, die bei der Planung von Bildungsangeboten berücksichtigt werden müssen. Das Gesamtergebnis fassen die Autoren folgendermaßen zusammen:

»Bildung [leistet] einen entscheidenden Beitrag zur persönlichen Gesundheit und zur Aufrechterhaltung kognitiver und physischer Fähigkeiten und trägt damit über das Berufsleben hinaus zum konstruktiven Altern und zur Wahrung eines autonomen Lebensstils bis ins hohe Alter bei. [...] Insofern kann sich das wissenschaftliche und bildungspolitische Interesse nicht auf den Teil der Bevölkerung begrenzen, der dem Arbeitsmarkt zumindest altersbedingt zur Verfügung stünde, sondern muss sich auch auf die über 65-Jährigen richten« (Tippelt 2009,15).

1.2 Teilhabe als Lebensqualität

Im Rahmen der Untersuchungen betont eine Frau im betreuten Wohnen, welch hohen Stellenwert Bildung für sie hat. Niemals könne ein Mensch zu alt für Bildung sein. Das sei vielmehr der Lebensmotor »bis zum letzten Atemzug« (Tippelt 2009, 101). Bildung biete die Möglichkeit, sich in die Gesellschaft einzubringen. Sie wirke sich »äußerst positiv auf den eigenen geistigen und körperlichen Zustand aus« (ebd., 101). Die geführten Interviews machen deutlich, dass Weiterbildung auch im höheren Alter einen großen Stellenwert hat.

Persönliche Balance und gesellschaftliche Teilhabe sollten mit alterssensiblen Bildungsangeboten gefördert werden. Zeitgeschichtliche Hintergründe stehen in diesem Beitrag im Mittelpunkt.

Tagungsformat Futuro D bei der AEWB

Die Agentur für Erwachsenenbildung Niedersachsen (AEWB) ist der zentrale Dienstleister und Service-Anbieter für die Erwachsenenbildung in Niedersachsen. Sie hat u. a. die Aufgabe, Impulsgeberin für die Einrichtungen zu sein. Sie hat das Format Futuro D entwickelt. Es steht für die Gestaltung des demografischen Wandels in der Demokratie und hat sich zur Aufgabe gemacht, Licht in die vielfältigen und teilweise wenig beachteten Aspekte der Chancen verschiedener Alterskohorten zu bringen. Die Generationen der heute 60- bis 100-Jährigen sind durch verschiedene geschichtliche Hintergründe und Lernchancen geprägt. Die Möglichkeiten der Partizipation sind vor dem Hintergrund dieser Erfahrungen sehr unterschiedlich. Futuro D zeigt Stärken, Quellen und erfolgreiche – innovative – Angebote und Konzepte auf. Die Agentur für Erwachsenen- und Weiterbildung in Niedersachsen hat seit 2012 in diesem Rahmen sieben Fachtagungen durchgeführt.

Anliegen ist, die Zielgruppe der Älteren und deren Potentiale differenziert betrachten zu lernen. 2012 stand die Zielgruppe 50plus im Fokus. 2016 und 2017 waren es die alten und betagten Menschen (75- bis 95-Jährige).

2 Zeitgeschichtlich denken, um Älteren professionell zu begegnen

Die historisch bedingten Erfahrungen der Jahrgänge bis 1947 sind in der Regel Kriegserfahrungen. Diese werden im Folgenden skizziert mit dem Ziel, zu motivieren, dass Erwachsenen- und Weiterbildung engagiert das Thema aufnimmt und entsprechende Angebote gestaltet. Im Anschluss wird ein konkretes Seminarkonzept des evangelischen Bildungszentrums Hermannsburg aus dem Jahr 2017 für diese Zielgruppe vorgestellt.

2.1 Die vergessene Generation: 1930–1945

Zum 70. Jahrestag der Kapitulation im Mai 1945 wurden im Jahre 2015 zahlreiche Veröffentlichungen und Filme produziert. Bilder von schrecklichen Ereignissen längst vergangener Geschichte des letzten Jahrhunderts stehen der Öffentlichkeit vor Augen. Wenig berücksichtigt ist die Frage der »lebenslang einwirkenden und bis heute andauernden Folgen der damaligen leidvollen Erfahrungen« (Radebold 2015, 18). Radebold pointiert: »›Kriegskinder‹ = Alterskohorten mit fehlendem Gruppenbewusstsein?« (ebd., 215). Die Öffentlichkeit habe die Haltung transportiert, dass es wichtiger sei, aufzubauen und nach vorne zu schauen als dem Leid Raum zu geben.

2.1.1 Altersjahrgänge der Betroffenen und ihr Erfahrungshorizont

Die spezifischen zeitgeschichtlichen Erfahrungen des Zweiten Weltkrieges und der direkten Nachkriegszeit, der nachfolgende innerpsychische Bearbeitungs- und Abwehrprozess Betroffener sowie die bis heute anhaltenden individuellen Folgen sollen im Folgenden skizziert werden. Je nach Geburtsjahrgang wurden unterschiedliche Erfahrungen gemacht.

Jahrgang 1927–35:

Diese Generation erlebte den Nationalsozialismus und den Krieg (besonders in städtischem Umfeld). Alle Kinder und Jugendlichen ab dem 10. Lebensjahr wurden in der Schule und in der Hitlerjugend nach der nationalsozialistischen Erziehungsdoktrin erzogen. Von dieser Generation wurden viele junge Männer als Flak-Helfer (Schülersoldaten der Jahrgänge 1927–1932, also 1944 im Alter von 12–17 Jahren) eingezogen.

Jahrgang 1935–39:

Die Schrecken des Krieges hat diese Generation bewusst erlebt: Bei Kriegsanfang 1939 waren sie Kleinkinder; bei Kriegsende sechs bis zehn Jahre alt und sie erlebten die Endphase des Krieges und die direkte Nachkriegszeit mit ihren Müttern und Geschwistern. Je nach Wohnort erlitten sie Bombenangriffe, die Zerstörung der Wohnungen, Evakuierung, Flucht, Zerstörung. Die sogenannte Kinderlandverschickung (für großstädtische Kinder) bedeutete oft die Trennung von Familien. Kindheit und Jugend fiel in die direkte Nachkriegszeit, sodass wenige eine Chance auf eine unbeschwerte und geschützte Kindheit und Jugend hatten.

Ab Jahrgang 1940/41:

Die späten Kriegskinder wachsen in der Regel unter armseligen Bedingungen auf: In der Regel fehlten die Männer in den Familien, die Frauen konnten »keinen realen Schutz bzw. eine stabile Unterstützung bieten« (Radebold 2009, 49). Sie standen vor der Herausforderung, die zerstörten Wohnungen wiederherzustellen, für Nahrung und Heizmittel zu sorgen, um die kalten Winter zu überstehen.

2.1.2 Verluste, Gewalterfahrung, Flucht: lebensbegleitende Beeinträchtigungen

Die Schrecken des Zweiten Weltkrieges prägen die Dispositionen der Jahrgänge bis 1947 in bisher ungeahnten Ausmaßen. Der Münchner Psychoanalytiker Michael Ermann, 1943 in Stettin (Polen) geboren, hat die aufwendigste Studie über die Generation der Kriegskinder mit 950 Personen durchgeführt. Er berichtet über seine Begegnungen mit Kriegskindern, die Weitergabe ihrer Traumata an die nächste Generation und die späte Verarbeitung im Alter in einem Gespräch mit dem Spiegel 2009. In dem Gespräch mit dem Titel »Der Körper vergisst nicht« zeigt Ermann auf, dass die Spuren erst im Alter aufreißen können.

Auf die Frage des Spiegel-Reporters: »Warum wird nun heute, 70 Jahre nach Kriegsbeginn, so intensiv darüber geforscht?«, antwortet Ermann:

»Die Kriegskinder sind in ein Alter gekommen, in dem sie die Vergangenheit gleich zweifach einholt. Zum einen legt das an neurophysiologischen Prozessen; im Alter erinnern wir uns plötzlich wieder an Erlebnisse, die lange verschüttet waren. Zum anderen ist das Alter eine Lebensphase, in der viele Menschen vereinsamen, in der alles, was jahrzehntelang Halt gegeben hat, die Familie, der Beruf, langsam wegbricht. Damit bricht auch die mentale Abwehr zusammen« (Der Spiegel 2009, 46).

Das Ergebnis aus Ermanns Studie zeigt, dass rund ein Viertel der Generation von 1933–1945 »in der psychosozialen Lebensqualität eingeschränkt [ist]. Etwa jeder Zehnte gilt als traumatisiert und zeigt deutliche posttraumatische Beschwerden« (Der Spiegel 2009, 46). Sie leiden unter »wiederkehrenden, sich aufdrängenden Kriegserinnerungen, unter Angstzuständen, Depressionen und psychosomatischen Beschwerden. Besonders häufig tauchen Krämpfe, Herzrasen und chronische Schmerzen auf« (ebd., 46). Ermann beschreibt als Folge das Gefühl großer Leere, Fremdheitsgefühle und Beziehungsstörungen. Er verdeutlicht, dass die seelischen Verletzungen in tieferen Schichten des Unbewussten gespeichert seien. Der Austausch in Gruppen oder Therapiesitzungen helfe, ein neues Selbstverständnis zu bekommen. Persönliche Balance könne hergestellt werden, wenn eine »positive Kriegsidentität« entwickelt würde (ebd., 48).

Hartmut Radebold formuliert als gesellschaftspolitische Herausforderung:

»Die professionelle Aufgabe [lautet] bei allen über 60-Jährigen parallel zur psycho-biosozialen Querschnittssicht und der biographischen Längsschritts-Sicht zusätzlich zeitgeschichtlich zu denken und (mit-)zu fühlen« (Radebold 2015, 19).

Kriegserfahrungen sind für viele verbunden mit Fluchterlebnissen. Oskar Negt, Jahrgang 1934, fasst in seinem autobiographischen Werk »Überlebensglück« (2016) zusammen:

»Wer die Grunderfahrung von Flucht und Vertreibung einmal gemacht hat, der arbeitet ein Leben lang an dem Problem der Ich-Findung und der Orientierungssicherheit, denn das Erste, was ein Flüchtlingsdasein bewirkt, ist die Zerstörung verlässlicher Orientierung. Diese wiederherzustellen oder neu zu gründen, ist ein wesentliches Aufbauelement einer Gesellschaft, die den Menschen ein Stück Macht über die eigenen Verhältnisse zurückgeben kann« (Negt 2016, 17).

An anderer Stelle schreibt er: »Es war der 25. Januar 1945. An diesem Tag endete meine Kindheit. Die Fluchtwege hatten sich getrennt. Meine Eltern und vier meiner Geschwister sah ich erst zweieinhalb Jahre später wieder« (Negt 2016, 21). Oskar Negt war zehn Jahre alt. Als Folge der Flucht beschreibt er: »Zehn Jahre auf der Flucht hinterlassen Narben, die immer wieder aufreißen« (Negt 2016, 23).

Das Individuum lernt in der Kindheit und Jugend Einfühlung in andere, Trauer und Schuldeinschätzung. Das Ehepaar Mitscherlich beschreibt die Entwicklungsphasen als elementar für die Ich-Entwicklung. Wer diese überspringt, sucht häufig im Laufe des Lebens Orientierung und Halt (vgl. Mitscherlich/Mitscherlich 1967).

2.2 Unterschiedliche Intensität der Kriegserlebnisse

Nach Schätzungen von Radebold (2005) hatten etwa 30 % der im Krieg aufgewachsenen Kinder unter lang anhaltenden oder dauerhaften Einschränkungen und Abwesenheit des Vaters zu leiden und waren sequentiellen und/oder kumulierenden potentiell traumatisierenden Situationen ausgesetzt. Weitere 30 % waren zeitweise Beeinträchtigungen ausgesetzt. 40 % hatten nach dieser Schätzung weniger Beeinträchtigungen. Dazu gehören in erster Linie Menschen auf dem Lande. Radebold skizziert besonders belastende und traumatisierende Situationen, welche Beeinträchtigungen hervorrufen:

- Trennung von den Eltern (Kinderlandverschickung)
- Bombenangriffe
- Kampferlebnisse
- (Massen-)Vergewaltigung
- Flucht/Vertreibung
- Verlust der Angehörigen
- Zeuge sein von Gewalt

Diejenigen aber, die kriegsbedingt belastende Erfahrungen erlitten haben, hatten bisher wenig Gelegenheit, diese zu bearbeiten. Vielmehr galt in den 1960er Jahren besonders, dass die zeitgeschichtlich bedingten Erfahrungen keine Folgen hinterlassen hätten. Qualitative Forschungen wie die von Ermann oder Radebold haben in den 1990er Jahren begonnen (siehe auch Radebold 2015).

3 Erwachsenenbildung greift das Thema auf

Öffentliche Erwachsenenbildung, gefördert aus Steuermitteln, trägt entsprechend ihrem gesetzlichen Auftrag Verantwortung für das Gemeinwohl. Bezogen auf die Kriegskinder heißt das, dass es Bildungsangebote für eben diese Generation geben muss, die die zeitgeschichtlichen Dimensionen mitdenken. Die Auseinandersetzung mit dem Geworden sein der eigenen Geschichte verbessert die Chance der freien Entfaltung der Persönlichkeit.

Der Anspruch an die Bildungsangebote sollte darin bestehen, die Erinnerungen zuzulassen, sowie Begegnungen und Austausch untereinander zu ermöglichen. Bei dem Austausch in einer Kleingruppe bei der Fachtagung Futuro D »Kriegskinder« (2016) sagte eine Teilnehmerin: »Kriegserlebnisse sind wie Alben, nicht wie ein Lexikon.« Eine andere erwiderte: »Das stimmt. Ich traue mich aber nicht das Album zu öffnen. Dazu brauche ich Gemeinschaft.« Dadurch wird deutlich, dass eine vertraute Gruppe bei der Spurensuche unterstützend sein kann. Eine Institution der Erwachsenenbildung kann einen geschützten Rahmen bieten und unterstützen, Schlüssel zum Öffnen für das »Album« der Vergangenheit zu finden.

3.1 Seminarkonzept »Was hat der Krieg mit mir gemacht?«

Die Fachtagung Futuro D im Jahr 2016 hat mit Sabine Bode den Impuls gegeben, Kriegserfahrungen zum Gegenstand von Bildungsangeboten zu machen. Aufgegriffen hat u. a. das Evangelische Bildungszentrum Hermannsburg diese Anregung. Zwei Kollegen besuchten die Tagung und konzipierten daraufhin ein Seminar zu dem Thema. Das Bildungszentrum ist eine der ältesten Heimvolkshochschulen in Niedersachsen.[1] Die Veranstaltungen finden dort i. d. R. über einen Zeitraum von mehreren Tagen mit Übernachtung und Verpflegung statt. Die Teilnehmenden können sich dort mit Abstand vom Alltag in Beruf und Familie inhaltlichen Themen widmen.

Das Seminar »Was hat der Krieg mit mir gemacht? Für Menschen aus der Generation der Kriegskinder« wurde vom 20. bis zum 22. März 2017 durchgeführt. In diesem von Zeitzeugen geleiteten Seminar stand der moderierte Erfahrungsaustausch dieser Kriegsgenerationen im Mittelpunkt.

18 Männer und Frauen der Jahrgänge 1930 bis 1945 nahmen an dem Seminar teil. Das Seminar wurde von den Zeitzeugen Sigrid Schack (Jahrgang 1936) und Dr. Albrecht Schack (Jahrgang 1932) geleitet. Beide sind engagiert in der Arbeit mit Holocaust-Überlebenden und Zeitzeugen. Das wichtigste Ziel des

---

[1] Die Autorin bedankt sich an dieser Stelle bei dem Leiter des Bildungszentrums, Herrn Uzar, dass das Konzept des Seminars in diesem Beitrag vorgestellt werden kann. Dr. Albrecht und Sigrid Schack gebührt Dank für die Genehmigung, die erarbeiteten Materialien vorstellen zu dürfen.

Seminars bestand darin, die zeitgeschichtliche Bedingtheit des Leids gemeinsam zu erkennen. Im Mittelpunkt standen die Lernenden als Subjekte. Als Lernziele waren formuliert:

- Den Mut zu vermitteln, das Schweigen zu brechen.
- Persönliche Erlebnisse zu artikulieren mit dem Ziel, die Verletzungen anzuschauen.
- Erinnerungen zuzulassen, auch wenn sie schmerzhaft sind.
- Sich gegenseitig mit Interesse, mit aktivem Zuhören und mit Aufmerksamkeit zu stärken.
- Die Kraft zu fördern, Folgen wie Ängste und Haltungen zu erkennen.
- Die Motivation zu wecken und zu stärken, weiterzudenken.

Der Ablauf strukturierte sich in sechs Arbeitseinheiten an drei Tagen mit insgesamt 24 Unterrichtsstunden.

Durch verschiedene Medien und Methoden näherten die Teilnehmenden sich der Thematik. Mit dem Wechsel von Methoden und Medien konnte der Ablauf lebendig gestaltet werden. Die Filme »Wir Kriegskinder. Wie die Angst in uns weiterlebt« und »Kriegsenkel« wurden gezeigt und diskutiert. Die Filme verdeutlichen, wie schlimme Kriegserfahrungen aus Kindertagen gerade im hohen Alter die Betroffenen wieder einholen. Außerdem verdeutlichen sie, wie schmerzhaft und folgenreich die Erlebnisse sind. Im ersten Film berichtet ein Mann, wie er den Feuersturm in Hamburg erlebt hat: »Ich konnte drei Tage danach nicht sprechen.« Die Nachgespräche sind moderiert worden.

Eine abendliche Lesung aus Lebensbildern gab Gelegenheit, andere Lebenswege kennenzulernen: Der frühere Bürgermeister und niedersächsische Landtagsabgeordnete Gustav Isernhagen stellte als Teil der Erinnerungskultur Lebensbilder von Flüchtlingen, die in Wietzendorf Heimat gefunden haben, vor.

Für drei Tageseinheiten haben die Dozierenden den Fragenkatalog und einen biographischen Lebensbaum entwickelt. Der Fragenkatalog zielte darauf ab, die Erinnerung zu aktivieren und den Stellenwert der Belastungen in der Nachkriegszeit zu verdeutlichen. Das eigene Vergessen und Verdrängen korrespondiert mit der gesellschaftlichen Wahrnehmung: Die Traumata sind bis heute wenig thematisiert worden. Die Fragen fördern den Umgang damit.

Fragenkatalog

- Gibt es bestimmte Ereignisse im Laufe des Zweiten Weltkrieges (oder kurz danach), die mein Leben nachhaltig geprägt haben (kriegsbedingte Einsätze, Evakuierung, Bombenkrieg, KLV-Lager, Flucht, Vertreibung o. ä.)?
- Wo empfinde ich selbst Belastungen aus der Kriegs- oder Nachkriegszeit und wie gehe ich damit um?
- Hatte ich nach dem Krieg Gelegenheit, über traumatische Erlebnisse zu sprechen?
- Bin ich gefragt worden?

- Wie reagieren andere, wenn ich über Belastungen rede?
- Wie reagiere ich, wenn andere über ihre prägenden Kriegserlebnisse erzählen?
- Höre ich zu? Frage ich nach?
- Winke ich ab?
- Decke ich sie mit meinen eigenen Erfahrungen zu?
- Leide ich auch heute in verschiedenen Situationen noch unter »posttraumatischen Belastungsstörungen« wie z. B. Schlafstörungen, Alpträumen, Ängsten?
- Hat ein »Darüber-Reden« (Schreiben, Malen) eine heilende Wirkung?
- Kann mein Glaube mir dabei helfen? Hatte oder habe ich Kontakt mit einem Seelsorger oder einer Seelsorgerin?
- Wo merke ich an den Reaktionen meiner Kinder oder meiner Umwelt, dass ich bestimmte Verhaltensweisen weitergegeben habe?

Anfragen der »Kriegsenkel« – transgenerationale Belastungen

- In welcher Weise begleiten mich Prägungen bzw. Verhaltensmuster bis ins Alter?
- Welche Erinnerungen habe ich an meine Pubertät?
- Oder habe ich sie »übersprungen«?
- Hat für meine Erziehung und Entwicklung die Tatsache eine Rolle gespielt, dass meine Eltern selbst Kriegskinder oder auch Kriegsteilnehmer im Ersten Weltkrieg waren?
- Welche Anstöße gab mir der Blick auf andere (traumatisierte) Opfergruppen, z. B. Holocaust-Überlebende, in der DDR Verfolgte, Kriegsflüchtlinge?

Diese Fragen waren leitend für zwei Unterrichtseinheiten. Sie erwiesen sich als konstruktiv für die Gesprächsführung. Die Eigendynamik im Seminar ließ nicht zu, alle Fragen des Katalogs zu diskutieren.

Als weitere Methode der biographischen Arbeit erarbeiteten die Teilnehmenden einen biographischen Lebensbaum. Diese Methode dient dazu, zu veranschaulichen, welche Ereignisse des eigenen Lebens besonders prägend waren. Der »Stamm« des Lebensbaumes stellt die Vorkriegszeit dar. In der »Krone« des Baumes werden im Anschluss die Ereignisse der Kriegszeit dargestellt. Die Teilnehmenden trugen individuellen Erfahrungen zu den Jahreszahlen bei. Nach der stillen Reflexionsphase war der Lebensbaum die Grundlage zum Austausch über die zeitgeschichtlich bedingten Erlebnisse.

In den lokalen Zeitungen wurde über das Seminar auf zwei einseitigen Artikeln berichtet. Die Böhme-Zeitung aus Soltau titelt am 27.03.2017: »Als alles anders wurde. 18 Männer und Frauen der Jahrgänge 1930 bis 1945 tauschen sich über Kriegserfahrungen aus.« Die Artikel dokumentieren auch die Einzelschicksale. Seelische Verletzungen seien zum Teil heute noch spürbar:

> »Für Sigrid Schack (Jahrgang 1936, die Autorin) endete die friedliche Kindheit bereits 1940, da sie in Mannheim lebte, das als eine der ersten Städte in Deutschland bombar-

diert wurde. Immer wieder musste sie die Nacht im Luftschutzkeller verbringen, bereits mit vier Jahren. Später wurde sie an die Bergstraße evakuiert. Der Krieg riss ihre Familie auseinander und ihre Eltern starben 1946 an den Folgen der erlittenen Strapazen. [...]« (Böhme-Zeitung, 27.03.2017).

Bis heute hat sie als Folge unter Schlafstörungen gelitten.

»Roswitha Palis konnte ein Leben lang kein Krankenwagengeheul, keine Lautsprecherdurchsagen oder Menschenmassen ertragen, weil sie das an den Krieg und ihre Flucht erinnerte. Und noch heute steigen ihr die Tränen in die Augen, wenn sie an das damals Erlebte zurückdenkt. Monika Müller überfiel Panik, als ihr Hausdach neu gedeckt wurde und zertrümmerte Dachziegel herumlagen. [...] Monika Müller war bei Kriegsende erst zwei Jahre und galt damit als zu jung, um »etwas mitgekriegt« zu haben. Sie konnte das Erlebte auch lange nicht in Worte fassen. Erst als sie vor 20 Jahren eine Psychotherapie machte, änderte sich das. Heute weiß man, dass auch [...] frühkindliche Traumata Langzeitfolgen haben könnten (ebd.).

»Das Ende der Kindheit – Kriegsgeneration arbeitet seelische Verletzungen in Seminar auf« überschreibt die Cellesche Zeitung am 31.03.2017 den umfangreichen Artikel.

»Geprägt wurden die Kriegskinder nicht nur von direkten Kriegsauswirkungen wie Bombardements, Kämpfen oder Flucht. Etliche litten nach dem Krieg auch unter innerlich verrohten Vätern, die sich oft nur mit Schlägen zu helfen wussten und keine emotionale Bindung mehr zu ihren Kindern aufbauen konnten. Kurt Palis: ‹Wenn wir nicht gespurt haben, hat mein Vater uns oft besinnungslos geschlagen.› Eine Frau, die während eines Bombenangriffs geboren wurde, rechnete noch viele Jahre nach dem Krieg damit, jeden Moment zu sterben« (Cellesche Zeitung, 31.03.2017).

3.2 Heilende Wirkungen durch Reden und Schreiben

Bei der abschließenden Auswertung der Veranstaltung zeigt sich, dass das Seminar viele Schichten aufgedeckt hat. Viele persönlich schmerzhafte Erinnerungen sind in dem Seminar – teilweise das erste Mal – benannt worden. Die Gelegenheit, sich seelische Verletzungen als kriegsbedingt zu vergegenwärtigen, haben die Teilnehmenden als entlastend empfunden. Die Leitenden des Seminars haben den Teilnehmenden geraten, weiter zu erzählen und darüber hinaus die Erinnerungen aufzuschreiben: »Weil es eine heilende Wirkung haben kann und weil es die Nachfahren einmal interessieren könnte« (Cellesche Zeitung, ebd.).

Oskar Negt hat sein autobiographisches Buch unter diesen Gesichtspunkten verfasst: Er wollte im hohen Alter »Abwehrhaltungen« abbauen mit dem Ziel, »Schichten meiner Erinnerung aufzudecken, die vollständig getilgt waren« (Negt 2016, 11).

4 Gelingensbedingungen für das Lernen

Lehre sollte insgesamt die spezifische Zielgruppe und deren Hintergründe berücksichtigen. Für die Fortbildung von Lehrenden heißt das, dass sie die Lernbedingungen alterssensibel gestalten und außerdem über zeitgeschichtlich fundierte Kenntnisse verfügen. Lehre im Kontext der Aufarbeitung von Kriegserfahrungen gelingt dann, wenn den individuellen Bedürfnissen Rechnung getragen wird: In erster Linie sollten Zuhörende sich Aufmerksamkeit und Wertschätzung entgegenbringen, wenn der Austausch zufriedenstellend erlebt werden soll.

4.1 Verantwortung der Moderation

Die Gesprächsleitung braucht Geschick und Sensibilität. Sie hat die Aufgabe zu strukturieren, damit die Beiträge zeitlich und inhaltlich begrenzt werden, denn die Empathie der Zuhörenden ist nur endlich strapazierbar. Die Moderation fördert aktive Begegnung. Sie hat die Chance, den Lernprozess anzustoßen, sich im Alter zurückzunehmen mit den eigenen Erfahrungen und den anderen zu spiegeln, dass sie sich in die Schilderungen der anderen hineindenken wollen und können. Ermutigung zu Rückfragen schafft eine Atmosphäre für positive Lernerfahrungen, wodurch eine Teilhabe aller ermöglicht wird. Das konzentrierte Erzählen und Zuhören kann Unübersichtlichkeit provozieren und verunsichern. Die Verantwortung der Moderation besteht darin, im Konsens mit dem Auditorium, die Zeit zu strukturieren und ein klares Ende der einzelnen Unterrichtseinheiten zu gestalten. Professionelle Begleitung ist vonnöten, wenn seelische Wunden angestoßen werden. Darauf gilt es hinzuweisen. Bei großer Verzweiflung und Weinen sollte die Moderation von der Möglichkeit Gebrauch machen, zu unterbrechen. In diesem Fall besteht psychologischer Unterstützungsbedarf. Des Weiteren hat die Moderation darauf zu achten, die Wortbeiträge der Teilnehmenden angemessen zeitlich zu strukturieren. Es ist besonders wichtig, dass Beiträge nicht abgebrochen werden. Bei erhöhtem Gesprächsbedarf sollte auf die heilende Wirkung des Aufschreibens hingewiesen werden.

4.2 Exkurs: Orientierung erarbeiten stärkt die Gesundheit im Alter

Die Frage, was Menschen bei Leid und Traumata Orientierung gibt, beantwortet Oskar Negt in Bezug auf seine Erfahrungen in den Jahren der Flucht:

> »Die verlässliche Nähe von Menschen, denen man unbegrenztes Vertrauen entgegenbringt, ermöglicht es wohl, auch schreckliche Erfahrungen der äußeren Realität im seelischen Außen zu halten« (Negt 2016, 111).

Vertrauensverhältnisse können derart stabilisieren, dass schreckliche Erlebnisse nicht zwangsläufig seelische Beeinträchtigungen hervorrufen müssen (Negt 2016, 15).

Der Ansatz der Salutogenese von Antonovsky entwirft ein Modell, was den Menschen gesund erhält. Er benutzt das Bild des guten Schwimmers:

> »Meine fundamentale philosophische Annahme ist, dass der Fluss der Strom des Lebens ist. Niemand geht sicher am Ufer entlang. Darüber hinaus ist für mich klar, dass ein Großteil des Flusses [...] verschmutzt ist. Es gibt Gabelungen im Fluss, die zu leichten Strömungen oder in gefährliche Stromschnellen und Strudel führen« (Franke 1997, 92).

Seine zentrale Frage ist die folgende: »Wie wird man, wo immer man sich in dem Fluss befindet, dessen Natur von historischen, sozio-kulturellen und physikalischen Umweltbedingungen bestimmt ist, ein guter Schwimmer?« (Franke 1997, 92). Diejenigen sind weniger vom Ertrinken bedroht, für die »Erfahrungen nicht völlig willkürlich, widersprüchlich und unvorhersehbar auftreten.« Sie sollten »eingeordnet, zugeordnet und strukturiert werden können« (BZgA 2001, 31). Bezogen auf leidvolle Erfahrungen hat deren Unordnung einen verunsichernden Charakter. Bildung kommt die Aufgabe zu, zu strukturieren und damit Orientierung und Sicherheit zu geben. Verlässliche Gemeinschaften können im Alter im Quartier von Institutionen der Erwachsenenbildung hergestellt werden. Bittere Erfahrungen werden artikuliert. Das schafft die Grundlage, Ängste und seelische Verletzungen zu begreifen und das Leben versöhnend abzuschließen.

5 Zielgruppe

Bedarfsgerechte Bildungsangebote müssen nicht nur den zeitgeschichtlichen Hintergründen, sondern auch den Kapazitäten der Altersgruppen Rechnung tragen.

5.1 Jahrgänge 1927–1935

Diese Personengruppe kann als hochbetagt bezeichnet werden. Tendenziell vermindert sich der Aktionsradius, bedingt durch die Häufung von Erkrankungen. Die Bildungsangebote sollten diesen Bedingungen räumlich Rechnung tragen und im Quartier durchgeführt werden. Einige elementare Rahmenbedingungen sollten berücksichtigt werden:

- barrierefreie, hell ausgeleuchtete Räume
- entgeltfreie Angebote
- zeitlich an Lebensstrukturen angepasst, i. d. R. vormittags
- kontinuierliche, verbindliche Gemeinschaft
- Leitung qualifiziert zur individuell ausgerichteten Gestaltung der Einheiten

Besonders in abhängigen Situationen können Traumata wiederbelebt werden. Angehörige und Mitarbeitende im Gesundheitsbereich, Pflege und Hospiz sollten geschult werden, hochaltrige Menschen traumasensibel zu begleiten. Die Kompetenz, verstörende Erfahrungen einzuordnen und den Prozess der Versöhnung zu begleiten, sollte professionell vermittelt werden und Bestandteil der Aus- und Fortbildung sein.

Exkurs: Transgenerationale Weitergabe der kriegsbedingten Belastungen

Die erlittenen Kriegstraumata der Kriegsgeneration enden nicht mit deren Tod. Vielmehr klagen etliche in den 1950er und 1960er Jahren Geborene über schwierige Beziehungen zu ihren kriegsgeschädigten Eltern, manche leiden unter unerklärlichen Angstzuständen oder Orientierungslosigkeit im Leben. Mit Unterstützung von der Buchautorin Sabine Bode bietet der Verein ›Kriegsenkel e. V.« Foren zu Diskussionen an.

Ein Vorreiter in der Aufarbeitung von Kriegstraumata ist das Land Nordrhein-Westfalen. Im Jahr 2017 wurde dort die Landesfachstelle »Trauma und Leben im Alter« eingerichtet, die Hilfen für traumatisierte Ältere, deren Angehörige und Pflegekräfte anbieten.

5.2 Jahrgänge 1935–1947

Bildungsangebote sollten vielfältig gestaltet werden, damit einem großen Bedarfsspektrum Rechnung getragen werden kann. Deshalb sollten verschiedene Formate angeboten werden. Da die Mobilität im Alter von 70–82 Jahren größer ist, können Interessengruppen, Parteien, Gewerkschaften, Begegnungszentren einladen.

Mehrtägige Seminare eignen sich optimal, um sich über die Erlebnisse auszutauschen und sich zu stabilisieren. Das zeigt das Beispiel der drei Tage im Bildungszentrum Hermannsburg. Regelmäßige Gesprächskreise sind ebenfalls geeignet.

Gezielte Biographiearbeit hat einen hohen Stellenwert, weil das geschichtliche Geworden sein reflektiert und das individuelle Erleben nicht isoliert betrachtet wird. »Das Konzept des biographischen Lernens ordnet sich [...] bewusst einem Bildungskonzept zu, das auf Unterstützung und Solidarisierungsfähigkeit zielt« (Braun 1996, 113).

Braun zeigt die Chance auf, dass Vergangenheit, Gegenwart und Zukunft offen kommuniziert und alternativ bewertet werden können. Dies kann gegebenenfalls auch Auswirkungen auf die eigene Lebensgestaltung haben.

Für diese Zielgruppe bieten sich folgende Formate an:

- Erzählcafé
- Biographische Schreibwerkstatt
- Video-Workshop, Film

- Theatergruppe
- Zeitgeschichtliche Lesungen, Lektürekurse
- Bilderausstellungen
- Musik, Lieder
- Materialienmarkt mit Erinnerungsgegenständen

6 Erwachsenenbildung stärkt das Gemeinwohl

Einrichtungen der Erwachsenenbildung können eine impulsgebende Funktion übernehmen und dabei unterstützen, dass die Kriegsgeneration in der Öffentlichkeit sichtbar wird. Durch bedarfsgerechte Bildungsangebote wird die Teilhabe verbessert. Das bereichert die Diversität der Gesellschaft. Durch öffentlich zugängliche Angebote wird die Präsenz in der Gesellschaft gesteigert und die Wertschätzung der Erfahrungen verbessert. Die gesellschaftspolitische Herausforderung besteht nicht nur in der Artikulation des Leids der direkt kriegsbetroffenen Generationen, sondern ebenso für die nachfolgenden Generationen. Sie haben viele Haltungen der Kriegsgenerationen verinnerlicht. Auch hier kann Erwachsenenbildung persönlichkeitsstärkend ansetzen. Die Agentur für Erwachsenen- und Weiterbildung in Niedersachsen hat mit den Fachtagungen im Rahmen von Futuro D initiiert, dass unterschiedliche Träger für die Zielgruppe der kriegsbelasteten Menschen diverse Angebote gestalten: die evangelische Erwachsenenbildung, Heimvolkshochschulen, Familienbildungsstätten, das Zentrum für Seelsorge u. a. Öffentliches Bewusstsein für leidvolle Vergangenheit hat für alle eine befreiende Dimension: Die Sichtbarkeit der Kriegsschrecken sensibilisiert nicht zuletzt für die aktuelle Situation Geflüchteter aus betroffenen Ländern. Deshalb gilt die Aufforderung von Hartmut Radebold:

»Wenn du den Frieden willst, behalte den Schrecken und das Leid des Krieges bewusst in Erinnerung – als Teil deiner Biographie« (Radebold 2015, 31).

Literatur

Adorno, T. W. (1980): *Negative Dialektik*. 2. Aufl. Frankfurt am Main: Suhrkamp.
Baer, U. (2016): *Bewältigungsstrategien traumatisierter alter Menschen. Eine qualitative Studie*. Verfügbar unter: https://www.alterundtrauma.de/files/alter-und-trauma/Ergebnisse/Bewaeltigungsstrategien%20traumatisierter%20alter%20Menschen-Eine%20qualitative%20Studie.pdf [23.06.2017]
Bode, S. (2015): *Die vergessene Generation. Die Kriegskinder brechen ihr Schweigen*. 24. Auflage. Stuttgart: Klett-Cotta.

Braun, S. (1996): Biographische Lernen als Methode der Erwachsenenbildung. In: *Report Zeitschrift für Weiterbildungsforschung* 1996/37, S. 109–115.

Bundeszentrale für gesundheitliche Aufklärung, BZgA (Hg.) (2001): *Was erhält Menschen gesund? Antonovskys Modell der Salutogenese – Diskussionsstand und Bewertung.* Köln: BZgA.

Der Spiegel (2009): *Spiegel-Gespräch mit Michael Ermann »Der Körper vergisst nicht«*, 9/2009, S. 46–48.

Franke, A. (Hg.)/Antonovsky, A./Schulte, N. (1997): *Salutogenese: Zur Entmystifizierung der Gesundheit.* Tübingen: dgvt.

Franz, J./Frieters, N./Scheunpflug, A./Tolksdorf, M./Antz, E.-M. (2009): *Generationen lernen gemeinsam. Theorie und Praxis intergenerationeller Bildung.* Bielefeld: Bertelsmann.

Mitscherlich, A./Mitscherlich, M. (1967): *Die Unfähigkeit zu trauern. Grundlagen kollektiven Verhaltens.* München: R. Piper & Co. Verlag.

Negt, O. (2016): *Überlebensglück. Eine autobiographische Spurensuche.* Göttingen: Steidl.

Radebold, H. (2005): *Die dunklen Schatten unserer Vergangenheit. Ältere Menschen in Beratung, Psychotherapie, Seelsorge und Pflege.* 2. Auflage. Stuttgart: Klett-Cotta.

Radebold, H./Bohleber, W./Zinnecker, J. (Hg.) (2008): *Transgenerationale Kindheiten. Interdisziplinäre Studien zur Nachhaltigkeit historischer Erfahrungen über vier Generationen.* Weinheim: Juventa.

Radebold, H. (2015): *Die dunklen Schatten unserer Vergangenheit, Hilfen für Kriegskinder im Alter.* 6. Auflage. Stuttgart: Klett-Cotta.

Richter, S. (2017a): Als alles anders wurde. In: *Cellesche Zeitung*, Celle 31.03.2017.

Richter, S. (2017b): Das Ende der Kindheit, Kriegsgeneration arbeitet seelische Verletzungen im Seminar auf, in: *Böhme-Zeitung*, Soltau, 27.03.2017.

Tippelt, R./Schmidt, B./Schnurr, S./Sinner, S./Theisen, C (2009): *Bildung Älterer. Chancen im demografischen Wandel.* Bielefeld: Bertelsmann.

»Uns trifft es härter« – Männer und ihre Baustellen beim Älterwerden

Günther Holzapfel

1 Das Projekt und seine Untersuchungs- und Entwicklungsaspekte

Gegenstand dieses Aufsatzes ist ein Männerprojekt in Bremen. Von 2012 bis 2015 wurden neun Abendkurse und eine Wochenendveranstaltung mit ca. 12– 14 Männern im Alter von Ende 50 bis Anfang 70 Jahren zum Thema Älterwerden durchgeführt. Zwei Drittel der TN (= Teilnehmer) hatten einen Hochschulabschluss und kamen aus verschiedensten Berufen (Ingenieure, Kaufleute, Lehrer, Metallberufe, Landwirt usw.). Kursleiter war der Verfasser. Unser Format war die organisierte Weiterbildung. Die Bedeutung informeller Lernprozesse soll aber keinesfalls übersehen werden (vgl. Schramek 2016,11; Prömper/Ruffing 2010, zitiert bei Venth 2011,19).

Im Abschnitt 2 wird der Wandel der Männerrolle skizziert. Es wird gefragt, wie dieser Wandel und andere gesellschaftliche und kulturelle Faktoren auch die älteren Männergenerationen beeinflussen und zur Teilnahme an allgemeiner Weiterbildung motivieren können. Es folgen die Grundzüge des Bildungs- und Lernkonzeptes (3. Abschnitt) und Einblicke in die Praxis (4. Abschnitt). Abschließend eine Methodenreflexion (5) und ein kurzes Resümee (6).

2 Gesellschaftliche, kulturelle und psychogerontologische Begründungen für Lernangebote für Männer zum Thema Älterwerden

Frauenbewegung und andere gesellschaftliche Faktoren führen dazu, dass auch Männer über ihre Rolle verstärkt nachdenken. Das männliche Rollenverständnis und die damit verbundenen Probleme waren in der Mehrheit unserer Kurse von Anfang an von den TN eingebracht worden. Aus diesem Kontext stammt auch die Bemerkung »Uns trifft es härter« (Johann, 63).[1] Johann meinte damit, dass er aus einer Generation stammt, die nach dem alten Männerbild erzogen wurde und dass er jetzt Schwierigkeiten habe, sich umzustellen. Das Thema des

Geschlechterrollenwandels hat also die ältere Generation erreicht. Aber es waren bei diesem Thema auch viel Verunsicherung und Unklarheiten zu spüren.

Es gab am Anfang des Projektes keine große Diskussion im Vorbereitungsteam (Leiter des ev. Bildungswerkes, Leiterin der Abteilung Bildung für Ältere an der VHS, der Verfasser) zur Überlegung, dass wir mit Männergruppen arbeiten wollten. Nach unseren langjährigen Erfahrungen in der Erwachsenenbildung in gemischtgeschlechtlichen Gruppen gingen wir davon aus, dass sich Männer untereinander offener zu wichtigen Themen des Alters äußern werden und außerdem das Konkurrieren untereinander um die Gunst der Frauen einfach wegfällt (ähnliches Projekt Leonhardt et al. 2015; Prömper 2015).

Die umfassendste und methodisch anspruchsvollste Untersuchung zum Rollenwandel von Männern ist von Volz und Zulehner (2009) vorgelegt worden. In ihrer Längsschnittstudie unterscheiden die Verfasser vier Typen von Männern bezüglich ihrer Rolleneinstellungen und zeigen Veränderungen dieser Zuordnungen innerhalb von zehn Jahren (1998–2008) auf.

Tab. 1: Typen von Geschlechterrollen bei Männern und Frauen 1998/2008 (Daten aus Volz/Zulehner 2009, 35)

Typen	1998: Männer	1998: Frauen	2008: Männer	2008: Frauen
teiltraditionell	30 %	25 %	27 %	14 %
modern	17 %	27 %	19 %	32 %
balancierend	23 %	30 %	24 %	34 %
suchend	29 %	17 %	30 %	19 %

Die Teiltraditionellen sind diejenigen, die überwiegend an den alten Rollenmustern orientiert sind. Den Modernen werden Männer zugerechnet, die die traditionellen Muster ablehnen und moderne bevorzugen. Die Balancierer verknüpfen traditionelle und moderne Positionen. Die Suchenden sind diejenigen, die mit den herkömmlichen Rollenbausteinen nichts mehr und mit den modernen noch nichts anfangen können. Diesen Typus kennzeichnet eine starke Verunsicherung (Volz/Zulehner 2009, 29). Ein Blick auf die Tabelle 1 zeigt, dass sich bei den Männern in zehn Jahren kaum Veränderungen ergeben haben, bei den Frauen dagegen die Veränderungen gravierend sind. Die Ergebnisse im Bezug auf die Jahrgänge der heute 60–69-Jährigen zeigen bei den Teiltraditionellen große Differenzen zwischen Männern und Frauen (18 % weniger im Vergleich zu den Männern) und immer noch deutliche Unterschiede bei der Kategorie der Modernen (11 % mehr Frauen im Vergleich zu den Männern) (Volz/Zulehner 2009, 37). Die Männer – gerade auch die älteren Jahrgänge – geraten also unter Druck, sich mit ihrem Rollenverständnis auseinander zu setzen. Erwachsenen-

---

1 Die Zahl nach dem Vornamen bedeutet das Alter des Teilnehmers. Die Teilnehmernamen wurden alle geändert.

bildung für ältere Männer kann dazu beitragen, diese Drucksituation besser zu verstehen und Wege zur besseren Verständigung mit dem/den Partner*innen zu finden.

Eine Vielzahl weiterer gesellschaftlicher und kultureller Faktoren (siehe dazu die zusammenfassenden Publikationen aus der Männerforschung und -bildung DIE Heft IV/2000, Bundeszentrale für politische Bildung 2012, 2013, Holzapfel 2012) können unterschiedliche Wirkungen auf die Bereitschaft von älteren Männern zur allgemeinen Weiterbildung zur Folge haben. Die bisherigen Untersuchungen zeigen eine Unterrepräsentanz der älteren Männer in der allgemeinen Weiterbildung[2]. Mängel in der kognitiven Leistungsfähigkeit können dafür nicht als Erklärung herangezogen werden. Die Ergebnisse der psychogerontologischen Forschung auf diesem Gebiet zeigen, dass bei den entscheidenden Parametern wie Gedächtnis, kognitiven Verarbeitungsmechanismen und Intelligenz keine relevanten Einschränkungen bezüglich der Lernpotentiale zu registrieren sind, ja Lernen für die Erhaltung der kognitiven Potentiale förderlich ist (Kade 2009,132ff.; Bubolz-Lutz et al. 2010, 97ff.; Schmidt-Hertha 2014, 35ff.).

3 Das Bildungs- und Lernkonzept »Älterwerden – die ganz andere Baustelle für Männer«

3.1 Identitätstheorie der Humanistischen Pädagogik

Die Grundlage für das vorliegende Bildungskonzept stellt eine Identitätstheorie dar, die durch folgende zentrale Merkmale gekennzeichnet ist:

Identität kann nur adäquat in einer *ganzheitlichen Betrachtung* des Menschen (Mensch als Einheit von Körper/Leib, Emotion und Kognition) verstanden werden. Diese ganzheitliche Sichtweise schließt auch die Analyse und das Verstehen seiner sozialen Kontexte, Beziehungen und seiner Biographie mit ein.

Das Verhältnis von Körper/Leib, Emotion und Kognition wird in diesem Ansatz als *dialogische Beziehung* verstanden. Die Auffassung von einer dialogischen Beziehung grenzt sich von monistischen oder dualistischen Konzeptionen ab. Im dialogischen Verständnis werden Körper, Gefühle und Emotionen auch als kluge und intelligente Instanzen betrachtet, auf die der Mensch lernen muss zu hören. Sie leisten damit einen wesentlichen Beitrag zum vernünftigen Handeln.[3]

---

2 Die Unterrepräsentanz von älteren Männern in der allgemeinen Weiterbildung ist in repräsentativen empirischen Untersuchungen von Tippelt/Schmidt/Kuwan 2009 (bezogen auf die Bundesrepublik) bestätigt worden (vgl. Lottmann 2013, 111).
3 »Das Andere der Vernunft« haben Böhme/Böhme 1992 den Körper und die Emotionen genannt. Annäherungen, aber auch gravierende Unterscheidungen zu dieser Position in der Erwachsenenpädagogik finden wir bei Arnold 2005 und Giesecke 2007 (siehe dazu Holzapfel 2002, Kapitel 7; Holzapfel 2008,158ff.). Die genannten grundlegenden Merkmale dieser Identitätstheorie sind im vieldimensionalen und komple-

3.2 Das Säulenmodell der Identitätstheorie als Grundlage für die Entwicklung von Zielen, Inhalten und Methoden der Männerkurse

Dieses Säulenmodell wurde ebenfalls von Petzold (1985, 43; 2003,161) entwickelt. Wir schließen uns dem Vorschlag Hammers (2010, 99ff.) an, der dieses Modell zur Strukturierung seiner Buchinhalte und Problemstellungen beim Thema Älterwerden von Männern genommen hat. Wir nutzen es als didaktische Struktur. Die Säulen der Identität sind: Arbeit/Betätigung, soziales Netzwerk, Leib/Körper, materielle Sicherheit, Werte und Sinn. Entscheidend ist nach der Petzoldschen Identitätstheorie, dass alle fünf Säulen in einem ausgewogenen Verhältnis zueinander stehen. Dieses Verhältnis ist immer in Bewegung begriffen und muss immer wieder neu ausbalanciert werden. Eine Säule kann brüchig oder zu Lasten einer anderen überbetont werden. Z.B. kann bei Männern die Säule Arbeit/Betätigung zu Lasten der Säule soziales Netzwerk überbetont sein. Bei jeder Säule kann man Einstellungen und Verhalten dazu in jeweils zwei Extremrichtungen übertreiben (vgl. Hammer 2010, 21). Z. B. bei der Säule Arbeit/Betätigung gibt es als extreme Haltungen Aktionismus oder Langeweile. Beide Haltungen sollten vermieden werden. Diese Maxime der Vermeidung von extremen Einstellungen kann man für jede Säule durchspielen. Aus diesem Säulenmodell lassen sich fünf große Themenkomplexe und zugleich Fragestellungen, Maxime, Normen und Wege beim Alterungsprozess für Männer ableiten. Das Thema Männerrolle durchzieht alle Themenkomplexe. Es wurde aufgegriffen, wo es besonders deutlich wurde. Z.B beim Arbeitsthema mit der Frage, was bin ich als Mann noch wert, wenn ich keine Arbeit mehr habe. Auf der Methodenebene sollte mit den TN bekannteren Methoden in den ersten Kursen begonnen und dann eingeschätzt werden, ob gestaltpädagogische Methoden dazu genommen werden können. Gestaltpädagogik und ihre Methoden sind voll kompatibel mit der oben kurz skizzierten Identitätstheorie.

---

xen Ansatz von Hilarion Petzold (2003) entwickelt worden, in dem er die verschiedenen Ansätze der Humanistischen Psychologie (Gestalttherapie, Psychodrama, TZI, nondirektive Gesprächstherapie, systemische Ansätze aus der Familientherapie), der Gestaltpsychologie, Psychoanalyse und der phänomenologischen und existentiellen Philosophie sowie der Neurowissenschaften zu einer der bedeutendsten Beziehungsphilosophien des 20. und 21. Jahrhunderts integriert hat. (Erwachsenen-)Pädagogische Transformationen dieses Identitätskonzeptes bei Holzapfel 2002; zum dialogischen Verhältnis von Körper/Leib, Emotion und Kognition Holzapfel 2004, 157,162. Bei einschlägigen Grundlagenbestimmungen des Bildungs- und Lernkonzeptes mit und für Ältere ist eine hohe Kompatibilität untereinander und mit den hier vorgeschlagenen zu verzeichnen (Kade,151–221; Bubolz-Lutz/Gösken/Kricheldorff, Schramek 2010,66,67, 77–87; Schmidt-Hertha 2014,32,89,90,94; Schramek/Bubolz-Lutz 2016). Bei der Operationalisierung von Didaktikkonzepten zeigen sich höchstwahrscheinlich größere Unterschiede einschließlich Gegensätzlichkeiten. Dies kann hier aus verschiedenen Gründen nicht näher ausgeführt werden.

4 Zur Praxis der Männerkurse

4.1 Ist grau wirklich bunt? – Zum Beginn der Veranstaltungen im Frühjahr 2012

Anfangs starteten zwei Kurse (mit je 18 TN) mit dem Titel »Ist grau wirklich bunt? – Stärken und Schwächen der aktuellen Ratgeberliteratur für das eigene Altern. Kurs für Männer ab 50, 4 Abende.« Sie waren als eine Art Einführungskurs gedacht. Ein zentraler Gegenstand dieser Kurse waren Auszüge aus den Büchern von Scherf 2011, Fuchsberger 2010 und Kuntze 2011. Im Kurstitel wird der Titel des Buches von Scherf »Grau ist bunt« als Frage formuliert. Über den Durchgang durch die Altersbestseller[4] wollten wir zu den Themen kommen, die die Männer besonders interessierten. Um eine gute Kommunikation und den allmählichen Aufbau eines Vertrauensverhältnisses zwischen allen zu erreichen, wurden einige Arbeitsregeln eingeführt, die im Konsens akzeptiert wurden und von allen für ein gutes Miteinander als förderlich empfunden wurden: Jeder darf ausreden, es soll in Ich-Form gesprochen, keine Ratschläge an andere erteilt, Redebeiträge oder Arbeitsergebnisse anderer nicht bewertet (v. a. nicht kritisch), inquisitorische Fragen (=Fragen mit unbekanntem Fragehintergrund) vermieden werden. Allmählich wurde deutlich, dass diese Regeln als eine Art Krücke dazu dienten, dem Hang mancher Männer zur Ichverbergung durch Fassadentechniken, Imponiergehabe und ständiger Bewertung anderen Denkens und anderer Meinungen zu beggnen. Zudem wirkte die Einhaltung der Regeln positiv auf eine gegenseitige Akzeptanz und Wertschätzung.

Bei der Besprechung der Auszüge aus den Altersbestsellern richtete sich der Fokus auf die Bücher von Fuchsberger und Kuntze. Anhand der ausgewählten Texte formulierten die Männer folgende Fragestellungen: »Was passiert mit uns, wenn wir aus dem Beruf/Arbeit aussteigen? Wie mit dem Gefühl der Nutzlosigkeit als Rentner oder Pensionär klarkommen? Ist es nicht würdelos, wenn ehemalige Arbeitskollegen mit lächerlichen Anekdoten über ihre Großtaten in der Arbeit ihre Zeit vergeuden? Vom »sinnvollen Rumgammeln« hat jemand als einem Ziel in der Vorstellungsrunde gesprochen. Was wäre das? Haben wir Männer als Freunde? Wie geht es uns, wenn wir keine feste Partnerin haben? Ist die Alters-WG eine Lösung gegen Einsamkeit und Depression im Alter? Alkohol als Trostspender und Vergnügungselixier?! Wann beginnt die Sucht? Gibt es Altersweisheit? Mit welchen Haltungen wollen wir unser Älterwerden angehen? Welche Probleme stellen sich heute, wenn kein Bezug zur Religion mehr vorhanden ist? Gibt es die Notwendigkeit, dem Alter Sinn zu verleihen? Ist Suizid ein möglicher Ausweg aus einem Leben mit Siechtum und Sinnlosigkeit?« (Auszug aus einem Protokoll aus Wandzeitungen und Karteikarten aus der Arbeit von Kleingruppen zu den fünf Säulen vom 12.6.2012). In späteren Kursen kam als Einstieg zur Eruierung von Baustellen der Fragenkatalog von

---

4 Würdigung und Kritik dieser Bücher bei Holzapfel (2012, 4)

Giersberg (2008, 30f.) zum Einsatz. Auch Erzählungen von Männern zur Phase des Übergangs von der Arbeit in die Rente (z. B. Malessa 2012,114 ff.)[5] oder gestaltpädagogische Methoden (siehe Abschnitt 4.2) scheinen hier geeignete Vorgehensweisen. Nach einem »Bilanzierungstreffen« einige Monate später meldete sich die Hälfte der Teilnehmer aus den Frühjahrskursen zum Herbstkurs 2012 an. Der Kurs (wie alle weiteren) wurde durch das Wort »Baustelle« charakterisiert und angekündigt, was auf allgemeine Akzeptanz bei den Teilnehmern stieß.

4.2 Fortsetzung der Kurse: auch mit gestaltpädagogischen Methoden

Gestaltpädagogische Methoden berücksichtigen mehr als die bisher praktizierten (Textarbeit und Gespräch) die Subjektseite der Themen. Ihre Stärke liegt in der Chance, den Körper und die Gefühle explizit in den Lernprozess mit einzubeziehen. Durch Vergegenwärtigen und Bewusstwerden der körperlichen und emotionalen Bedingungen des Denkens und Handelns bekommen die Lernenden mehr Klarheit, Sicherheit und Souveränität. An einem Beispiel sei aufgezeigt, wie hier vorgegangen und was erreicht wurde.

Beispiel: »I did it my way« – Arbeit mit Imaginationen, Zeichnungen und Gruppengespräch

Die Teilnehmer stellen ihren jetzt anstehenden Lebensweg dar. Der Sinatra-Song fungiert als Titelgeber für dieses Vorgehen. Die kernig-schmelzenden Stimme Sinatras weckt individuelle Gefühle z. B. des Einverstandenseins mit und des Stolzes auf den eigenen Lebensweg. Die Methode folgt drei Phasen:

Vorbereitungsphase

Mit einem Warming-up für alle TN (z. B. gehen durch den Raum in verschiedenen Tempos) wird begonnen. Auf Tischen liegen viele unterschiedliche Postkarten aus. Die Männer werden gebeten, sich zu zwei Fragestellungen Gedanken und Vorstellungen zu machen: *Wo stehe ich jetzt? Wo will ich hin?* Bei beiden Fragestellungen soll sowohl die Situation im Bereich Arbeit/Tätigsein als auch der Beziehungsbereich mit einbezogen werden. Zunächst geht es um die erste Fragestellung. Die Männer gehen durch den Raum. Der Kursleiter (KL) formuliert einige unterstützende Fragestellungen zur ersten Frage (z. B. wie geht es mir dabei? Bin ich mit der jetzigen Situation zufrieden, unzufrieden? Was fehlt

---

5 Für die organisierte Bildungsarbeit und das informelle Lernen fehlen Bücher mit Biographien »normaler« Männer, normal im Sinne von nicht prominent. Von Prominenten gibt es genügend Biographie-Publikationen. Für »normale« Frauen gibt es dieses Genre reichlich.

mir? Was ist gut? Wer unterstützt mich?). Wenn die TN mit Hilfe dieser Fragestellungen sich ihre Jetzt-Situation vor Augen führen und sich über ihre Einstellungen und Gefühle dazu eine erste Vorstellung verschafft haben, sollen sie dazu passend eine Karte aus der vorliegenden Sammlung auswählen. Im nächsten Schritt geht es um die Frage »Wo will ich hin?«. Wiederum gibt es dazu die Vorstellung anregende unterstützende Fragestellungen und die Bitte, sich zu dieser Wunschsituation eine passende Karte auszusuchen.

»My way« aufzeichnen

In der zweiten Phase stehen die Männer vor der Aufgabe, mit zwei Postkarten auf einer halben Flipchartseite (DIN-A-3) zu arbeiten und mit Farbstiften den eigenen Weg von der Jetzt-Situation zur Wunschsituation zu gestalten. Folgende Aspekte sollen dabei beachtet werden: Welche Dinge, Situationen, Menschen, Eigenschaften von mir fördern mein Vorankommen zum Ziel, zur Wunschsituation? Welche Ressourcen habe ich? Welche Widerstände (in mir, in der Situation) stelle ich mir vor, die das Vorankommen erschweren können? Welche Befürchtungen habe ich? Welche Rolle spielen dabei Partner*innen?[6] Im Fokus steht dabei der Ausdruck von Wünschen, Gefühlen und Gedanken.

Auswertung des gestalteten Weges im Gespräch

Die Werke werden vorgestellt – deren Auswertung erfolgt in einer Kleingruppe oder im Plenum. Die Gesprächsführung entspricht den Prinzipien der partnerzentrierten Gesprächsführung. Angelehnt an die Gestaltpädagogik wird die Konzentration auf das bewusste Wahrnehmen aller Ausdrucksaktivitäten (einschließlich der Gesten, Stimmlage und aktuell gezeigten Gemütslage) gerichtet. Insgesamt geht es um das Hinschauen ohne Bewertungen, das Einfühlen, Zuhören, um Nachfragen, um Klärungsschritte und darum, verschiedene Aussagen miteinander in Beziehung zu setzen.

Die Ist-Situation von Walter wird durch das Bild einer menschlichen Figur in Aufruhr dargestellt. Die Wunschsituation wird durch ein Bild von Hans v. Marées »Die Ruderer« gekennzeichnet[7]. Die Farblinien, die beide Bilder miteinander verbinden, stellen ein Labyrinth dar (▶ Abb. 1). Zur Ausgangssituation erläutert er: Ich bin innerlich sehr aufgezogen, in meiner beruflichen Tätigkeit erfahre ich »schmerzhaft«, dass ich immer wieder an »Mauern« und »Grenzen« stoße. Meine Arbeitssituation als gewerkschaftlicher Teamer oder Angestellter in zeitlich befristeten Projekten bezeichne ich als »prekär«. Mein beruflicher Lebensplan bestand darin, aus dem sicheren Job als Flugzeugbauer auszusteigen und einen sozialwissenschaftlichen Hochschulabschluss zu ma-

---

6 Ich habe durch die Wortwahl verschiedene sexuelle Orientierungen in den Männerveranstaltungen offenhalten wollen.
7 Die von »Walter« verwendeten Bilder können aus urheberrechtlichen Gründen nicht abgedruckt werden.

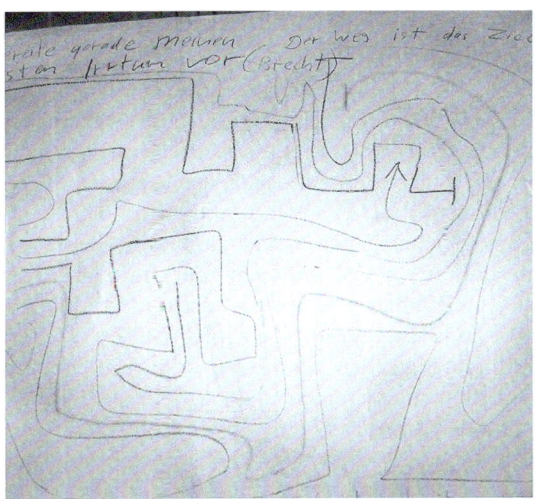

Abb. 1: »My way« von Walter (Walter, Flugzeugbauer und Sozialwissenschaftler, 56: Wege aus dem Labyrinth)

chen, was mir auch gelungen ist. Mein Motiv für diesen Weg war, mich politisch nicht immer »verbiegen« zu wollen. Dass ich jetzt mit meinem Diplomabschluss in eine prekäre Arbeitsmarktsituation geraten bin, mit negativen Folgen auch für meine Rente, war in meinem Plan nicht vorgesehen. Ich will jetzt nicht mehr durch die Lande ziehen für einen Job. Meine Wunschvorstellung ist, in einem Team zu arbeiten und mit diesem gemeinsam auf ein Ziel zuzusteuern, wie es sich im Ruderer-Bild ausdrückt. Ein einzugehender Arbeitsvertrag dürfte nicht befristet sein. Meine jetzige Situation beschreibe ich mit zwei Sprüchen auf meiner Zeichnung. Schaut (gewendet an die Gruppe) die rote Linie meines Weges durch das Labyrinth an, die mal wieder an eine Mauer stößt. Spruch von Brecht dazu: »Ich bereite gerade meinen nächsten Irrtum vor.« Unten am Bildrand steht ein Spruch von Biermann: »Scheiter heiter, mach munter weiter.«

Der KL setzt diese Sprüche in Beziehung zu Walters Aussage, nicht mehr durch die Lande wegen eines befristeten Jobs ziehen zu wollen. Er fragt ihn, ob er zu dieser Haltung auch wirklich innerlich steht. Walters Reaktion darauf: »Das ist das Dilemma.« (Alle Zitate und Paraphrasierungen aus dem Kursprotokoll v. 18.10.2012). Er will nicht allein von Arbeitslosengeld und Hartz IV leben. Ihm wird durch die Darstellung der Ist- und Wunschsituation und des Labyrinthweges dazwischen, der von Gefühlen innerer Zerrissenheit, Unruhe und Ärger über nicht erhaltene unbefristete Arbeitsverträge begleitet ist, und das Gespräch darüber bewusst, dass er einen Kompromiss finden muss zwischen seiner Wunschvorstellung und seiner realen Arbeitsmarktsituation. Er spricht von zwei Bewerbungen, die er jetzt noch losschicken will. Die offene Art über Wünsche, Ziele, Wege, Schwierigkeiten und Ressourcen zu sprechen trug zu einem wachsenden gegenseitigen Vertrauen bei.

4.3 Weitere Themen und Methoden, selbstorganisierte Männergruppen

Verschiedene Themen der fünf Säulen und auch so mancher Aspekt der Geschlechterrollenbaustelle wurden thematisiert. Bei der Baustelle Kommunikationsstörungen in der Paarbeziehung ergab die Diskussion von Texten aus einem Buch von Jellouschek (2011) »Wenn Paare älter werden« ziemlich intensive Gespräche. Zum gleichen Thema und zum Oberthema soziales Netzwerk wurde mit Playmobilfiguren, Zeichnungen und Statuentheater – gerade beim Statuenbau zeigten die Männer eine solche Lust und Freude am Spiel – gearbeitet (eigener Körper als Baumaterial, Holzapfel 2007, Abschnitt 3.2). Die Akzeptanz der gestaltpädagogischen Methoden konnte nicht unbedingt erwartet werden, doch die Erfahrungen zeigen, dass Männer – gerade auch ältere – in Bezug auf persönlich bedeutsame Themen neugieriger, mutiger und beweglicher sind – gerade auch in der Methodenwahl – als gemeinhin angenommen wird. Intensive Gespräche zum Thema Sterben und Tod ergaben sich beim Lesen und Besprechen der Erzählung »Der letzte Sommer« von B. Schlink (2010), in der ein Mann seinen Suizid vorbereitet, ohne mit seiner Frau darüber zu sprechen. Es wurden an allen Säulen die sich jeweils in den Vordergrund schiebenden Baustellen bearbeitet. Nicht überall zeigten sich die gleich starken Leidenschaften des Bearbeitens. Das Thema Sexualität im Alter wurde nicht angepackt. Warum nicht?[8] Aus den Kursen haben sich zwei selbstorganisierte Männergruppen gebildet. Das ist ein ebenso wichtiges Ergebnis des Projektes.

4.4 Feedback

Ein bewährtes Instrument für Feedback ist die Methode »Satzergänzung« (Gerl/Pehl 1983, 65) am Ende eines Kurses (anonym, alle Zettel werden von zwei TN eingesammelt und vorgelesen). Z. B. »Ich habe in diesem Kurs gelernt, dass ...«.

- »..., ich mit Vorrang mein soziales Netz ausbauen muss.«
- »Männer können sich öffnen! Wollen sich öffnen! Man muss sie nur lassen und ermuntern, z. B. durch die gute Moderation von (Name des Kursleiters).«
- »..., die Vielfalt der Teilnehmer eine Bereicherung ist! Ich bekomme Anregungen durch sie; setze mich mit mir selber auseinander, ist spannend und macht Spaß.«

---

8 Einmal sagte ein Mann, als die Kleingruppen sich wieder im Plenum versammelten, so vor sich hin (es konnten nicht alle seine Äußerung akustisch wahrnehmen): »Der Herr hat mir das Können genommen, möge er mir auch das Wollen nehmen.« Dies war eine Spur, die der KL hätte aufgreifen können. Warum tat er es nicht? Nicht getraut? Zu starr auf den geplanten nächsten Schritt geschaut? Vorschnelles Antizipieren, dass die Männer bei diesem Thema (noch) nicht bereit sind?

- »..., ich mich versöhnen will mit dem, was ich im Leben erreicht habe und nicht erreicht habe, um über das Versöhnen freie Kapazitäten zu finden für Neues.«
- »..., ich mit meinen Gedanken und Ängsten und Sorgen in Bezug auf das Thema ›Älterwerden‹ nicht alleine bin.« (Alle Antworten aus den Herbstkursen 2012 und 2013.)

In allen Männerkursen wurde betont, wie wichtig es ist, dass Männer sich untereinander austauschen und dass alles, was gesagt wird, in der Gruppe verbleiben muss und »nicht nach draußen getragen wird« (Protokoll v. 18.3.2014).

5 Methodenreflexion

Die Praktizierung gestaltpädagogischer Methoden und anderer Methoden aus der Humanistischen Pädagogik setzt eine längere Zusatzausbildung voraus. Dies vorausgesetzt ist darauf zu achten, dass genügend Zeit bleibt, die auftretenden Gefühle und das z. T. aus dem präreflexiven Vorbewussten Aufgespürte zur Sprache zu bringen. Dabei sind mögliche Selbsterfahrungsprozesse klar von individueller Therapie abzugrenzen.

6 Resümee

Die Feststellung »Uns trifft es härter« war für die Männer kein Anlass für Resignation und Rückzug, vielmehr stellten sich die Teilnehmer neugierig, mutig und nachdenklich den Gestaltungsaufgaben der neuen Lebensphase. Das beschriebene Bildungs- und Lernformat scheint geeignet, Anregungen zu geben und Reflexion zu unterstützen. Eine gezielte Forschung auf allen Analyseebenen, besonders an der Schnittstelle gesellschaftlicher Entwicklungen und Entstehen von Lernmotivationen von älteren Männern zu Fragen der eigenen Identität, scheint nötig.

Literatur

Arnold, R. (2005): *Die emotionale Konstruktion der Wirklichkeit.* Baltmannsweiler: Schneider Verlag.
Böhme, H./Böhme, G. (1992): *Das Andere der Vernunft. Zur Entwicklung von Rationalitätsstrukturen am Beispiel Kants.* 2. Auflage. Frankfurt/Main: Suhrkamp.
Bubolz-Lutz, E./Gösken, E./Kricheldorff, C./Schramek, R. (2010): *Bildung und Lernen im Prozess des Alterns. Das Lehrbuch.* Stuttgart: Kohlhammer Verlag.
Bundeszentrale für politische Bildung (Hg.) (2012): Mannsbilder, Aus *Politik und Zeitgeschichte*, 62. Jg. 2012/40.
Bundeszentrale für politische Bildung (Hg.) (2013): Alternde Gesellschaft, Aus *Politik und Zeitgeschichte*, 63. Jg. 2013/4-5.
DIE Zeitschrift für Erwachsenenbildung, Heft IV (2000): *Männer.* Bonn: DIE.
Fuchsberger, J. (2010): *Altwerden ist nichts für Feiglinge.* 13. Auflage. Gütersloh: Gütersloher Verlagshaus.
Gerl, H./Pehl, K. (1983): *Evaluation in der Erwachsenenbildung.* Bad Heilbrunn: Klinkhardt.
Giersberg, D. (2008): *Und dann? 101 Ideen für den Ruhestand.* Bielefeld: W. Bertelsmann Verlag.
Gieseke, W. (2007): *Lebenslanges Lernen und Emotionen.* Bielefeld: W. Bertelsmann Verlag.
Hammer, E. (2010): *Männer altern anders. Eine Gebrauchsanweisung.* Freiburg: Herder.
Holzapfel, G. (2002): *Leib, Einbildungskraft, Bildung. Nordwestpassagen zwischen Leib, Emotion und Kognition in der Pädagogik.* Bad Heilbrunn: Klinkhardt.
Holzapfel, G. (2004): Nordwestpassagen zwischen Leib, Emotion und Kognition in der Pädagogik. In: *Literatur- und Forschungsreport Weiterbildung* 27/1, S. 157–163. Verfügbar unter. https://www.die-bonn.de/doks/holzapfel0402.pdf [10.05.2017]
Holzapfel, G. (2007): Gestaltpädagogische Konzepte in der Weiterbildung von Erwachsenenpädagoginnen und -pädagogen. In: Heuer, U./Siebers, R. (Hg.): *Weiterbildung am Beginn des 21. Jahrhunderts. Festschrift für Wiltrud Gieseke.* München: Waxmann, S. 135–149, verfügbar unter http://www.gestaltpaed.de/arbeit/theorie/holzapfelkonzeptweiterbildung.pdf [10.05.2017]
Holzapfel, G. (2008): Emotion und Kognition in der Erwachsenenpädagogik. In: Arnold, R./Holzapfel, G. (Hg.): *Emotionen und Lernen. Die vergessenen Gefühle in der (Erwachsenen-)Pädagogik.* Baltmannsweiler: Schneider-Verlag, S. 145–171.
Holzapfel, G. (2012): *Ist grau wirklich bunt? Männer und das Älterwerden.* Vortrag am 13.5.2012 im Bremer Rathaus auf der Tagung »Bremen alt erleben«, verfügbar unter http://www.hpsw.uni-bremen.de/inhalt/
Jellouschek, H. (2011): *Wenn Paare älter werden. Die Liebe neu entdecken.* Freiburg: Herder.
Kade, S. (2009): *Altern und Bildung.* 2. Auflage. Bielefeld: Bertelsmann.
Kuntze, Sven (2011): *Altern wie ein Gentleman. Zwischen Müßiggang und Engagement.* 5. Auflage. München: Bertelsmann.
Leonhardt, P./Prömper, H./Schlegel, H./Szeimis, W. (2015): Bildungsarbeit mit älteren Männern – ein Werkstattgespräch. In: Prömper, H./Richter, R. (Hg.): *Werkbuch neue Altersbildung.* Bielefeld: Bertelsmann, S. 292–304.
Lottmann, R. (2013): *Bildung im Alter – für alle? Altersbilder, Ziele und Strukturen in der nachberuflichen Bildung in Deutschland und den USA.* Bielefeld: Bertelsmann.
Malessa, A. (2012): *Altherrensommer. Männer in der Drittlife-Krise.* Gütersloh: Gütersloher Verlagshaus.
Petzold, H. G. (1985): *Mit alten Menschen arbeiten.* München: Pfeiffer.
Petzold, H. G. (2003): *Integrative Therapie*, Bd. 1-3, Paderborn: Junfermann.
Prömper, H./Richter, R. (2015): *Werkbuch neue Altersbildung. Praxis und Theorie der Bildungsarbeit zwischen Beruf und Ruhestand.* Bielefeld: Bertelsmann.

Prömper, H. (2015): Das Leben neu (er)finden? Männer zwischen Beruf und Lebensabend. In: Prömper, H./Richter, R. (Hg.): *Werkbuch neue Altersbildung. Praxis und Theorie der Bildungsarbeit zwischen Beruf und Ruhestand*. Bielefeld: Bertelsmann, S. 304–316.
Scherf, H. (2011): *Grau ist bunt. Was im Alter möglich ist*. 3. Auflage. Freiburg: Herder.
Schlink, B. (2010): Der letzte Sommer. In: Schlink, B (Hg.): *Sommerlügen*. Zürich: Diogenes Verlag, S. 169–210.
Schmidt-Hertha, B. (2014): *Kompetenzerwerb und Lernen im Alter*. Bielefeld: Bertelsmann.
Schramek, R. (2016): Mehr als reiner Wissenserwerb: Lernen in informellen Zusammenhängen. In: *BAGSO-Nachrichten: Bildung – ein Leben lang* 2016/3, S. 10–12.
Schramek, R./Bubolz-Lutz, E. (2016): Partizipatives Lernen – ein geragogischer Ansatz. In: Naegele, G./Obermann, E./Kuhlmann, A. (Hg.): *Teilhabe im Alter gestalten. Festschrift zum 25-jährigen Bestehen des Ffg*. Wiesbaden.
Venth, A. (2011): *Was hat Männlichkeit mit Bildung zu tun?* Bonn: DIE, verfügbar unter: https://www.die-bonn.de/doks/2011-maennlichkeit-bildung-01.pdf [06.12.2017]
Volz, R./Zulehner P. M. (2009): Männer in Bewegung. Zehn Jahre Männerentwicklung in Deutschland. In: Bundesministerium für Familie, Senioren, Frauen und Jugend (Hg.): *Ein Forschungsprojekt der Gemeinschaft der katholischen Männer Deutschlands und der Männerarbeit der Evangelischen Kirche in Deutschland*. Baden-Baden: Nomos Verlag.

Glossar

Adressaten/Zielgruppen: Sichtweise auf Teilnehmer*innen in Lern- und Bildungsprozessen, die sowohl die Deutungen und das Erleben der Menschen als auch das Bedingungsgefüge zwischen Institutionen, professionell Tätigen und Nutzer*innen von Angeboten beachtet. Angrenzende Begriffe – insbesondere innerhalb der Sozialen Arbeit – sind Klient*in (Logik traditioneller Fürsorgeorientierung bis zu modernen Betreuungsverhältnissen), Kunde*in (Dienstleistungslogik) oder Leistungsempfänger*in (Rechtsanspruchslogik).

Altenhilfe: Altenhilfe ist die Summe der gesetzlich verankerten Leistungen im Rahmen der Sozialhilfe an alte Menschen, um schwierige Lebenslagen im Alter zu verhüten, zu überwinden oder zu mildern und ihnen die Möglichkeit zu erhalten, am Leben in der Gemeinschaft teilzunehmen (§ 71 SGB XII). Nach dem Bundesversorgungsgesetz (§ 26e BVG) umfasst die Altenhilfe auch nichtmaterielle Leistungen, die ohne Rücksicht auf vorhandenes Einkommen gewährt werden. Damit fallen auch Beratungsangebote und die Sicherung der Sozialen Teilhabe (siehe Partizipation) in den Bereich der Altenhilfe. Sie umfasst damit auch alle Maßnahmen und Initiativen zur Förderung und Unterstützung alter Menschen. Träger der Altenhilfe sind Kommunen, Wohlfahrtverbände und private Anbieter von Pflegeeinrichtungen, Betreuungs- und Beratungsdiensten.

Alter/Altern: Die Lebensphase Alter beschreibt den Lebensabschnitt nach dem Ende der Familienphase und/oder nach dem Ausscheiden aus dem Erwerbsleben bis hin zum Lebensende. Dabei werden verschiedene Kategorien des Alters unterschieden: Neben dem kalendarischen Alter, das die Anzahl der Lebensjahre als Orientierung verwendet, rücken das biologische Alter, das sich am Gesundheitszustand festmachen lässt, also körperliche Faktoren in den Fokus. Das soziale Alter beschreibt hingegen die Lebenssituation von alternden Menschen über soziale Rollen und Aufgaben. Dabei steht das 3. Alter für »fit und aktiv«. Das 4. Alter für das »Erleben von entstehendem Hilfe- und Unterstützungsbedarf« und das 5. Alter für »Pflegebedürftigkeit und Verlust von Autonomie«. Diesen sozialen Alterskategorien werden typische oder kritische Lebensereignisse zugeordnet, die jeweils im Sinne der Erarbeitung einer neuen Balance bewältigt werden müssen. Damit sind auch vielfältige Entwicklungs- und Bildungsherausforderungen verbunden.

Der Begriff des Alterns beschreibt den Prozess des Altwerdens. Wenn in einzelnen Beiträgen von »Altern« gesprochen wird, liegt der Schwerpunkt auf der

Betrachtung des Prozesses sowie auch auf Mechanismen, die beim Altwerden wirken.

Altersbild: Altersbilder umfassen allgemeine Vorstellungen über das Alter, über die im Alternsprozess zu erwartenden Veränderungen. Dies umfasst älteren und alten Menschen zugeschriebene charakteristische Eigenschaften. Der Begriff »Altersbild« umfasst sowohl das Altersbild der Gesellschaft als auch die Art und Weise, wie ältere und alte Menschen sich selbst sehen (Selbstbild).

Autonomie: Zu diesem Begriff werden synonym z. B. die Wörter Eigenständigkeit oder Eigenverantwortlichkeit verwendet. Ursprünglich kommt der Begriff Autonomie von dem griechischen Wort autos zu deutsch selbst und dem griechischen Wort nomos zu deutsch Gesetz. Im erziehungswissenschaftlichen Kontext wird der Begriff Autonomie häufig in einem ethischen Sinn verwendet, wonach der Mensch sein Verhalten selbst zu steuern und zu verantworten hat. Dabei richtet sich der Mensch grundsätzlich nach allgemein verbindlichen, gesellschaftlich akzeptierten Regeln und Prinzipien. Dazu passt, dass der Mensch auf Selbstorganisation und Selbstregelung ausgerichtet ist. Folglich sind seine Aktivitäten im Kontext von Bildung auf Selbstbildung gerichtet.

Bildungsbarrieren: Der Begriff Bildungsbarriere steht im Zusammenhang zu sozialen Einflussfaktoren und Strukturen, die sich hemmend auf die Teilnahme an Bildung auswirken. Man spricht in diesem Kontext auch von Bildungsbenachteiligung und meint die bildungsspezifische Benachteiligung von einzelnen Personen und Gruppen, die über geringe soziale, schichtspezifische, milieubezogene, kulturelle und/oder finanzielle Ressourcen verfügen.

Biografie/Biografiearbeit/Biografizität: Biografie ist ein vermittelndes Konstrukt der bestehenden Wechselwirkungen zwischen gesellschaftlicher Lage und individuellen Konstellationen und Ereignissen im Lebenslauf. Damit hat Biografie viele Dimensionen und trägt dazu bei, dass das Individuum sowohl in seiner Einzigartigkeit als auch in seiner Gesellschaftlichkeit wahrgenommen werden kann.

Biografiearbeit wird heute vor allem mit der aktivierenden Pflege von Heimbewohnern in Verbindung gebracht und als Teil einer verstehenden und akzeptierenden Form der Betreuung von Menschen mit Demenz gesehen. Biografisches Arbeiten und Lernen ist aber auch ein spannender methodischer Ansatz in der Bildungsarbeit mit älteren Menschen, die auf der Suche nach Gestaltungsmöglichkeiten ihres Lebens nach Beruf und Familie sind. Im Sinne einer Ermöglichungsdidaktik geht es dabei vor allem darum, ein förderliches Lernklima für Gruppen sowie den ermöglichenden Raum zu schaffen, in dem sich die Studierenden mit Facetten der eigenen Lebensgeschichte auseinandersetzen können. Die Lernbegleitung setzt im Kontext von Biografiearbeit z. B. kreative Medien wie Schreiben und gestalterische Elemente als Stimuli ein. Sie beachtet dabei den Gruppenprozess und grenzt sich von therapeutischen Settings ab. Bildungsziele sind sowohl die Ermöglichung eines neuen Selbstbezugs, im Sinne von Reflexion, Selbstvergewisserung und neuer Sinnstiftung, als auch die Herstellung eines neuen Sozialbezugs, der Zugehörigkeit, soziale Teilhabe und Einbindung in das Gemeinwesen beinhaltet. Besonders bei der Bewältigung von persönlichen Herausforderungen und Umbruchsituationen im Alter, die eine aktive Neuorientierung erforderlich machen, bietet an der Biografie orientierte Bildungsarbeit einen ermöglichenden Rahmen, der mit selbst bestimmten und selbst organisierten Lernformen eng verknüpft ist.

Biografizität bedeutet in dieser Logik einerseits eine Haltung von Lehrenden, die den Lernenden die Fähigkeit zur Selbstschöpfung von Sinn in Bildungskontexten zuschreibt, im Vertrauen auf vorhandene Ressourcen, die im biografischen Kontext entstanden sind. Andererseits beschreibt Biografizität den Rückgriff auf Konzepte in der Bildungsarbeit, die biografischen Ressourcen bewusst Raum geben und das Bewusstsein dafür stärken.

Demenz: Der Begriff Demenz bezeichnet eine häufig im Alter auftretende Erkrankung, die mit verschiedenen degenerativen und nichtdegenerativen Erkrankungen des Gehirns einhergeht. Es handelt sich hier um ein psychiatrisches Syndrom. Eine Demenz umfasst Defizite in kognitiven, emotionalen und sozialen Bereichen und führt zu einer Beeinträchtigung kognitiver, emotionaler, sozialer und beruflicher Fähigkeiten.

Demografischer Wandel: Der Demografische Wandel befasst sich aus wissenschaftlicher Perspektive mit der Entwicklung der Bevölkerung. In Deutschland lässt sich diese Entwicklung bei einer zunehmenden Lebenserwartung und einer konstant niedrigen Geburtenrate als Alterung der Bevölkerung beschreiben. Diese Entwicklung – dies zeigen Vorausberechnungen des Statistischen Bundesamtes (siehe www.destatis.de) – wird sich in den nächsten Jahren trotz konstanter Zuwanderung weiter fortsetzen.

Didaktik: Die Didaktik umfasst die Wissenschaft der Lehre und des Lehrens. Ihre Gegenstandsbereiche sind die Theorie des Unterrichts und Unterrichtens. Damit umfasst die Didaktik die Praxis des Lehrens und Lernens.

Ehrenamt/Freiwilliges und Bürgerschaftliches Engagement: Im traditionellen Sinn bezieht sich der Terminus »Ehrenamt« auf ein ehrenvolles und freiwilliges, öffentliches Amt, in das eine Person häufig hineingewählt wird (z. B. Schöffen, Schiedsleute, Betriebsräte, Gemeinderäte etc.). Ein Ehrenamt wird ohne Vergütung/Entgelt ausgeübt und regelmäßig über einen bestimmten Zeitraum geleistet. Im Kontext von Projekten oder Initiativen sowie einem aktuellen Verständnis folgend wird eher von freiwilligem oder bürgerschaftlichem Engagement gesprochen. Inbegriffen sind dabei freiwillige nicht entgeltbezogene Tätigkeiten, die auf das Gemeinwohl gerichtet sind.

Empowerment: Der Begriff Empowerment meint Ansätze und/oder Maßnahmen, die darauf abzielen, das Maß an Selbstbestimmung bezogen auf das eigene Leben zu erhöhen. Empowerment zielt darauf, das eigene Leben selbstverantwortlich und selbstbestimmt zu gestalten und eigene Ressourcen zu kennen. Unter Empowerment kann dabei sowohl ein Prozess als auch die Unterstützung Einzelner verstanden werden.

Geragogik/Gerontagogik/Gerontopädagogik: Die Begriffe bilden eine Analogiebildung zur Päda- und Andragogik und fokussieren entweder stärker den Aspekt der Bildung (Geragogik und Gerontagogik) oder den Aspekt der Erziehung (Gerontopädagogik) im Alter oder für den Umgang mit dem Alter(n). Sie beschäftigt sich mit didaktischen Konzepten, Methoden und Inhalten und bildet somit eine Handlungswissenschaft mit Nähe zur Gerontologie, Erziehungswissenschaft und Sozialer Arbeit, die älteren Menschen oder auch denjenigen, die mit älteren Menschen arbeiten und leben durch prophylaktische, präventive, betreuende, beratende und therapeutische Angebote Begleitung und Bildungsarrangements offeriert. Diese Formen der Altersbildung fokussieren das Selbstlernen oder die Selbstbildung, die der ältere Mensch eigenständig vollzieht.

Geriatrie: Der Begriff Geriatrie (griechisch géron zu deutsch Greis und griechisch jatreia zu deutsch ärztliche Heilkunde) meint die Heilkunde des Alters bzw. Altersmedizin. Die Geriatrie umfasst die Lehre von den Krankheiten des Alters und Alterns.

Gerontologie/soziale Gerontologie: Der Begriff bezieht sich auf die Wissenschaft vom Altern. Auch als Alters- und Alternswissenschaft bezeichnet. Die Gerontologie untersucht alle mit dem Altern und Altsein verbundenen Phänomene, Probleme und Ressourcen. Dafür bezieht die Gerontologie die Erkenntnisse anderer Wissenschaften in ihre Forschung mit ein. Die Gerontologie dient ihrerseits als Bezugswissenschaft für andere Disziplinen. In der Deutschen Gesellschaft für Gerontologie und Geriatrie (DGGG) sind Personen organisiert, die in gerontologischen und/oder geriatrischen Arbeitsfeldern tätig sind.

Informelles Lernen: Unter informellem Lernen werden alle Lernformen zusammengefasst, die unabhängig von organisierten Lernangeboten erfolgen. Dazu gehört zum Beispiel die Erweiterung des eigenen Wissens durch das Selbststudium, durch den Besuch von Museen, Messen oder Theater, durch den Austausch mit anderen in Arbeits- oder Interessengruppen oder durch die Auseinandersetzung mit konkreten Problemen am Arbeitsplatz oder im Privatleben. Unbewusste Lernprozesse, die in der alltäglichen Lebensführung beiläufig erfolgen, werden häufig auch als informelles Lernen verhandelt.

Intergenerationelles Lernen: Als intergenerationelles Lernen werden Lernprozesse bezeichnet, an welchen mindestens zwei unterschiedliche Generationen beteiligt sind und in welchen gleichzeitig die generationelle Zugehörigkeit eine wesentliche Rolle für die Lernprozesse spielt, z. B. in dem generationenspezifische Perspektiven auf die zu bearbeitenden Themen angefragt sind.

Kompetenz: Der Begriff Kompetenz wird in verschiedenen Forschungstraditionen unterschiedlich verwendet. Die empirische Bildungsforschung orientiert sich überwiegend an einem Kompetenzbegriff, der vor allem kognitive Fähigkeiten in den Mittelpunkt rückt und diese im Zusammenspiel mit motivationalen und volitionalen Komponenten sieht. Kompetenz wird hierbei als Handlungsdisposition verstanden, d. h. als die Befähigung, Probleme auf einem bestimmten Komplexitätsniveau unter Rückgriff auf kognitive Strukturen zu lösen.

Lebensqualität: Der Begriff wird in gerontologischen Fachdebatten vielfältig gebraucht und beschrieben. Allgemein bedeutet Lebensqualität im Sinne der ökologischen Gerontologie die Passung zwischen der Person und ihren Umweltbedingungen. Damit wird klar, dass Lebensqualität vor allem von aktuellen Determinanten (Einflussfaktoren) abhängt, die das Leben einer Person bestimmen. Zur Lebensqualität gehören auf jeden Fall Zufriedenheit und Wohlbefinden – Faktoren, die kontextabhängig sind und verschiedene Ausprägungen beinhalten. Dimensionen der Lebensqualität nach Kane/Kane (2003) und Lawton (1999) sind z. B. Selbstbestimmung, Autonomie, Sicherheit, soziale Beziehungen, subjektiv bedeutsame Aktivitäten, Freude, Würde, Spiritualität und funktionale Kompetenz. Im Bildungskontext geht es darum, die Orientierung an diesen Dimensionen als Ausgangspunkt für Bildungssettings zu nehmen.

Multidisziplinarität/Interdisziplinarität/Transdisziplinarität: Mit dem Begriff der Multidisziplinarität werden wissenschaftliche Ansätze und Konzepte beschrieben, in die Perspektiven und die Expertise verschiedener Professionen additiv einfließen. Die Geragogik ist hiernach ein typisches Beispiel für Multidisziplinarität, wenn Vertreter*innen verschiedener Wissenschaftsdisziplinen ihren jeweiligen Blick auf das Thema Lernen und Bildung im Prozess des Alterns zusammenlegen, dabei aber um Positionen ringen, die von ihren unterschiedlichen Herkunftsprofessionen geprägt sind.

Interdisziplinarität bedeutet, dass in diesem Ringen die verschiedenen Positionen zu einem ganz neuen Konstrukt zusammengefügt werden, wobei die Expertise der beteiligten Wissenschaftsdisziplinen bewusst und zum Wohl des Ganzen genutzt werden. Die Geragogik befindet sich derzeit auf dem Weg dorthin, auch wenn zuweilen die Sichtweisen und Positionen einzelner Disziplinen noch immer um die Definitionsmacht kämpfen.

Transdisziplinarität steht für ein wissenschaftliches Vorgehen, in dem die professions- und disziplinbezogenen Perspektiven bewusst verlassen werden und eine neue Form projekt- oder sachbezogener Verschmelzung der Professionsgrenzen entsteht. Für das Thema Lernen und Bildung im Prozess des Alterns steht das noch aus.

Paradigma: Der Begriff Paradigma bezieht sich aus wissenschaftlicher Perspektive auf eine bestimmte Lehrmeinung oder ein bestimmtes Denkmuster.

Partizipation/Teilhabe: Der Begriff »Partizipation« geht auf das Adjektiv »particeps« (lat.) zurück und bedeutet »beteiligt« oder »an etwas teilnehmend«. Er wird oftmals synonym verwendet mit den Begriffen Teilhabe, Beteiligung, Mitwirkung. Dabei wird häufig nicht differenziert zwischen Teilhabe im Sinne von Dabeisein und Beteiligung im Sinne von Mitwirkung. Partizipation umfasst die Teilhabe am gesellschaftlichen, ökonomischen und kulturellen Leben und ist auf die Teilhabemöglichkeit in unterschiedlichen Lebenslagen bezogen. Häufig wird der Begriff »Partizipation« auch als Oberbegriff verwendet für Initiativen, Maßnahmen, Modelle und Methoden, die gleichsam eine Mitwirkung an sozialen oder politischen Entscheidungsprozessen ermöglichen. Partizipation kann in unterschiedlichen Formen und Ausprägungen stattfinden.

Partizipative Bildung: Unter »partizipativer Bildung« werden zum einen Angebote gefasst, welche die Teilnahme am sozialen, politischen und kulturellen Leben und die Teilhabe an sozialen Kontexten fördern und zum anderen Ansätze, welche die Beteiligung am Bildungsprozess durch die Teilnehmenden selbst bedeuten. Gemeint sind didaktische Ansätze wie das selbstbestimmte Lernen, das eine Beteiligung an der Auswahl der Lernthemen und Lernwege durch die Lernenden fordert und fördert und das von einem aktiven, selbstverantwortlichen Lernenden ausgeht.

Partizipative Forschung: Der Begriff »partizipative Forschung« bezieht sich auf Forschungsansätze, die die beteiligten Akteure in die Planung und Durchführung des Forschungsprozesses einbeziehen und die Forschungsfragen gemeinsam mit den Menschen untersuchen. Das Erkenntnisinteresse entwickelt sich hierbei aus der Abstimmung und Übereinstimmung verschiedener Perspektiven: Zum einen aus der Perspektive der Wissenschaft und zum anderen aus der Perspektive der beteiligten Menschen (Praxis).

Selbstorganisiertes Lernen: Als Synonym zum selbstorganisierten Lernen werden die Begriffe selbstgesteuertes Lernen oder selbstbestimmtes Lernen verwendet. Selbstorganisiertes Lernen meint, die Lernenden formulieren selbst ihre Lernbedürfnisse und Lernziele und legen in der Folge die Lernmethoden und Lernwege bezogen auf das Lernziel selbst fest. Beim selbstorganisierten Lernen wird der Lernprozess von den Lernenden selbst geplant.

Selbstwirksamkeit: Der Begriff der Selbstwirksamkeit (SWE) wurde von Albert Bandura geprägt und meint die Erwartung einer Person, Anforderungssituationen erfolgreich bewältigen zu können. Eng damit verbunden sind selbstzugeschriebene Kompetenzen und die Überzeugung, in auf den jeweiligen Handlungsbereich gestaltend Einfluss nehmen zu können. Man unterscheidet auch zwischen einer allgemeinen SWE und bereichsspezifischer SWE (z. B. beruflicher SWE).

Sinn: Im Zusammenhang mit dem Alter und Altern wird der Begriff Sinn oftmals verwendet im Hinblick auf eine Zuschreibung oder die Bewertung des Lebens. Mit dem Begriff Sinn wird auch eine persönliche Zuschreibung bezogen auf das Leben bezeichnet: Ein Individuum schreibt dem Leben eine Bedeutung zu, einen Lebenssinn. Der Sinn kann sich auf das eigene Leben oder auf das Leben im Allgemeinen beziehen.

Sozialraum: Der Begriff Sozialraum wird sowohl in der Raumplanung und Stadtsoziologie als auch in der Erziehungswissenschaft und Sozialen Arbeit verwendet. Aus erziehungswissenschaftlicher Sicht werden mit dem Begriff Sozialraum räumlich bezogene und erfahrene Kontexte sozialen Handelns verbunden. Ein sozialer Raum (z. B. ein Quartier) wird mit einem sozialen Handeln verbunden.

Subjekt: Der Begriff zielt auf die Einzigartigkeit des Individuums. Der Mensch wird hier verstanden als selbstbewusstes Wesen mit individuellen Zielen und Bedürfnissen, welches in der Lage ist über sich selbst zu reflektieren. Das Subjekt entwickelt sich in konkreten Verhältnissen und konstituiert sich in der Interaktion mit anderen Subjekten und kollektiven Systemen. Individuelle Handlungen lassen sich auf der Basis biografisch geprägter, subjektiver Begründungen nachvollziehen. Subjektivität erwächst dabei aus der Bewältigung von Umweltanforderungen.

Teilhabe: siehe Partizipation

Wissenschaftliche Weiterbildung: Unter wissenschaftlicher Weiterbildung werden alle nicht-konsekutiven Bildungsangebote auf Hochschulniveau bzw. die Teilnahme daran gefasst, die Personen adressieren bzw. von Personen wahrgenommen werden, die eine erste berufliche Bildungsphase abgeschlossen haben und i. d. R. bereits beruflich tätig waren.

Die Autorinnen und Autoren

Adams, Ann-Katrin: Arbeitsbereich Altersmedizin, Goethe-Universität Frankfurt am Main

Baumann, Sabine: Bundesakademie für Kulturelle Bildung, Wolfenbüttel

Bertermann, Britta: Forschungsgesellschaft für Gerontologie e. V./Institut für Gerontologie an der TU Dortmund (FfG), Dortmund

Bubolz-Lutz, Elisabeth: Forschungsinstitut Geragogik, Düsseldorf

Dabo-Cruz, Silvia: Universität des 3. Lebensalters an der Goethe-Universität Frankfurt am Main

de Groote, Kim: kubia – Kompetenzzentrum für kulturelle Bildung im Alter und Inklusion im Institut für Bildung und Kultur, Remscheid

Deppe, Britta: Katholischen Hochschule NRW, Köln

Eifert, Barbara: Forschungsgesellschaft für Gerontologie, Dortmund

Elsholz, Uwe: Professor für das Lehrgebiet Lebenslanges Lernen, Institut für Bildungswissenschaft und Medienforschung, Fernuniversität Hagen

Franz, Julia: Professorin für Erziehungswissenschaft mit dem Schwerpunkt Erwachsenenbildung/Weiterbildung, Wirtschafts- und Sozialwissenschaftliche Fakultät, Universität Tübingen

Gallistl, Vera Maria: Universität Wien, Institut für Soziologie, Wien

Hartogh, Theo: Professor für Musikpädagogik, Studienfach Musik, Universität Vechta

Himmelsbach, Ines: Professorin für Soziale Gerontologie, Katholische Hochschule Freiburg

Holzapfel, Günther: Professor für Erwachsenenpädagogik an der Universität Bremen, emer.

Jahn, Susanne: CBT Wohnhaus, Bergisch Gladbach

Kern, Dominique: Maitre de conférences Université de Haute Alsac, Mulhouse

Klein, Anika: Abteilung Erwachsenenbildung/Weiterbildung, Universität Tübingen

Kolland, Franz: Professor für Soziologie, Universität Wien, Institut für Soziologie, Arbeitsbereiche: Sozialgerontologie, Altersbildung, Bildungssoziologie

Kricheldorff, Cornelia: Professorin für Soziale Gerontologie und Soziale Arbeit im Gesundheitswesen, Katholische Hochschule Freiburg

Kuhlmann, Andrea: Forschungsgesellschaft für Gerontologie e. V./Institut für Gerontologie an der TU Dortmund (FfG), Dortmund

Kulmus, Klaudia: Humboldt-Universität zu Berlin, Erziehungswissenschaftliche Fakultät

Kunz, Hella: CBT Wohnhaus, Bergisch Gladbach

Meyer, Nikolaus: Professor für Soziale Arbeit im Fern- und dualen Studiengang der IUBH, Internationale Hochschule

Nittel, Dieter: Professor für Erwachsenenbildung und erziehungswissenschaftliche Professionsforschung, Goethe-Universität Frankfurt am Main

Olbermann, Elke: Forschungsgesellschaft für Gerontologie e. V./Institut für Gerontologie an der TU Dortmund (FfG), Dortmund

Oswald, Frank: Professor für Interdisziplinäre Alternswissenschaft, Goethe-Universität Frankfurt am Main

Pantel, Johannes: Professor und Leiter des Arbeitsbereichs Altersmedizin, mit Schwerpunkt Psychogeriatrie und klinische Gerontologie, Goethe-Universität Frankfurt am Main

Pauls, Karin: Universität Hamburg, Zentrum für Weiterbildung, Hamburg

Reuter, Verena: Forschungsgesellschaft für Gerontologie e. V./Institut für Gerontologie an der TU Dortmund (FfG), Dortmund

Rothe, Daniela: Institut für Bildungswissenschaft, Universität Wien

Schall, Arthur: Goethe-Universität Frankfurt am Main

Schmidt-Hertha, Bernhard: Professor für Erziehungswissenschaft mit Schwerpunkt berufliche und betriebliche Weiterbildung, Eberhard Karls Universität Tübingen

Schramek, Renate: Vertretungsprofessorin für Gesundheitsdidaktik, Hochschule für Gesundheit (HSG), Bochum. Arbeitsbereiche: Lebenslanges Lernen, Altersbildung, Didaktik

Steinfort-Diedenhofen, Julia: Professorin für Soziale Arbeit mit dem Schwerpunkt Geragogik/Katholische Hochschule NRW, Köln

Tesky-Ibelia, Valentina A.: Arbeitsbereich Altersmedizin mit Schwerpunkt Psychogeriatrie und klinische Gerontologie, Goethe-Universität Frankfurt am Main

Thalhammer, Veronika: Erziehungswissenschaftliche Fakultät, Eberhard Karls Universität Tübingen

Völkening, Gertrud: Agentur für Erwachsenen- und Weiterbildung, Hannover

Wanka, Anna: Goethe-Universität Frankfurt, Institut für Sozialpädagogik und Erwachsenenbildung

Wickel, Hans Hermann: Professor für Musik in der Sozialen Arbeit, Musikpädagogik, Kulturgeragogik, Musikgeragogik, Fachhochschule Münster

Wittkämper, Walter: CBT Wohnhaus, Bergisch Gladbach

Markus Leser

Herausforderung Alter

Plädoyer für ein selbstbestimmtes Leben

2017. 248 Seiten, 38 Abb. Kart.
€ 26,–
ISBN 978-3-17-029771-5

Die demografische Alterung ist seit langer Zeit bekannt. Dennoch sind Altersfragen in Gesellschaft und Politik erst in den letzten Jahren stärker in das Zentrum der Aufmerksamkeit gerückt. Dringend gesucht werden Lösungen, um den „Alterstsunami" in den Griff zu bekommen. Dieses Buch unternimmt eine gerontologische Zeitreise: Der Blick in die Vergangenheit zeigt, dass viele der sogenannten „neuen Projektideen" zum Wohnen und zur Pflege im Alter oder zum Einsatz neuer Technologien bereits vor Jahrzehnten vorgeschlagen und teilweise auch umgesetzt wurden. Ein verzerrtes Bild von „Alter" forciert jedoch auch Widerstände bei der Umsetzung. Die Suche nach Antworten scheint stets getrieben von der Frage „Wer bezahlt?". Mit dem Blick in die Zukunft soll andererseits der Fokus mehr auf die Frage „Welches Angebot wollen wir?" gerichtet werden. Zuerst der Mensch, dann das Geld – gleichermaßen fundiert und pointiert liefert das Buch eine Vision für ein selbstbestimmtes Leben im Alter.

Leseproben und weitere Informationen unter www.kohlhammer.de

W. Kohlhammer GmbH
70549 Stuttgart